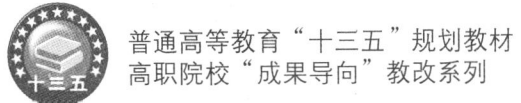

普通高等教育"十三五"规划教材

高职院校"成果导向"教改系列

U0780803

ERP 供应链系统

张丽静　孙海涛／主编

立信会计出版社

LIXIN ACCOUNTING PUBLISHING HOUSE

图书在版编目（CIP）数据

ERP 供应链系统/张丽静,孙海涛主编. —上海:立信会计出版社,2018.6

ISBN 978 - 7 - 5429 - 5803 - 7

Ⅰ.①E… Ⅱ.①张… ②孙… Ⅲ.①企业管理—供应链管理—计算机管理系统—教材 Ⅳ.①F274-39

中国版本图书馆 CIP 数据核字（2018）第 109224 号

责任编辑　　王斯龙
封面设计　　南房间

ERP 供应链系统

出版发行	立信会计出版社

地　　址	上海市中山西路 2230 号	邮政编码	200235
电　　话	(021)64411389	传　　真	(021)64411325
网　　址	www.lixinaph.com	电子邮箱	lxaph@ sh163.net
网上书店	www.shlx.net	电　　话	(021)64411071
经　　销	各地新华书店		

印　　刷	上海天地海设计印刷有限公司
开　　本	787 毫米×1 092 毫米　　　1/16
印　　张	20.75
字　　数	525 千字
版　　次	2018 年 6 月第 1 版
印　　次	2018 年 6 月第 1 次
印　　数	1—3 100
书　　号	ISBN 978 - 7 - 5429 - 5803 - 7/F
定　　价	43.50 元

如有印订差错,请与本社联系调换

高职高专的教育目标是培养技术技能人才,注重学生的实践动手能力、职业岗位能力、创新能力和解决实际问题能力的培养。本教材依据教学改革成果,结合高职教育人才培养目标和会计专业特点,联合合作关系良好的企业兼职教师,从企业应用的实际出发,通过一个个学习情境展示企业资源计划(Enterprise Resource Planning, ERP)供应链管理系统的功能,明晰其特点及应用方式,提高学生在信息化环境下的业务处理能力。本教材有机整合了"知识、技能、素养"的教学目标,明确会计工作任务,引导学生进行有效学习。本教材以"成果导向"的教学理念为特色,针对本课程的教学规律和高职高专学生的特点,合理安排各情境的教学内容,注重学生实际应用能力的培养,并解决工作中常见的问题。

本教材共分8个学习情境:

学习情境一"ERP供应链系统概述"。本学习情境明晰ERP供应链的内涵及功能结构,分析ERP供应链系统业务流程,阐述财务业务一体化具体内容。

学习情境二"设置ERP供应链系统"。本学习情境根据企业需要,在系统管理中设置用户、建立企业账套和设置用户权限;根据企业财务需要,进行账套的输出、引入和修改;在企业应用平台中进行初始设置;明确注意事项,培养学生对原会计资料归纳总结并加以规范的能力。

学习情境三"普通采购业务"。本学习情境要求学生认知采购业务流程,明晰采购参数设置的功能,准确录入订单、到货单、入库单、专用发票,掌握采购结算、支付采购款项或确认应付账款。

学习情境四"特殊采购业务"。本学习情境要求学生熟知特殊采购业务的内容,掌握采购特殊业务的处理流程和方法,精准录入原始单据,熟练处理采购暂估、受托代销、采购退货等特殊业务。

学习情境五"普通销售业务"。本学习情境要求学生认知销售业务流程,明晰参数设置的功能,准确录入订单、发货单、出库单、专用发票,熟练确认销售款项及应收账款。

学习情境六"特殊销售业务"。本学习情境要求学生熟知特殊销售业务的内容,掌握特殊销售业务的处理流程和方法,精准录入原始单据,熟练处理委托代销、直运销售、分期收款等特殊业务。

学习情境七"库存管理与存货核算业务"。本学习情境要求学生明晰出入库及存货业务核算流程及意义,进行库存与存货核算的初始设置,进行库存及存货核算的日常和期末业务处理。

学习情境八"ERP 供应链系统综合实训"。本学习情境的主要内容为采购管理、销售管理、库存管理、存货管理的综合业务处理。

本教材由一批长期工作在高职高专会计电算化教学一线的教师编写,企业人员负责指导,由黑龙江职业学院张丽静、孙海涛任主编,刘鹏为副主编,王欢、石峦、窦琳琳为参编。本教材具体编写分工如下:孙海涛编写了学习情境一和学习情境二;窦琳琳编写了学习情境三;王欢编写了学习情境四;石峦编写了学习情境五;刘鹏编写了学习情境六;张丽静编写了学习情境七、学习情境八、前言及附录。

本教材在编写过程中得到了出版社有关领导和编辑的大力支持与帮助,在此一并表示感谢。由于编者水平有限,难免存在错误和不足,敬请广大读者和同仁给予批评指正。

编　者

2018 年 6 月

contents 目录

ERP 供应链系统概述

🎯 教学目标

➡ 知识
(1) 明晰 ERP 和 ERP 系统的内涵。
(2) 明晰 ERP 供应链管理的现实意义。

➡ 技能
(1) 能够掌握 ERP 供应链系统各子系统之间的关系。
(2) 能够根据企业实际需求选择 ERP 供应链系统方案。

➡ 素养
(1) 树立团队合作意识,养成正确使用计算机的习惯。
(2) 养成自主学习能力,提升职业素养。

学习子情境一　ERP 供应链系统简介

一、ERP 及 ERP 系统的内涵

ERP 是运用计算机信息技术对企业资源管理的一种理念,是对企业资源以计算机为依托,整合企业业务流程,将基础数据输入系统的综合产品,实现对企业整个供应链流程的有效管理和控制,通过信息化管理使资源在企业内部共享,在业务协作过程中得到无缝连接,提高企业的核算精度,反映真实的业务过程,提高企业的生产效率,降低各个过程的交易成本。

ERP 系统的实施,直接对企业的经营流程进行了变革,它可以自由地选择模块,每个企业都可以根据自己的特点重组流程,选择对物流模块、人力资源管理模块、财务管理模块及信息资源管理模块的全部模块或个别模块进行应用,最大限度地将企业的价值信息体现得完整而清晰,凭着快捷、高效的共性,便于操作者的理解和查询,且操作简单。

首先,对计划管理模块而言,ERP 将企业的内外资源有序地输入系统,进行合理地分类和归纳,有效地配置资源,体现着科学性和合理性,不相互产生冲突;其次,对信息集成化管理方面,增强企业管理水平,ERP 中具有的逻辑模拟特征,验证和反馈信息的控制,ERP 供应链的效率集成,对业务的事前、事中、事后的决策,促进采购、生产、销售和财务各个模块的信息有效利用,是保证整个供应链顺畅的关键所在。

二、ERP 供应链管理的现实意义

在现代 ERP 管理模块中,供应链管理包含了存货核算管理、采购管理、生产管理、库存管理和销售管理等方面。这些企业赖以生存的资源管理,覆盖了整个企业的生产经营环节,从整体和系统的角度审视,整合优化资源配置,使企业资源在先进的管理工具统筹下,供应链上的各项资源信息得到有效的汇总与反馈,做到从总体上对企业资源进行掌握,从细节上加以管理,防止资源的浪费,提高企业效益。

同时,对提高企业的经营理念与经营管理模式,构建全面系统化的现代化管理体系,供、产、销"一条龙"式的管理战略决策,消除传统的企业扁平化管理,实现物资资源在时间和空间上的流动性和高效化,从宏观上促使企业做大做强,提供了技术层面和业务管理层面的保障。

在 ERP 系统中,可以通过计算机的运算技术和逻辑程序表现出来,大大减轻了工作人员的工作强度,使工作人员有时间对业务流程进行审定,从而提高企业人才的综合素质,依据先进的管理手法,与企业发展策略相适应,建立企业特色的物流、信息流等资源的最佳组合,发挥最大的经济效率,构建规范、抗风险、堵漏洞的业务管理流程。

三、企业供应链管理在 ERP 中的应用途径

针对现行企业在没有使用 ERP 系统前,存在着许多制约企业发展和业绩增长的因素,如库存量过大,占用大量流动资金,自有资金管理调配难度大,对企业的管理协调与资源整

合的滞后性等,都使企业在市场竞争中处于尴尬的困境。ERP 系统实现了企业管理的信息化,供应链管理资源的集成化,是时代的要求,也是企业发展的要求。

(一) ERP 系统内部操作技术上的监控

在 ERP 供应链管理体系中,合作伙伴包括制造商、供应商和销售商,对他们的资源管理要统一记录,有效地进行信息管理。对供应商的采购价格与物资成本信息库的信息保持一致,不同订货物资的层级定价要透明、清晰;进货来源的渠道及各类合同都有相关记载,所有数据与系统接口集成,采购到货后,采购发票的录入及修改等操作与物资实物及票据上的数量、单价及金额完全相符。在出现错误时,要及时采取技术上的处理,确保企业应付账款的正确性,避免造成付款错误,给企业带来损失和不必要的麻烦。同时,要对仓库材料进行接收、存放等项目的整理,对视为企业废品或确认为报废的物品进行确认管理,检查系统的数据与实体物品的匹配度。

(二) 通过 ERP 系统实现与供应商、销售商的整合

首先,ERP 系统实现了数据资源的共享,如库存数据、销售数据及货运状况数据等,都与合作者之间通过系统操作实现信息沟通,及时有效地将物流信息和资金流信息反馈出来,消除中转站的传输,向前与供应商进行有效整合,使企业供应链中的库存水平及资金到位的情况得到监控,向后与销售商进行集成整合,通过整个企业的信息数据库分析需求的产生,在经历销售过程后,最终实现销售与销售人员的绩效管理。

其次,ERP 系统增强企业供应链的整体运营力,建立对供应商和销售商的评估共享体系,如编制供应商、销售商等情况登记表,确定合格供应商标准,以及对入围供应商的持续关注点,运用编辑不同的代码和筛选标准来统计供应商和销售商的管理方法,选择属性权重和极差变换法、线性比例法等处理,使企业各个管理层的人员都在人、财、物信息中得到实现价值的信息资源,形成企业内部业务运行的高效统一,加强企业的竞争力。

(三) 通过 ERP 实现集成整合

库存管理系统是供应链的重要组成部分。库存量过高,一是会影响企业自有资金的流动,二是造成企业人力资源的浪费。因此,要通过 ERP 的监督协议执行功能,对仓库的库存管理实施全局透明化措施,保持库存状况的合理性,确保企业资金流的顺畅运行。规范供应链管理是集成的开始,对不符合集成的管理模式和业务流程,要加以摒弃,逐步构建良好的企业信息系统,实现供应链的有效融合。

(四) 通过 ERP 系统对采购管理进行分析

供应链的成本管理目标就在于追求企业整体的服务改善和成本降低,实现企业在市场的竞争优势,最终实现企业的利润最大化。因此,对采购管理的分析是必要的。对供应链的采购成本管理是保障企业成本降低的重要环节。在企业与供应商的交易成本关系上,要从战略的角度来共享资源,形成双边联盟体,组建协调合作关系,建立知识编码,共享知识观念,合理分工,有效协作,促进供应商与企业之间的渐进式激励机制和协同创新的线性激励策略,对产品的保障机制和技术支持都要全面兼顾,这样既可以避免市场失效,又能降低交易成本,使资源和服务最大化,良好的合作伙伴关系也可以得到进一步的强化。

学习子情境二　企业应用 ERP 供应链系统

一、ERP 供应链系统功能结构

ERP 供应链系统主要包括采购管理、销售管理、库存管理和存货核算四个系统。其功能主要包括:①实现采购信息管理,包括采购订单、收料通知单、外购入库单、采购退货单及采购发票;②实现销售信息管理,包括销售订单、发货通知单、销售出库单、销售退货单及销售发票;③实现库存信息管理,包括入库管理、出库管理、库存调拨和库存盘点等;④核算分析,实现采购、销售、库存业务的核算和分析目的及信息查询;⑤实现供应链系统基础数据维护,包括资料设置、用户管理、系统初始化等。功能结构图及各系统之间的关系,如图 1-1 所示。

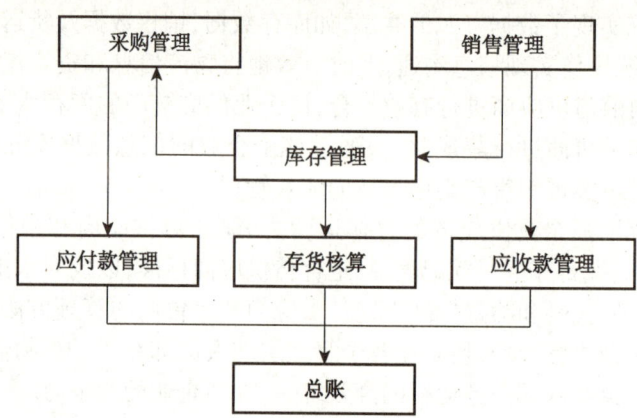

图 1-1　ERP 供应链系统功能结构及各系统之间的关系

二、ERP 供应链系统业务流程分析

在实务工作中,业务处理依据一定的程序和方法。例如,采购部门提交入库申请单,仓库进行处理,合格则入库并向财务部门提交相关数据,财务部门进行账目记录,若不合格则退回入库申请单;销售部根据客户的订货情况向仓库提交订货单和销售出库申请单,仓库依据库存情况进行处理,库存充足则进行出库处理,并向财务部门提交相关数据,财务部门进行账目记录,库存不足则通知采购部门进行采购;每月仓库盘点后,仓库向财务部门提交相关数据,财务部门进行相关账务处理。

但是在此过程中,经常出现数据不实时、不准确的情况,因此利用 ERP 供应链系统,统一业务流程及责任,可有效防止“数据孤岛”“数据延时”等情况发生。

(一)采购管理系统业务流程分析

采购管理在企业管理中相当重要并且非常复杂,它具有供应商管理、采购价格预警功能,能为采购人员提供供应商和采购策略的最佳选择,来控制采购成本;能够及时准确地得到采购需求信息,以便及时采购和下达采购计划,从而杜绝由于缺货而造成的待料现象。

主要业务流程:根据采购计划,填写采购申请单;进行采购询价,选择最合适的供应商价格的原材料或商品;签订采购合同;入库前检验(合格入库或不合格退货);入库并记录;收取发票并结算;账务处理。

（二）销售管理系统业务流程分析

销售管理系统能够处理销售环节的基础信息及销售报价、销售订单、销售出库、销售发票、销售退货等业务信息。系统能够随时了解订单的各个环节的情况,发现问题及时督促相关部门解决,保证订单按期交付。

主要业务流程:销售报价单;与客户签订合同;依据销售订单编制发货单并下达给仓库;仓库保管员依据发货单及库存情况编制销售出库单,经仓库主管审批后正式办理出库;财务部门开具销售发票并更新系统库存信息。客户收到合格商品后,收取货款或确认为应收款项;不合格商品办理退货。

（三）库存管理系统业务流程分析

库存管理与销售管理、采购管理系统紧密集成,是供应链系统的重要信息中心。对于企业来说,库存管理需要高度优化,不能采购过多的原材料堆积仓库,也不能有过多生产出来的产品未能及时销售而占用大量的存储空间。库存管理系统能够提供高效、完整的出入库管理和控制,能够实时、准确提供各种库存数据查询及库存盘点、库存调整功能。

主要业务流程:针对采购和销售的出入库数据进行直入直出库存管理;库存盘点;库存调拨。

（四）存货核算系统业务流程分析

存货核算系统依据库存管理系统产生的出入库单据进行成本核算,为企业在各环节提供数据汇总、核算,与财务部门总账系统密切关联,是总账系统成本核算的数据来源。

主要业务流程:单据记账;数据查询与分析;生成成本凭证传递到总账系统。

设置 ERP 供应链系统

🎯 教学目标

➤ 知识
明晰账套的建立流程及用户管理的意义。

➤ 技能
（1）能够根据企业的基本资料建立企业的账套及账套修改。
（2）能够根据资料进行系统基础设置。

➤ 素养
（1）树立团队合作意识，养成正确使用计算机的习惯。
（2）养成自主学习能力，提升职业素养。

学习子情境一 建立特定企业系统运行管理制度

一、企业基本情况

哈尔滨邦德科技发展有限责任公司(简称邦德科技),是一家专门从事家电经销的商业企业,公司法人代表为王慧玲。

公司开户银行:中国建设银行哈尔滨市南岗区学府支行(账号:513516847964351)

公司纳税登记号:45313213213

公司地址:哈尔滨市南岗区学府路 5 号

电话:0451-86619207

邮箱:bangdekeji@163.com

二、操作员及权限

账套操作员及操作权限分工如表 2-1 所示。

表 2-1 账套操作员及操作权限分工

编 码	姓 名	隶属部门	职 务	操作权限分工
W01	王雪滨	财务部	财务主管	账套主管
W02	王 博	财务部	会 计	基本信息、总账、应收款管理、应付款管理、存货核算
W03	陈 晨	财务部	出 纳	基本信息、出纳签字、查询凭证、出纳、现金流量表
G01	黄颖露	采购部	采购主管	基本信息、采购管理、库存管理中的现存量查询
X01	孙佳佳	销售部	销售主管	基本信息、销售管理、库存管理中的现存量查询、现存量打印
C01	杜 飞	仓储部	仓库主管	基本信息、库存管理

三、制度设置

(一)会计凭证的处理

录入或生成"记账凭证"均由指定的会计人员操作,含有"库存现金"和"银行存款"科目的记账凭证均需出纳签字。采用单一凭证格式的复式记账凭证。对已记账凭证的修改,只采用红字冲销法。为保证财务与业务数据的一致性,能在业务系统生成的记账凭证不得在总账系统直接录入,在总账中填制的凭证参照常用摘要。根据原始单据生成记账凭证时,除特殊规定外不采用合并制单。出库单与入库单原始凭证以软件系统生成的为准;除指定业务外,在业务发生当日,收到发票并支付款项的业务使用现付功能处理,开出发票并收到款项的业务使用现结功能处理。

采购业务使用 G01 操作,销售业务使用 X01 操作,库存业务使用 C01 操作,在往来业务、存货核算、总账中填制凭证使用 W02 操作,审核记账使用 W01 操作。记账凭证保存日期及业务操作时间为本月时间即可。

（二）货币资金业务的处理

公司采用的结算方式包括现金结算、支票、托收承付、委托收款、银行汇票、商业汇票、电汇等。收、付款业务由财务部门根据有关凭证进行处理。

（三）存货业务的处理

存货按实际成本计价，发出存货采用移动加权平均法计算。

存货按业务发生日期逐笔记账并制单（暂估业务除外），同一批出入库业务生成一张记账凭证。

（四）税费的处理

公司为增值税一般纳税人，增值税税率为16%，按月缴纳，按当期应交增值税的7%计算城市维护建设税、3%计算教育费附加和2%计算地方教育附加。企业所得税采用资产负债表债务法，除应收账款外，假设资产、负债的账面价值与其计税基础一致，未产生暂时性差异。企业所得税的计税依据为应纳税所得额，税率为25%，按月计提，按季预缴，全年汇算清缴。交纳税费按银行开具的原始凭证编制记账凭证。

（五）会计科目辅助核算设置

（1）日记账：库存现金、银行存款。

（2）银行账：银行存款。

（3）客户往来：应收票据、应收账款、预收账款。

（4）供应商往来：应付票据、应付账款、预付账款。

（5）个人往来：其他应收款。

（六）财产清查的处理

公司每年年末对存货和固定资产进行清查，根据盘点结果编制"盘点表"，并与账面数据进行比较，由库存管理员审核后进行处理。

（七）坏账损失的处理

公司除应收账款外，其他预付及应收款项不计提坏账准备。每年年末，按应收账款余额百分比法计提坏账准备，提取比例为0.5%。

（八）损益类账户的结转

每月月末将各损益类账户余额转入"本年利润"账户，结转时按收入和支出分别生成记账凭证。

学习子情境二　企业建账及基础信息设置

一、任务描述

（一）账套信息

账套号：010

账套名称：哈尔滨邦德科技发展有限责任公司

启用日期：2018年05月01日

企业类型:商业

行业性质:2007 年新会计制度科目

基础信息:存货、客户、供应商分类,有外币核算

科目编码级次:42222

部门编码级次:22

收发类别编码级次:121

注:编码方案中其他项目采用系统默认。

数据精度:采用系统默认

启用系统:总账、应收款管理、应付款管理、采购管理、销售管理、库存管理、存货核算

启用日期:2018 年 05 月 01 日

(二)操作员及权限

操作员及权限如表 2-1 所示。

(三)基础档案

(1)本单位开户银行信息如表 2-2 所示。

表 2-2 开户银行信息

项 目	内 容
编码	01
开户银行	中国建设银行哈尔滨市南岗区学府支行
账号	513516847964351
账户名称	哈尔滨邦德科技发展有限责任公司
币种	人民币
所属银行名称	中国建设银行
客户编号	0123456
机构号	12315
联行号	123123123

(2)部门档案如表 2-3 所示。

表 2-3 部 门 档 案

部门编码	部门名称	部门编码	部门名称
01	办公室	04	采购部
02	财务部	05	销售部
03	仓储部		

(3)人员类别如表 2-4 所示。

表 2-4 人 员 类 别

档案编码	档案名称	档案编码	档案名称
10101	管理人员	10103	销售人员
10102	采购人员	10104	其 他

（4）人员档案如表 2-5 所示。

表 2-5　　　　　　　　　　　　　　　　人　员　档　案

人员编码	人员姓名	行政部门	人员类别	性　别	是否业务员	业务或费用部门
101	李荣耀	办公室	管理人员	男	是	办公室
102	东方白	办公室	管理人员	女	是	办公室
201	王雪滨	财务部	管理人员	女	是	财务部
202	王　博	财务部	管理人员	男	是	财务部
203	陈　晨	财务部	管理人员	女	是	财务部
301	杜　飞	仓储部	管理人员	男	是	仓储部
302	李　闯	仓储部	其　他	男	是	仓储部
401	黄颖露	采购部	采购人员	女	是	采购部
501	孙佳佳	销售部	销售人员	女	是	销售部
502	陈　菲	销售部	销售人员	女	是	销售部

（5）地区分类如表 2-6 所示。

表 2-6　　　　　　　　　　　　　　　　地　区　分　类

分类编码	分类名称	分类编码	分类名称
01	华北地区	03	东北地区
02	华东地区	04	西北地区

（6）客户分类如表 2-7 所示。

表 2-7　　　　　　　　　　　　　　　　客　户　分　类

分类编码	分类名称	分类编码	分类名称
01	大客户	03	普通客户
02	零散客户		

（7）客户档案如表 2-8 所示。

表 2-8　　　　　　　　　　　　　　　　客　户　档　案

客户编码	客户名称	客户简称	所属分类	所属地区	税　号	开户银行	银行账号
01	哈尔滨黑天鹅家电有限公司	黑天鹅	01	03	53131032132	中国建设银行哈尔滨市和兴支行	6223589964571201
02	哈尔滨世纪联华有限公司	世纪联华	01	03	185646130898	中国建设银行哈尔滨市道里区支行	62225641130789
03	大庆家乐福有限公司	家乐福	01	03	5643130564	中国建设银行大庆市市让胡路支行	6228952266654821
04	牡丹江中央红有限公司	中央红	01	03	465413132064	中国建设银行牡丹江市西长安支行	6223944131302147
05	黑龙江方圆盛东科技发展有限公司	方圆盛东	02	03	6325841132302	中国建设银行哈尔滨市道外区三棵树支行	6222520461448802

（8）供应商分类如表 2-9 所示。

表 2-9 供 应 商 分 类

分类编码	分类名称	分类编码	分类名称
01	重点供应商	03	其他
02	普通供应商		

（9）供应商档案如表 2-10 所示。

表 2-10 供 应 商 档 案

供应商编号	供应商名称	供应商简称	所属分类	开户行及账号	税 号
0101	苏宁科技股份有限公司黑龙江分公司	苏宁	01	中国建设银行哈尔滨市南岗区学府支行 6222520461448802	6543131310789
0102	黑龙江方圆盛东科技发展有限公司	方圆盛东	01	中国建设银行哈尔滨市道外区三棵树支行 6222520461448802	6325841132302
0103	百峰科技有限责任公司	百峰科技	01	中国农业银行杭州市丰台支行 6212368459679080287	69854232048478
0201	哈尔滨飞羽发展有限公司	飞羽	02	中国农业银行哈尔滨市南岗区和兴支行 62220257278358936	5131310249985
0202	哈尔滨新希望发展有限公司	新希望	02	中国银行哈尔滨市南岗区红博支行 6220025727838956712	53132486431023
0203	哈尔滨黑天鹅家电有限公司	黑天鹅	02	中国建设银行哈尔滨市和兴支行 6223589964571201	53131032132
0301	哈尔滨广汽丰田有限公司	广汽丰田	03	中国建设银行哈尔滨市机场路支行 622310908785313310	100089789634256

（10）结算方式如表 2-11 所示。

表 2-11 结 算 方 式

结算方式编号	结算方式名称	是否票据管理
1	现金结算	否
2	支票	否
201	现金支票	否
202	转账支票	否
3	汇兑	否
301	信汇	否
302	电汇	否
4	银行本票	否
5	银行汇票	否
6	商业承兑汇票	是

（11）存货分类如表 2-12 所示。

表 2-12　　　　　　　　　　　　　存货分类

分类编码	分类名称	分类编码	分类名称
01	大型家电	03	手机
02	小型家电	04	其他

（12）计量单位如表 2-13 所示。

表 2-13　　　　　　　　　　　　　计量单位

计量单位组名称	计量单位编号	计量单位名称
	1	台
	2	个
无换算	3	部
	4	件
	5	辆

（13）存货档案如表 2-14 所示。

表 2-14　　　　　　　　　　　　　存货档案

存货类别	存货编码	存货名称	主计量单位	进项及销项税率	存货属性
	0101	空调（海尔）	台	16%	外购、内销
	0102	洗衣机（三星）	台	16%	外购、内销
大型家电	0103	冰箱（西门子）	台	16%	外购、内销
	0104	液晶电视（夏普）	台	16%	外购、内销
	0105	冰箱（澳柯玛）	台	16%	外购、内销、受托代销
	0201	剃须刀（飞利浦）	个	16%	外购、内销
小型家电	0202	吹风机（飞利浦）	个	16%	外购、内销
	0203	豆浆机（九阳）	台	16%	外购、内销
其他	0401	运费		10%	外购、内销、应税劳务

（14）凭证类别为收、付、转凭证。

（15）仓库档案如表 2-15 所示。

表 2-15　　　　　　　　　　　　　仓库档案

仓库编码	仓库名称	计价方式
01	大型家电仓库	先进先出法
02	小型家电仓库	先进先出法
03	受托代销仓库	先进先出法
04	赠品仓库	先进先出法
05	其他仓库	先进先出法

（16）收发类别如表 2-16 所示。

表 2-16　　　　　　　　收 发 类 别

收发类别编码	收发类别名称	收发标志	收发类别编码	收发类别名称	收发标志
1	入库	收	2	出库	发
101	采购入库	收	201	销售出库	发
102	受托代销入库	收	202	委托代销出库	发
103	退货	收	203	退货	发
104	其他入库	收	204	其他出库	发

（17）采购和销售类型如表 2-17、表 2-18 所示。

表 2-17　　　　　　　　采 购 类 型

采购类型编码	采购类型名称	入库类别
01	普通采购	采购入库
02	代销商进货	受托代销入库
03	退货	退货
04	其他	其他入库

表 2-18　　　　　　　　销 售 类 型

销售类型编码	销售类型名称	出库类别
01	正常销售	销售出库
02	销售退货	销售出库
03	委托代销	委托代销出库
04	其他	其他出库

（18）费用项目如表 2-19 所示。

表 2-19　　　　　　　　费 用 项 目

分类编码	分类名称	费用项目编码	费用项目名称
1	无分类	01	运输费
		02	代销手续费
		03	其他

（19）单据编号设置。修改允许手工改动：采购专用发票票号、采购运费发票票号、销售专用发票票号。

（20）科目设置及辅助核算科目设置如表 2-20 所示。

表 2-20　　　　　　　　科目设置信息

科目编码	科目名称	辅助核算
1001	库存现金	现金科目
1002	银行存款	银行科目

（续表）

科目编码	科目名称	辅助核算
100201	中行存款	银行科目
100202	建行存款	银行科目
1121	应收票据	客户往来
1122	应收账款	客户往来
1123	预付账款	供应商往来
1321	受托代销商品	
1221	其他应收款	个人往来
1402	在途物资	
140201	空调（海尔）	数量核算
140202	洗衣机（三星）	数量核算
140203	冰箱（西门子）	数量核算
140204	液晶电视（夏普）	数量核算
140205	剃须刀（飞利浦）	数量核算
140206	吹风机（飞利浦）	数量核算
140207	豆浆机（九阳）	数量核算
1405	库存商品	
140501	空调（海尔）	数量核算
140502	洗衣机（三星）	数量核算
140503	冰箱（西门子）	数量核算
140504	液晶电视（夏普）	数量核算
140505	剃须刀（飞利浦）	数量核算
140506	吹风机（飞利浦）	数量核算
140507	豆浆机（九阳）	数量核算
1406	发出商品	
140601	空调（海尔）	数量核算
140602	洗衣机（三星）	数量核算
140603	冰箱（西门子）	数量核算
140604	液晶电视（夏普）	数量核算
140605	剃须刀（飞利浦）	数量核算
140606	吹风机（飞利浦）	数量核算
140607	豆浆机（九阳）	数量核算
2201	应付票据	供应商往来
2202	应付账款	
220201	一般应付款	供应商往来
220202	暂估应付款	
2203	预收账款	客户往来
2211	应付职工薪酬	

（续表）

科目编码	科目名称	辅助核算
221101	工资	
221102	职工福利费	
221103	非货币性福利	
221104	五险一金	
22110401	企业部分	
22110402	个人部分	
221106	工会经费	
221107	职工教育经费	
221108	其他	
2221	应交税费	
222101	应交增值税	
22210101	进项税额	
22210102	销项税额	
22210103	进项税额转出	
22210104	转出未交增值税	
222102	未交增值税	
222103	应交消费税	
222104	应交城建税	
222105	应交教育费附加	
222106	应交地方教育附加	
222107	应交个人所得税	
222108	应交企业所得税	
2314	受托代销商品款	
4104	利润分配	
410401	未分配利润	
6001	主营业务收入	
600101	空调（海尔）	数量核算
600102	洗衣机（三星）	数量核算
600103	冰箱（西门子）	数量核算
600104	液晶电视（夏普）	数量核算
600105	剃须刀（飞利浦）	数量核算
600106	吹风机（飞利浦）	数量核算
600107	豆浆机（九阳）	数量核算
6401	主营业务成本	
640101	空调（海尔）	数量核算
640102	洗衣机（三星）	数量核算
640103	冰箱（西门子）	数量核算

（续表）

科目编码	科目名称	辅助核算
640104	液晶电视(夏普)	数量核算
640105	剃须刀(飞利浦)	数量核算
640106	吹风机(飞利浦)	数量核算
640107	豆浆机(九阳)	数量核算
6601	销售费用	
660101	工资	部门核算
660102	福利费	部门核算
660103	广告费	部门核算
660104	折旧费	部门核算
660105	招待费	部门核算
660106	手续费	部门核算
660107	其他	部门核算
6602	管理费用	
660201	工资	部门核算
660202	福利费	部门核算
660203	办公费	部门核算
660204	折旧费	部门核算
660205	招待费	部门核算
660206	差旅费	部门核算
660207	其他	部门核算

（四）各模块初始设置

1. 采购管理模块

（1）参数设置:普通业务必有订单,启用受托代销业务;允许超请购单订货。

（2）初始设置:单据进入方式采用最后一张单据形式。

（3）期初数据(见表2-21)录入并记账。

表2-21　　　　　　　　　　　采购业务期初数据

日　期	供　应　商	名称	型号	数量(台)	暂估单价(元)
2018.04.25	苏宁科技股份有限公司黑龙江分公司	液晶电视(夏普)	YJ-01	10	10 000.00

2. 销售管理模块

（1）参数设置:有委托代销业务,有零售日报业务,有分期收款业务,有直运业务;取消销售生成出库单;取消报价含税;允许超发货量开票。

（2）初始设置:新增发票参照发货单;单据进入方式采用最后一张单据形式。

（3）期初数据:无期初数。

3. 库存管理模块

（1）参数设置：采购入库审核时改现存量；销售出库审核时改现存量；允许超发货单出库。

（2）初始设置：单据进入方式采用最后一张单据形式。

（3）期初数据（见表 2-22）录入并批量审核。

表 2-22　库存期初数据

仓库	仓库编码	存货编码	存货名称	主计量单位	数量	单价（元）	金额（元）
大型家电	01	0101	空调（海尔）	台	50	3 850.00	192 500.00
		0102	洗衣机（三星）	台	50	4 500.00	225 000.00
		0103	冰箱（西门子）	台	50	7 500.00	375 000.00
		0104	液晶电视（夏普）	台	50	10 000.00	500 000.00
小型家电	02	0201	剃须刀（飞利浦）	个	250	90.00	22 500.00
		0202	吹风机（飞利浦）	个	100	55.00	5 500.00
		0203	豆浆机（九阳）	台	100	185.00	18 500.00
合　计	—	—	—	—	—	—	1 339 000.00

4. 存货核算模块

（1）参数设置：①销售成本核算方式为按销售出库单进行核算；②暂估方式为单到回冲；③委托代销成本核算方式为按发出商品核算。

（2）期初数据录入并记账：引入库存管理系统中大型家电仓库及小型家电仓库的数据，并进行期初记账。

5. 应收系统模块

（1）参数设置：坏账处理方式调整为应收账款余额百分比法。

（2）初始设置。①基本科目设置：应收科目为 1122，预收科目为 2203，税费科目为 22210102，商业及银行承兑科目均为 1121；②控制科目设置：所有客户应收科目设置为 1122、预收科目设置为 2203；③结算方式科目设置：现金结算对应 1001，其他结算方式均对应 100202；④坏账准备设置：提取比例为 0.5%，坏账准备期初余额为 250.00 元，坏账准备科目为 1231，对方科目为 6701。

（3）期初数据："应收账款（1122）"期初余额表如表 2-23 所示。

表 2-23　"应收账款（1122）"期初余额表

日期	单据类型	客户	摘要	金额（元）	业务员
2018-03-05	其他应收单	黑天鹅	其他应收款	50 000.00	陈　菲

6. 应付系统模块

（1）初始设置。①基本科目设置：应付科目为 220201，预付科目为 1123，税费科目为 2221，承兑汇票科目为 2201；②控制科目设置：所有供应商应付科目设置为 220201、预付科目设置为 1123；③结算方式科目设置：现金对应 1001，其他结算方式均对应 100202。

（2）无期初余额。

7. 总账期初余额表

总账期初余额表如表 2-24 所示。

表 2-24　　　　　　　　　　　　　　　　　　总账期初余额表

科　目　名　称	方　向	币别/计量	期初余额（元）
库存现金（1001）	借		9 532.80
银行存款（1002）	借		3 025 698.00
建行存款（100202）	借		3 025 698.00
其他货币资金（1012）	借		200 000.00
交易性金融资产（1101）	借		1 100 000.00
应收账款（1122）	借		50 000.00
坏账准备（1231）	贷		250.00
库存商品（1405）	借		1 339 000.00
空调（海尔）（140501）	借		192 500.00
	借	台	50
洗衣机（三星）（140502）	借		225 000.00
	借	台	50
冰箱（西门子）（140503）	借		375 000.00
	借	台	50
液晶电视（夏普）（140504）	借		500 000.00
	借	台	50
剃须刀（飞利浦）（140505）	借		22 500.00
	借	个	250
吹风机（飞利浦）（140506）	借		5 500.00
	借	个	100
豆浆机（九阳）（140507）	借		18 500.00
	借	台	100
固定资产（1601）	借		2 232 500.00
累计折旧（1602）	贷		326 040.00
短期借款（2001）	贷		200 000.00
应付账款（2202）	贷		100 000.00
暂估应付款（220202）	贷		100 000.00
应交税费（2221）	贷		729 451.00
未交增值税（222102）	贷		465 000.00
应交城建税（222104）	贷		32 550.00
应交教育费附加（222105）	贷		13 950.00
应交地方教育附加（222106）	贷		9 300.00
应交个人所得税（222107）	贷		8 651.00
应交企业所得税（222108）	贷		200 000.00
长期借款（2501）	贷		500 000.00
实收资本（4001）	贷		5 000 000.00
资本公积（4002）	贷		200 000.00
利润分配（4104）	贷		905 989.80
未分配利润（410401）	贷		905 989.80

8. 总账中"其他应收款"账户期初余额录入

"其他应收款"账户期初余额如表 2-25 所示。

表 2-25   "其他应收款"账户期初余额

日 期	个人姓名	摘 要	方 向	余额（元）
2018.04.25	黄颖露	出差借款	借	5 000.00

9. 总账中"应收账款"科目期初余额录入

使用期初引入功能完成录入。

10. 期初对账

（1）进行库存管理系统与存货核算系统对账。

（2）进行总账系统内部对账。

（3）进行总账期初试算平衡。

二、任务操作

（一）启动系统管理

系统管理员负责整个应用系统的总体控制和维护工作，可以管理该系统中所有的账套。以系统管理员身份注册进入，可以进行账套的建立、引入和输出，设置用户、角色和权限，设置备份计划。

第一次进入系统时，需要以系统管理员的身份注册进入系统，才能进行操作处理。具体操作步骤如下：

（1）执行"开始"—"程序"—"用友 ERP-U8"—"系统服务"—"系统管理"命令，启动系统管理。

（2）执行"系统(S)"—"注册(R)"命令，打开"用友 U8［系统管理］"对话框，如图 2-1所示。

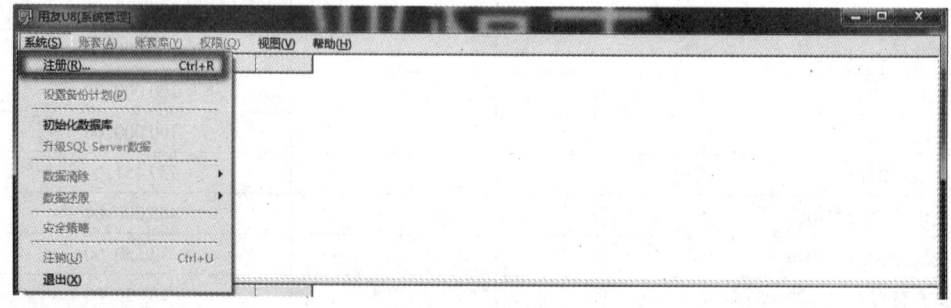

图 2-1 "用友 U8［系统管理］"对话框

（3）系统中预先设定了一个系统管理员"admin"，第一次运行时，系统管理员密码为空，选择账套数据源"（default）"单击"登录"按钮，如图 2-2 所示，以系统管理员身份进入系统管理。

（4）为了保证系统的安全性，在"用友 U8［系统管理］"对话框中，可以设置或更改管理员的密码。如设置系统管理员密码为"147258369"的操作步骤如下：①选中"改密码"复选框，单击"确定"按钮。②打开"设置操作员密码"对话框，在"新密码"和"确认新密码"后面的输入区中均输入"147258369"，如图 2-3 所示。③单击"确定"按钮，返回系统管理。

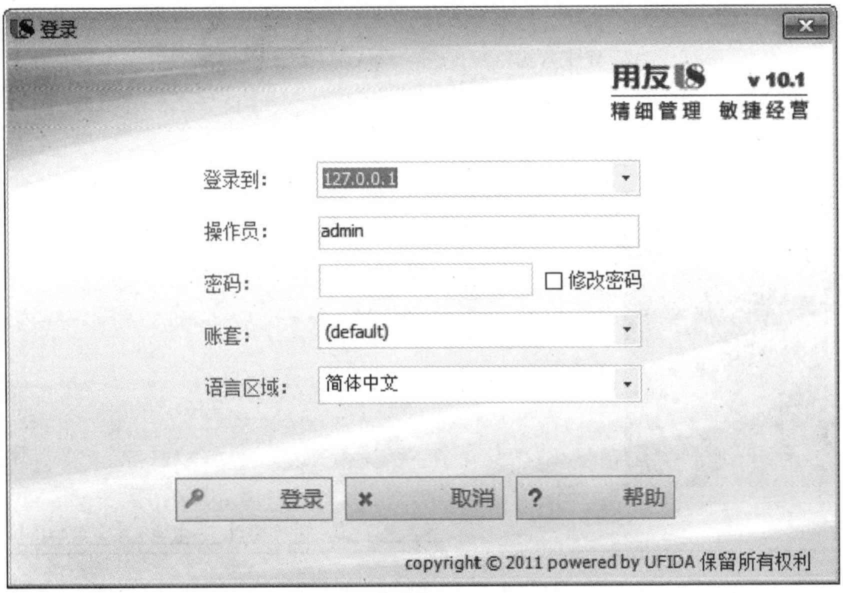

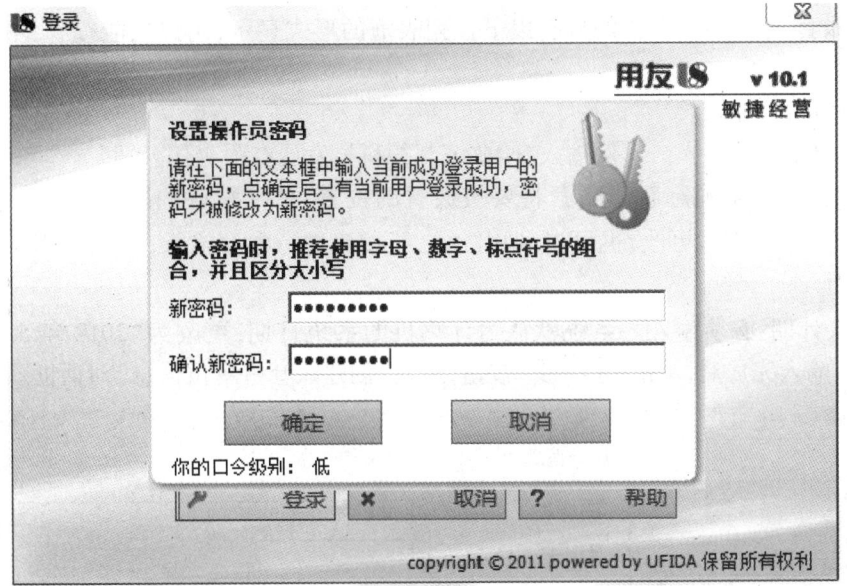

图 2-2 以系统管理员身份登录

图 2-3 修改密码

注意:

★ 一定要牢记设置的系统管理员密码,否则无法以系统管理员的身份进入系统管理,也就不能执行账套数据的引入和输出。

★ 考虑实际教学环境,建议不要设置系统管理员密码。

★ 第一次使用软件在登录时的用户只能是"admin"。

(二)建立账套

1. 打开"创建账套"对话框

以系统管理员的身份执行"账套"—"建立"命令,打开"创建账套"对话框,如图 2-4 所示。

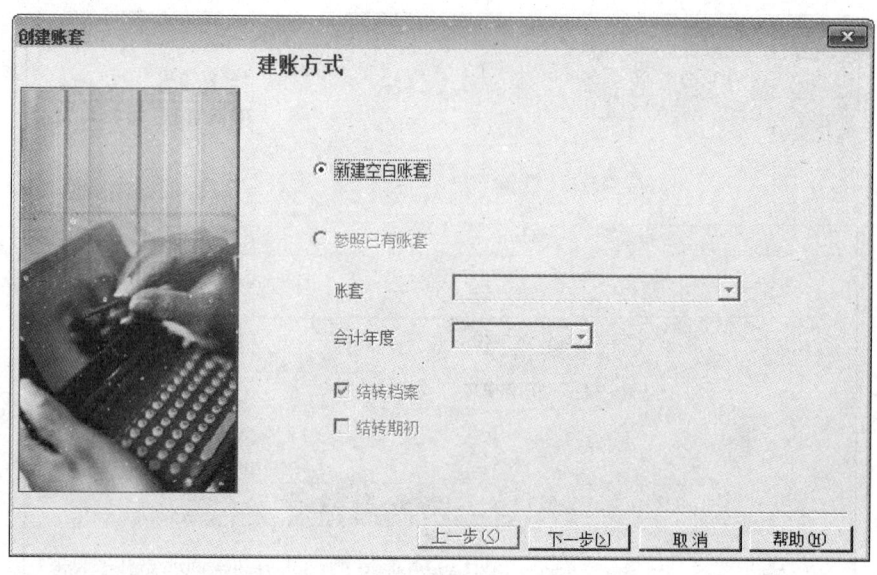

图 2-4 "创建账套"对话框

2. 输入账套信息

已存账套:系统将已存在的账套以下拉列表框的形式显示,用户只能查看,不能输入或修改。

账套号:必须输入。

账套名称:必须输入。本例输入"哈尔滨邦德科技发展有限责任公司"。

账套路径:用来确定新建账套将要被放置的位置,系统默认的路径为"C:\U8SOFT\Admin",用户可以人工更改,也可以利用"   ..."按钮进行参照输入,本例采用系统的默认路径。

启用会计期:必须输入。系统默认为计算机的系统日期,更改为"2018 年 5 月",如图2-5 所示。输入完成后,单击"下一步"按钮,进入"创建账套—单位信息"对话框。

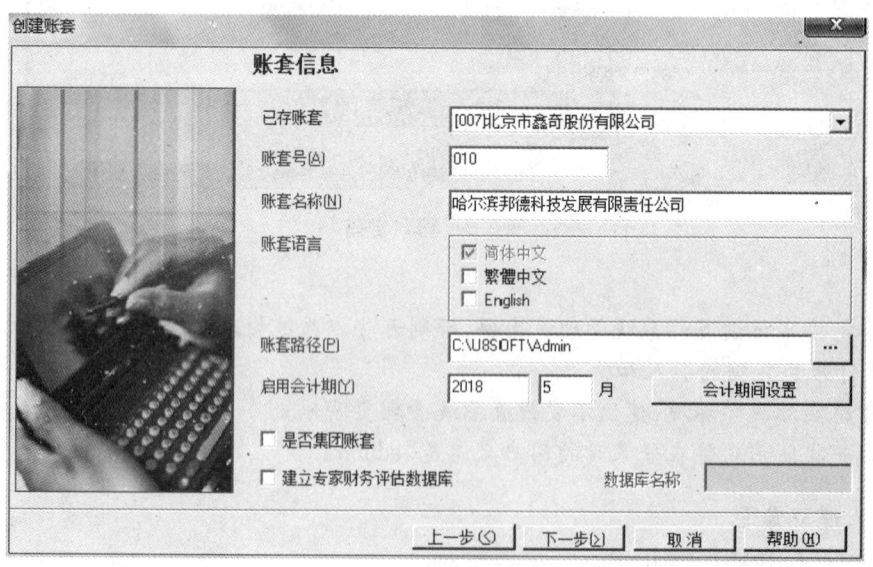

图 2-5 输入账套信息

注意：

★ 账套号是区别不同账套的唯一标识,可以自行设置 3 位数字,但不允许与已有账套的账套号重复,账套号设置后将不允许修改。

★ 账套名称是账套的另一种标识方法,它将与账套号一起显示在系统正在运行的屏幕上,账套名称可以自行设置,并可以由账套主管在修改账套功能中进行修改。

★ 建立账套时,系统会将启用会计期间自动默认为系统时间,应注意根据所给资料进行修改,否则将会影响企业的系统初始化及日常业务处理等内容的操作。

3. 输入单位信息

单位名称:用户单位的全称,必须输入。企业全称只在发票打印时使用,其余情况全部使用企业的简称。本例输入"哈尔滨邦德科技发展有限责任公司"。

单位简称:用户单位的简称,最好输入。本例输入"邦德科技"。其他栏目都属于任选项,参照案例资料输入即可,如图 2-6 所示。输入完成后,单击"下一步"按钮,进行核算类型设置。

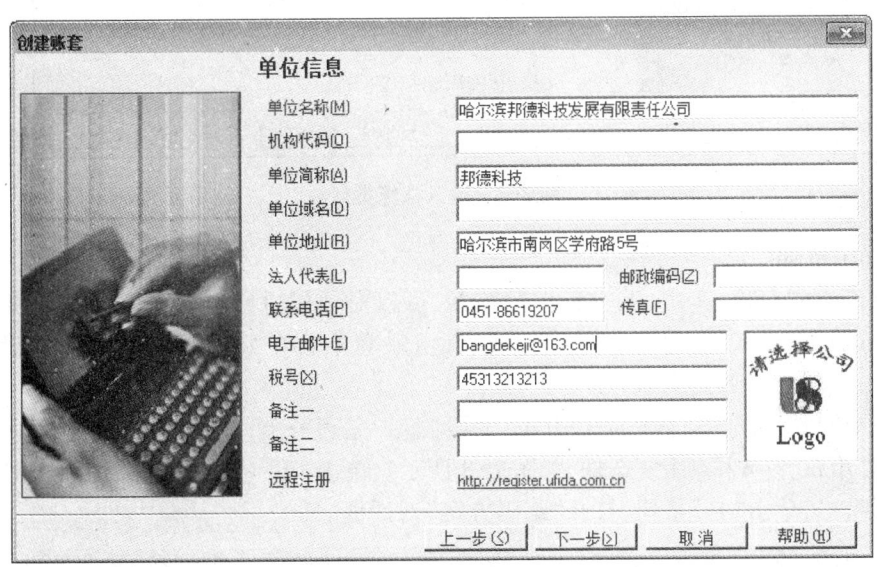

图 2-6　输入单位信息

注意：

★ 单位信息中"单位名称"是必须录入的。必须录入的信息以蓝色字体标识。

★ "单位名称"应录入企业的全称,以便打印发票时使用。

4. 输入核算类型

本币代码:必须输入。本例采用系统默认值"RMB"。

本币名称:必须输入。本例采用系统默认值"人民币"。

企业类型:用户必须从下拉列表框中选择输入。系统提供了工业、商业两种类型。如选择工业类型,则系统不能处理受托代销业务;如果选择商业类型,委托代销和受托代销业务可以处理。本例选择"商业"类型。

行业性质:用户必须从下拉列表框中选择输入,系统按照所选择的行业性质预置科目,本例选择行业性质为"2007 年新会计制度科目"。

账套主管:必须从下拉列表框中选择输入。本例选择"[demo]demo"。

按行业性质预置科目:如果用户希望预置所属行业的标准一级科目,则选中该复选框,本例选择"按行业性质预置科目[S]"复选框,如图2-7所示。输入完成后,单击"下一步"按钮,进行基础信息设置。

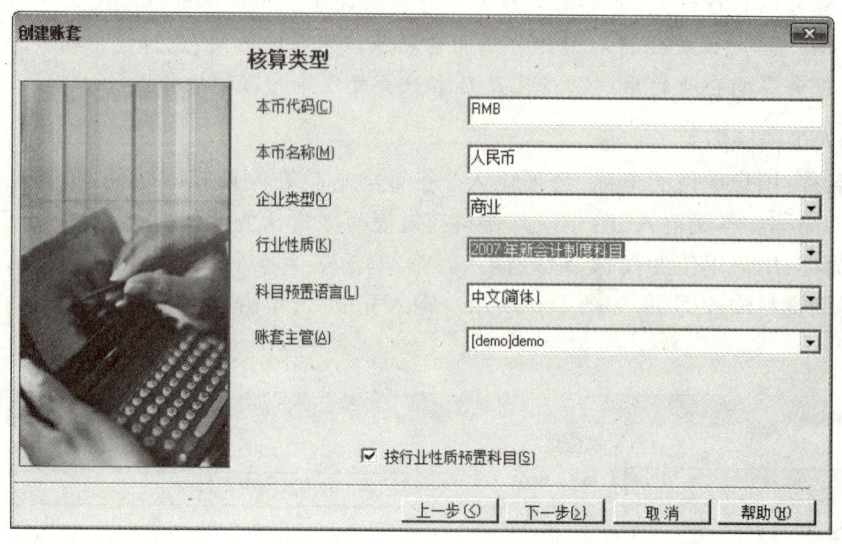

图2-7　输入核算类型

5. 确定基础信息

如果单位的存货、客户、供应商相对较多,可以对他们进行分类核算。如果此时不能确定是否进行分类核算,也可以建账完成后,由账套主管在"修改账套"功能中设置分类核算。

按照本例要求,选中"存货是否分类[V]""客户是否分类[C]""供应商是否分类[P]"和"有无外币核算[A]"4个复选框,如图2-8所示。单击"下一步"按钮。系统提示"可以创建账套了吗?",单击"是"按钮,打开"编码方案"对话框。

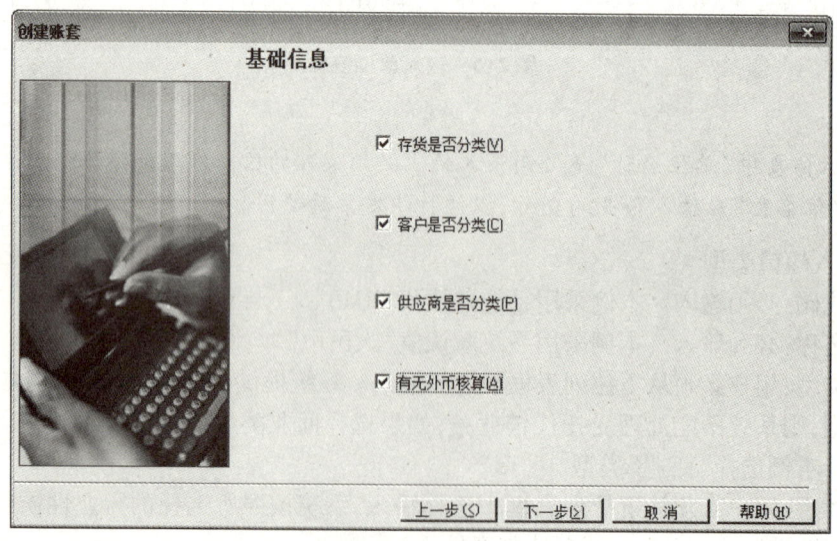

图2-8　确定基础信息

6. 分类编码方案

为了便于对经济业务数据进行分级核算、统计和管理,系统要求预先设置某些基础栏的编码规则,即规定各种编码的级次及各级的长度。按案例资料所给内容修改系统默认值,如图 2-9 所示。单击"保存"按钮,打开"数据精度定义"对话框。

7. 精度定义

数据精度是指定义数据的小数位数,如果需要进行数量核算,需要认真填写该项。本例:存货数量、存货体积、存货重量、存货单价、开票单价、件数及换算率、税率的小数位数均为 2,如图 2-10 所示。单击"确认"按钮,系统弹出"创建账套"提示对话框,单击"是"按钮,进入"系统启用"窗口。

项目	最大级数	最大长度	单级最大长度	第1级	第2级	第3级	第4级	第5级	第6级	第7级	第8级	第9级
科目编码级次	13	40	9		2	2	2	2				
客户分类编码级次	5	12	9	2	3	4						
供应商分类编码级次	5	12	9	2	3	4						
存货分类编码级次	8	12	9	2	2	2	2	3				
部门编码级次	9	12	9	2	2							
地区分类编码级次	5	12	9	2	3	4						
费用项目分类	5	12	9	1	2							
结算方式编码级次	2	3	9	1	2							
货位编码级次	8	20	9	2	3	4						
收发类别编码级次	3	5	5	1	2	1						
项目设备	8	30	9	2	2							
责任中心分类档案	5	30	9	2	2							
项目要素分类档案	6	30	9	2	2							
客户权限组级次	5	12	9	2	3	4						

确定(D)　取消(C)　帮助(P)

图 2-9　修改编码方案

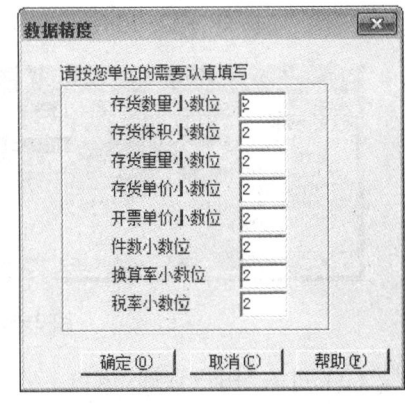

数据精度

请按您单位的需要认真填写

存货数量小数位　2
存货体积小数位　2
存货重量小数位　2
存货单价小数位　2
开票单价小数位　2
件数小数位　2
换算率小数位　2
税率小数位　2

确定(D)　取消(C)　帮助(P)

图 2-10　数据精度定义

8. 启用系统

在"系统启用"窗口中,分别单击选中"总账""应收款管理""应付款管理""销售管理""采购管理""库存管理"和"存货核算"系统,如图 2-11 所示,弹出"日历"对话框,选择系统启用日期为"2018-05-01"。单击"确定"按钮,系统提示"确实要启用当前系统

系统启用

全启　刷新　退出

[010]哈尔滨邦德科技发展有限公司账套启用会计期间2018年5月

系统编码	系统名称	启用会计期间	启用自然日期	启用人
GL	总账	2018-05	2018-05-01	admin
AR	应收款管理	2018-05	2018-05-01	admin
AP	应付款管理	2018-05	2018-05-01	admin
SA	销售管理	2018-05	2018-05-01	admin
PU	采购管理	2018-05	2018-05-01	admin
ST	库存管理	2018-05	2018-05-01	admin
IA	存货核算	2018-05	2018-05-01	admin

图 2-11　"系统启用"窗口

吗?",单击"是"按钮返回。系统弹出提示"请进入企业应用平台进行业务操作!",单击"确定"按钮,返回系统管理窗口。另外分类编码方案、数据精度、系统启用项目可以由账套主管在"企业应用平台"—"基础信息"—"基本信息"中进行修改。

注意:

★ 账套主管可以在建立账套时确定,也可以在操作员权限设置功能中修改。

★ 用户的存货、客户、供应商相对较多,可以对其进行分类核算。

★ 编码规则是指分类编码共分几段,每段有几位。一级至最底层的段数为级次,每级的编码位数称为级长。编码总级长为每级编码级长之和。

★ 建立账套时可以直接启用系统,也可以到企业门户中启用系统。

(三)增加用户

用户是实现会计电算化以后会计软件的使用者。安装软件以后需要设置用户。以系统管理员的身份进入系统,建立用户的编号、姓名,并对每个用户赋予相应的权限。具体操作步骤如下:

(1)以系统管理员的身份注册进入"用友 U8[系统管理][演示版]"窗口,执行"权限"—"用户"命令,图2-12所示。

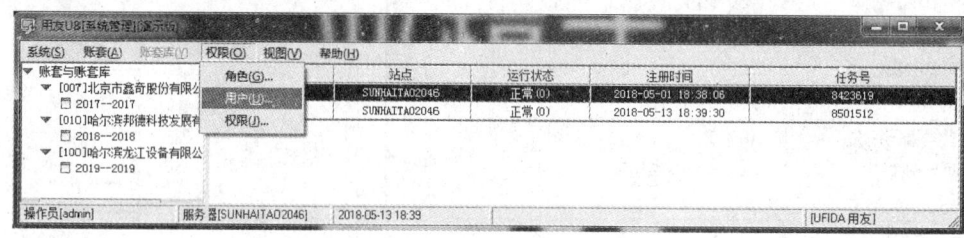

图 2-12　执行"权限"—"用户"命令

(2)进入"用户管理"窗口。

(3)单击工具栏上的"增加"按钮,打开"操作员详细情况"对话框,按案例资料填写。例如填写"王雪滨"并在所属角色中设置为"账套主管",如图2-13所示。每增加一个操作

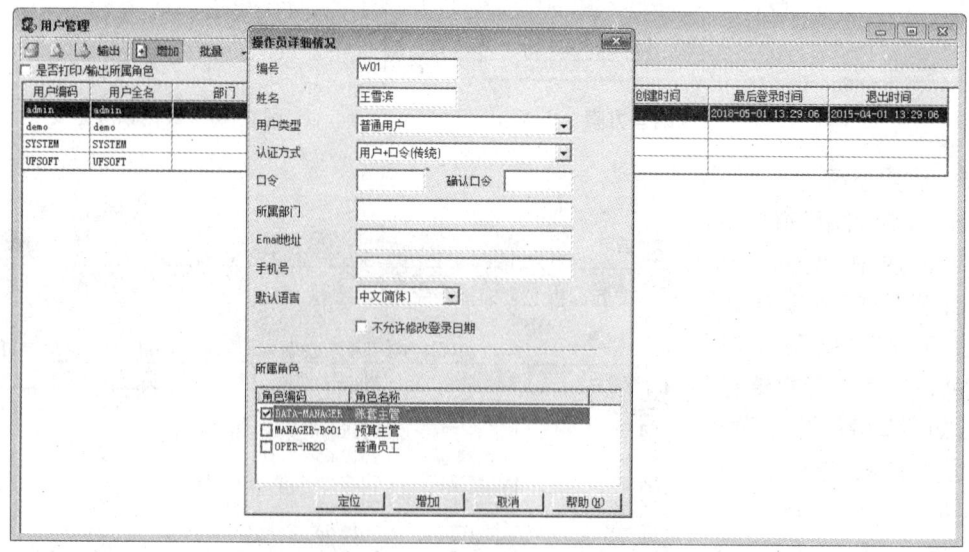

图 2-13　"操作员详细情况"对话框

员完成后,单击"增加"按钮增加下一个操作员。

(4) 最后单击"退出"按钮结束,返回"用户管理"窗口,所有操作员以列表方式显示,如图 2-14 所示。再单击工具栏上的"退出"按钮,返回"用友 U8[系统管理][演示版]"窗口。

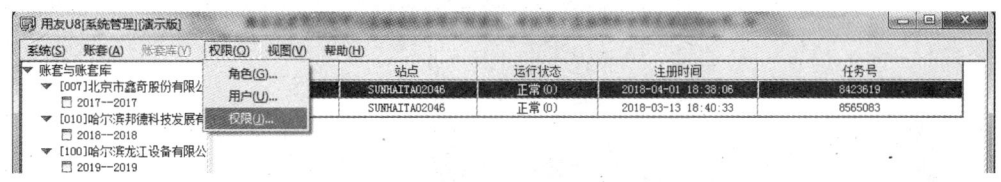

图 2-14 已增加的操作页列表

注意:

★ 系统管理员才有权限设置角色和用户。

★ 用户(操作员)编号在系统中必须唯一,即使是不同的账套,操作员编号也不能重复。设置操作员密码时,为保密起见,输入的密码以" * "号在屏幕上显示。所设置的操作员一旦被引用,便不能被修改和删除。

★ 使用过系统又被调离本企业的操作员可以通过"修改"功能注销当前用户,状态为"注销"的操作员此后不允许再登录本系统。

★ 为保证系统安全,分清责任应设置用户密码。

★ 在设置用户时可以直接指定该用户的角色,使该用户直接拥有该角色相应的权限。如果不指定该用户的角色,则应在权限设置中再设置用户所拥有的某一账套的操作权限。

(四)设置权限

财务分工是指对允许操作软件的用户规定操作权限。在系统使用之前需要对用户进行财务分工,以此来防止与业务无关人员擅自使用软件。系统管理员与账套主管都可以进入系统管理,但权限不完全相同。系统管理员负责指定账套主管,对整个系统的安全和维护工作负责,对账套进行管理,设置用户并进行财务分工。账套主管负责账套的维护工作,对所选年度账套进行管理,并对所选账套的用户进行财务分工。系统管理员进行财务分工的步骤如下:

(1) 执行"权限"—"权限"命令,如图 2-15 所示,进入"操作员权限"窗口。

图 2-15 执行"权限"—"权限"命令

(2) 选择 2018 年度"哈尔滨邦德科技发展有限责任公司"账套。

(3) 从窗口左侧操作员列表中选择"W01",在建立账套时"W01"已经被选为"账套主管",具有账套主管权限。一个账套可以设定多个账套主管。账套主管自动拥有该账套的所有权限。

注意：

★ 只有系统管理员"admin"才有权限设置或取消账套主管。而账套主管则有权对所管辖的账套进行用户的权限设置。

★ 设置权限时应注意分别选中"账套"及相应"用户"。

★ 账套主管拥有该账套的所有权限，因此不需要为账套主管另外授权。

★ 一个账套可以有多个账套主管。

（4）选择"W02"，单击工具栏上的"修改"按钮，选中各项目后单击"保存"按钮，如图 2-16 所示。

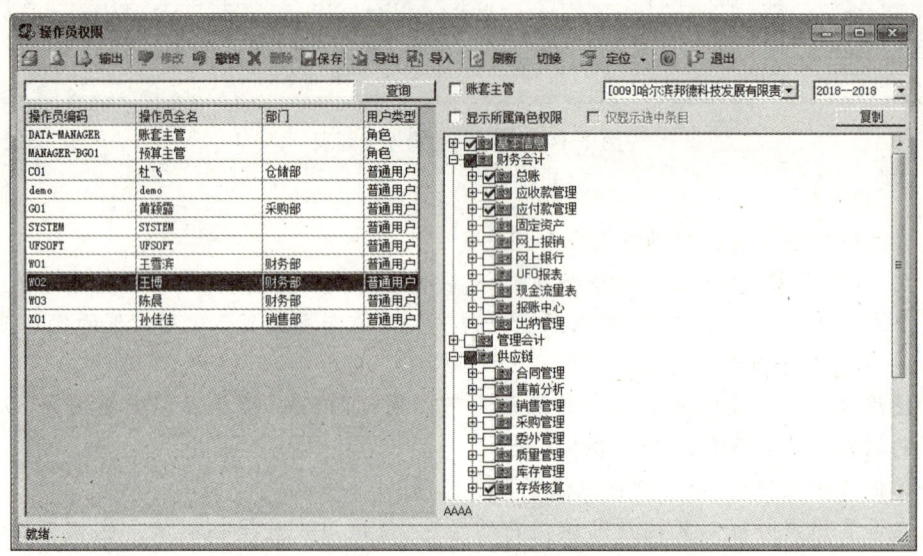

图 2-16　修改"W02"权限

（5）选择"W03"，单击工具栏上的"修改"按钮，选中各项目后单击"保存"按钮，如图 2-17 所示。

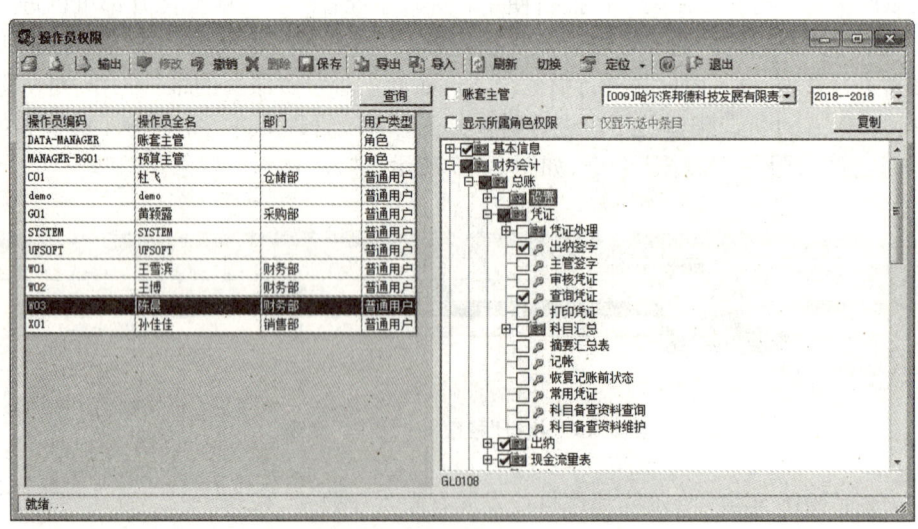

图 2-17　修改"W03"权限

（6）选择"X01"，单击工具栏上的"修改"按钮，选中各项目后单击"保存"按钮，如图2-18所示。

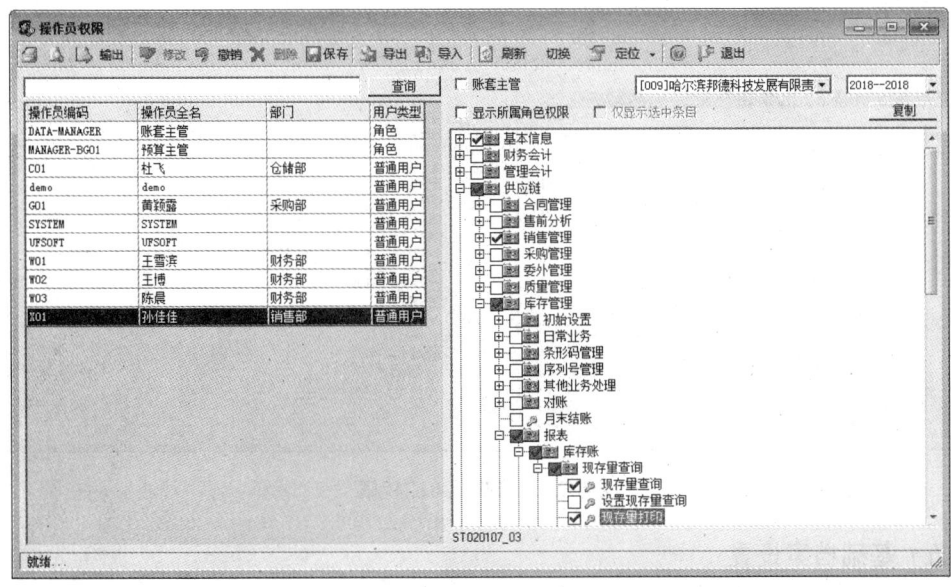

图2-18 修改"X01"权限

（7）选择"C01"，单击工具栏上的"修改"按钮，选中各项目后单击"保存"按钮，如图2-19所示。

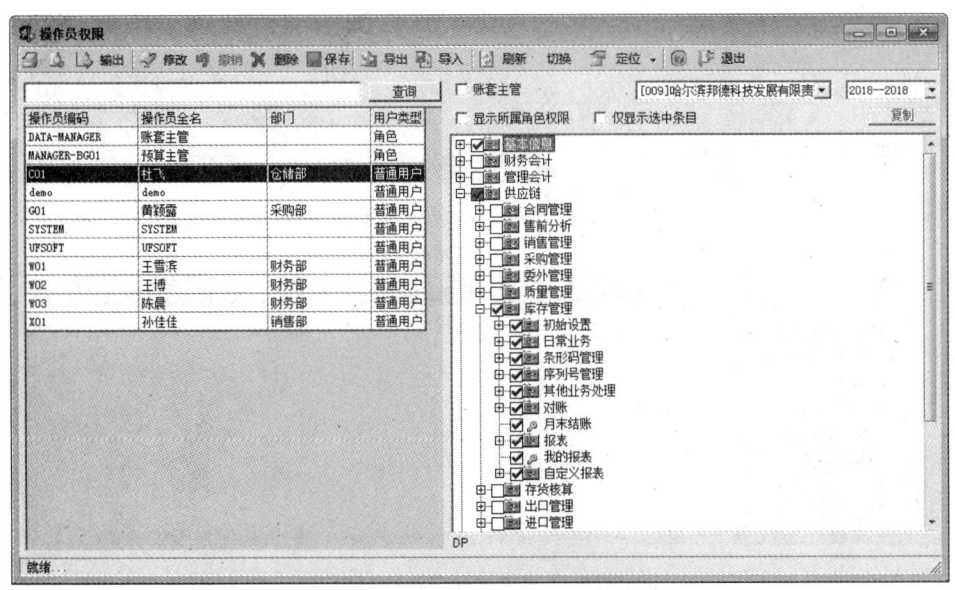

图2-19 修改"C01"权限

（8）选择"G01"，单击工具栏上的"修改"按钮，选中各项目后单击"保存"按钮，如图2-20所示。

（9）单击工具栏上的"退出"按钮，返回系统管理。

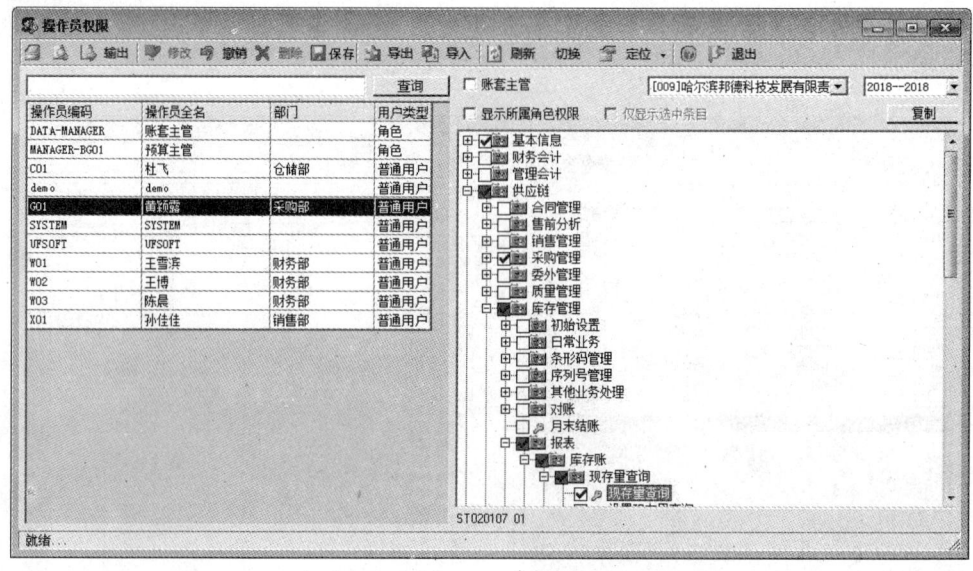

图 2-20　修改"G01"权限

（五）基础档案设置

1. 设置市单位开户银行信息

在企业应用平台"基础设置"页签中,执行"基础档案"—"收付结算"—"本单位开户银行"命令,即进入"本单位开户银行"窗口。单击"增加"按钮,依次输入"编码""银行账号""账户名称"及"开户银行"等信息,如图 2-21 所示。

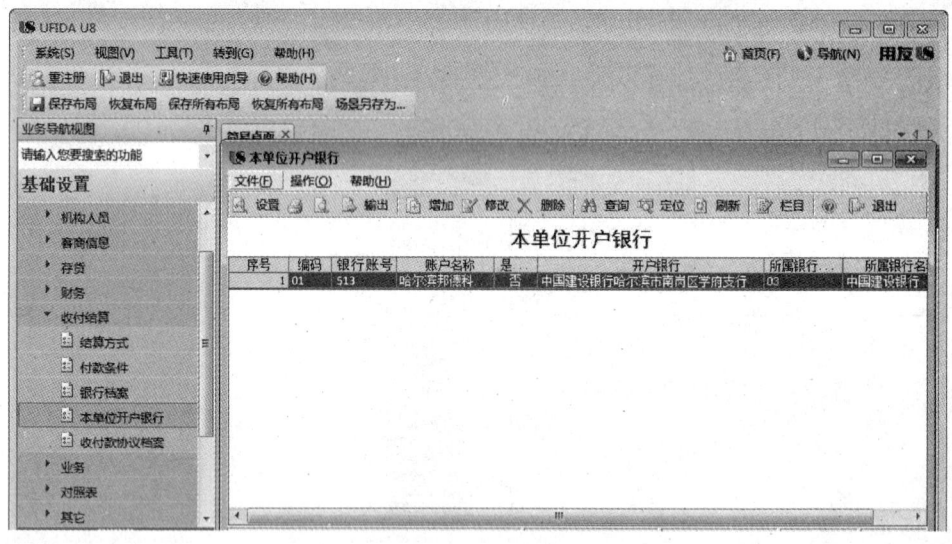

图 2-21　"本单位开户银行"窗口

2. 设置部门档案

在企业应用平台"基础设置"页签中,执行"基础档案"—"机构人员"—"部门档案"命令,即进入"部门档案"窗口。单击"增加"按钮,部门编码为"01",部门名称为"办公室",然后单击"保存"按钮。重复前面的操作继续录入其他部门,系统显示已录入的部门档案,如图 2-22 所示。

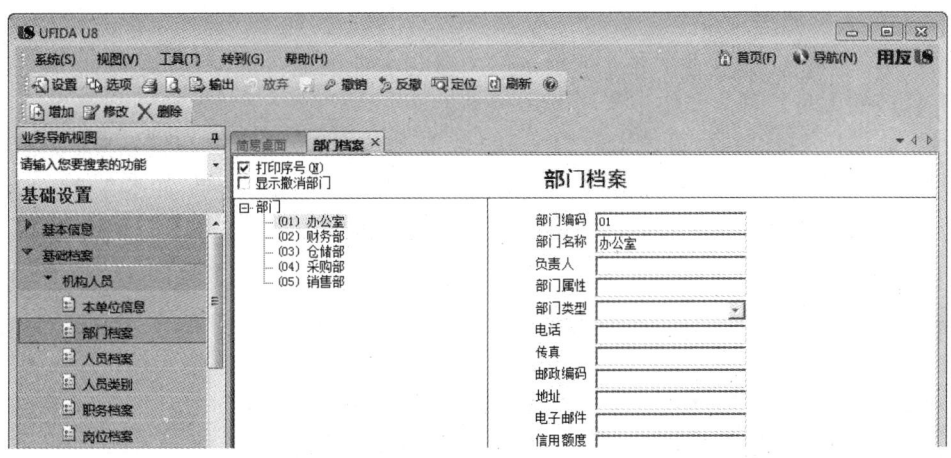

图 2-22 "部门档案"窗口

注意:

★ 部门编码必须符合编码原则。

★ 由于在设置部门档案时未建立职员档案,因此不能选择输入负责人信息。待职员档案建立完成后,通过"修改"功能补充输入负责人信息。

★ 部门档案资料一旦被使用将不能被修改或删除。

3. 设置人员类别

(1)在企业应用平台"基础设置"页签中,执行"基础档案"—"机构设置"—"人员类别"命令,即进入"人员类别"窗口。

(2)在左边窗口中选择"正式工"人员类别,单击"增加"按钮,出现"修改档案项"对话框,输入档案编码为"10101",档案名称为"管理人员"。然后单击"确定"按钮,如图 2-23 所示。重复前面的操作继续录入其他人员类别,系统显示已录入的人员类别。

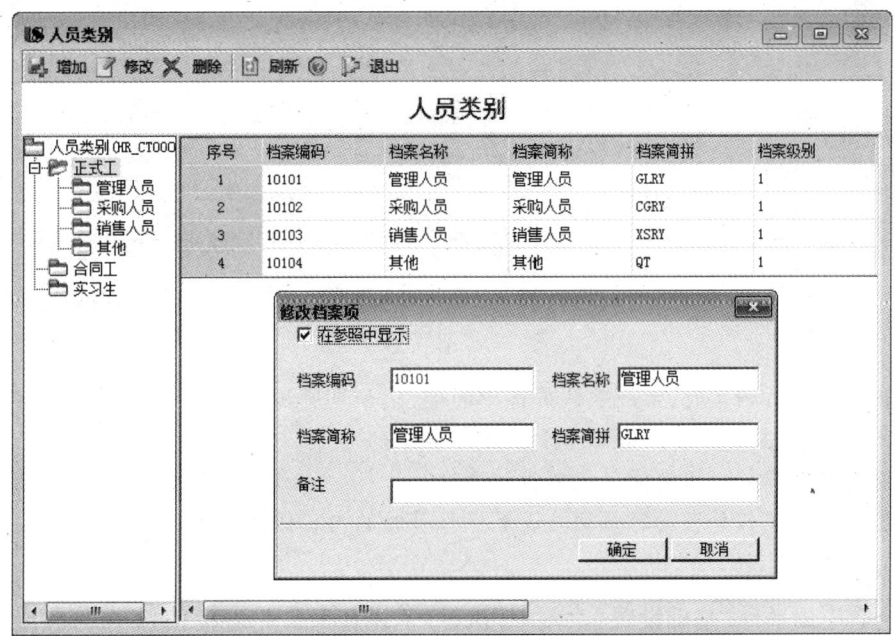

图 2-23 "人员类别"窗口

4. 设置人员档案

系统中"职员"是指企业的各个职能部门中参与企业的业务活动,且需要对其进行核算和业务管理的人员。具体操作步骤如下:

在企业应用平台"基础设置"页签中,执行"基础档案"—"机构人员"—"人员档案"命令,即进入"人员档案"窗口。单击"增加"按钮,填写"101"的档案结果,如图 2-24 所示。重复前面的操作继续录入其他人员档案,系统显示已录入的人员档案,如图 2-25 所示。

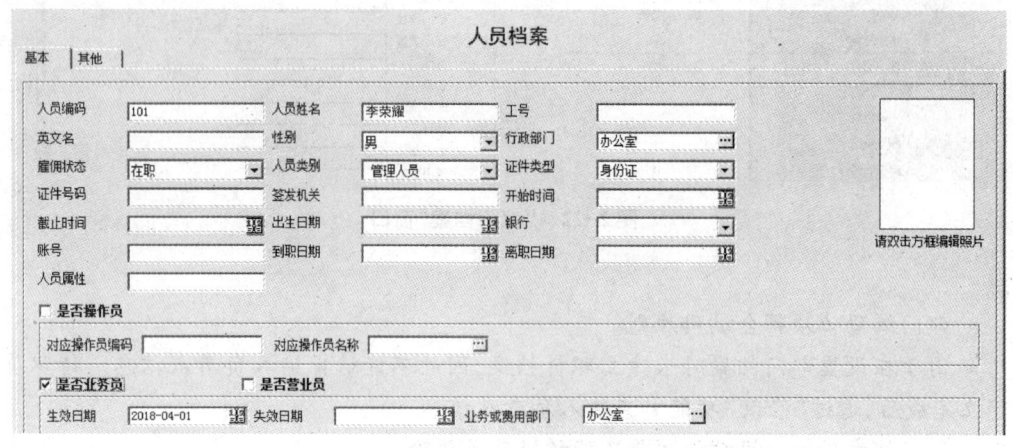

图 2-24 "人员档案"窗口

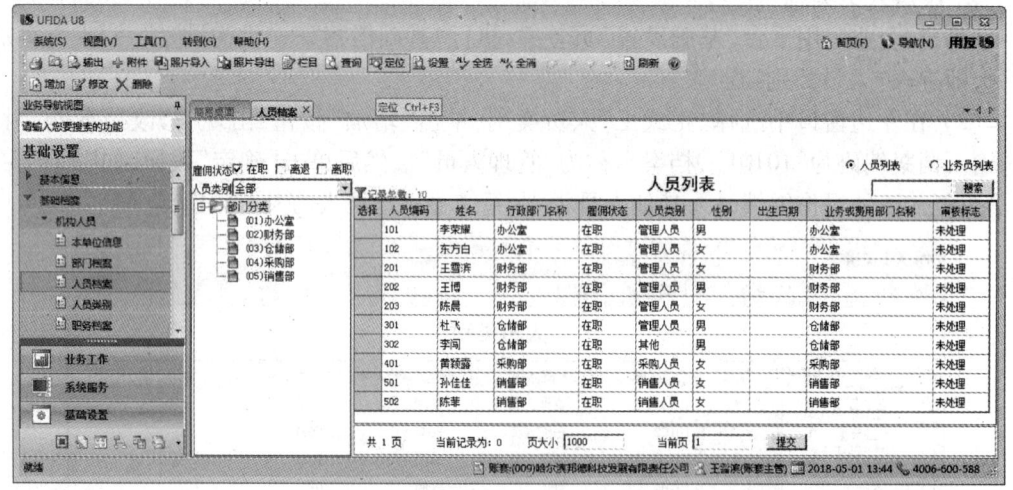

图 2-25 已录入的人员档案

注意:

★ 在录入人员档案时,系统默认被选中的部门,如果所属部门不符合要求应在删除已选中的部门后,再单击参照按钮重新选择相应的部门。

★ 职员档案资料一旦被使用将不能被删除。

★ 增加账套操作员档案时必须与设置操作员时的内容保持一致。

5. 设置地区分类

在企业应用平台"基础设置"页签中,执行"基础档案"—"客商信息"—"地区分类"命令,即进入"地区分类"窗口。单击"增加"按钮,填写"01"的档案结果,如图 2-26 所示。

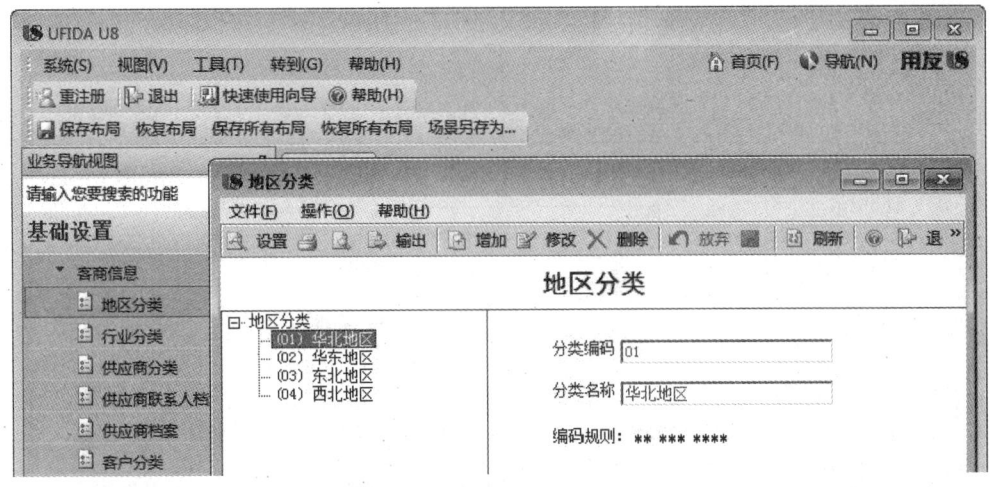

图 2-26 "地区分类"窗口

6. 设置客户分类

在企业应用平台"基础设置"页签中,执行"基础档案"—"客商信息"—"客户分类"命令,即进入"客户分类"窗口。单击"增加"按钮,填写"01"的档案结果,如图 2-27 所示。

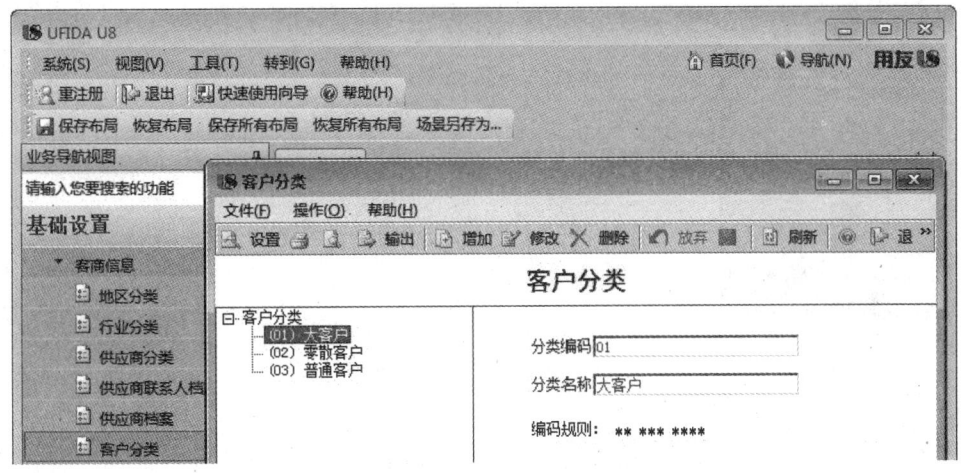

图 2-27 "客户分类"窗口

7. 设置客户档案

在企业应用平台"基础设置"页签中,执行"基础档案"—"客商信息"—"客户档案"命令,即进入"客户档案"窗口。单击"增加"按钮,填写客户的档案。

建立客户档案时,客户开户银行及账号需要增加完客户档案后再单击"银行"按钮,打开"客户银行档案"对话框,录入资料,如图 2-28 所示。按以上的方法录入其他客户档案,如图 2-29 所示。

注意:

★ 客户编码简称和所属分类必须输入,其他可以忽略。

★ 如果所选客户分类不正确,可以在删除错误的所属分类后单击所属分类栏的参照按钮,重新选择正确的分类。

★ 输入各项内容后,必须单击保存,否则表示放弃。

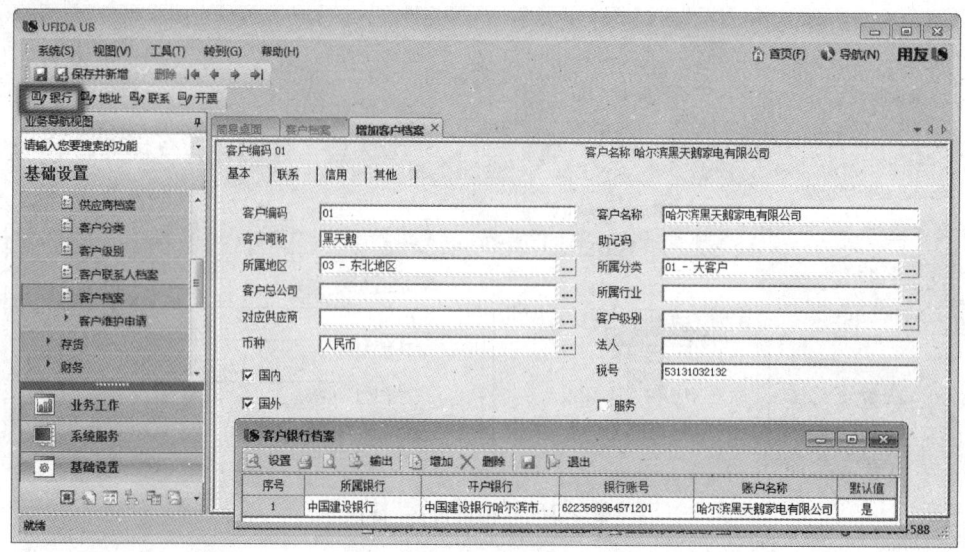

图 2-28 增加客户档案

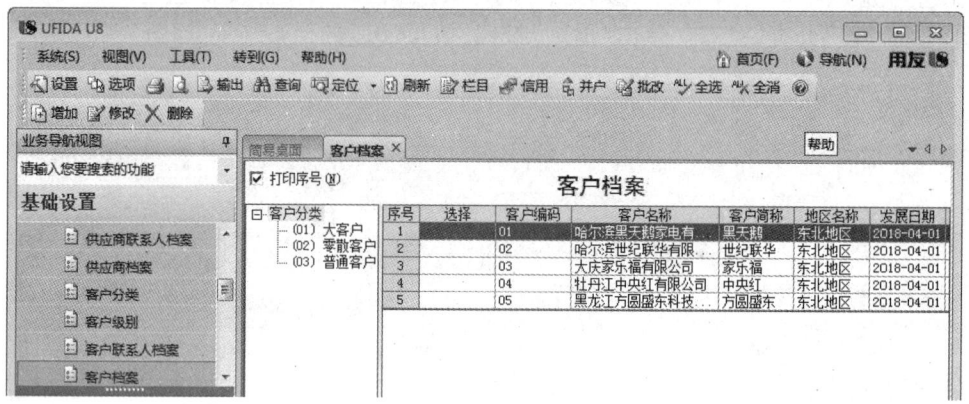

图 2-29 "客户档案"窗口

8. 设置供应商分类

在企业应用平台"基础设置"页签中,执行"基础档案"—"客商信息"—"供应商分类"命令,即进入"供应商分类"窗口。单击"增加"按钮,填写"01"的档案结果,如图 2-30 所示。

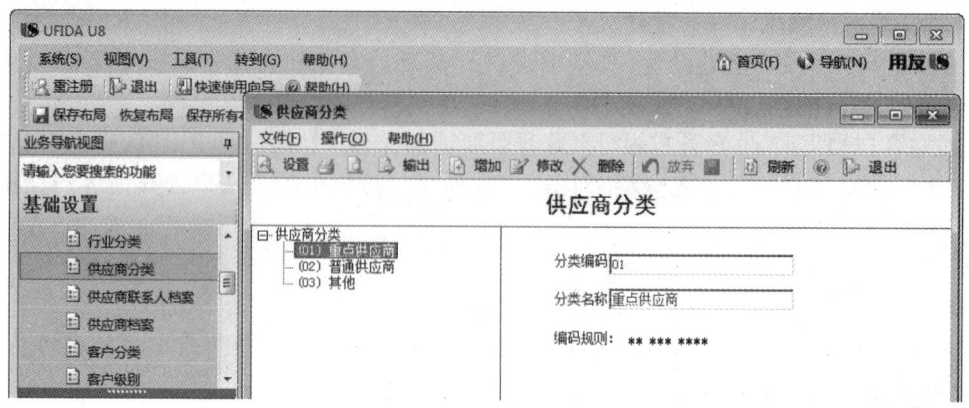

图 2-30 "供应商分类"窗口

9. 设置供应商档案

在企业应用平台"基础设置"页签中，执行"基础档案"—"客商信息"—"供应商档案"命令，即进入"供应商档案"窗口。单击"增加"按钮，填写供应商的档案。建立供应商档案时，开户银行及账号需要增加完供应商档案后再单击"银行"按钮，打开"供应商银行档案"对话框录入，如图 2-31 所示。重复前面的操作继续录入其他客户档案，系统显示已录入的客户档案，如图 2-32 所示。

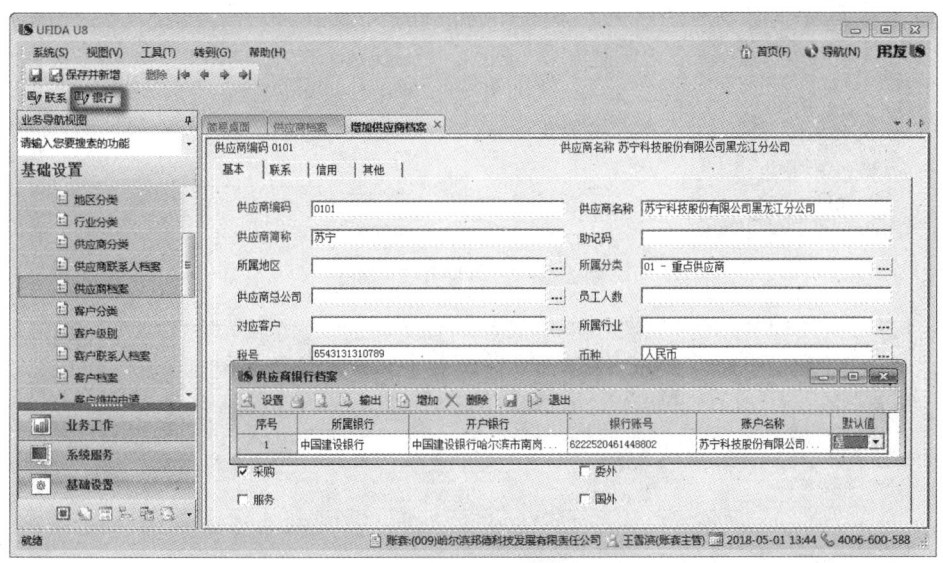

图 2-31　增加供应商档案

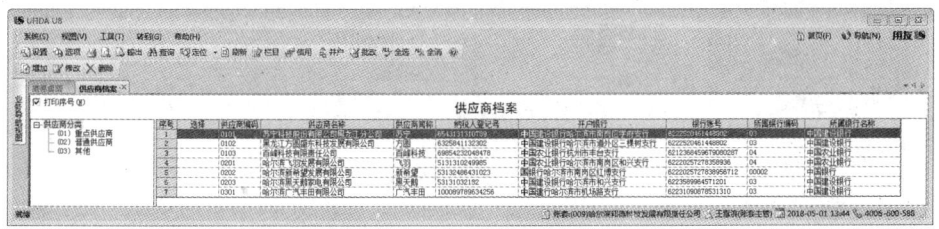

图 2-32　"供应商档案"窗口

注意:

★ 如果所选供应商分类不正确，可以在删除错误的所属分类后单击所属分类栏的参照按钮，重新选择正确的分类。

★ 输入各项内容后，必须单击保存，否则表示放弃。

10. 设置结算方式

在企业应用平台"基础设置"页签中，执行"基础档案"—"收付结算"—"结算方式"命令，即进入"结算方式"窗口。单击"增加"按钮填写"6"的档案结果，如图 2-33 所示。

11. 设置存货分类

（1）在企业应用平台"基础设置"页签中，执行"基础档案"—"存货"—"存货分类"命令，即进入"存货分类"窗口。

（2）单击"增加"按钮，按案例资料录入存货分类情况，如图 2-34 所示。

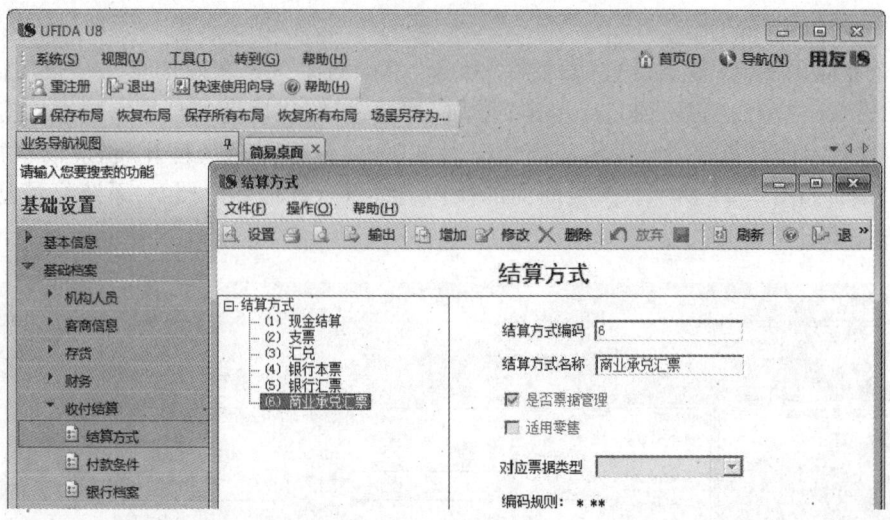

图 2-33 "结算方式"窗口

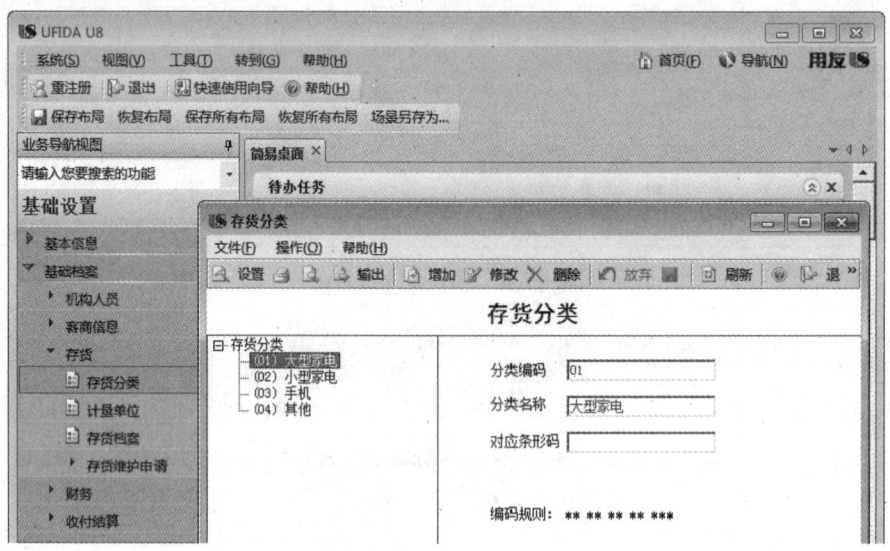

图 2-34 录入存货分类

12. 设置计量单位

（1）在企业应用平台"基础设置"页签中，执行"基础档案"—"存货"—"计量单位"命令，即进入"计量单位"窗口。

（2）单击"分组"按钮，打开"计量单位组"窗口。

（3）单击"增加"按钮，录入计量单位组名称"无换算"，单击"计量单位组类别"栏的下三角按钮，选择"无换算率"。

（4）单击"保存"按钮，再单击"退出"按钮。

（5）单击"单位"按钮，进入"计量单位设置"窗口。

（6）单击"增加"按钮，录入计量单位编码为"1"，计量单位名称为"台"，单击"保存"按钮。

（7）继续录入其他的计量单位内容如图 2-35 所示，录入完成所有的计量单位之后单击"退出"按钮。

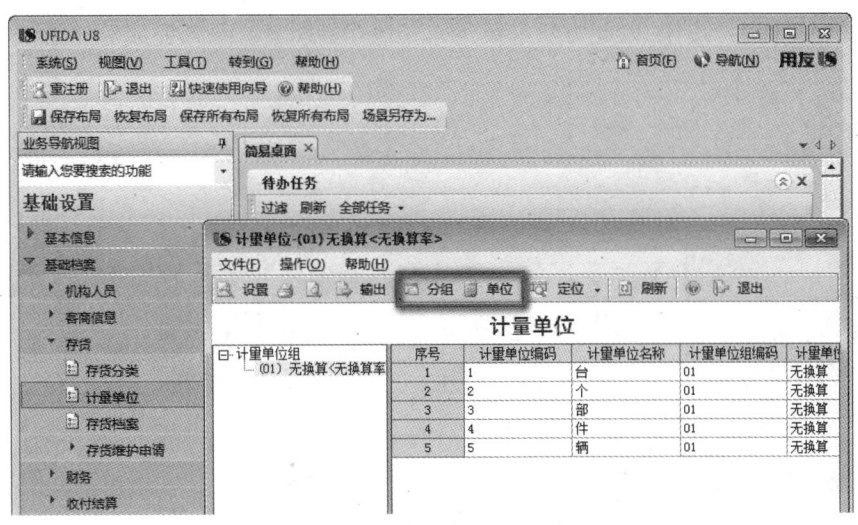

图 2-35　设置计量单位组

注意：

★ 在设置存货档案之前必须先到企业应用平台的"基础档案"中设置计量单位，否则存货档案中没有备选的计量单位，存货档案不能保存。

★ 在设置计量单位时必须先设置计量单位分组再设置各个计量单位组中的计量单位。

★ 计量单位组分为无换算率、固定换算率和浮动换算率 3 种类型。如果需要换算一般将财务计价单位作为主计量单位。

★ 计量单位可以根据需要随时增加。

13. 设置存货档案

（1）在企业应用平台"基础设置"页签中，执行"基础档案"—"存货"—"存货档案"命令，即进入"存货档案"窗口。

（2）单击存货分类中的"原材料"，再单击"增加"按钮，录入存货编码为"101"，存货名称为"空调（海尔）"，单击"计量单位组"栏的参照按钮，选择"01-无换算"，单击"主计量单位"栏的参照按钮，选择"1-台"单击选中"内销"和"外购"前的复选框，如图 2-36 所示。

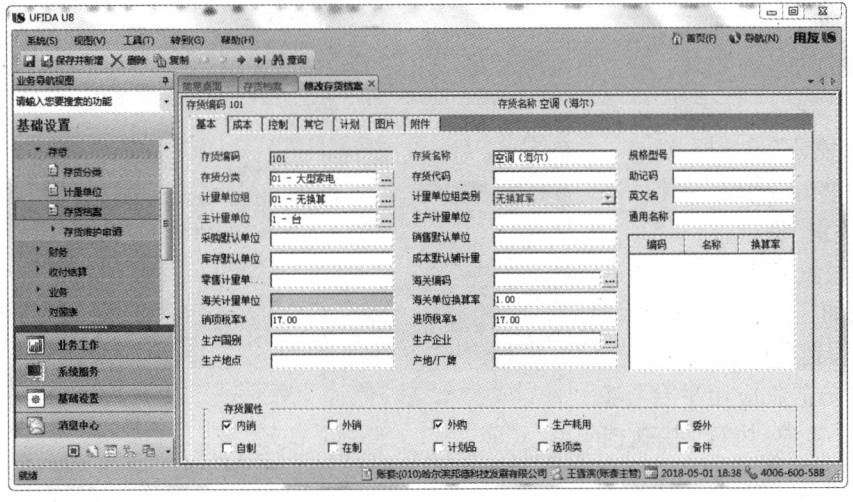

图 2-36　增加存货档案

（3）单击"保存"按钮,以此方法继续录入其他存货档案。录入完成后如图2-37所示。

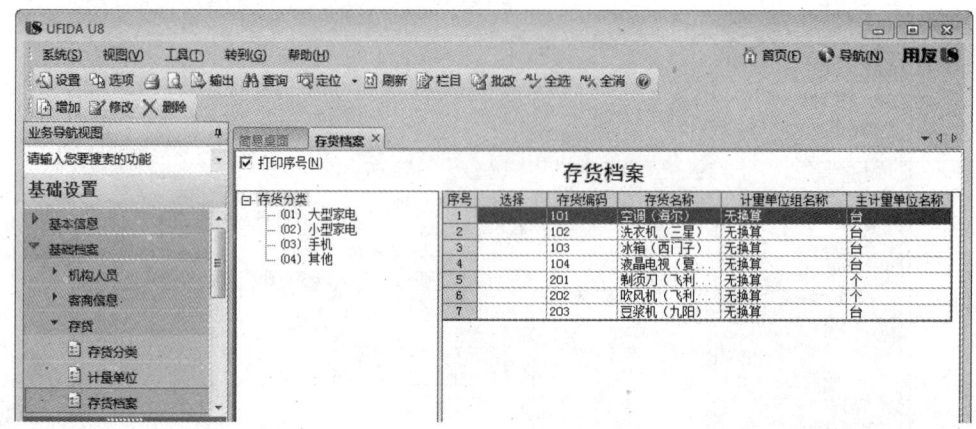

图2-37 "存货档案"窗口

注意：

★ 存货档案在企业应用平台中录入。如果只启用财务系统并且不在应收、应付系统填制发票则不需要设置存货档案。

★ 在录入存货档案时,如果存货类别不符合要求应重新进行选择。

★ 在录入存货档案时,如果直接列示的计量单位不符合要求,应先将不符合要求的计量单位删除,再单击参照按钮就可以在计量单位表中重新选择计量单位。

★ 存货档案中的存货属性必须选择正确,否则,在填制相应单据时就不会在存货列表中出现。

★ 存货档案中的有关成本资料可以在填制单据时列示,如果不录入成本资料,在单据中就能自动列出存货的成本资料。

14. 设置凭证类别

（1）在企业应用平台"基础设置"页签中,执行"基础档案"—"财务"—"凭证类别"命令,即进入"凭证类别预置"对话框,如图2-38所示。

（2）选择"收款凭证 付款凭证 转账凭证"单选框。

（3）单击"确定"按钮,进入"凭证类别"窗口。

（4）设置完成后,单击"退出"按钮,如图2-39所示。

15. 设置仓库档案

（1）在企业应用平台"基础设置"页签中,执行"基础档案"—"业务"—"仓库档案"命令,即进入"仓库档案"窗口。

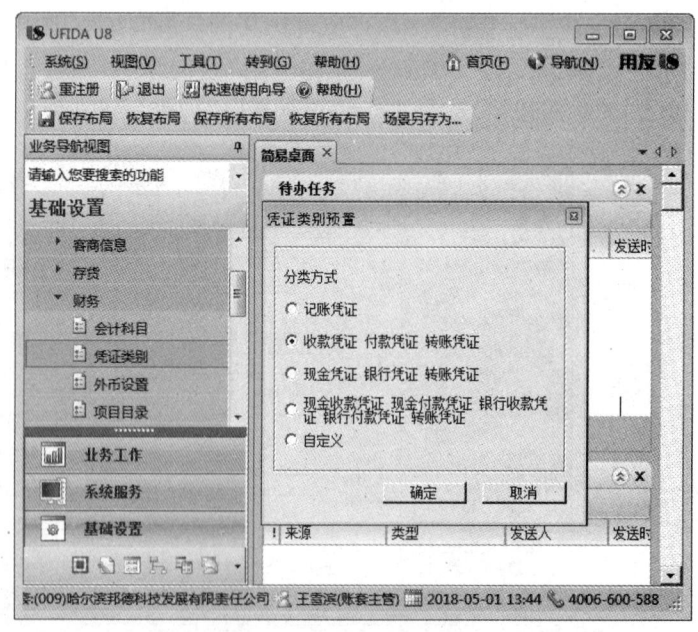

图2-38 "凭证类别预置"对话框

单击"增加"按钮,填写"01"的档案结果,如图 2-40 所示。

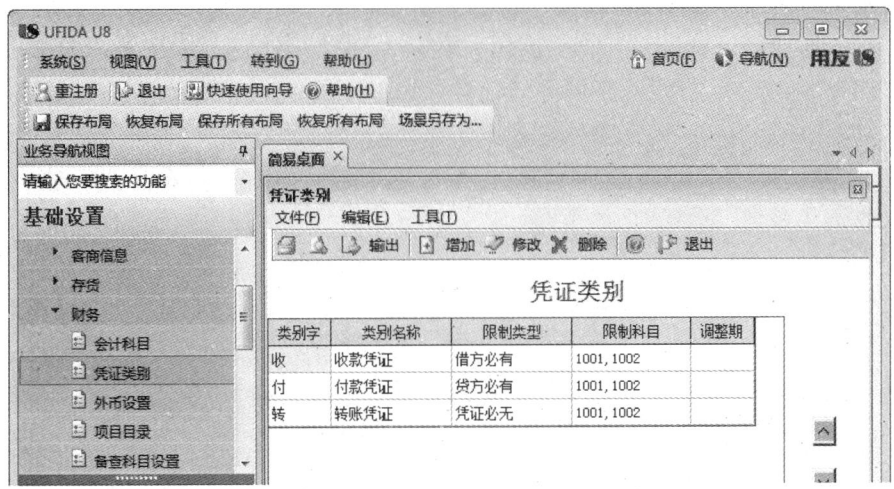

图 2-39 "凭证类别"窗口

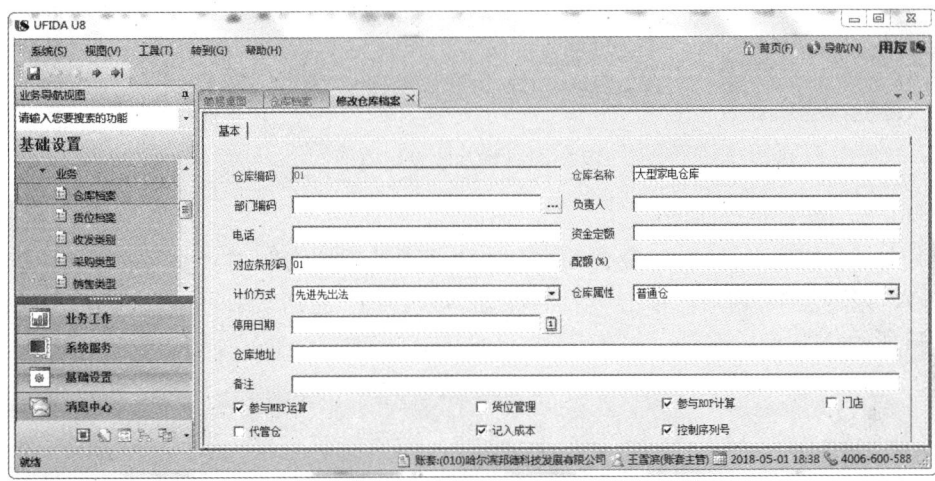

图 2-40 增加仓库档案

(2)重复前边的操作继续录入其他仓库档案,系统显示已录入的仓库档案,如图 2-41 所示。

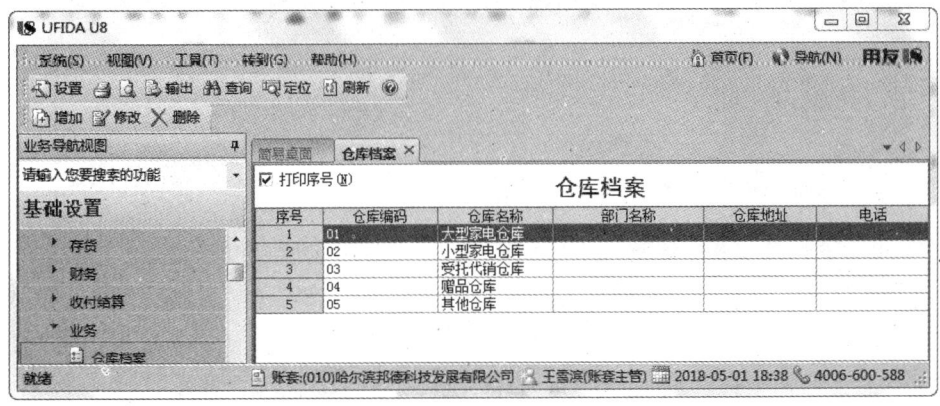

图 2-41 "仓库档案"窗口

16. 设置收付类别

在企业应用平台"基础设置"页签中,执行"基础档案"—"业务"—"收发类别"命令,即进入"收发类别"窗口。单击"增加"按钮,填写"1"的档案结果,依次录入资料信息,如图2-42所示。

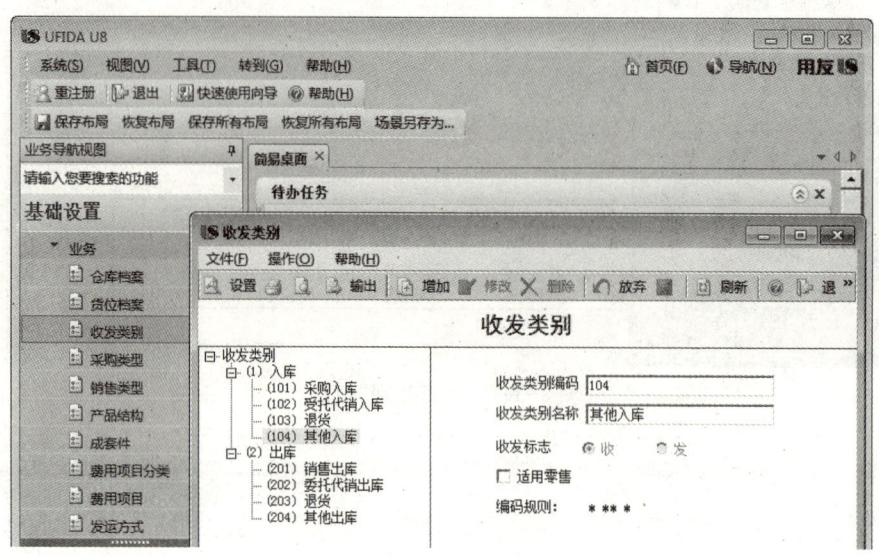

图 2-42　增加收发类别

17. 设置采购和销售类型

(1) 在企业应用平台"基础设置"页签中,执行"基础档案"—"业务"—"采购类型"命令,即进入"采购类型"窗口。单击"增加"按钮,填写"01"的档案结果,依次录入资料信息,如图2-43所示。

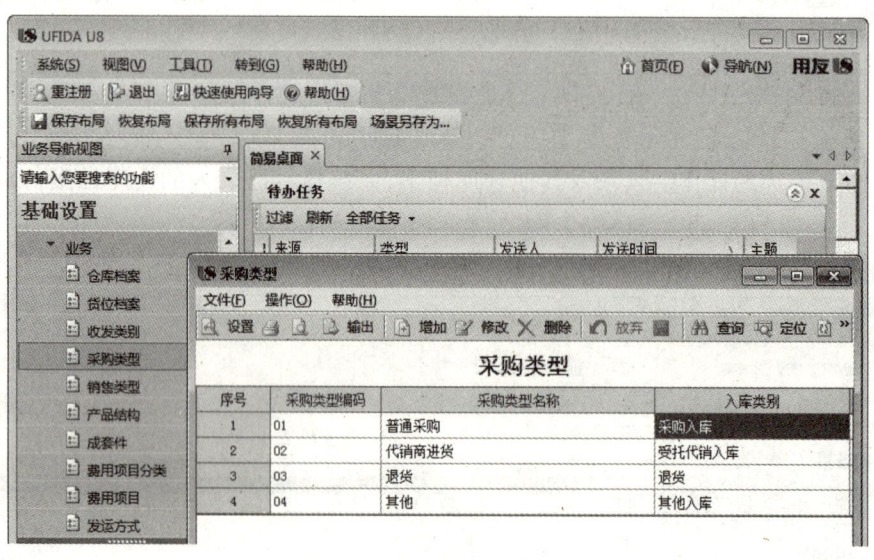

图 2-43　增加采购类型

(2) 在企业应用平台"基础设置"页签中,执行"基础档案"—"业务"—"销售类型"命令,即进入"销售类型"窗口。单击"增加"按钮,填写"01"的档案结果,依次录入资料信息,如图 2-44 所示。

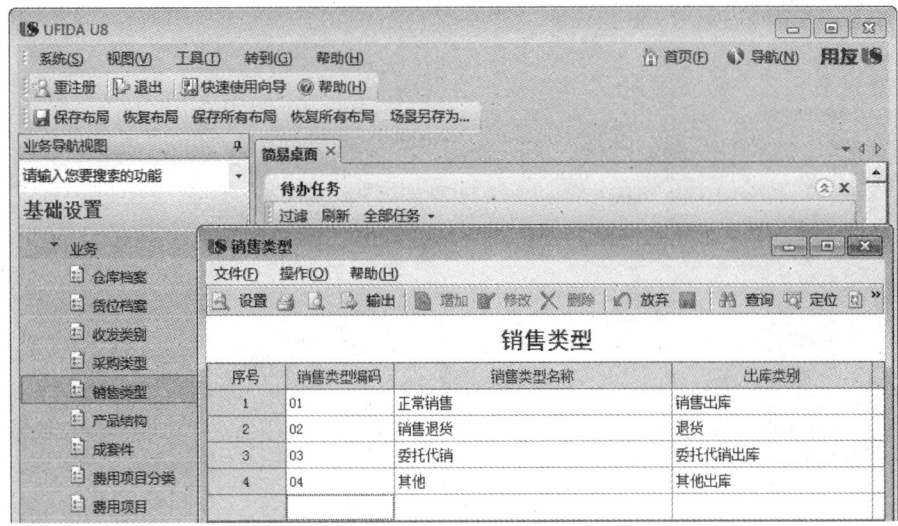

图 2-44　增加销售类型

18. 设置费用项目

（1）在企业应用平台"基础设置"页签中,执行"基础档案"—"业务"—"费用项目分类"命令,即进入"费用项目分类"窗口。单击"增加"按钮,填写"1"的档案结果,如图 2-45 所示。

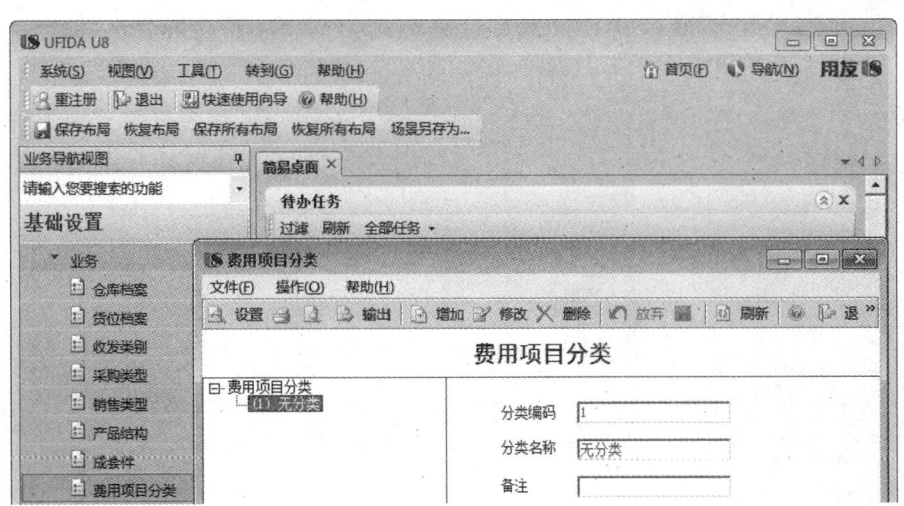

图 2-45　增加费用项目分类窗口

（2）在企业应用平台"基础设置"页签中,执行"基础档案"—"业务"—"费用项目"命令,即进入"费用项目"窗口。单击"增加"按钮,填写"01 运输费"的档案结果,如图 2-46 所示。

19. 单据编号设置

（1）在企业应用平台"基础设置"页签中,执行"单据设置"—"单据编号设置"命令,即进入"单据编号设置"窗口,单击打开"编号设置"格式。

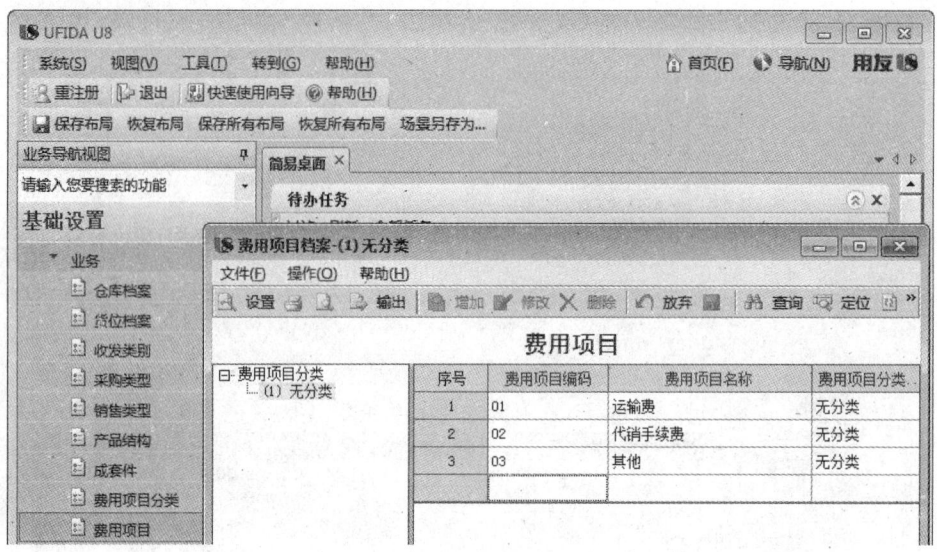

图 2-46 增加费用项目

（2）选择"销售管理"—"销售专用发票"，单击"修改"按钮，如图 2-47、图 2-48 所示。

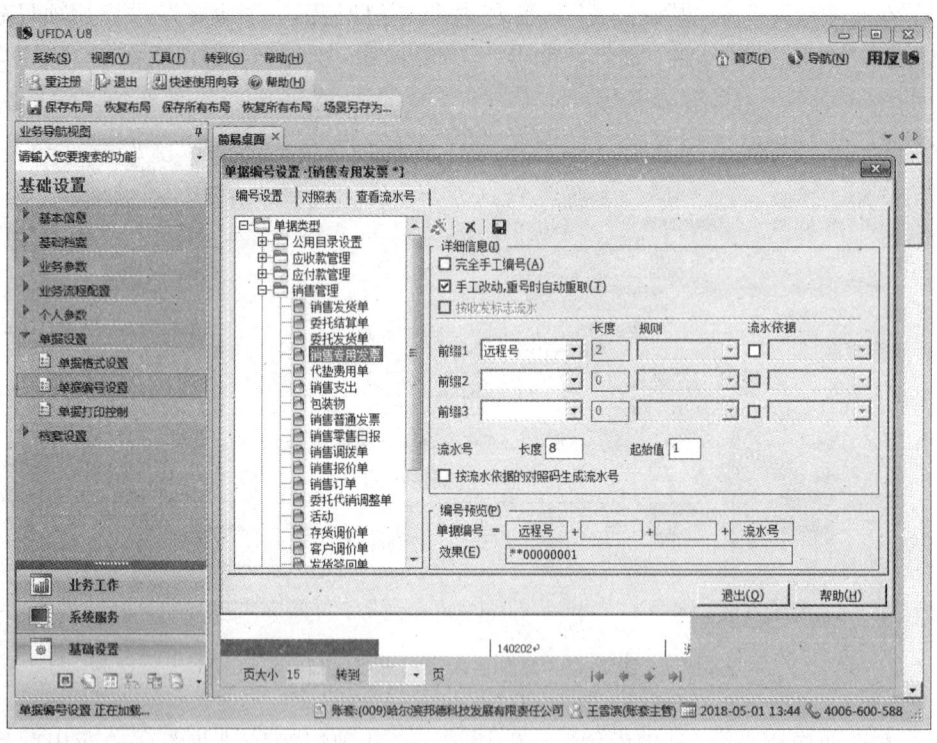

图 2-47 修改销售专用发票的编号设置

（3）以此方法修改销售普通发票、采购专用发票、采购普通发票、采购运费发票的编号方式为"完全手工编号"。

20. 设置会计科目

（1）在企业应用平台"基础设置"页签中，执行"基础档案"—"财务"—"会计科目"命

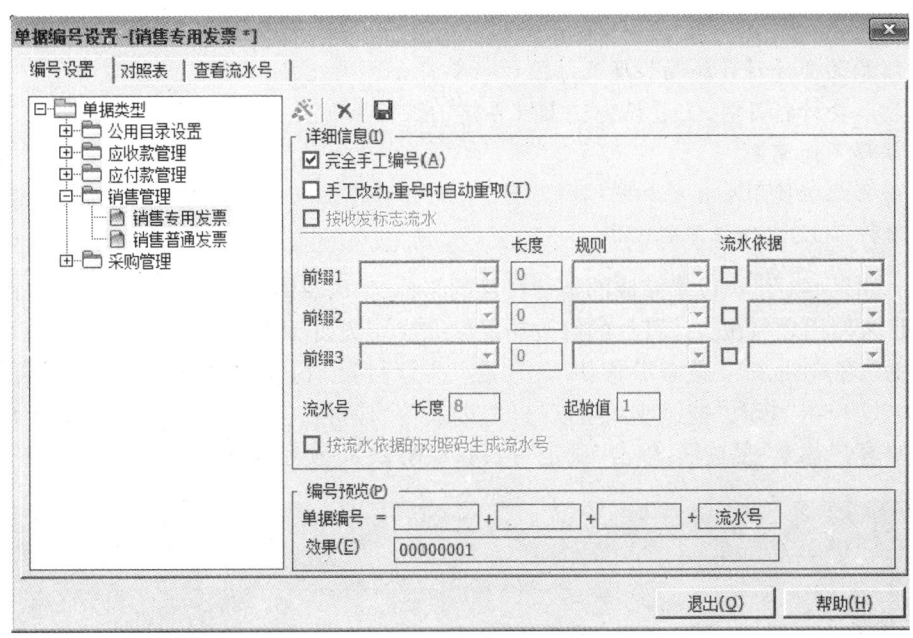

图 2-48 销售专用发票编号设置修改完成

令,即进入"会计科目"窗口。显示所有"2007 年度新会计制度"预置的科目。

（2）单击"增加"按钮,进入"新增会计科目"窗口,输入科目编码为"140202"、科目名称为"洗衣机(三星)",单击"确定"按钮,如图 2-49 所示。依据案例资料中所给的明细科目,依次录入。

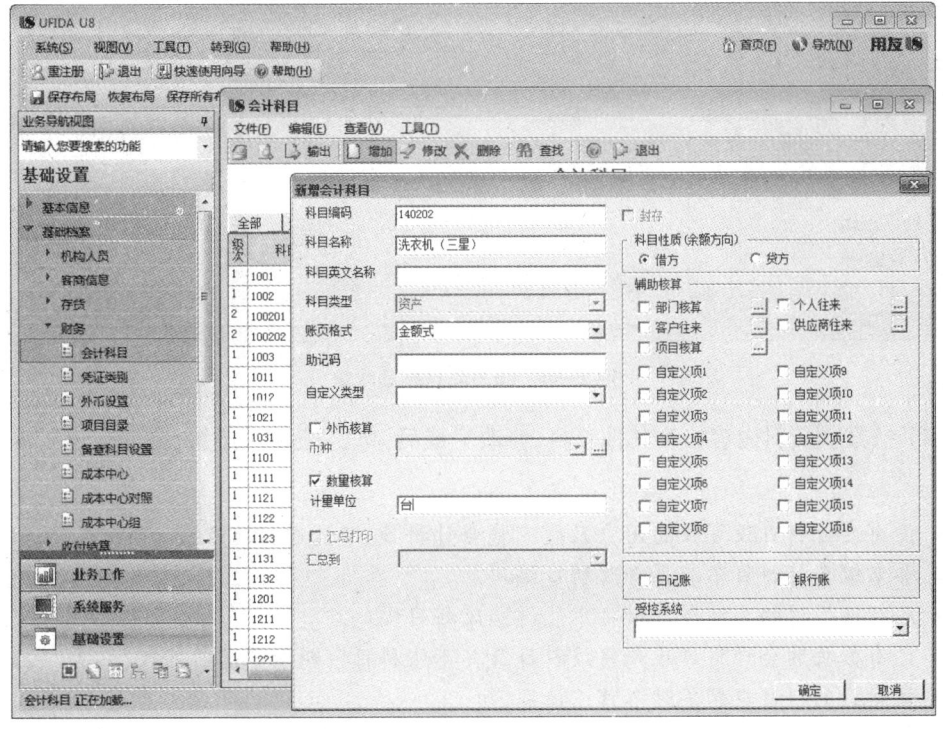

图 2-49 增加明细科目

注意：

　　★ 增加的会计科目编码长度及每段位数要符合编码规则。

　　★ 增加会计科目时，要遵循先建上级再建下级的原则。

　　★ 编码不能重复。

　　★ 科目已经使用后再增加明细科目时，系统自动将上级科目的数据结转到新增加的第一个明细科目上，以保证账账平衡。

　　（3）如果要对已经设置完成的会计科目的名称、编码及辅助项目等内容进行修改，应在会计科目未使用之前在会计科目的修改功能中完成。例如，将"1121 应收账款"科目辅助核算修改为"客户往来"，操作步骤如下：①在"会计科目"窗口中，单击要修改的会计科目"1121"。②单击"修改"按钮或双击该科目，进入"会计科目_修改"窗口。③单击"修改"按钮，选中"客户往来"复选框，单击"确定"按钮，如图 2-50 所示。

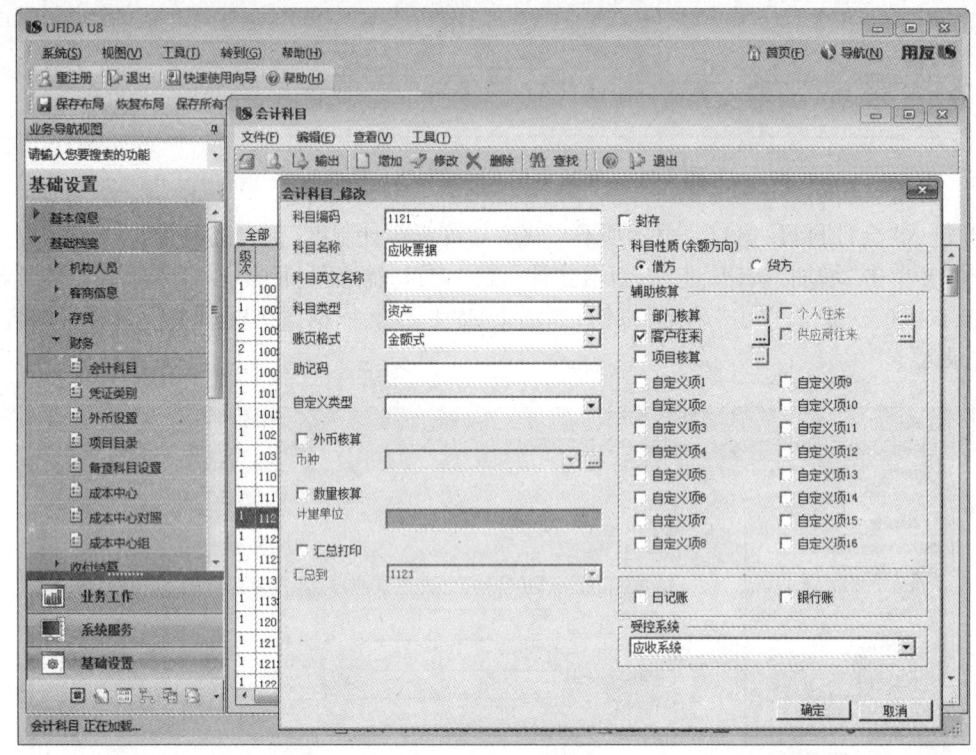

图 2-50　修改科目辅助核算

　　（4）按案例资料内容修改其他科目，修改完成后，单击"返回"按钮。

注意：

　　★ 没有会计科目设置权的用户只能浏览会计科目，不能进行修改。

　　★ 非末级会计科目不能再修改科目编码。

　　★ 已经使用过的末级会计科目不能再修改科目编码。

　　★ 已有数据的会计科目应先将该科目及其下级科目余额清零后再修改。

　　★ 被封存的科目在制单时不可以使用。

　　★ 只有处于修改状态才能设置汇总打印和封存。

（5）如果科目已制单或已录入期初余额，则不能删除。被指定为现金、银行科目的会计科目不能被删除，如果想删除必须先取消指定。"删除将不能恢复"是指不能自动恢复，以后如需恢复该科目可通过"增加"功能来完成。具体操作步骤如下：①在"会计科目"窗口中，选择要删除的会计科目。②单击"删除"按钮，系统提示"记录删除后不能修复！真的删除此记录吗？"。③单击"确定"按钮，即可删除该科目。

注意：

★ 非末级会计科目不能删除。

（6）指定会计科目是指定出纳的专管科目。指定科目后，才能执行出纳签字，从而实现现金、银行管理的保密性，才能查看现金、银行存款日记账。一般情况下，"现金"科目要设为日记账；"银行存款"科目要设为银行账和日记账。具体操作步骤如下：①在"会计科目"窗口中，执行"编辑"—"指定科目"命令，进入"指定科目"窗口。②选择"现金总账科目"单选按钮，将"库存现金（1001）"由待选科目选入已选科目，如图2-51所示。③选择"银行总账科目"单选按钮，将"银行存款（1002）"由待选科目选入已选科目，如图2-52所示。④单击"确认"按钮。

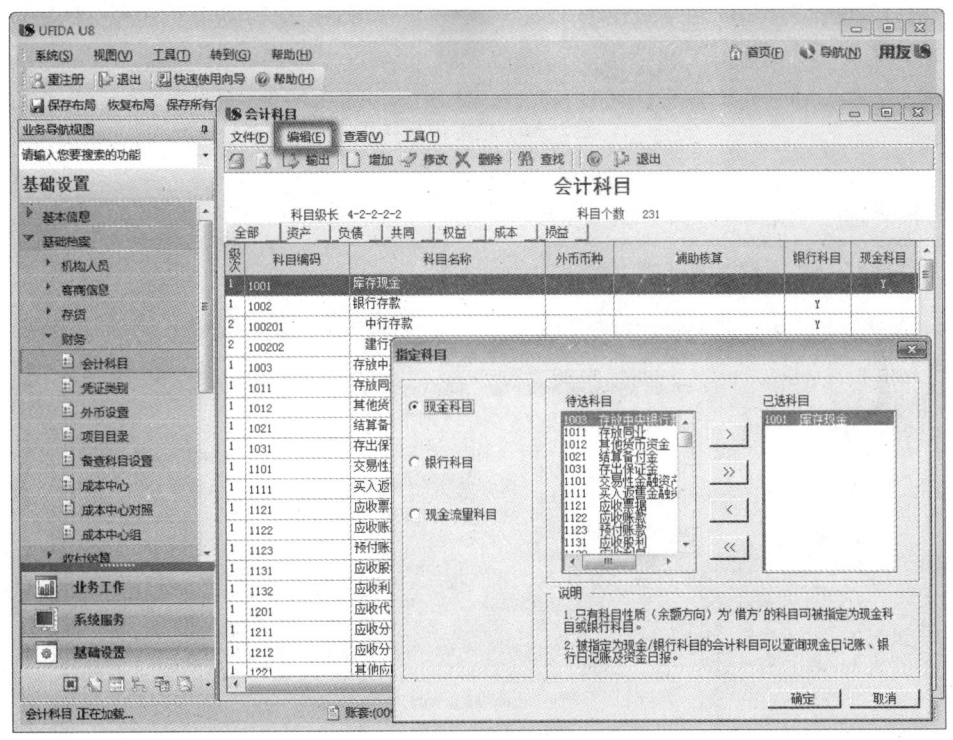

图2-51 指定现金科目

（六）业务档案设置

1. 采购管理系统基础设置

在企业应用平台"业务工作"页签中，执行"采购管理"—"设置"—"采购选项"命令，即进入"采购系统选项设置—请按照贵单位的业务认真设置"窗口。单击"普通业务必有订单"等复选框填写档案结果，依次录入案例资料信息，如图2-53、图2-54所示。

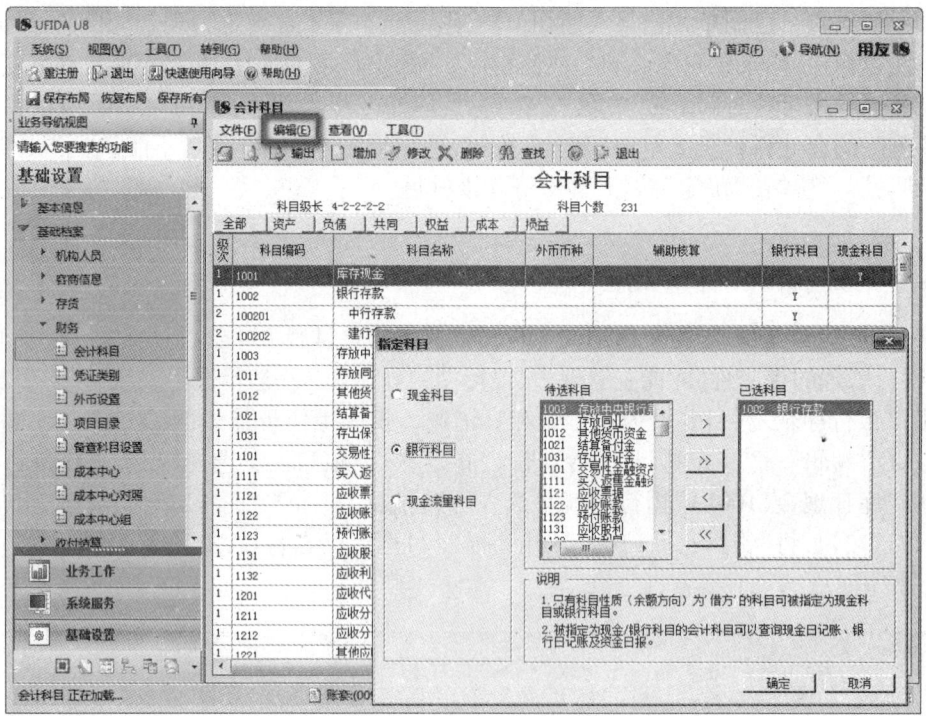

图 2-52　指定银行科目

图 2-53　业务及权限控制设置

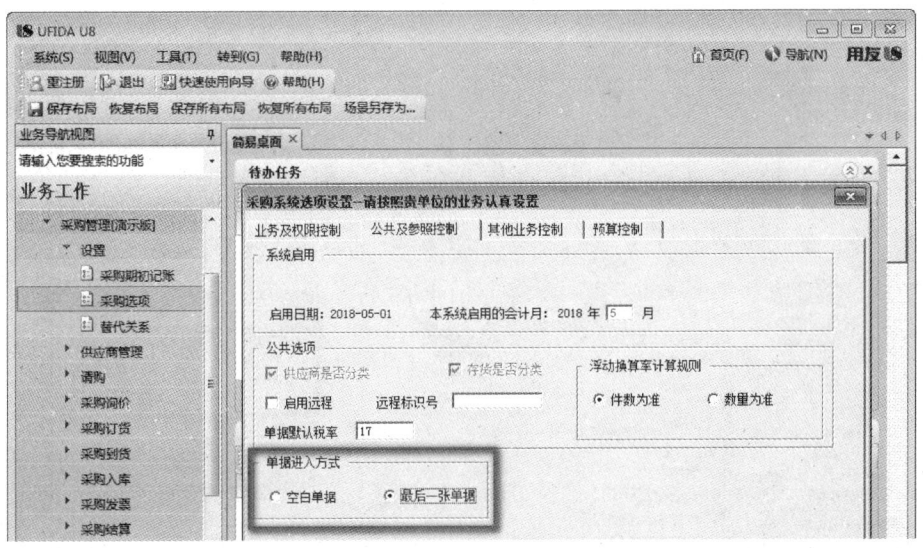

图 2-54　公共及参照控制设置

2. 销售系统基础设置

在企业应用平台"业务工作"页签中，执行"销售管理"—"设置"—"销售选项"命令，即进入"销售选项"窗口。单击"有零售日报业务"等复选框填写档案结果，依次录入案例资料信息，如图2-55、图2-56所示。

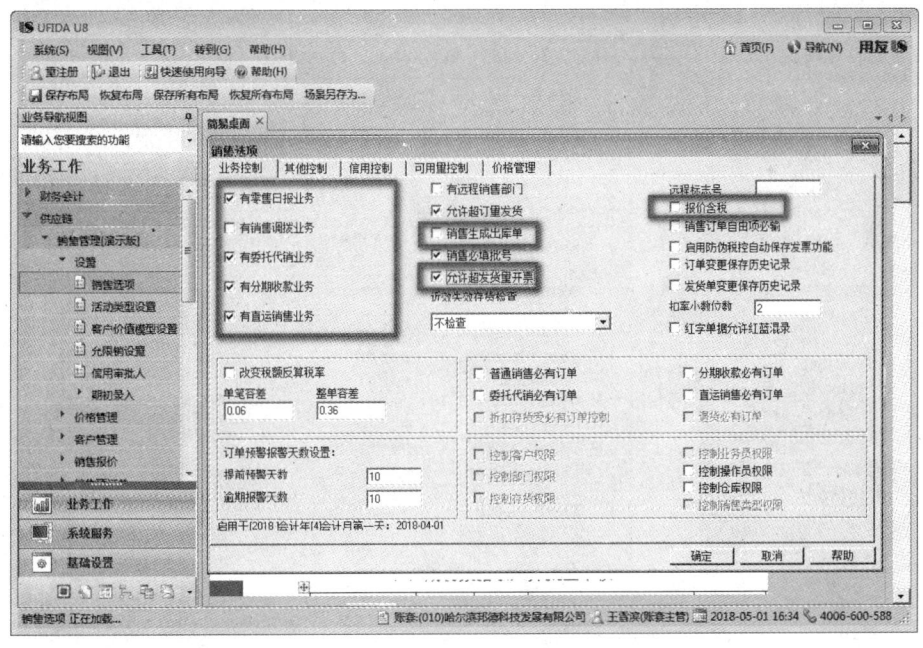

图 2-55　业务控制设置

3. 库存管理系统基础设置

在企业应用平台"业务工作"页签中，执行"库存管理"—"初始设置"—"选项"命令，即进入"库存选项设置"窗口。单击"采购入库审核时改现存量"等复选框填写档案结果，依次录入案例资料信息，如图 2-57、图 2-58 所示。

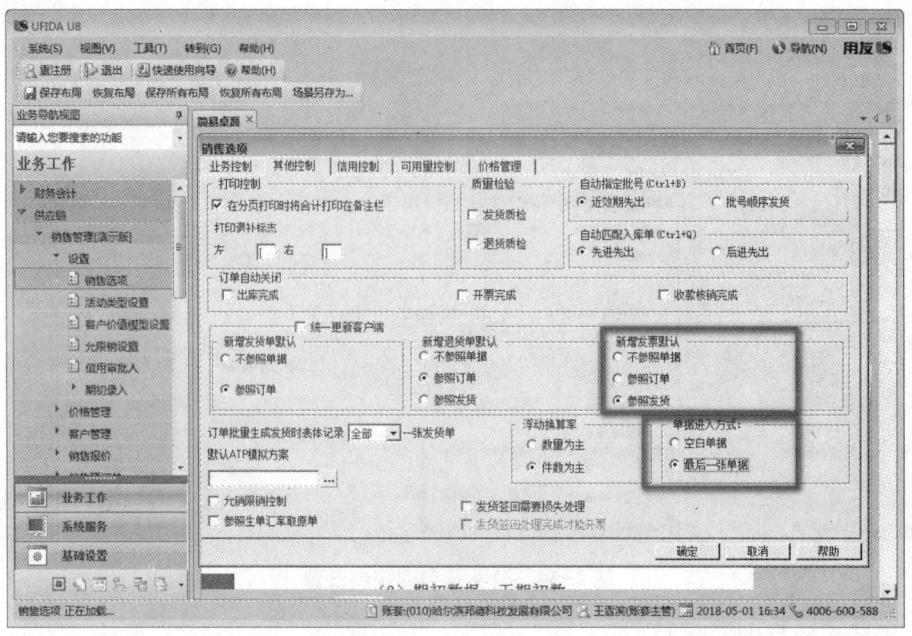

图 2-56 其他控制设置

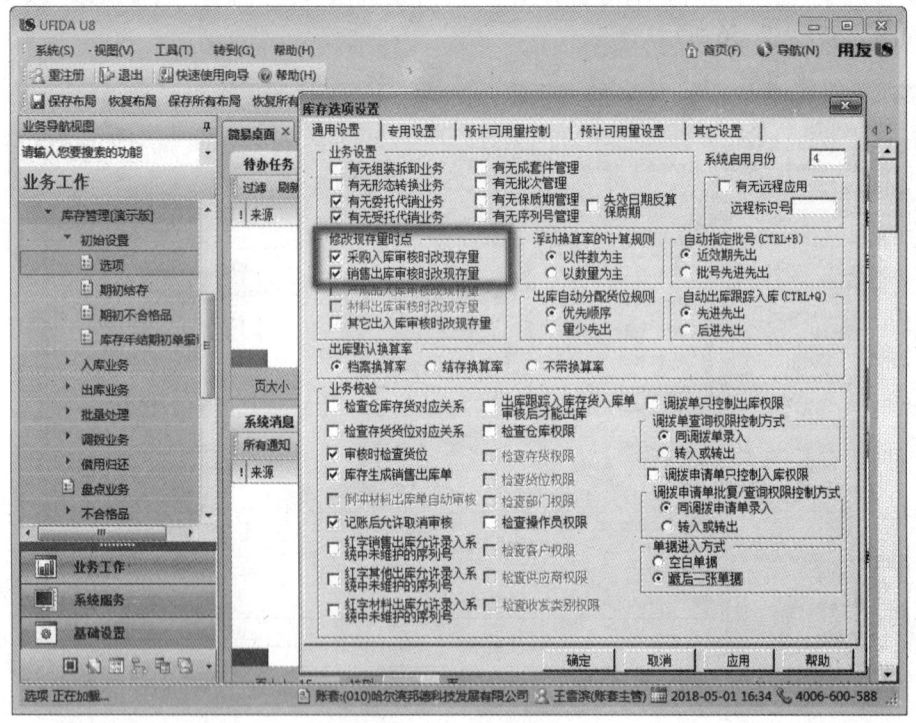

图 2-57 通用设置

4. 存货核算系统基础设置

在企业应用平台"业务工作"页签中,执行"存货核算"—"初始设置"—"选项"—"选项录入"命令,即进入"选项录入"窗口。单击"销售出库单"等单选框填写档案结果,依次录入案例资料信息,如图 2-59 所示。

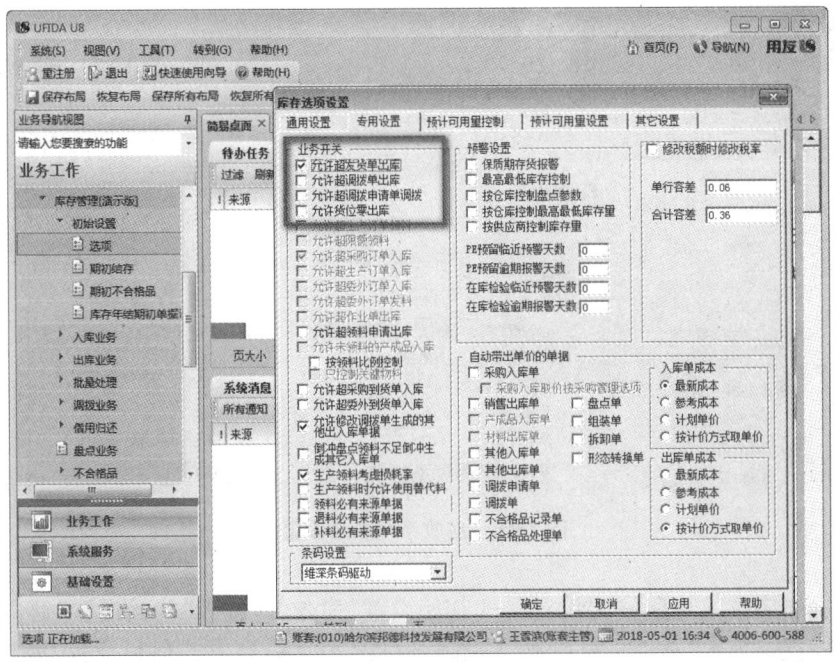

图 2-58　专用设置

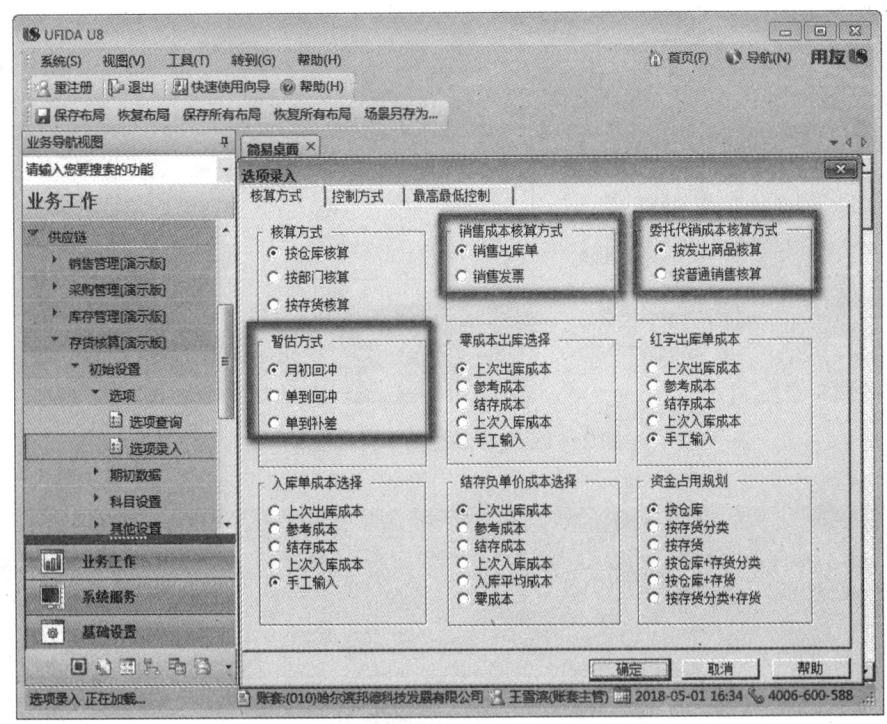

图 2-59　核算方式设置

5. 应收款管理系统基础设置

（1）在企业应用平台"业务工作"页签中，执行"应收款管理"—"设置"—"选项"命令，即进入"账套参数设置"窗口。在"坏账处理方式"等栏填写档案结果，依次录入案例资料信息，如图 2-60 所示。

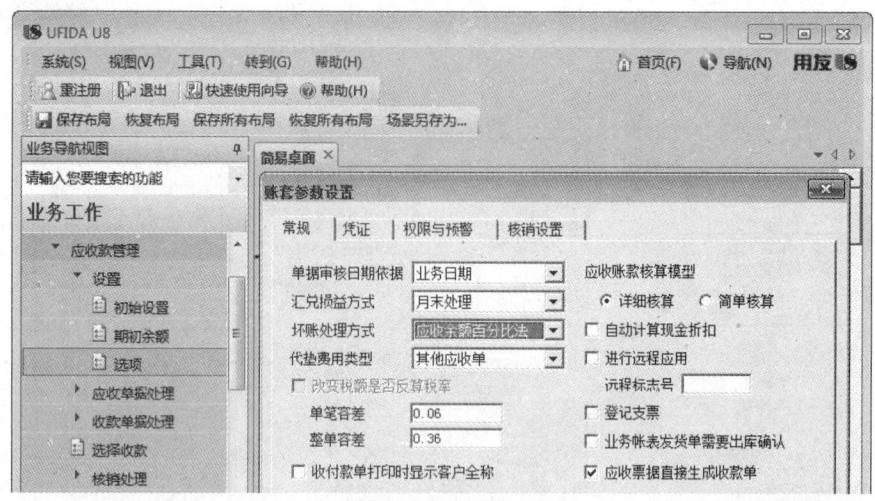

图 2-60　应收系统参数设置

（2）执行"应收款管理"—"设置"—"初始设置"命令，即进入"初始设置"窗口。依次录入案例资料信息，包括"基本科目设置""控制科目设置""结算方式科目设置"及"坏账准备设置"，如图 2-61、图 2-62、图 2-63、图 2-64 所示。

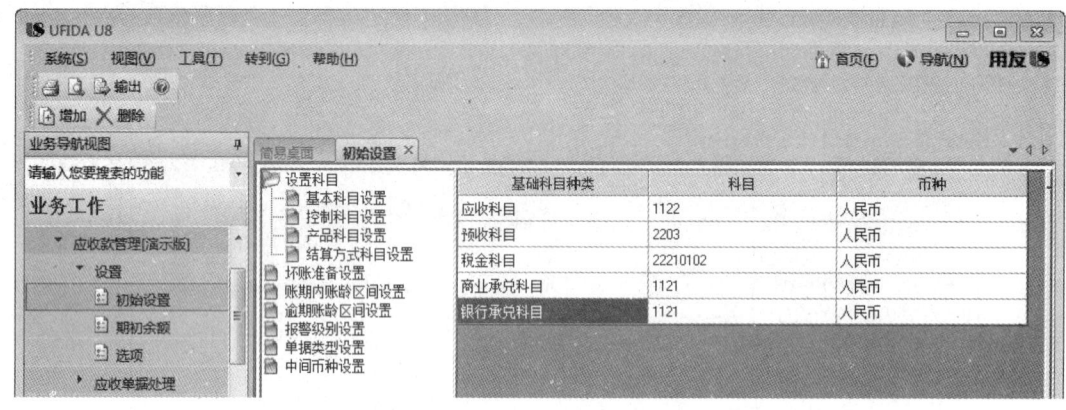

图 2-61　应收系统基本科目设置

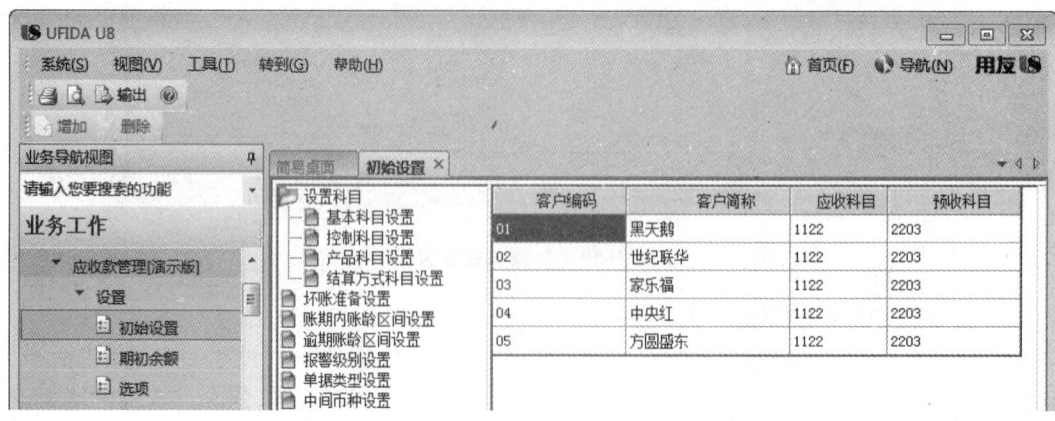

图 2-62　应收系统控制科目设置

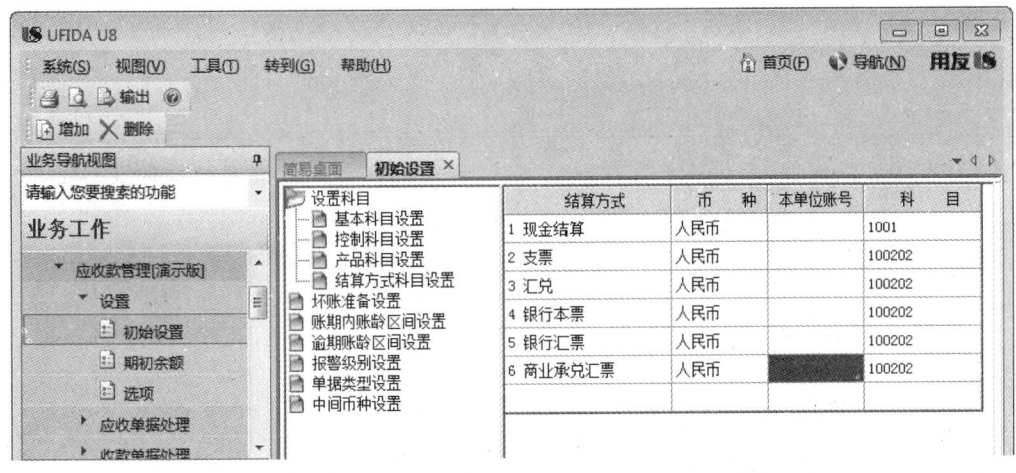

图 2-63　应收系统结算方式科目设置

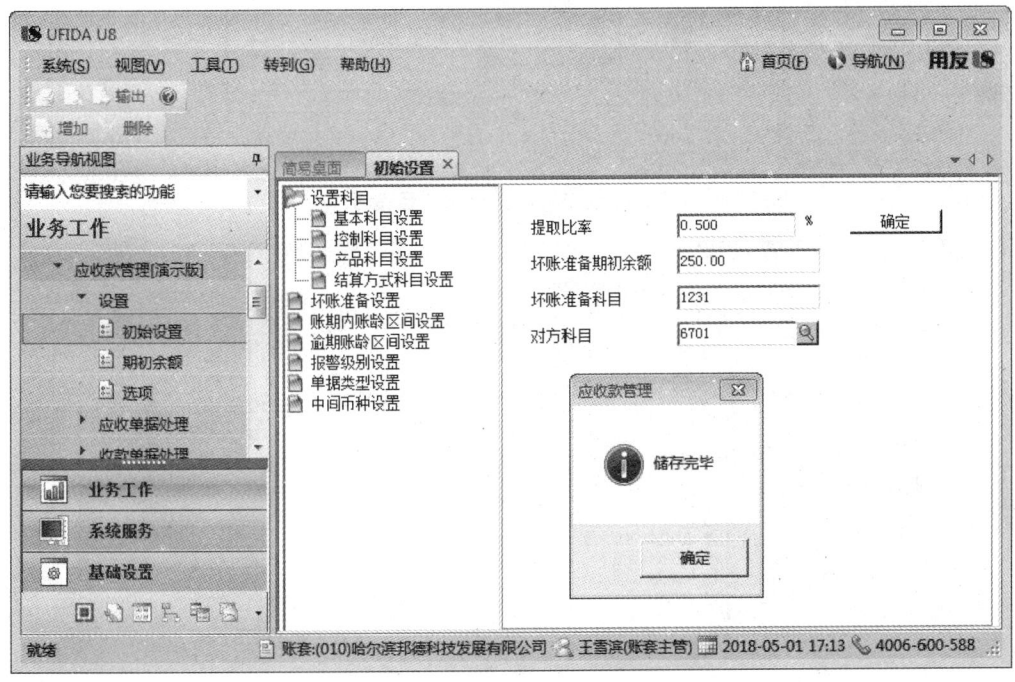

图 2-64　应收系统坏账准备设置

6. 应收款管理系统基础设置

在企业应用平台"业务工作"页签中,执行"应付款管理"—"设置"—"初始设置"命令,即进入"初始设置"窗口。依次录入案例资料信息,包括"基本科目设置""控制科目设置"和"结算方式科目设置",如图 2-65、图 2-66、图 2-67 所示。

（七）期初余额录入

1. 采购系统期初余额录入

（1）在企业应用平台"业务工作"页签中,执行"采购管理"—"采购入库"—"采购入库单"命令,即进入"期初采购入库单"窗口。单击"增加"按钮,依次录入"入库日期""仓库"等资料信息,如图 2-68 所示。录入结束后,单击"保存"按钮。

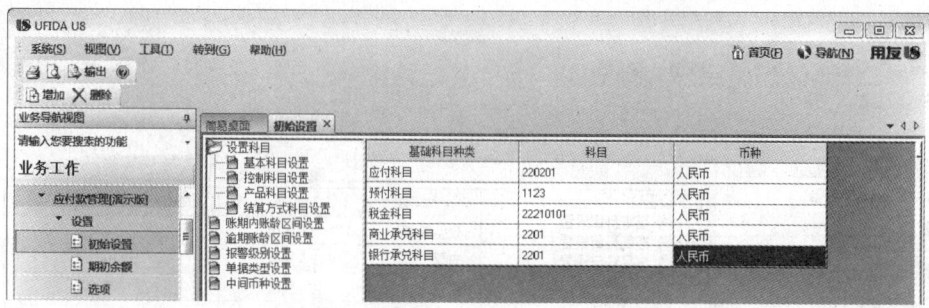

图 2-65　应付系统基本科目设置

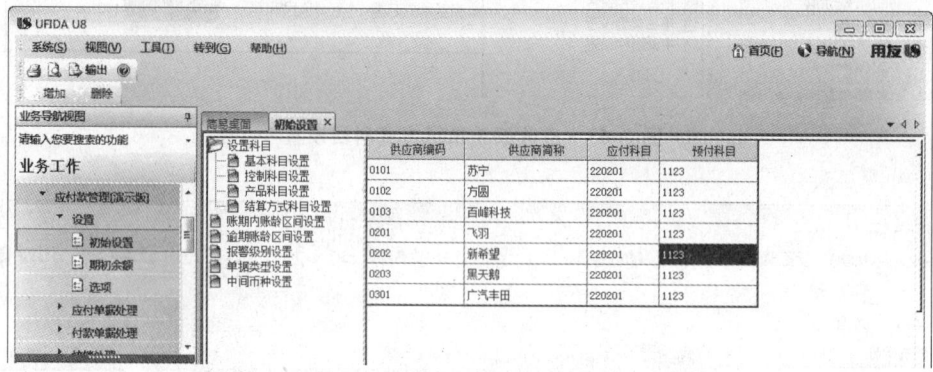

图 2-66　应付系统控制科目设置

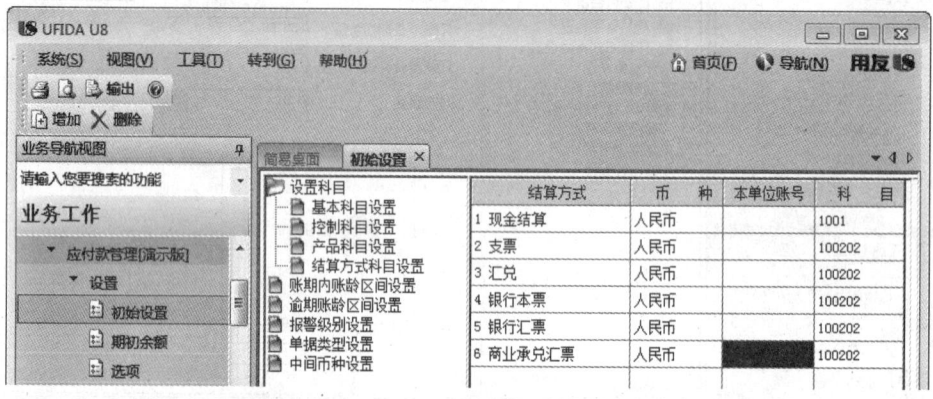

图 2-67　应付系统结算方式科目设置

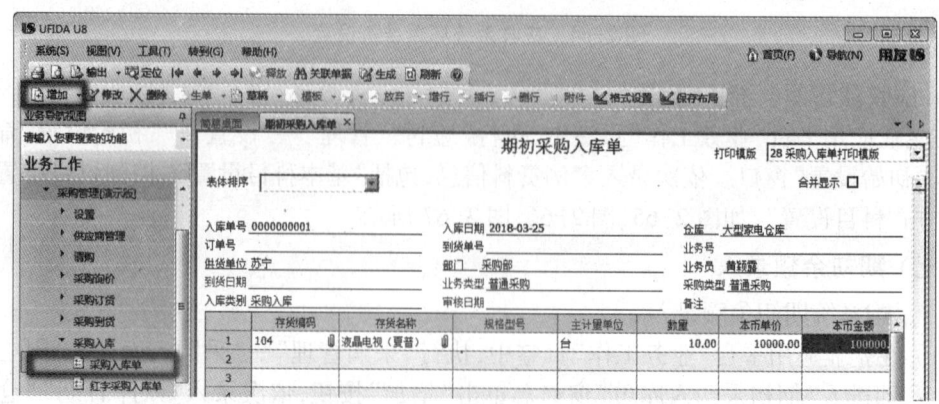

图 2-68　增加期初采购入库单

（2）在企业应用平台"业务工作"页签中，执行"采购管理"—"设置"—"采购期初记账"命令，即进入"期初记账"提示框。单击"记账"按钮，显示"期初记账完毕！"，如图 2-69 所示。单击"确定"按钮。

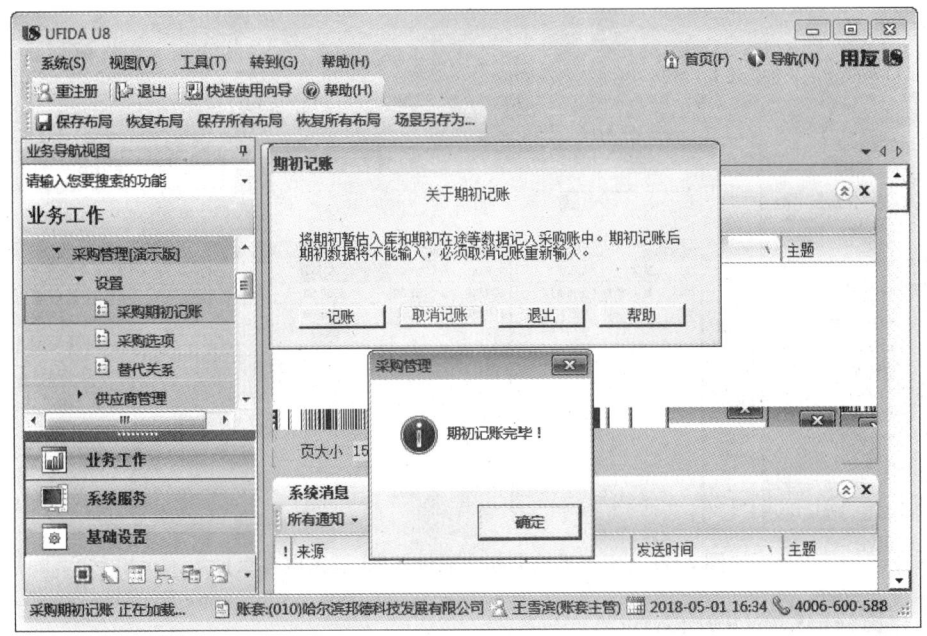

图 2-69　采购系统期初记账

2. 库存管理系统期初余额录入

（1）在企业应用平台"业务工作"页签中，执行"库存管理"—"初始设置"—"期初结存"命令，即进入"库存期初数据录入"窗口。右上角选择"大型家电仓库"，单击"修改"按钮，依次录入"空调（海尔）""洗衣机（三星）"等存货期初资料信息，如图 2-70 所示。录入结束后，单击"批审"按钮，完成"大型家电仓库"期初数据录入与审核工作。

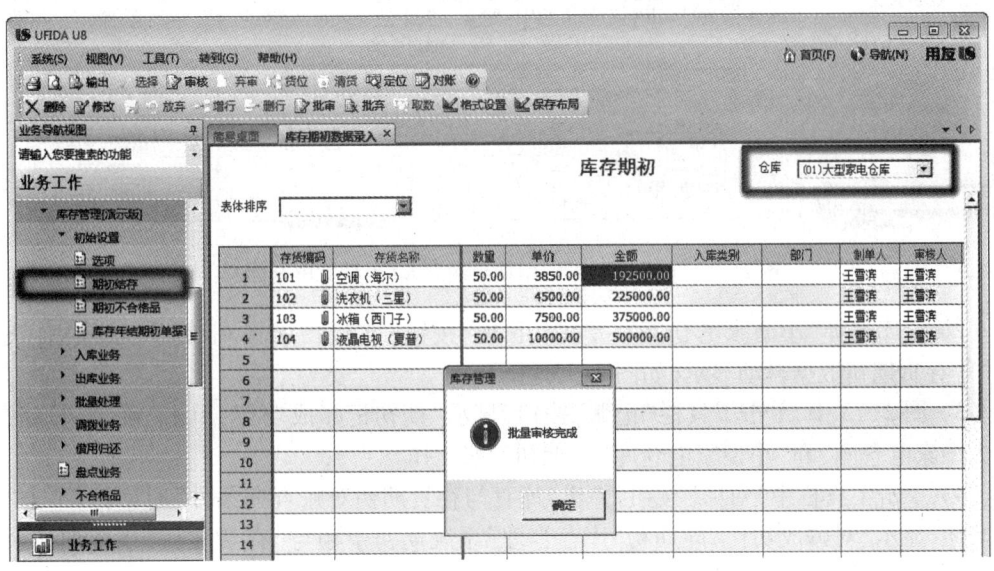

图 2-70　库存系统期初余额录入（大型家电仓库）

（2）右上角选择"小型家电仓库"，单击"修改"按钮，依次录入"剃须刀（飞利浦）""吹风机（飞利浦）"等存货期初资料信息，如图 2-71 所示。录入结束后，单击"批审"按钮，完成"小型家电仓库"期初数据录入与审核工作。

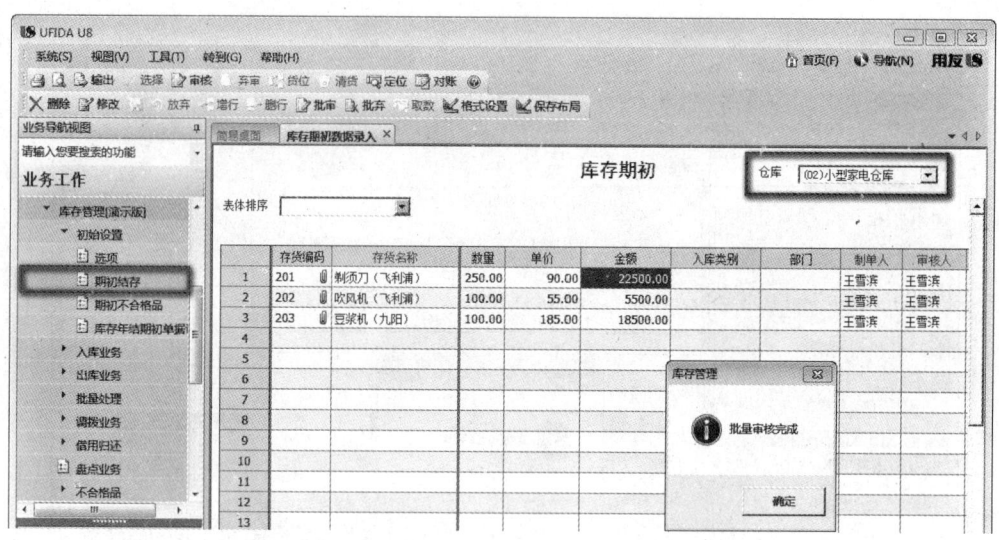

图 2-71　库存系统期初余额录入（小型家电仓库）

3. 存货核算系统期初余额录入

（1）在企业应用平台"业务工作"页签中，执行"存货核算"—"初始设置"—"期初数据"—"期初余额"命令，即进入"期初余额"窗口。仓库选择"大型家电仓库"，单击"取数"按钮，自动显示"空调（海尔）""洗衣机（三星）"等存货期初数据，如图 2-72 所示。

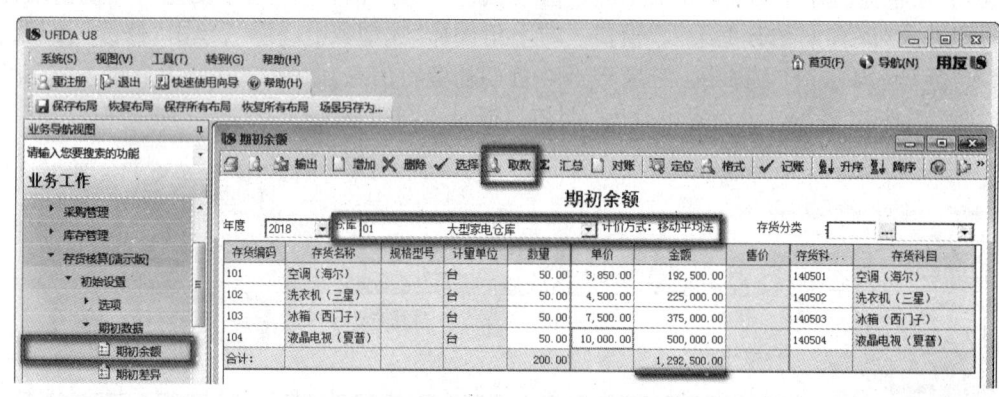

图 2-72　存货核算系统期初余额录入（大型家电仓库）

（2）仓库选择"小型家电仓库"，单击"取数"按钮，"剃须刀（飞利浦）""吹风机（飞利浦）"等存货期初数据自动显示，如图 2-73 所示。

（3）图 2-73 中，单击工具栏"记账"按钮，显示"期初记账成功！"，单击"确定"按钮，完成"大型家电仓库"和"小型家电仓库"的期初记账工作。

（4）单击工具栏中"对账"按钮，弹出"库存与存货期初对账查询条件"对话框，单击"确定"按钮，显示"对账成功！"，即期初"库存管理"系统期初余额与"存货核算"系统期初余额一致，录入正确，如图 2-74 所示。

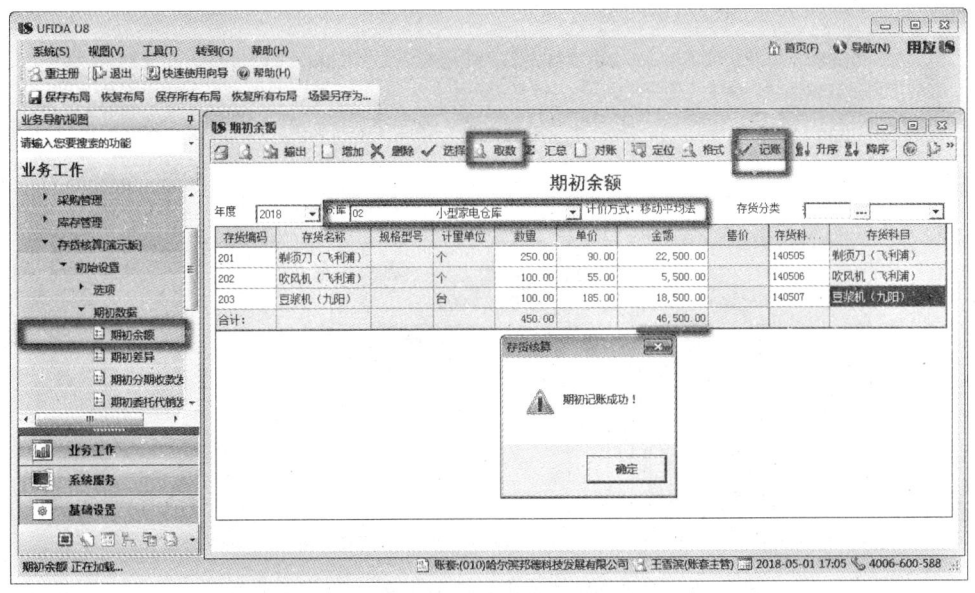

图 2-73　存货核算系统期初余额录入（小型家电仓库）

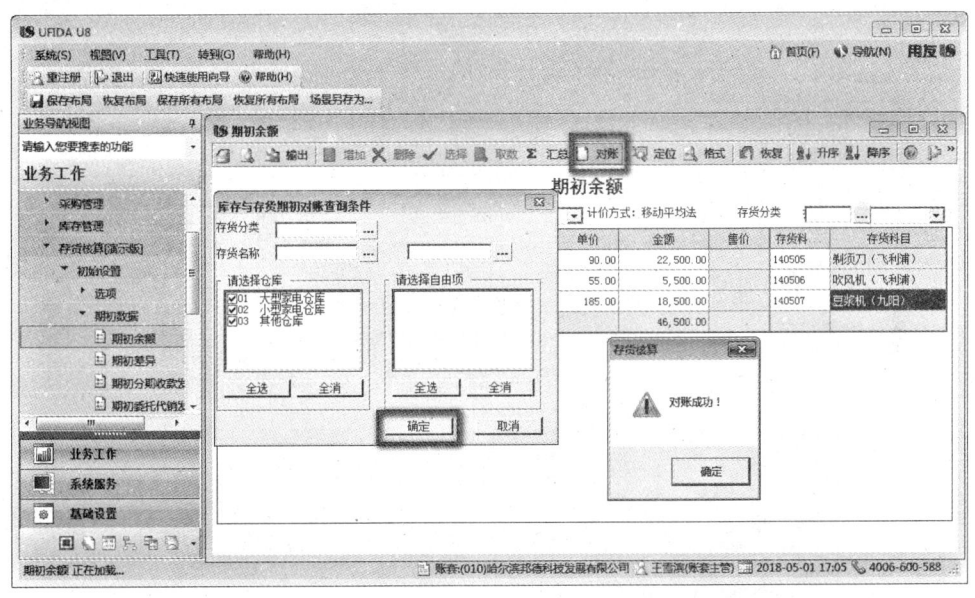

图 2-74　存货核算系统与库存系统期初对账

4. 应收系统期初余额录入

（1）在企业应用平台"业务工作"页签中，执行"应收款管理"—"设置"—"期初余额"命令，即进入"期初余额"窗口。单击"增加"按钮，弹出"单据类别"窗口，选择单据名称为"应收单"，选择单据类型为"其他应收单"，如图 2-75 所示。

（2）依次录入"单据日期""客户""金额"等资料信息，点击保存，如图 2-76 所示。

5. 总账系统期初余额录入

（1）在企业应用平台"业务工作"页签中，执行"总账"—"设置"—"期初余额"命令，即进入"期初余额录入"窗口，如图 2-77 所示。

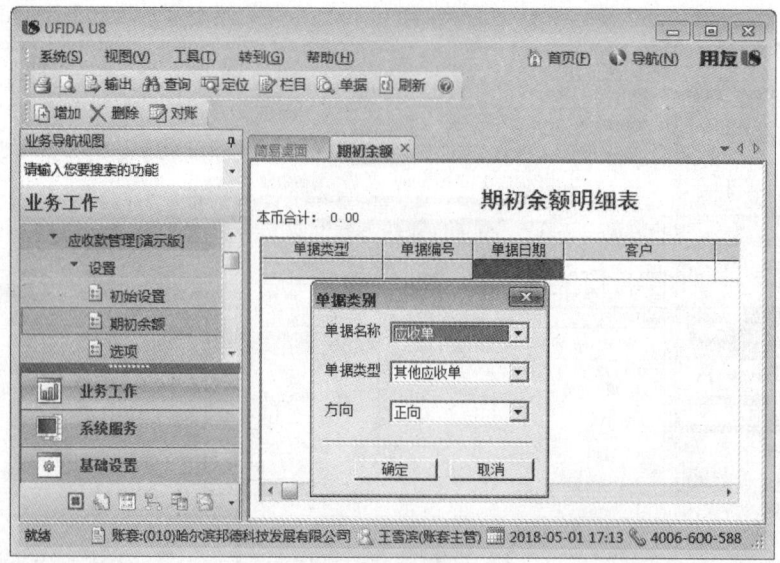

图 2-75　应收款管理系统期初余额录入（选择单据类别）

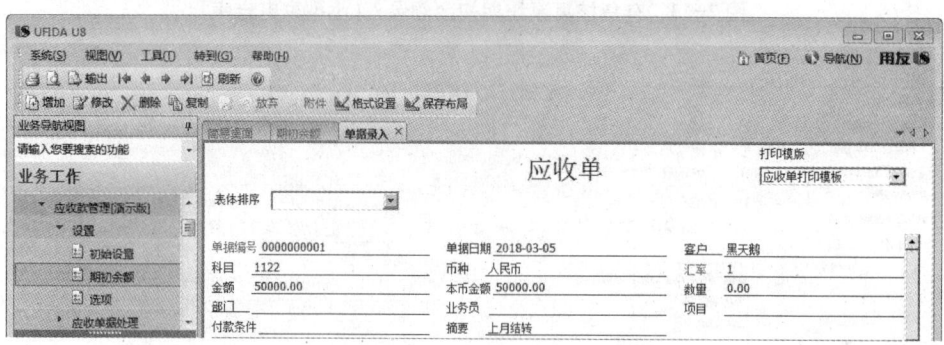

图 2-76　应收款管理系统期初余额录入（录入资料）

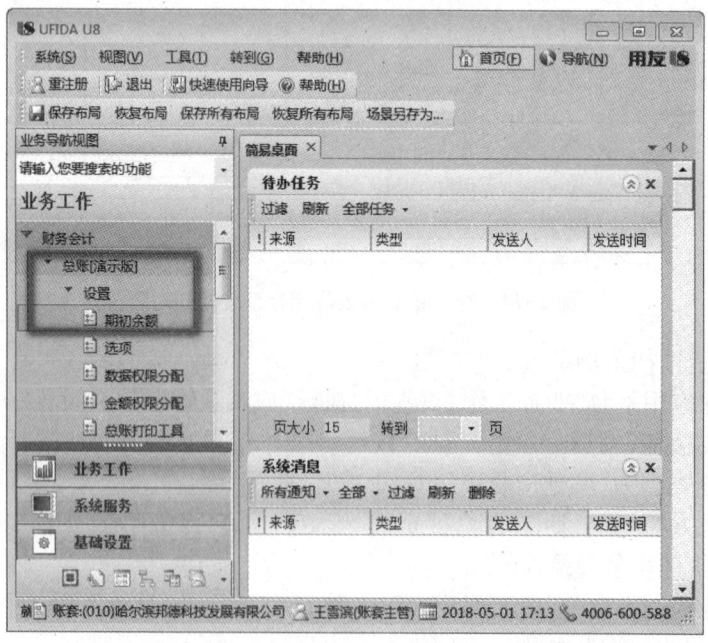

图 2-77　执行"设置"—"期初余额"命令

（2）白色的单元为末级会计科目，此类科目的期初余额可以直接输入。例如，"库存现金"科目为 9 532.80、"银行存款——建行存款"科目为 3 025 698.00 等。

（3）黄色的单元为带有辅助核算的科目，不允许直接输入余额，该类科目的期初余额需要双击黄色单元，进入"辅助期初余额"窗口，录入完成后返回"期初余额录入"窗口。例如，双击"其他应收款"科目所在行的"期初余额"，进入"辅助期初余额"窗口。点击"往来明细"按钮，进入"期初往来明细"窗口。点击"增行"按钮，输入"日期""部门""个人"等资料信息后，单击"汇总"按钮，提示"完成了往来明细到辅助期初表的汇总！"。单击"确定"按钮后，点击"退出"按钮，如图 2-78 所示。同

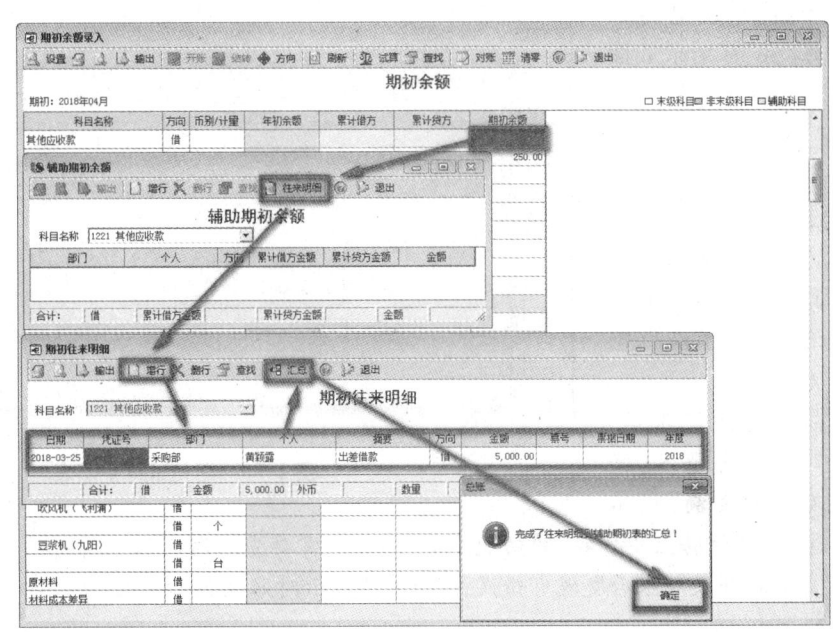

理输入其他带有辅助核算的科目余额。

图 2-78　录入"其他应收款"科目的期初明细

（4）双击"应收账款"科目所在行的"期初余额"，进入"辅助期初余额"窗口。点击"往来明细"按钮，进入"期初往来明细"窗口。点击"引入"按钮，提示"确定要引入期初吗？"。单击"是（Y）"按钮后，数据自动显示，点击"退出"按钮，如图 2-79 所示。

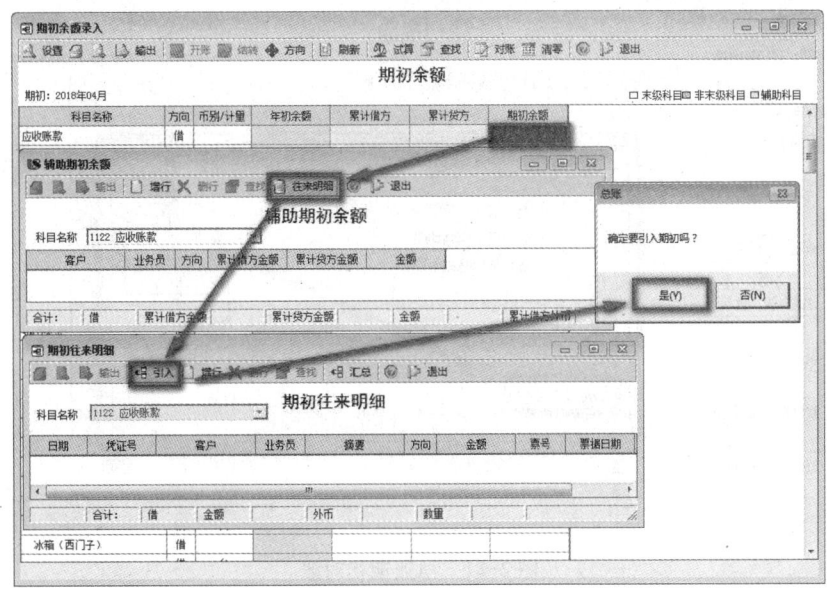

图 2-79　录入"应收账款"科目的期初明细

6. 总账期初余额试算平衡

（1）在总账系统"期初余额录入"窗口，点击"试算"按钮，系统进行试算。试算结果如图2-80所示。

（2）点击"确定"按钮。

注意：

★ 期初余额试算不平衡，将不能记账，但可以填制凭证。

★ 经记账后，则不能再录入、修改期初余额，也不能执行"结转上年余额"的功能。若想修改，需要先取消记账。

★ 如果对账后发现有错误，可点击"显示对账错误"按钮，系统将把对账中发现的问题列示出来。

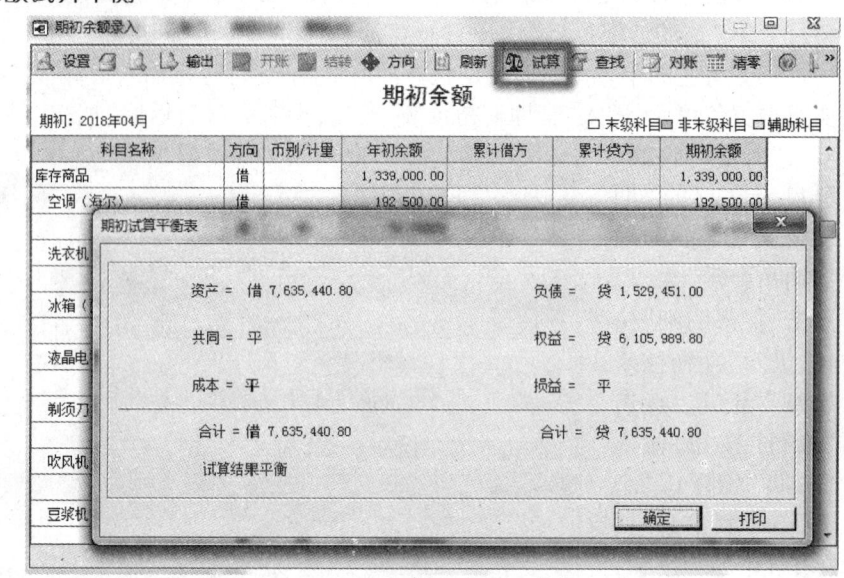

图2-80　期初试算平衡表

7. 总账期初对账

在总账系统"期初余额录入"窗口，点击"对账"按钮，弹出"期初对账"窗口，单击"开始"按钮，系统进行对账工作，对账结果如图2-81所示。

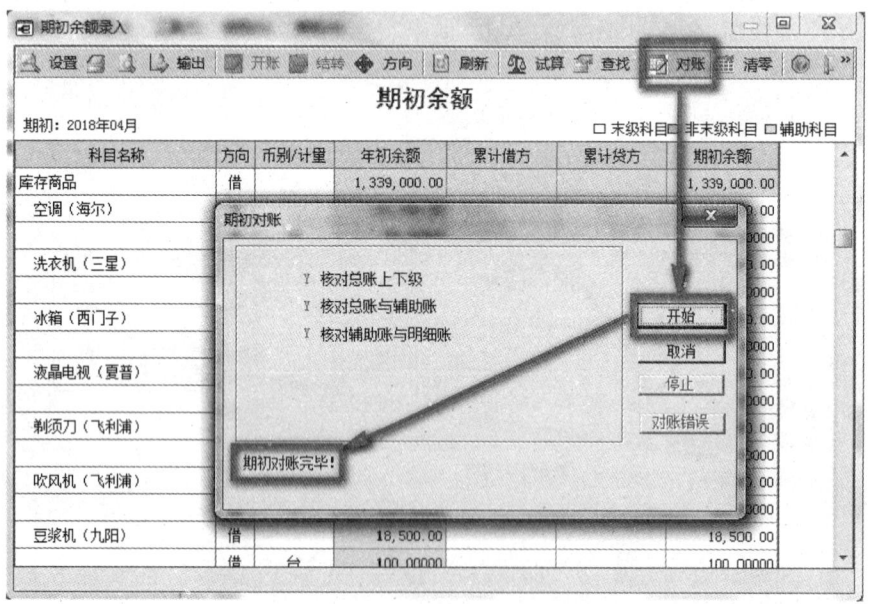

图2-81　总账期初对账

学习情境三
普通采购业务

教学目标

知识

(1) 描述普通采购业务核算流程及意义。
(2) 简述普通采购业务的类型。

技能

(1) 能够根据业务对各系统的选项进行设置。
(2) 运用会计理论知识在财务软件中进行普通采购经济业务处理。

素养

(1) 树立团队合作意识,养成正确使用计算机的习惯。
(2) 培养自主学习能力,提升职业素养。

学习子情境一 一般采购业务

一、任务描述

（1）2018 年 5 月 1 日，采购部黄颖露向苏宁科技股份有限公司黑龙江分公司采购空调（海尔），货已验收入库，发票已收到。取得与该业务相关的凭证如图 3-1、图 3-2 所示。

购 销 合 同

供方：苏宁科技股份有限公司黑龙江分公司　　　　　合同号：CG001

需方：哈尔滨邦德科技发展有限责任公司　　　　　　签订日期：2018 年 05 月 1 日

经双方协议，订立本合同如下：

产品型号	名　称	数　量	单价（含税）	总　额	其他要求
	空调（海尔）	50	2 320.00	116 000.00	
合　计				116 000.00	

货款总计（大写）：壹拾壹万陆仟元整

质量验收标准：

交货日期：2018 年 05 月 1 日

交货地点：哈尔滨邦德科技发展有限责任公司

结算方式：电汇

付款时间：2018 年 06 月 1 日

违约条款：违约方须赔对方一切经济损失。但遇天灾人祸或其他人力不能控制之因素而导致延误交货，需方不能要求供方赔偿任何损失。

解决合同纠纷的方式：经双方友好协商解决，如协商不成的，可向当地仲裁委员会提出申诉解决。

本合同一式两份，供需双方各执一份，自签订之日起生效。

供方（盖章）：　　　　　　　　　　　　　需方（盖章）：

地址：哈尔滨市南岗区学府路 100 号　　　　地址：哈尔滨市南岗区学府路 5 号

法定代表：王一玲　　　　　　　　　　　　法定代表：王慧玲

联系电话：0451-83830123　　　　　　　　联系电话：0451-86619207

图 3-1　购销合同

（2）2018 年 5 月 2 日，采购部黄颖露向哈尔滨黑天鹅家电有限公司采购剃须刀（飞利浦），货已验收入库，发票未收到。取得与该业务相关的凭证如图 3-3 所示。

黑龙江增值税专用发票 No 564578

45313213213
04115402

开票日期：2018年05月1日

货物或应税劳务名称	规格型号	单位	数量	单价	金额	税率	税额
空调（海尔）		台	50	2000.00	100000.00	16%	16000.00
合　　　计					￥100000.00		￥16000.00

购货单位
名　　称：哈尔滨邦德科技发展有限责任公司
纳税识别号：45313213213
地址、电话：哈尔滨市南岗区学府路5号 0451-86619207
开户行及账号：中国建设银行哈尔滨市南岗区学府支行 513618847964361

密码区 略

价税合计（大写）⊗ 壹拾壹万陆仟元整　　　　　　　（小写）￥116000.00

销货单位
名　　称：苏宁科技股份有限公司黑龙江分公司
纳税识别号：6543131310789
地址、电话：哈尔滨市南岗区学府路100号 0451-83830123
开户行及账号：中国建设银行哈尔滨市南岗区学府支行 6225620451448802

备注

6543131310789
发票专用章

收款人：略　　　复核：略　　　开票人：略　　　销货单位：（章）

图3-2　增值税发票

购 销 合 同

供方：哈尔滨黑天鹅家电有限公司　　　　　合同号：CG002
需方：哈尔滨邦德科技发展有限责任公司　　签订日期：2018年05月2日
经双方协议，订立本合同如下：

产品型号	名　称	数　量	单价(含税)	总　额	其他要求
	剃须刀(飞利浦)	100	580.00	58 000.00	
合　计				58 000.00	

货款总计（大写）：伍万捌仟元整

质量验收标准：
交货日期：2018年05月2日
交货地点：哈尔滨邦德科技发展有限责任公司
结算方式：电汇
付款时间：2018年06月2日
违约条款：违约方须赔对方一切经济损失。但遇天灾人祸或其他人力不能控制之因素而导致延误交货，需方不能要求供方赔偿任何损失。
解决合同纠纷的方式：经双方友好协商解决，如协商不成的，可向当地仲裁委员会提出申诉解决。
本合同一式两份，供需双方各执一份，自签订之日起生效。

供方（盖章）：　　　　　　　　　　　　　需方（盖章）：
地址：哈尔滨市南岗区西大直街88号　　　　地址：哈尔滨市南岗区学府路5号
法定代表：王艳萍　　　　　　　　　　　　法定代表：王慧玲
联系电话：0451-86675444　　　　　　　　联系电话：0451-86619207

图3-3　购销合同

二、任务操作

(一)货已验收入库,发票已收到

1. 填制采购订单

(1)执行"开始"—"程序"—"用友 ERP-10.1"—"企业应用平台"命令,打开登录界面。

(2)输入操作员为"G01";在"账套"下拉列表框中选择"[010](default)哈尔滨邦德科技发展有限公司",更改"操作日期"为"2018 年 5 月 1 日",单击"登录"按钮,进入企业应用平台。

(3)2018 年 5 月 1 日,采购部黄颖露在企业应用平台"业务工作"页签中执行"供应链"—"采购管理"—"采购订货"—"采购订单"命令,如图 3-4 所示,打开"采购订单"窗口。

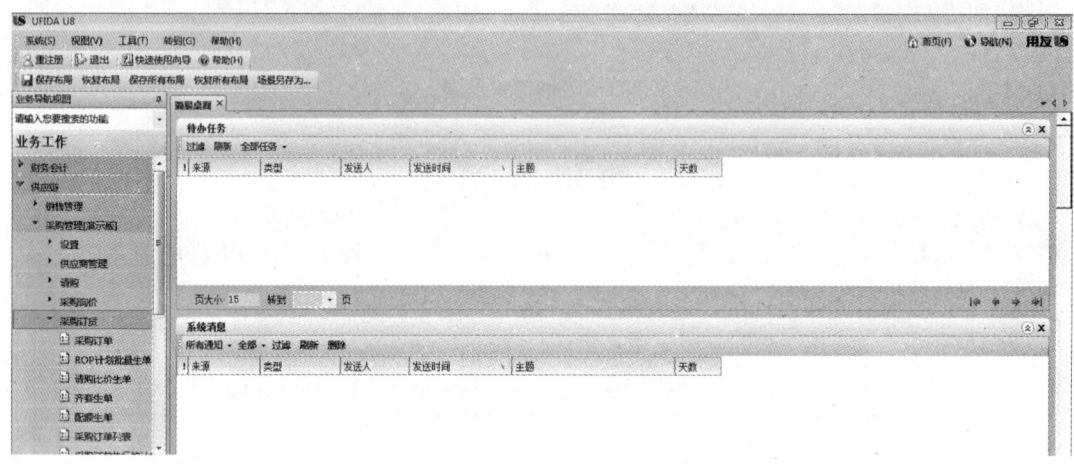

图 3-4 执行"供应链"—"采购管理"—"采购订货"—"采购订单"命令

(4)单击"增加"按钮,选择"采购类型"为"普通采购",选择"供应商"为"苏宁",选择"部门"为"采购部",选择"业务员"为"黄颖露";在表体中,选择"存货名称"为"空调(海尔)",输入"数量"为"50.00","原币单价"为"2 000.00",其他信息由系统自动带出,单击"保存"按钮,如图 3-5 所示。

(5)单击"审核"按钮,审核填制的采购订单。

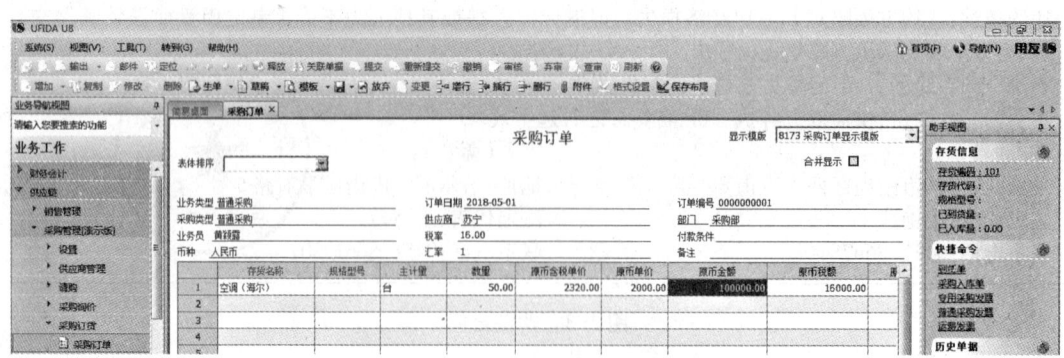

图 3-5 输入采购订单信息

2. 生成采购到货单

（1）2018 年 5 月 1 日，采购部黄颖露在企业应用平台"业务工作"页签中执行"供应链"—"采购管理"—"采购到货"—"到货单"命令，如图 3-6 所示，打开"到货单"窗口。

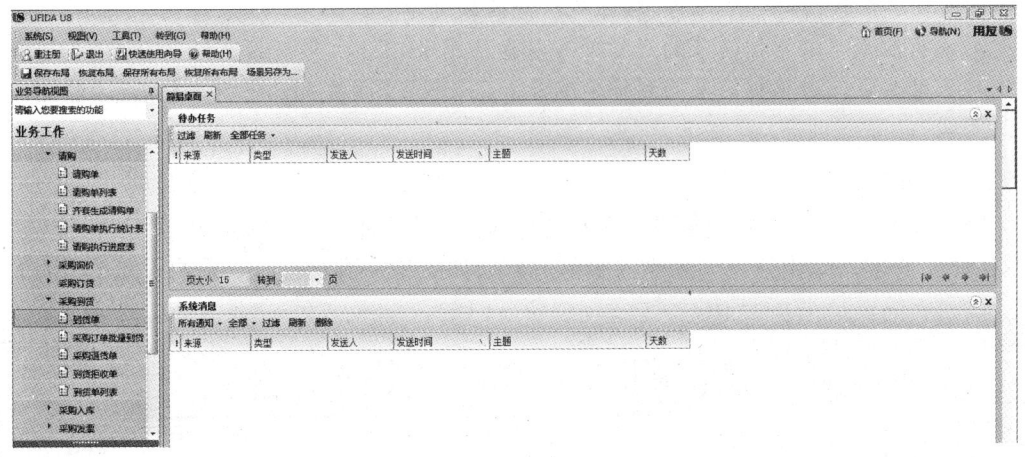

图 3-6　执行"供应链"—"采购管理"—"采购到货"—"到货单"命令

（2）单击"增加"按钮，执行"生单"—"采购订单"命令，打开"查询条件选择-采购订单列表过滤"窗口，单击"确定(F)"按钮。

（3）系统弹出"拷贝并执行"窗口，选中所要拷贝的采购订单，如图 3-7 所示。单击"确定"按钮，系统自动生成到货单，单击"保存"按钮。

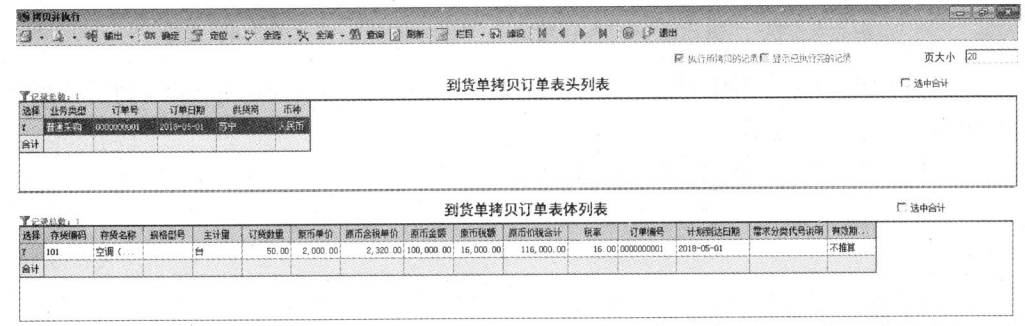

图 3-7　"拷贝并执行"窗口

（4）单击"审核"按钮。根据采购订单生成的采购到货单，如图 3-8 所示。

（5）单击"退出"按钮。

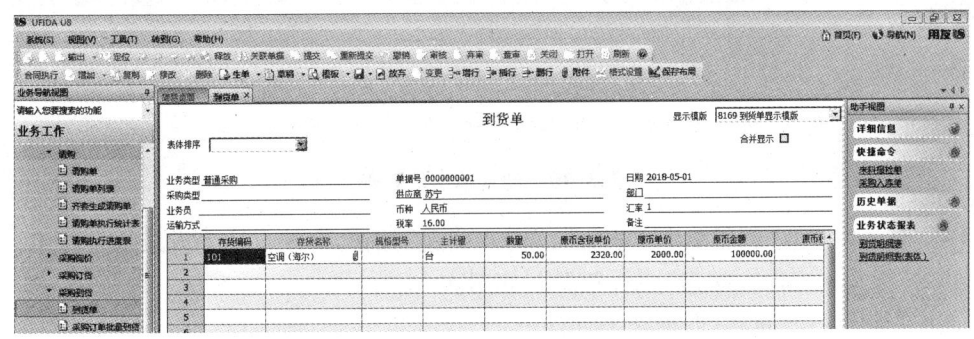

图 3-8　采购到货单

63

注意:

★ 采购到货单可以手工录入,也可以拷贝采购订单生成到货单。

★ 如果采购到货单与采购订单信息有差别,可以直接据实录入到货单信息,或者直接修改生成到货单信息,再单击"保存"按钮确认修改到货单。

★ 没有生成下游单据的采购到货单可以直接删除。

★ 已经生成下游单据的采购到货单不能直接删除,需要先删除下游单据后,才能删除采购到货单。

3. 生成采购入库单

(1) 2018 年 5 月 1 日,仓储部杜飞在企业应用平台"业务工作"页签中执行"供应链"—"库存管理"—"入库业务"—"采购入库单"命令,如图 3-9 所示,打开"采购入库单"窗口。

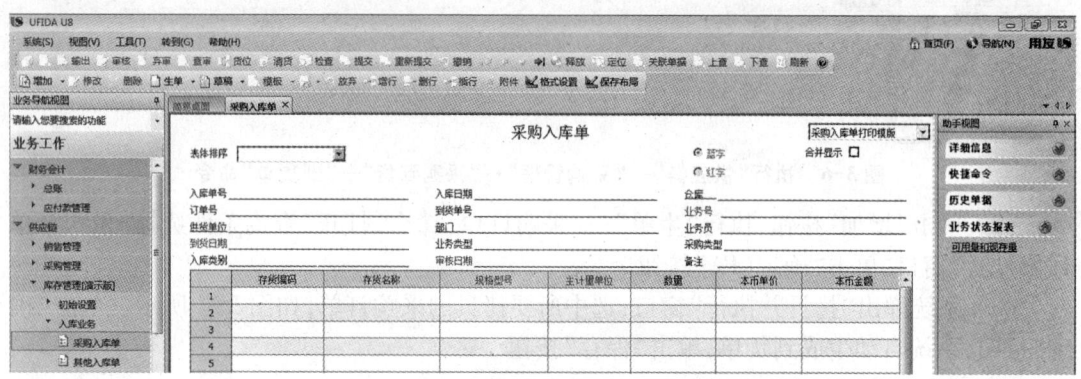

图 3-9 执行"供应链"—"库存管理"—"入库业务"—"采购入单"命令

(2) 执行"生单"—"采购到货单(蓝字)"命令,打开"查询条件选择-采购到货单列表"窗口,单击"确定(F)"按钮。

(3) 打开到货单生单列表,如图 3-10 所示。

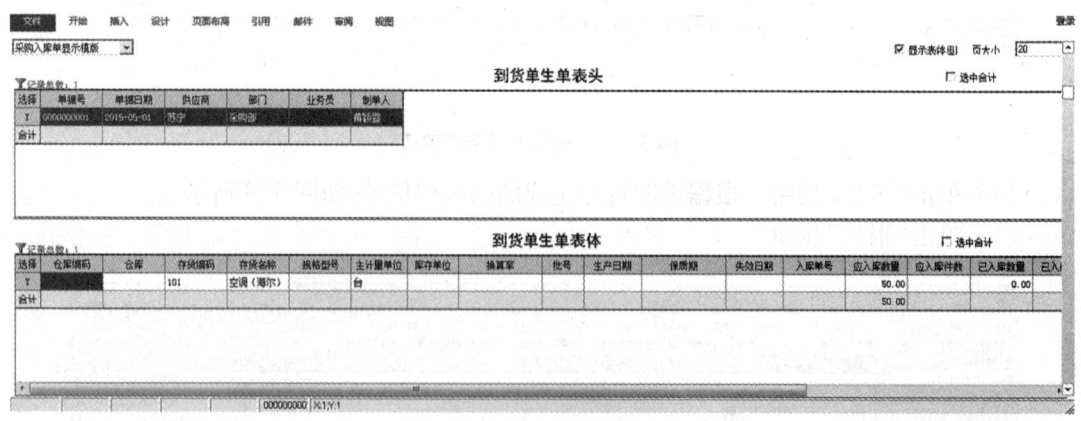

图 3-10 到货单生单列表

(4) 选择相应的"到货单生单表头",单击"确定"按钮,系统自动生成采购入库单,选择"仓库"为"大型家电库",单击"保存"按钮,如图 3-11 所示。

(5) 单击"审核"按钮,如图 3-12 所示。

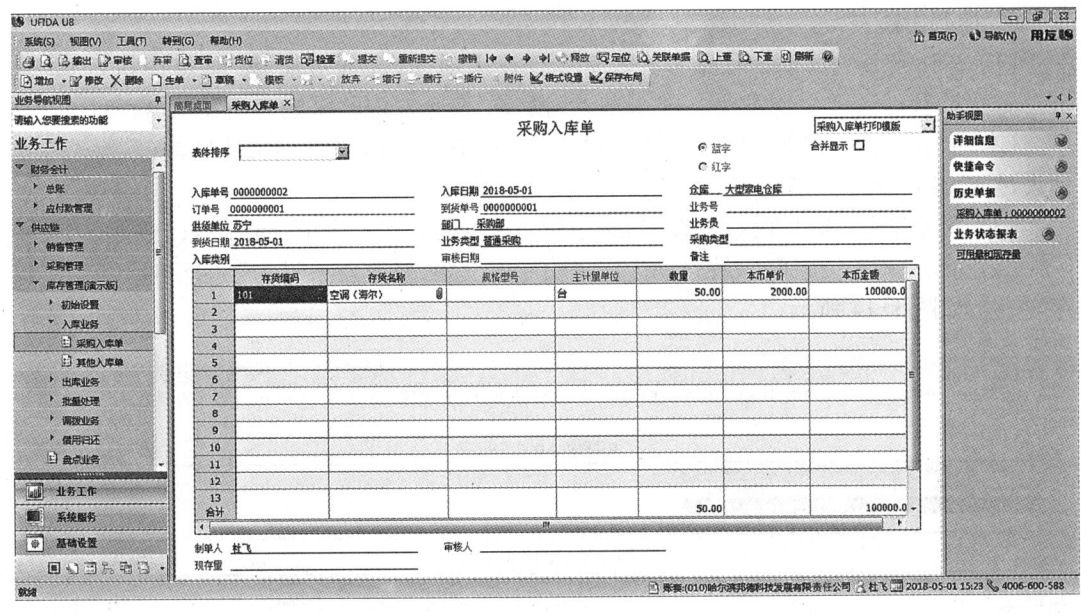

图 3-11　"采购入库单"窗口

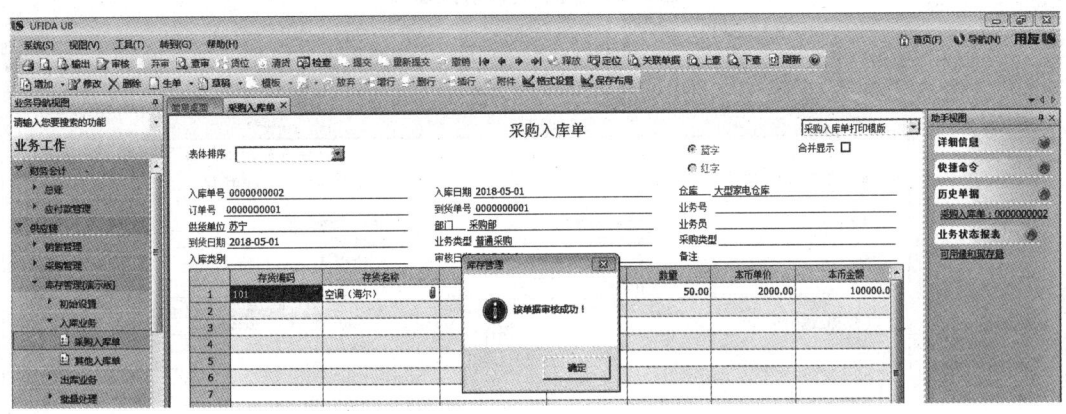

图 3-12　审核采购入库单

注意:

★ 采购入库单必须在库存管理系统录入或生成。

★ 在库存管理系统录入或生成的采购入库单,可以在采购管理系统查看,但不能修改或删除。

★ 如果需要手工录入采购入库单,则在库存管理系统打开"采购入库单"窗口时,单击"增加"按钮,可以直接录入采购入库单信息。

★ 如果在采购选项中设置了"普通采购必有订单",则采购入库单不能手工录入,只能参照生成。如果需要手工录入采购入库单,则需要先取消"普通采购必有订单"选项。

★ 采购入库单可以拷贝采购订单生成,也可以拷贝采购到货单生成。根据上游单据拷贝生成下游单据后,上游单据不能直接修改、弃审。删除下游单据后,其上游单据才能执行"弃审"操作,弃审后才能修改。

★ 查询采购入库单,可以在采购系统查看"采购入库单列表"。

4. 填制采购发票

（1）2018 年 5 月 1 日,采购部黄颖露在企业应用平台"业务工作"页签中执行"供应链"—"采购管理"—"采购发票"—"采购专用发票"命令,打开"采购专用发票"窗口。

（2）单击"增加"按钮,执行"生单"—"入库单"命令,打开"查询条件选择-采购入库单列表过滤"窗口,单击"确定(F)"按钮。

（3）系统弹出"拷贝并执行"窗口,选中所要拷贝的采购入库单,如图 3-13 所示。

（4）单击"确定"按钮,系统自动生成采购专用发票,修改发票号为"5645789",单击"保存"按钮,如图 3-14 所示。

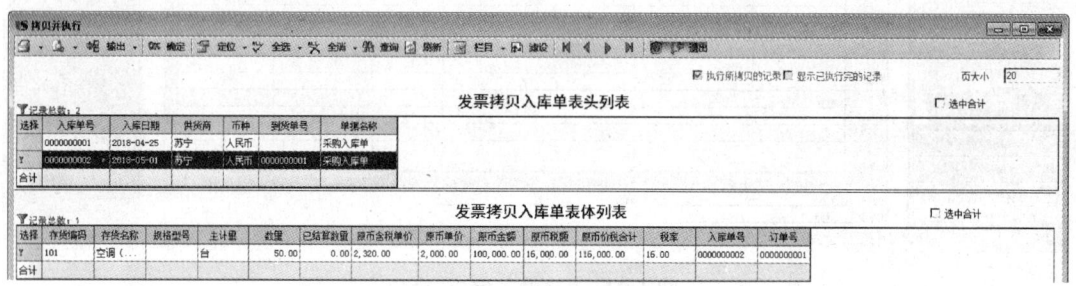

图 3-13 "拷贝并执行"窗口

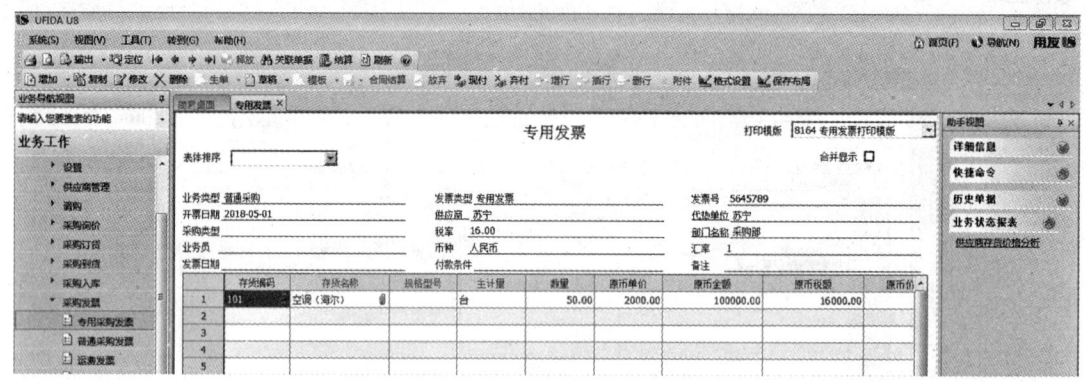

图 3-14 生成采购专用发票

注意:

★ 采购发票可以手工输入,也可以根据采购订单、采购入库单参照生成。

★ 如果在采购选项中设置了"普通采购必有订单",则不能手工录入采购发票,只能参照生成采购发票。如果需要手工录入,则需要先取消"普通采购必有订单"选项。

★ 如果录入采购专用发票,需要先在基础档案中设置有关开户银行信息,否则,只能录入普通发票。

★ 采购发票中的表头税率是根据专用发票默认税率带出的,可以修改。采购专用发票的单价为无税单价,金额为无税金额,税额等于无税金额与税率的乘积。

★ 如果收到供应商开具的发票但没有收到货物,可以对发票压单处理,待货物运达后,再输入采购入库单并进行采购结算;也可以先将发票输入系统,以便实时统计在途物资。

★ 在采购管理系统中可以通过采购发票列表查询采购发票。

5. 采购结算

（1）2018 年 5 月 1 日,采购部黄颖露在企业应用平台"业务工作"页签中执行"供应链"—"采购管理"—"采购结算"—"手工结算"命令,如图 3-15 所示,打开"手工结算"窗口。

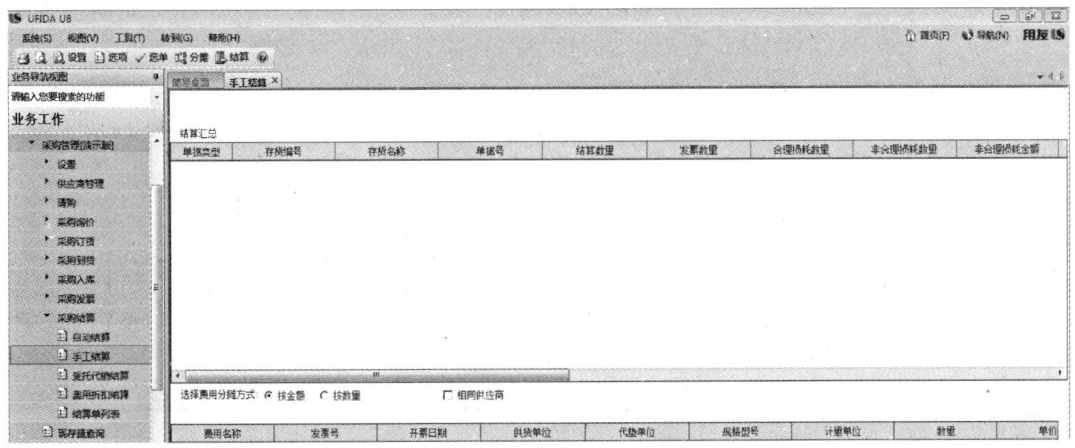

图 3-15 执行"供应链"—"采购管理"—"采购结算"—"手工结算"命令

(2) 单击"选单"按钮,打开"结算选单"窗口,如图 3-16 所示。

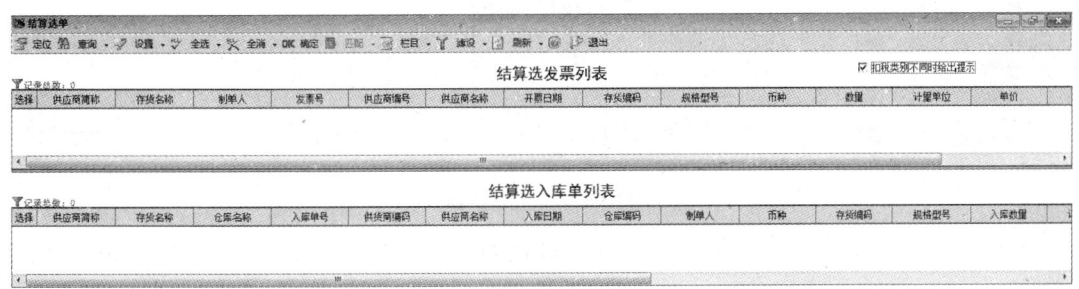

图 3-16 "结算选单"窗口

(3) 单击"查询"按钮,打开"查询条件选择-采购手工结算"窗口。

(4) 选择相应的采购发票和入库单,单击"确定"按钮,如图 3-17 所示。

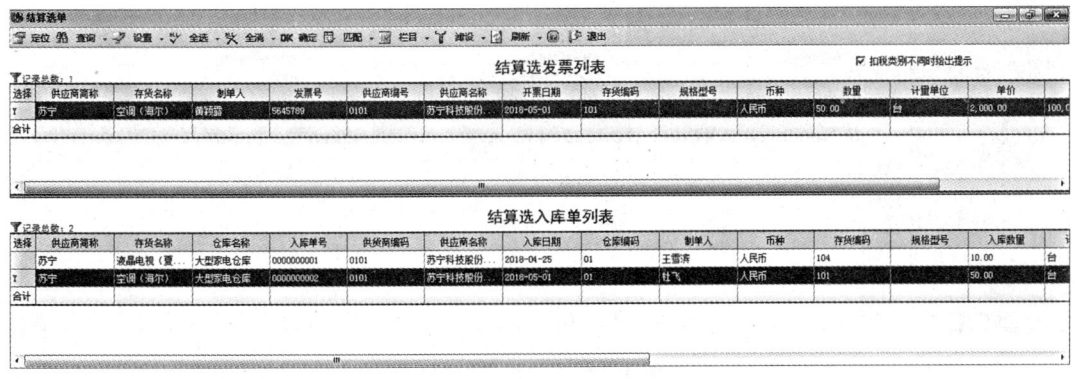

图 3-17 选择采购发票和入库单

(5) 系统回到"手工结算"窗口,如图 3-18 所示,单击"结算"按钮,系统显示"完成结算",如图 3-19 所示。

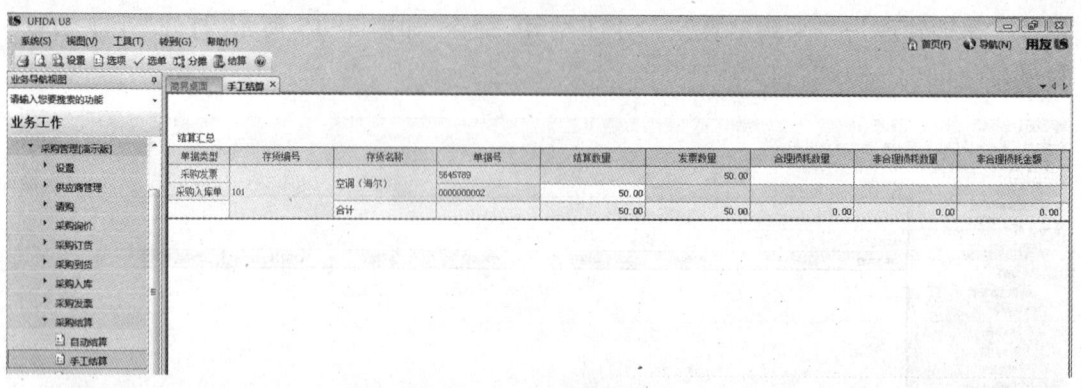

图 3-18 "手工结算"窗口

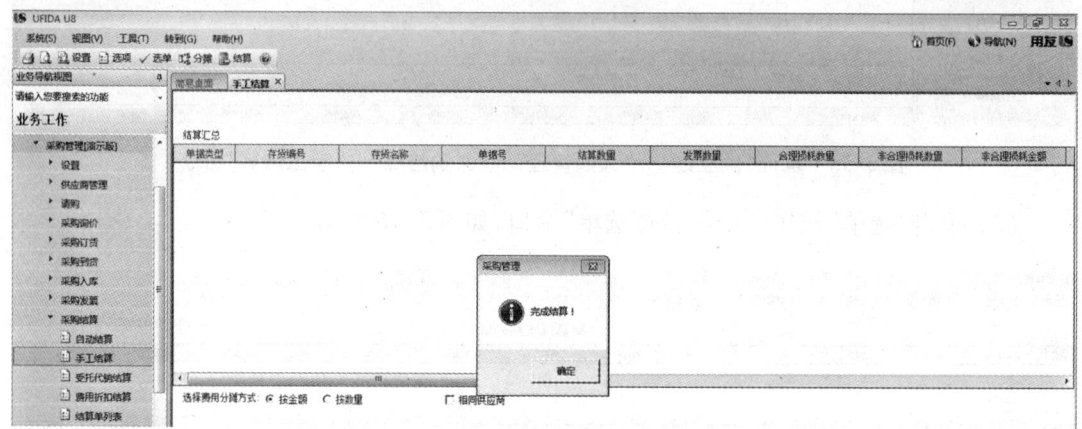

图 3-19 完成结算

(6) 执行"结算单列表"命令。双击需要查询的结算单,可以打开结算单,如图 3-20 所示。

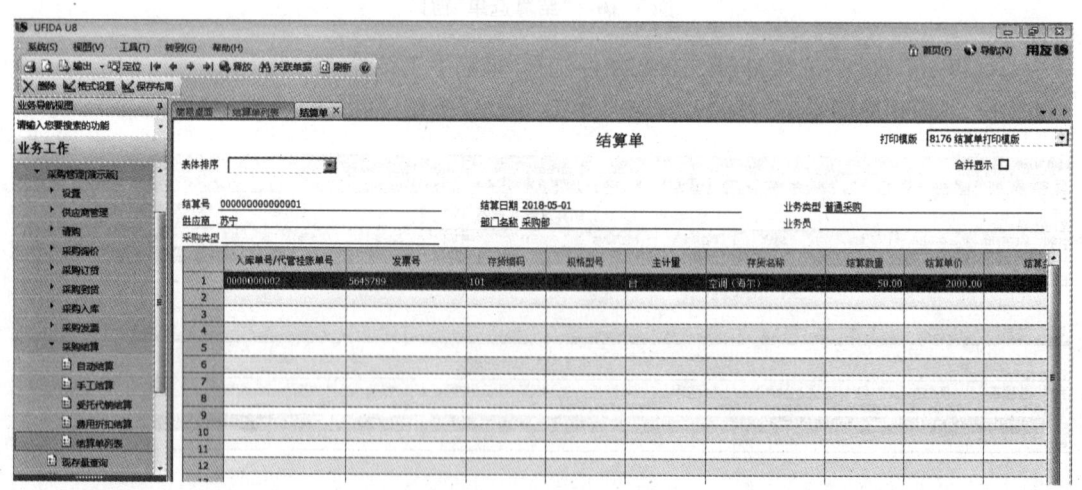

图 3-20 "结算单"窗口

(7) 单击"退出"按钮。

6. 财务部门确认应付账款

(1) 2018 年 5 月 1 日,财务部王雪滨在企业应用平台"业务工作"页签中执行"财务会计"—"应付款管理"—"应付单据处理"—"应付单据审核"命令，打开"应付单查询条件"窗口，如图 3-21 所示。

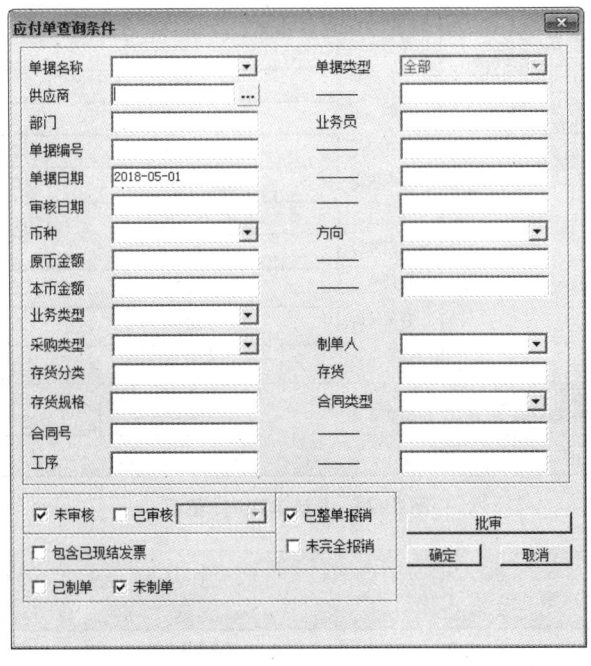

图 3-21 "应付单查询条件"窗口

（2）单击"确定"按钮，系统弹出"应付单据列表"窗口，如图 3-22 所示。

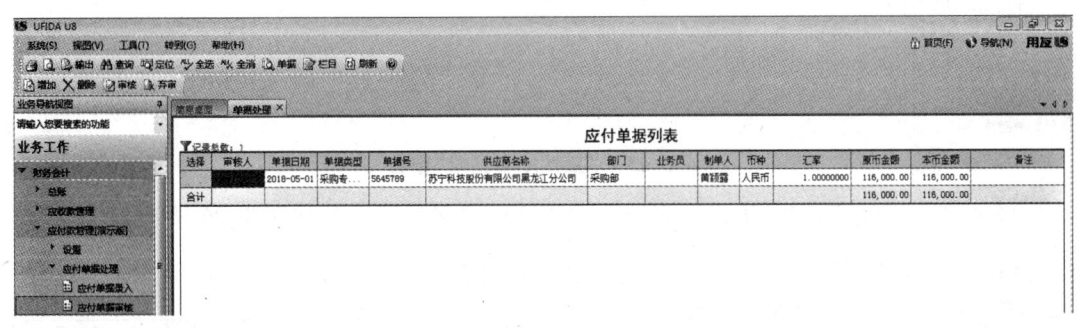

图 3-22 "应付单据列表"窗口

（3）双击"选择"栏，或单击"全选"按钮，单击"审核"按钮，系统完成审核并给出审核报告，如图 3-23 所示。

（4）单击"确定"按钮后退出。

（5）执行"制单处理"命令，打开"制单查询"窗口，选择"发票制单"复选框，如图 3-24 所示。

（6）单击"确定"按钮，打开"采购发票制单"窗口。

（7）选择凭证类别为"收款凭证"，再单击"全选"按钮，选中要制单的"采购专用发票"，如图 3-25 所示。

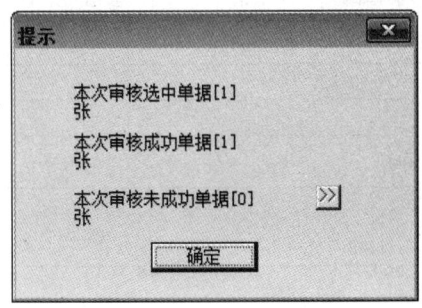

图 3-23 审核报告

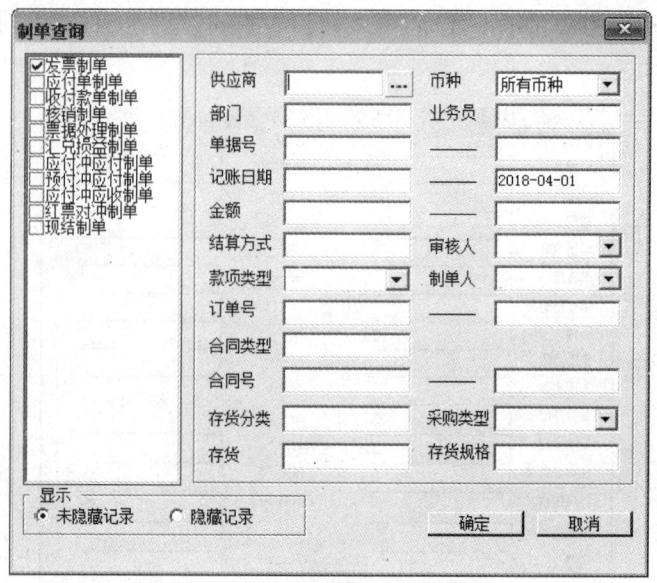

图 3-24 "制单查询"窗口

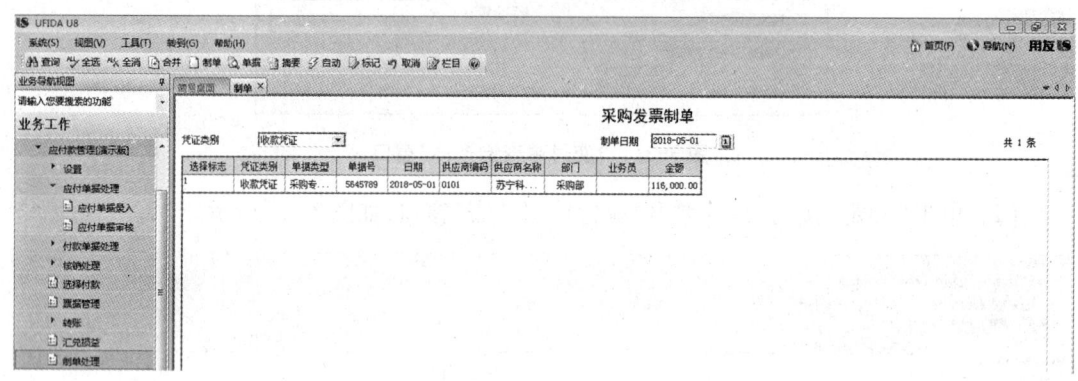

图 3-25 "采购发票制单"窗口

（8）单击"制单"按钮，生成一张转账凭证，单击"保存"按钮，如图 3-26 所示。

图 3-26 生成转账凭证

（9）打开总账系统，执行"凭证"—"查询凭证"命令。选择"未记账凭证"，打开所选凭证，可以查询在应付款系统生成并传递至总账的记账凭证。

注意：

★ 应付科目可以在应付款系统的初始设置中设置，如果账套未设置，可以在生成凭证后补充填入。

★ 只有采购结算后的采购发票才能自动传递到应付款管理系统，并且需要在应付款管理系统中审核确认，才能形成应付账款。

★ 在应付款管理系统中可以根据采购发票制单，也可以根据应付单或其他单据制单。

★ 在应付款管理系统中可以根据一条记录制单，也可以根据多条记录合并制单，用户可以根据选择制单序号进行处理。

★ 可以在采购结算后针对每笔业务立即制单，也可以月末一次制单。

★ 采购发票需要在存货核算系统记账。可以在采购发票记账前制单，也可以在采购发票记账后制单。

7. 核算采购成市

（1）2018 年 5 月 1 日，财务部王雪滨在企业应用平台"业务工作"页签中执行"供应链"—"存货核算"—"业务核算"—"正常单据记账"命令，打开"查询条件选择"窗口。

（2）单击"确定（F）"按钮，打开"正常单据记账列表"窗口，如图 3-27 所示。

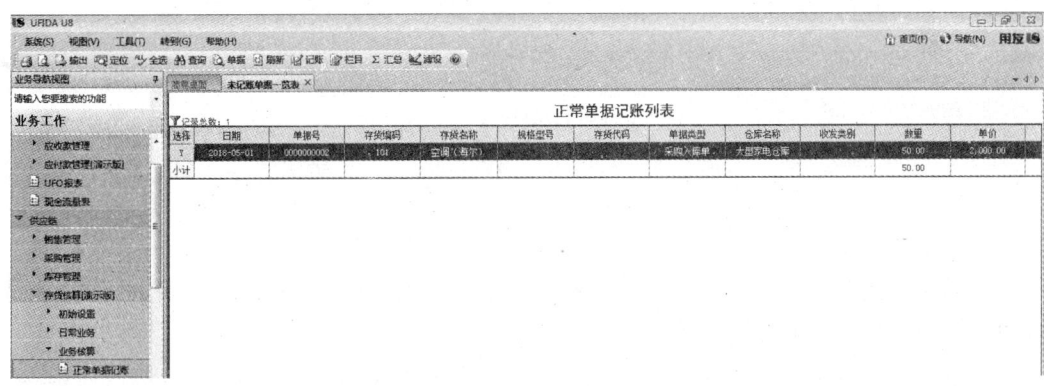

图 3-27　"正常单据记账列表"窗口

（3）单击"全选"按钮。

（4）单击"记账"按钮，将采购入库单记账，系统提示"记账成功"，如图 3-28 所示。

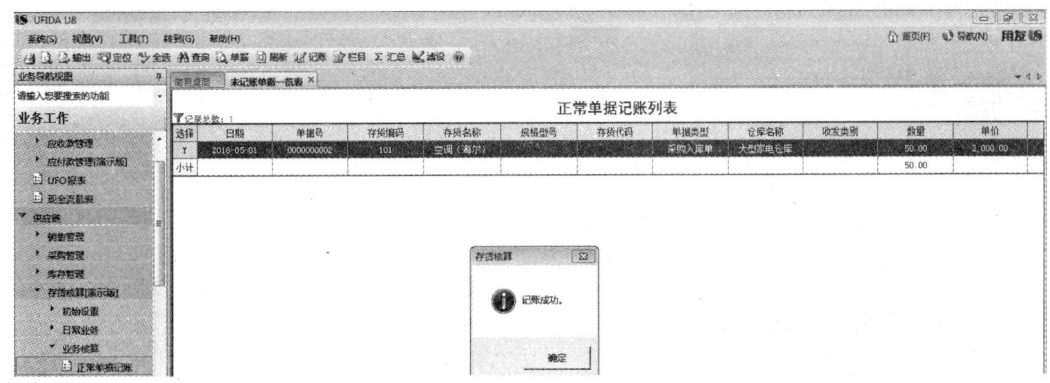

图 3-28　记账成功

（5）单击"确定"按钮。

（6）执行"财务核算"—"生成凭证"命令，打开"查询条件"窗口，如图 3-29 所示。

图 3-29　"查询条件"窗口

（7）单击"确定"按钮，打开"未生成凭证单据一览表"窗口，如图 3-30 所示。

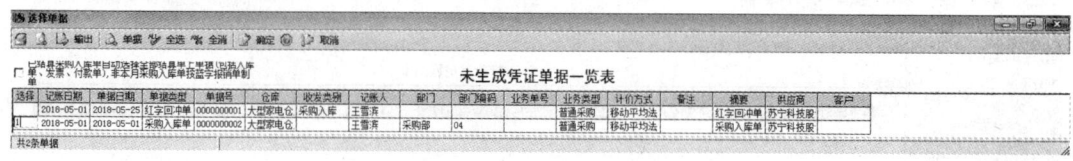

图 3-30　"未生成凭证单据一览表"窗口

（8）单击"选择"栏，或单击"全选"按钮，选中待生成凭证的单据，单击"确定"按钮。选择凭证类别为"收　收款凭证"，如图 3-31 所示。

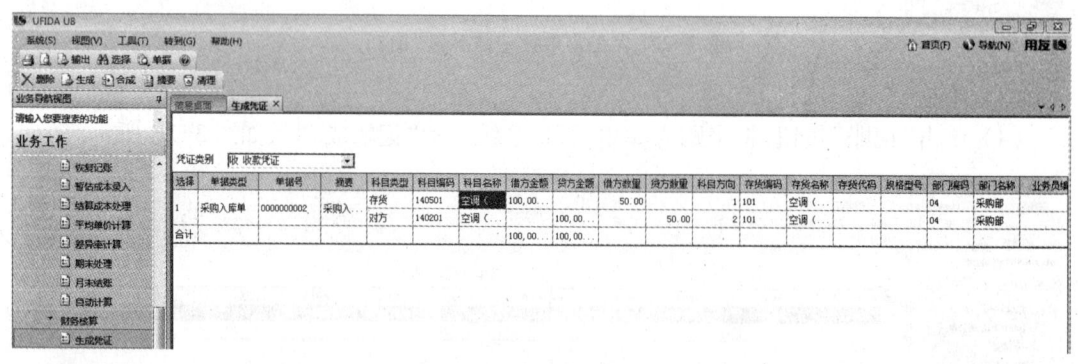

图 3-31　生成凭证窗口

（9）单击"生成"按钮，生成一张转账凭证，单击"保存"按钮，如图 3-32 所示。

（10）单击"退出"按钮。

（二）货已验收入库，发票未收到

1. 填制采购订单

（1）执行"开始"—"程序"—"用友 ERP-10.1"—"企业应用平台"命令，打开登录界面。

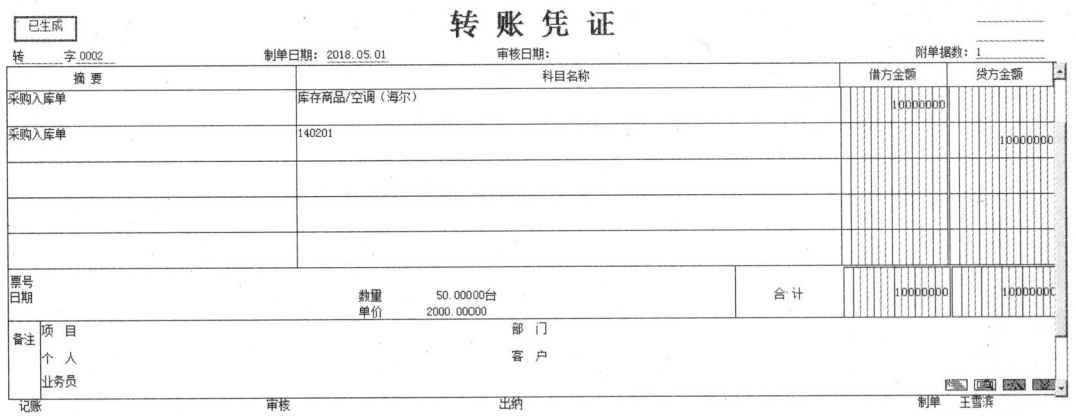

图 3-32 生成转账凭证

（2）输入操作员为"G01"；在"账套"下拉列表框中选择"［010］（default）哈尔滨邦德科技发展有限公司"，更改"操作日期"为"2018 年 5 月 2 日"，单击"登录"按钮，进入企业应用平台。

（3）2018 年 5 月 2 日，采购部黄颖露在企业应用平台"业务工作"页签中执行"供应链"—"采购管理"—"采购订货"—"采购订单"命令，打开"采购订单"窗口。

（4）单击"增加"按钮，选择"采购类型"为"普通采购"，选择"供应商"为"黑天鹅"，选择"部门"为"采购部"，选择"业务员"为"黄颖露"；在表体中，选择"存货名称"为"剃须刀（飞利浦）"，输入"数量"为"100.00"，"原币单价为 500.00"，其他信息由系统自动带出，单击"保存"按钮，如图 3-33 所示。

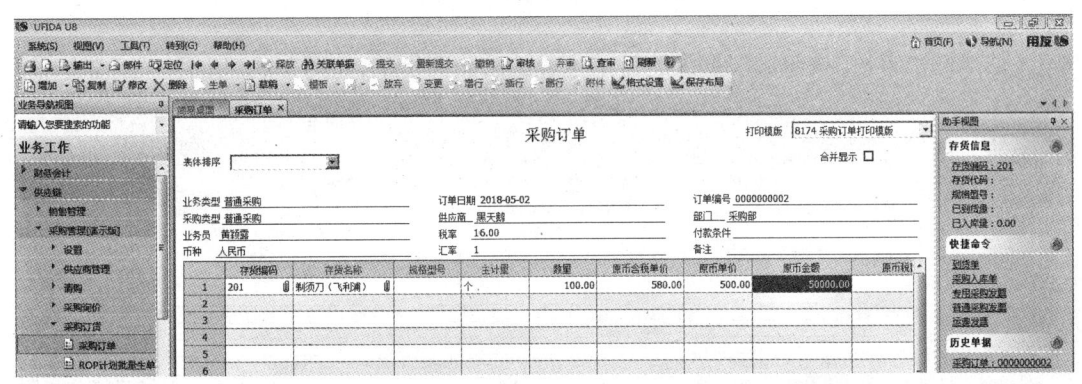

图 3-33 输入采购订单信息

（5）单击"审核"按钮，审核填制的采购订单。

2. 生成采购到货单

（1）2018 年 5 月 2 日，采购部黄颖露在企业应用平台"业务工作"页签中执行"供应链"—"采购管理"—"采购到货"—"到货单"命令，如图 3-34 所示，打开"到货单"窗口。

（2）单击"增加"按钮，选择"生单"—"采购订单"命令，打开"查询条件选择-采购订单列表过滤"窗口，单击"确定（F）"按钮。

（3）系统弹出"拷贝并执行"窗口，选中所要拷贝的采购订单，如图 3-35 所示，单击"确定"按钮，系统自动生成到货单，单击"保存"按钮。

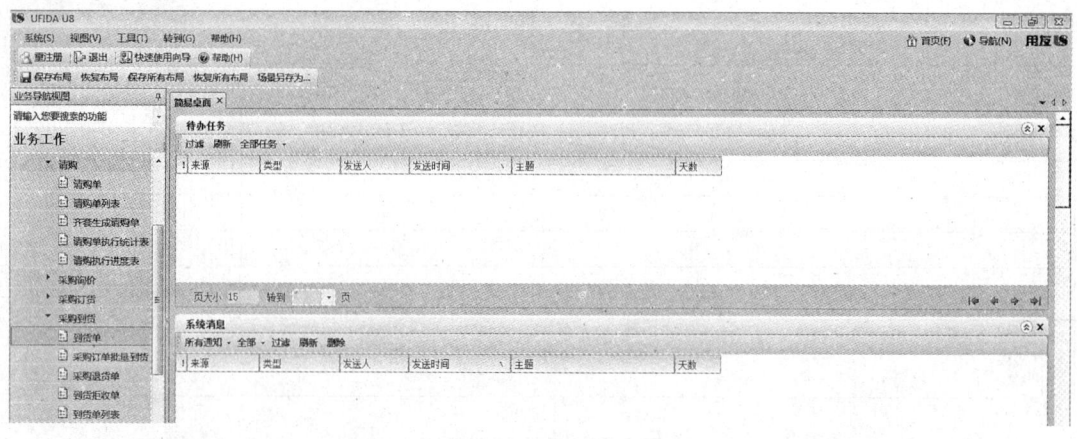

图 3-34 执行"供应链"—"采购管理"—"采购到货"—"到货单"命令

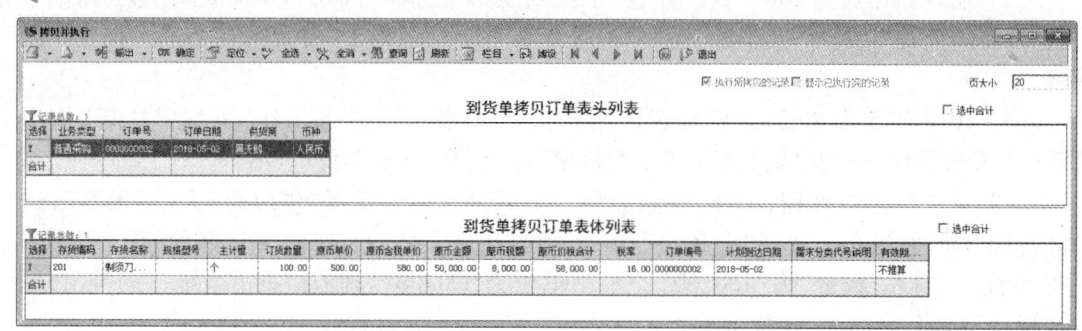

图 3-35 "拷贝并执行"窗口

（4）单击"审核"按钮。根据采购订单生成的采购到货单，如图 3-36 所示。

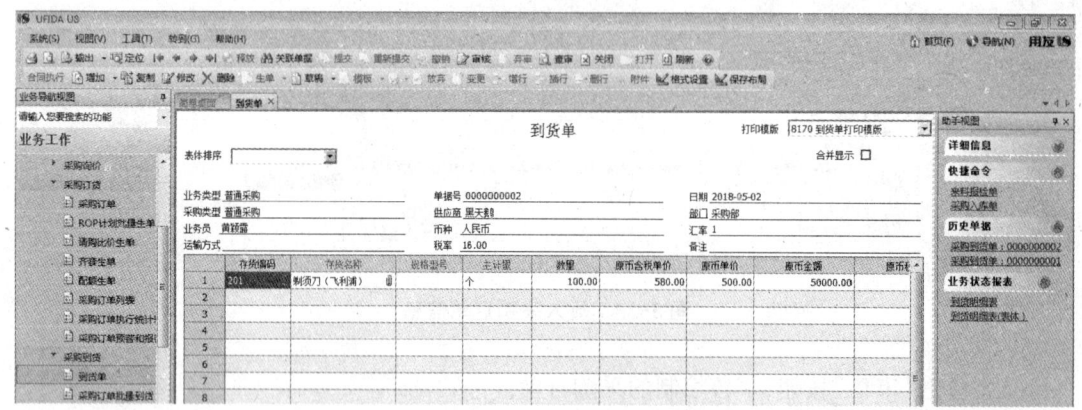

图 3-36 采购到货单

（5）单击"退出"按钮。

3. 生成采购入库单

（1）2018 年 5 月 2 日，仓储部杜飞在企业应用平台"业务工作"页签中执行"供应链"—"库存管理"—"入库业务"—"采购入库单"命令，如图 3-37 所示，打开"采购入库单"窗口。

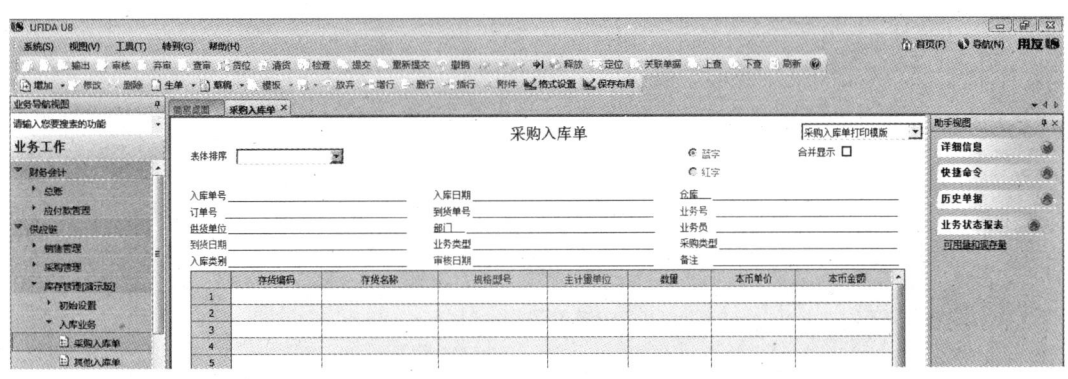

图 3-37　执行"供应链"—"库存管理"—"入库业务"—"采购入单"命令

（2）执行"生单"—"采购到货单（蓝字）"命令，打开"查询条件选择-采购到货单列表"窗口，单击"确定（F）"按钮。

（3）打开到货单生单列表，如图 3-38 所示。

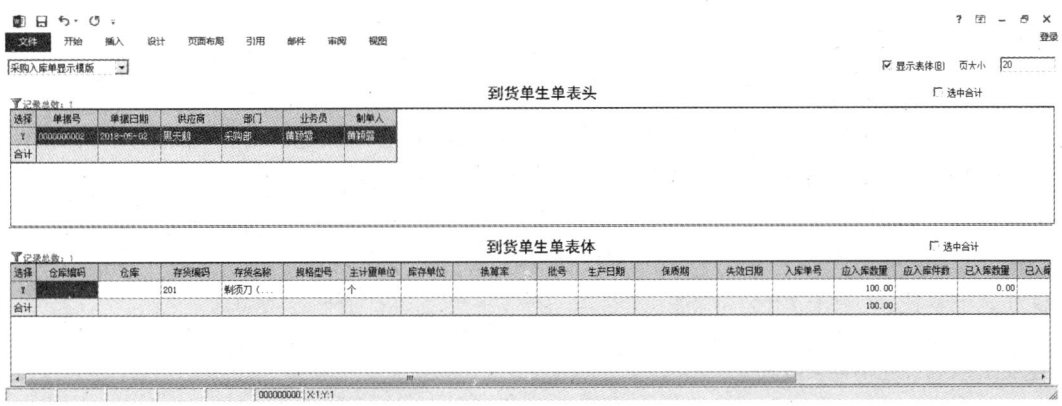

图 3-38　到货单生单列表

（4）选择相应的"到货单生单表头"，单击"确定"按钮，系统自动生成采购入库单，选择"仓库"为"小型家电仓库"，单击"保存"按钮，如图 3-39 所示。

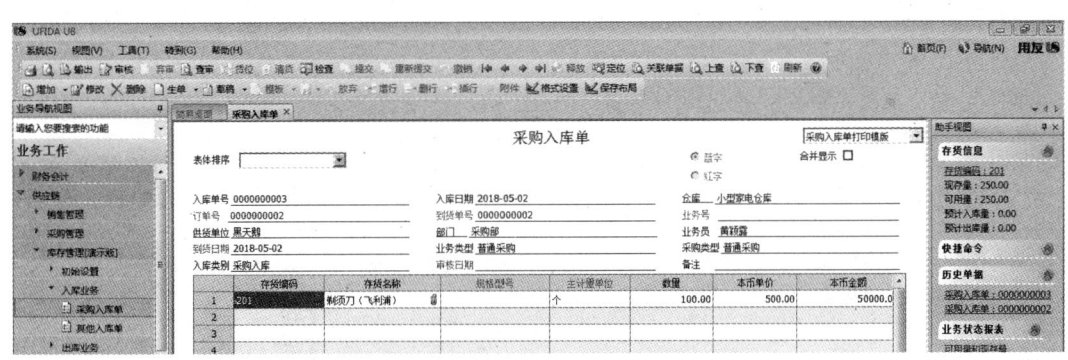

图 3-39　"采购入库单"窗口

（5）单击"审核"按钮，如图 3-40 所示。

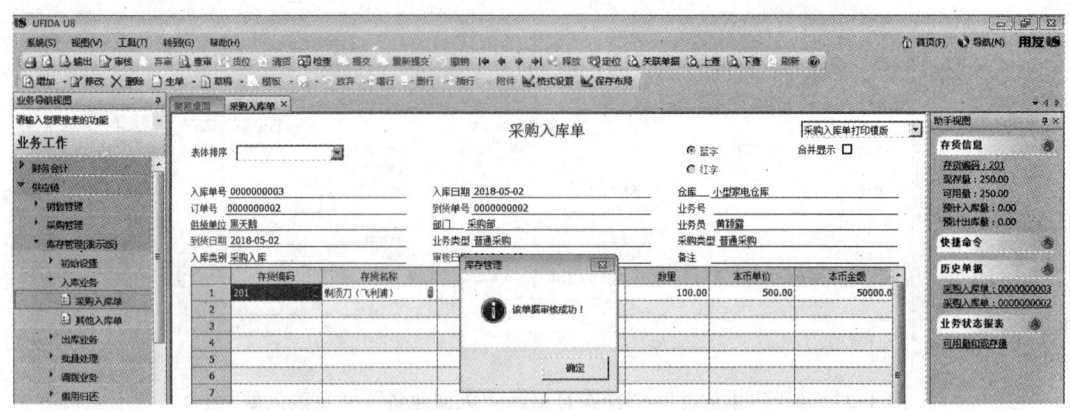

图 3-40　审核采购入库单

学习子情境二　采购现付业务

一、任务描述

2018 年 5 月 3 日,采购部黄颖露向苏宁科技股份有限公司黑龙江分公司采购冰箱(西门子),取得与该业务相关的凭证如图 3-41、图 3-42、图 3-43 所示。

购 销 合 同

供方:苏宁科技股份有限责任公司黑龙江分公司　　　　合同号:CG003
需方:哈尔滨邦德科技发展有限责任公司　　　　　　签订日期:2018 年 05 月 3 日
经双方协议,订立本合同如下:

产品型号	名　称	数　量	单价(含税)	总　额	其他要求
	冰箱(西门子)	10	3 480.00	34 800.00	
合　计				34 800.00	

货款总计(大写):叁万肆仟捌佰元整

质量验收标准:
交货日期:2018 年 05 月 3 日
交货地点:哈尔滨邦德科技发展有限责任公司
结算方式:电汇
付款时间:2018 年 06 月 3 日
违约条款:违约方须赔对方一切经济损失。但遇天灾人祸或其他人力不能控制之因素而导致延误交货,需方不能要求供方赔偿任何损失。
解决合同纠纷的方式:经双方友好协商解决,如协商不成的,可向当地仲裁委员会提出仲裁解决。
本合同一式两份,供需双方各执一份,自签订之日起生效。
供方(盖章):　　　　　　　　　　　需方(盖章):
地址:哈尔滨市南岗区学府路 100 号　　　地址:哈尔滨市南岗区学府路 5 号
法定代表:王一玲　　　　　　　　　　法定代表:王慧玲
联系电话:0451-83830123　　　　　　　联系电话:0451-86619207

图 3-41　购销合同

图 3-42　增值税发票

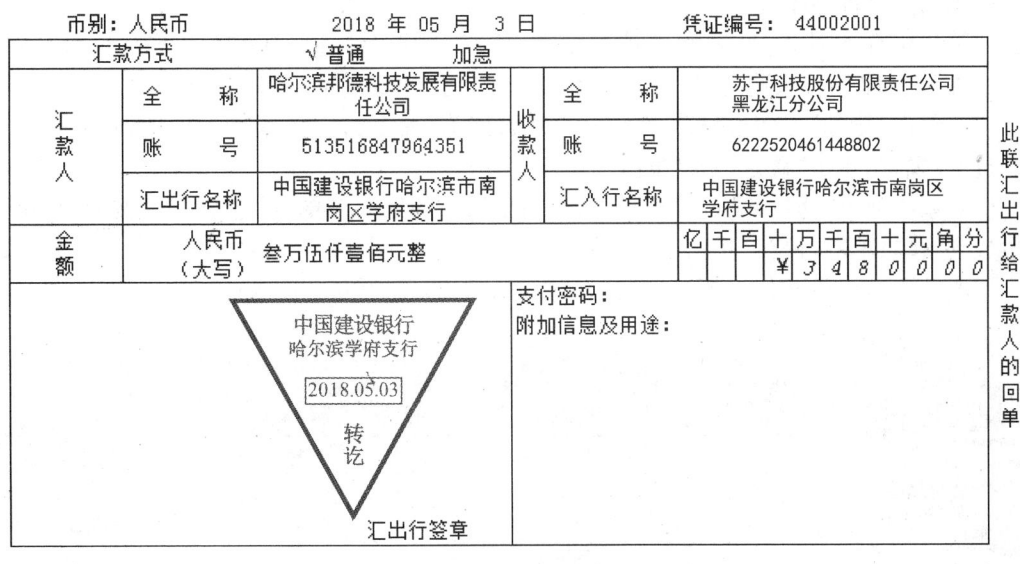

图 3-43　电汇凭证

二、任务操作

1. 填制采购订单

（1）执行"开始"—"程序"—"用友 ERP-10.1"—"企业应用平台"命令，打开登录界面。

（2）输入操作员为"G01"；在"账套"下拉列表框中选择"[010]（default）哈尔滨邦德科技发展有限公司"，更改"操作日期"为"2018 年 5 月 3 日"，单击"登录"按钮，进入企业应用平台。

（3）2018 年 5 月 3 日，采购部黄颖露在企业应用平台"业务工作"页签中执行"供应链"—"采购管理"—"采购订货"—"采购订单"命令，打开"采购订单"窗口。

（4）单击"增加"按钮，选择"采购类型"为"普通采购"，选择"供应商"为"苏宁"，选择"部门"为"采购部"，选择"业务员"为"黄颖露"；在表体中，选择"存货名称"为"冰箱（西门子）"，输入"数量"为"10.00"，"原币单价为 3 000.00"，其他信息由系统自动带出，单击"保存"按钮，如图 3-44 所示。

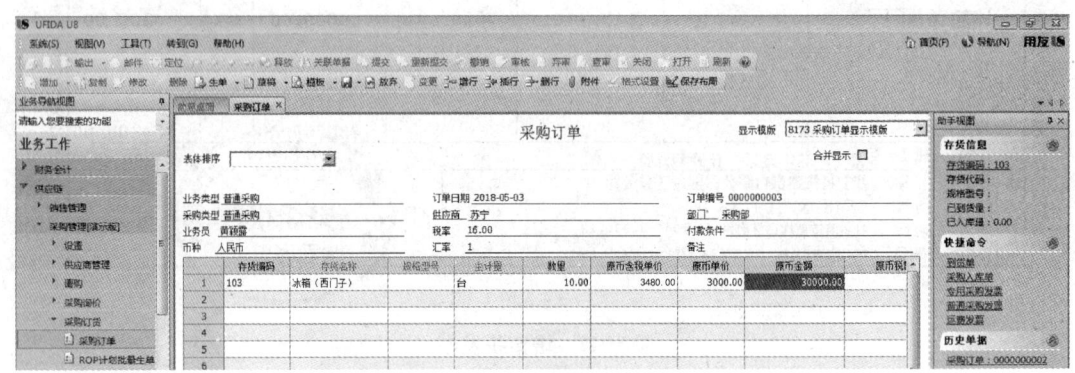

图 3-44　输入采购订单信息

（5）单击"审核"按钮，审核填制的采购订单。

2．生成采购到货单

（1）2018 年 5 月 3 日，采购部黄颖露在企业应用平台"业务工作"页签中执行"供应链"—"采购管理"—"采购到货"—"到货单"命令，打开"到货单"窗口。

（2）单击"增加"按钮，执行"生单"—"采购订单"命令，打开"查询条件选择-采购订单列表过滤"窗口，单击"确定（F）"按钮。

（3）系统弹出"拷贝并执行"窗口，选中所要拷贝的采购订单，单击"确定"按钮，系统自动生成到货单，单击"保存"按钮。

（4）单击"审核"按钮。根据采购订单生成的采购到货单，如图 3-45 所示。

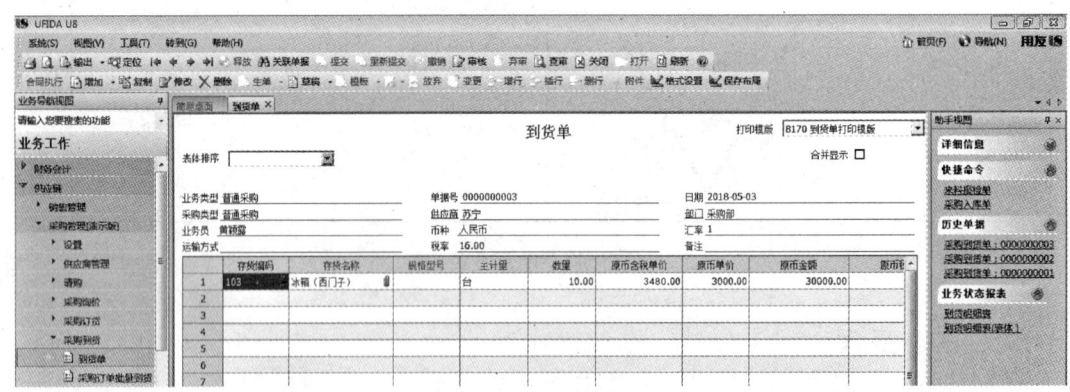

图 3-45　生成采购到货单

（5）单击"退出"按钮。

3．生成采购入库单

（1）2018 年 5 月 3 日，仓储部杜飞在企业应用平台"业务工作"页签中执行"供应链"—

"库存管理"—"入库业务"—"采购入库单"命令,打开"采购入库单"窗口。

（2）执行"生单"—"采购到货单（蓝字）"命令,打开"查询条件选择-采购到货单列表"窗口,单击"确定（F）"按钮。

（3）打开到货单生单列表。

（4）选择相应的"到货单生单表头",单击"确定"按钮,系统自动生成采购入库单,选择"仓库"为"大型家电库",单击"保存"按钮,如图3-46所示。

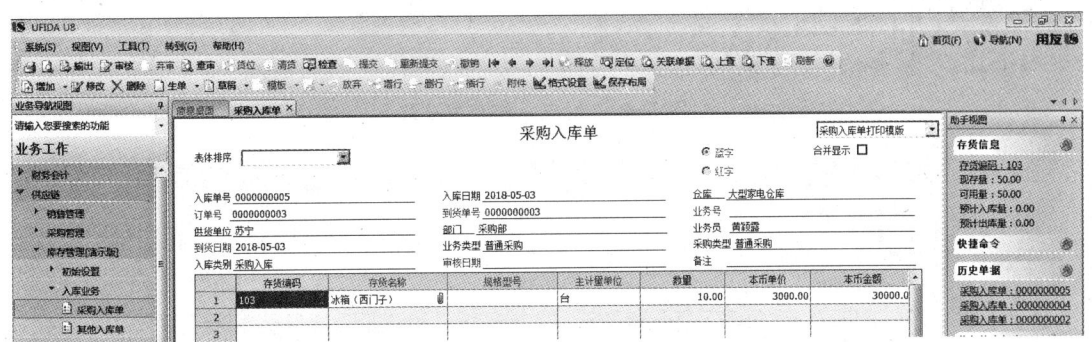

图3-46　"采购入库单"窗口

（5）单击"审核"按钮,如图3-47所示。

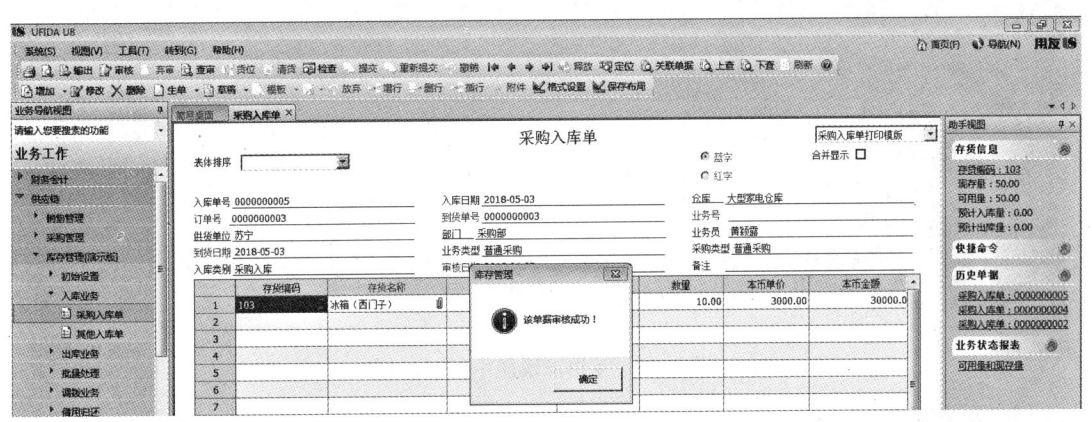

图3-47　审核采购入库单

4. 填制采购发票

（1）2018年5月3日,采购部黄颖露在企业应用平台"业务工作"页签中执行"供应链"—"采购管理"—"采购发票"—"采购专用发票"命令,打开"采购专用发票"窗口。

（2）单击"增加"按钮,执行"生单"—"入库单"命令,打开"查询条件选择-采购入库单列表过滤"窗口,单击"确定（F）"按钮。

（3）系统弹出"拷贝并执行"窗口,选中所要拷贝的采购入库单。

（4）单击"确定"按钮,系统自动生成采购专用发票,修改发票号为"5345789",单击"保存"按钮,如图3-48所示。

（5）单击"现付"按钮,打开"采购现付"窗口。输入结算方式"2-支票",结算金额为"34 800.00"等信息,如图3-49所示。单击"确定"按钮,采购专用发票提示"已现付",如图3-50所示。

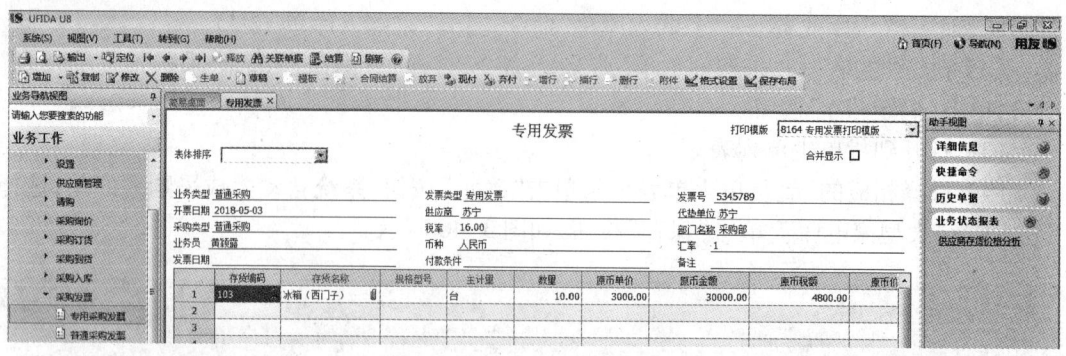

图 3-48　生成采购专用发票

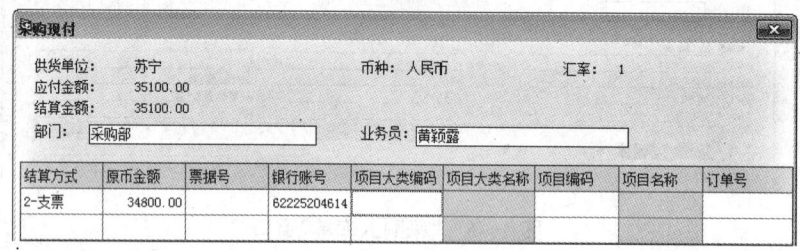

图 3-49　"采购现付"窗口

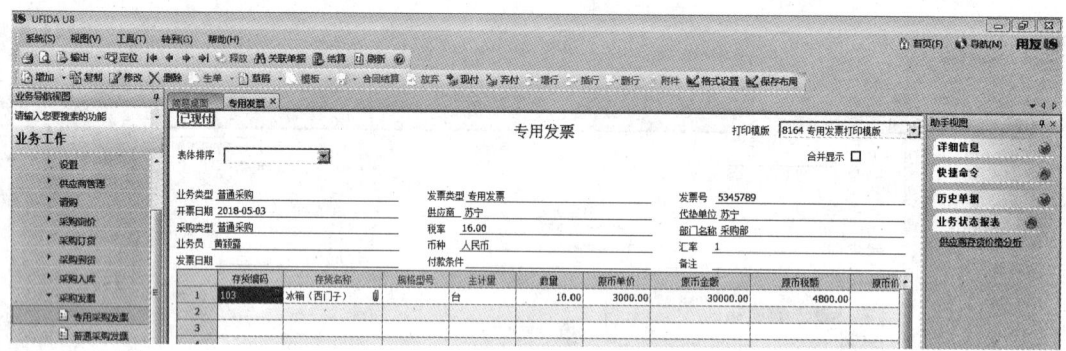

图 3-50　专用发票显示"已现付"

5. 采购结算

（1）2018 年 5 月 3 日，采购部黄颖露在企业应用平台"业务工作"页签中执行"供应链"—"采购管理"—"采购结算"—"手工结算"命令，打开"手工结算"窗口。

（2）单击"选单"按钮，打开"结算选单"窗口，如图 3-51 所示。

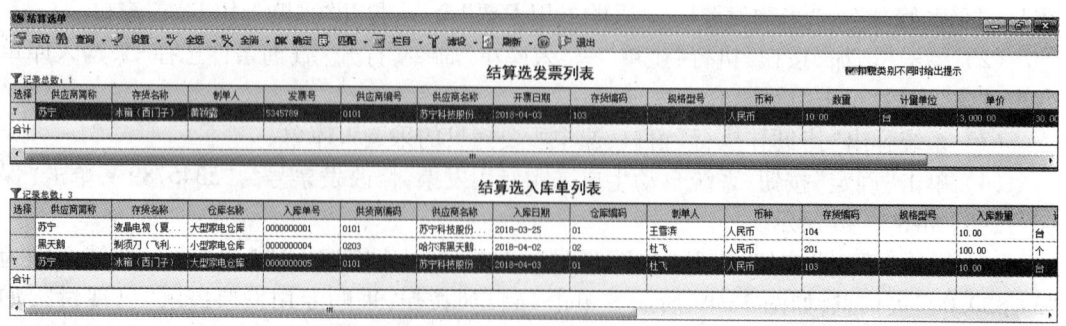

图 3-51　"结算选单"窗口

（3）单击"查询"按钮，打开"查询条件选择-采购手工结算"窗口，如图3-52所示。

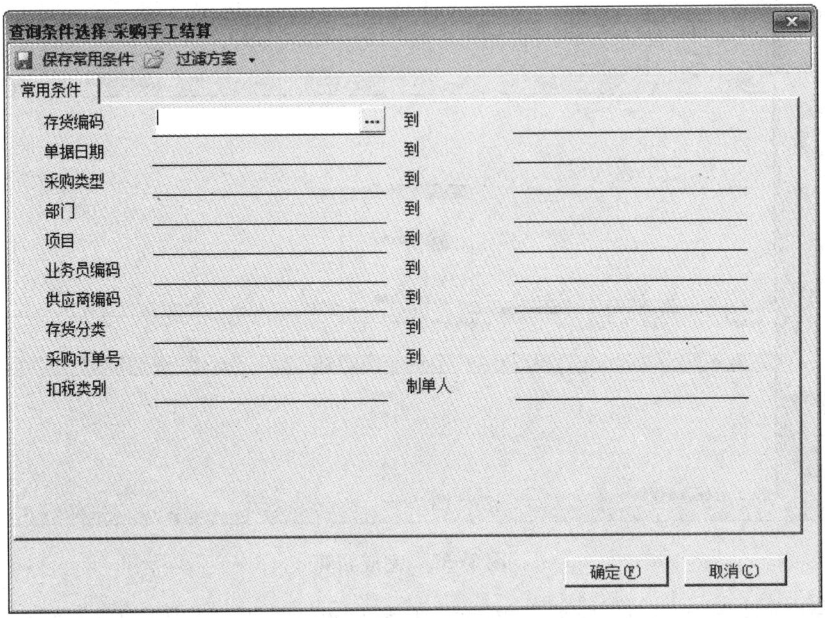

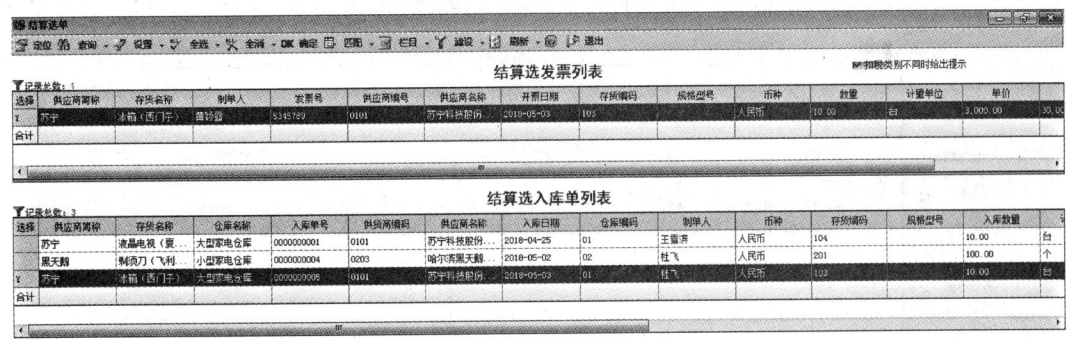

图3-52　"查询条件选择-采购手工结算"窗口

（4）选择相应的采购发票和入库单，如图3-53所示，单击"确定"按钮。

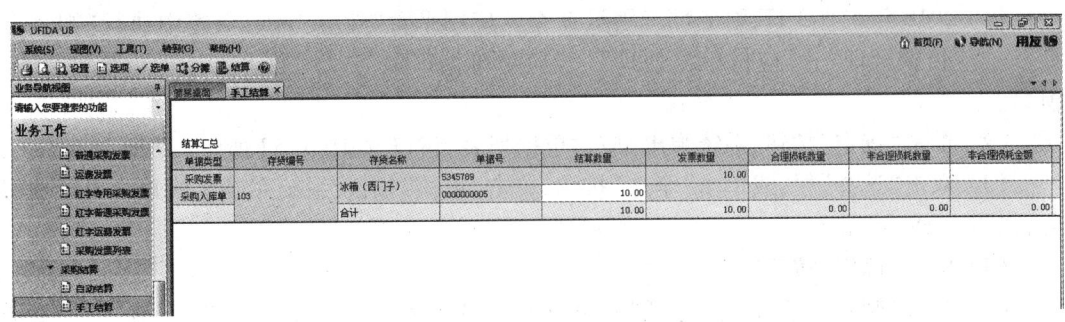

图3-53　选择采购发票和入库单

（5）系统回到"手工结算"窗口，如图3-54所示，单击"结算"按钮，系统显示"完成结算"，如图3-55所示。

图3-54　"手工结算"窗口

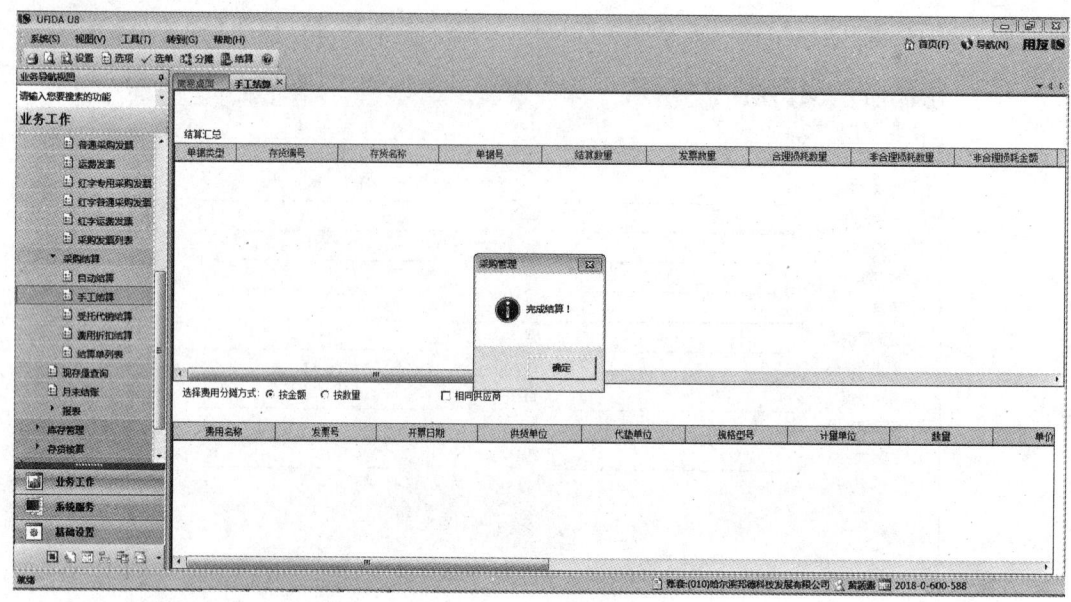

图 3-55　完成结算

（6）执行"结算单列表"命令。双击需要查询的结算单，可以打开结算单，如图 3-56 所示。

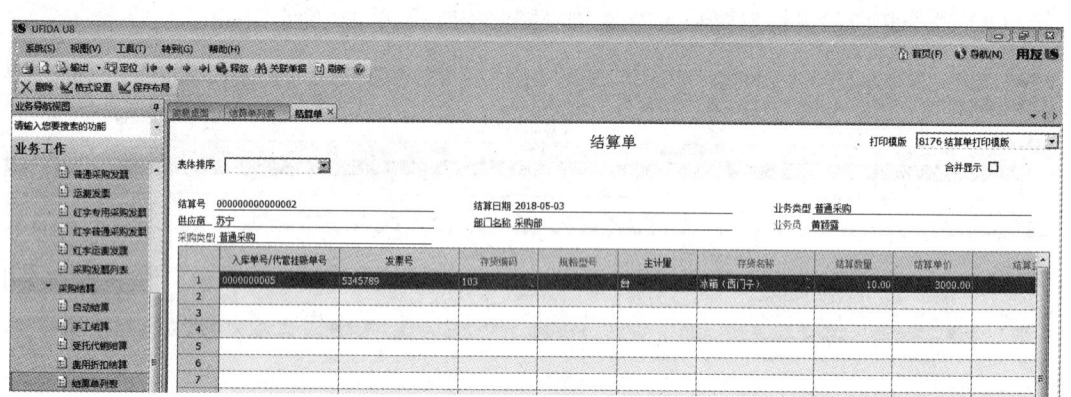

图 3-56　"结算单"窗口

（7）单击"退出"按钮。

6. 财务部门确认应付账款

（1）2018 年 5 月 3 日，财务部王雪滨在企业应用平台"业务工作"页签中执行"财务会计"—"应付款管理"—"应付单据处理"—"应付单据审核"命令，打开"应付单查询条件"窗口。

（2）单击"确定"按钮，系统弹出"应付单据列表"窗口，如图 3-57 所示。

（3）双击"选择"栏，或单击"全选"按钮，单击"审核"按钮，系统完成审核并给出审核报告，如图 3-58 所示。

（4）单击"确定"按钮后退出。

（5）执行"制单处理"命令，打开"制单查询"窗口，选择"发票制单"和"现结制单"复选框，如图 3-59 所示。

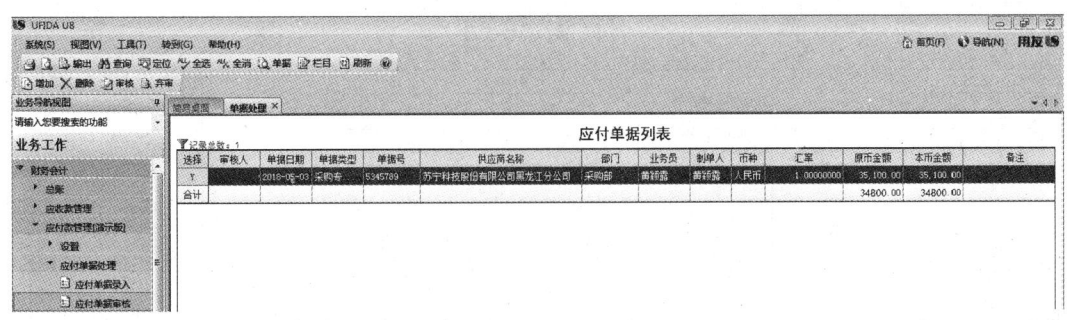

图 3-57　"应付单据列表"窗口

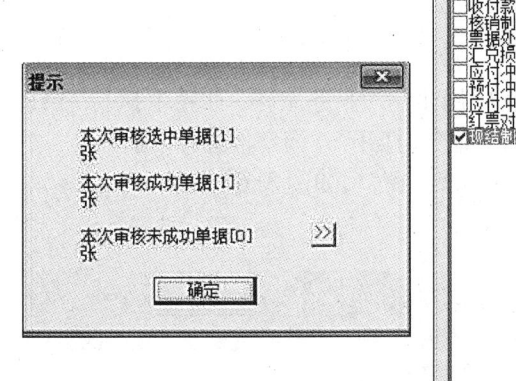

图 3-58　应付单据审核报告

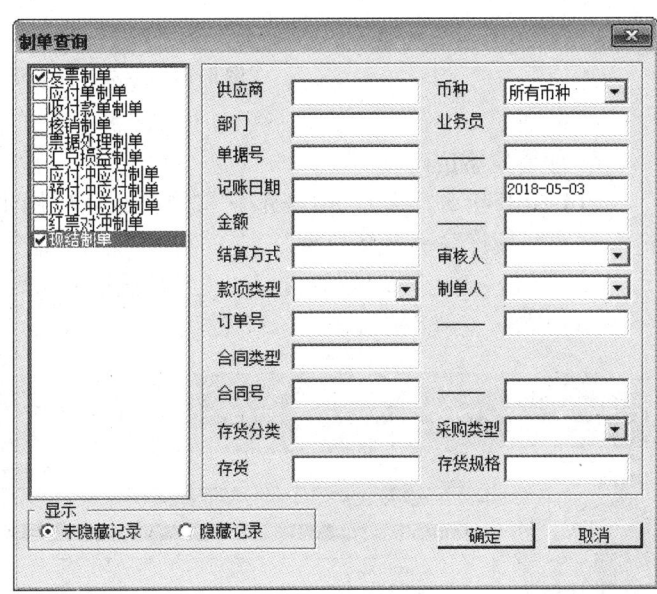

图 3-59　"制单查询"窗口

（6）单击"确定"按钮,打开"应付制单"窗口,如图 3-60 所示。

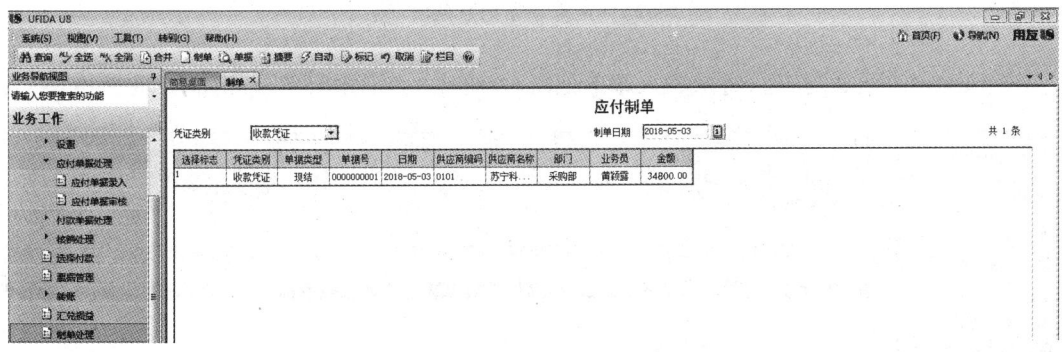

图 3-60　"应付制单"窗口

（7）选择凭证类别为"收款凭证",再单击"全选"按钮,选中要制单的"采购专用发票"。

（8）单击"制单"按钮,生成一张记账凭证,单击"保存"按钮,如图 3-61 所示。

（9）打开总账系统,执行"凭证"—"查询凭证"命令。选择"未记账凭证",打开所选凭证,可以查询在应付款系统生成并传递至总账的记账凭证。

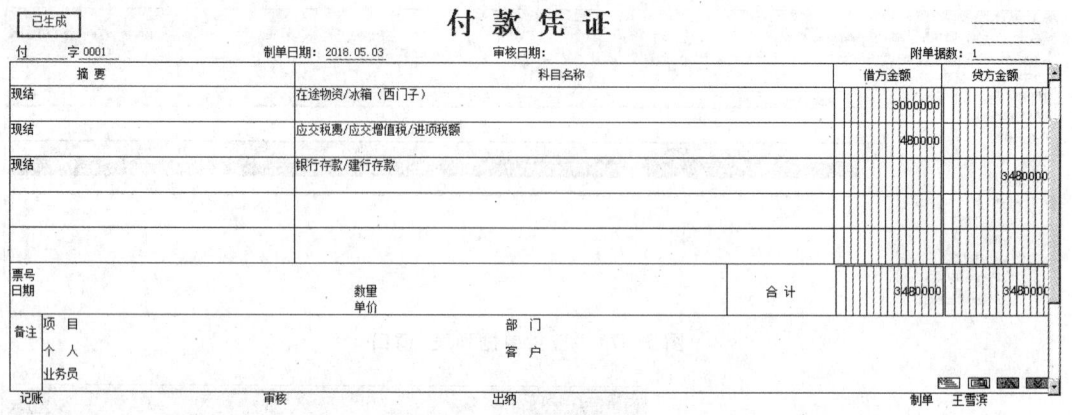

图 3-61 生成记账凭证

7. 核算采购成本

（1）2018 年 5 月 3 日，财务部王雪滨在企业应用平台"业务工作"页签中执行"供应链"—"存货核算"—"业务核算"—"正常单据记账"命令，打开"查询条件选择"窗口，。

（2）单击"确定"（F）按钮，打开"正常单据记账列表"窗口，如图 3-62 所示。

（3）单击"全选"按钮。

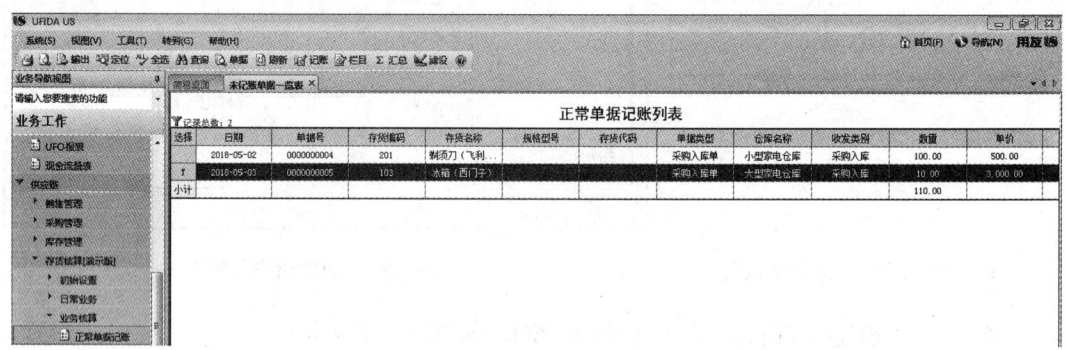

图 3-62 "正常单据记账列表"窗口

（4）单击"记账"按钮，将采购入库单记账，系统提示"记账成功"，如图 3-63 所示。

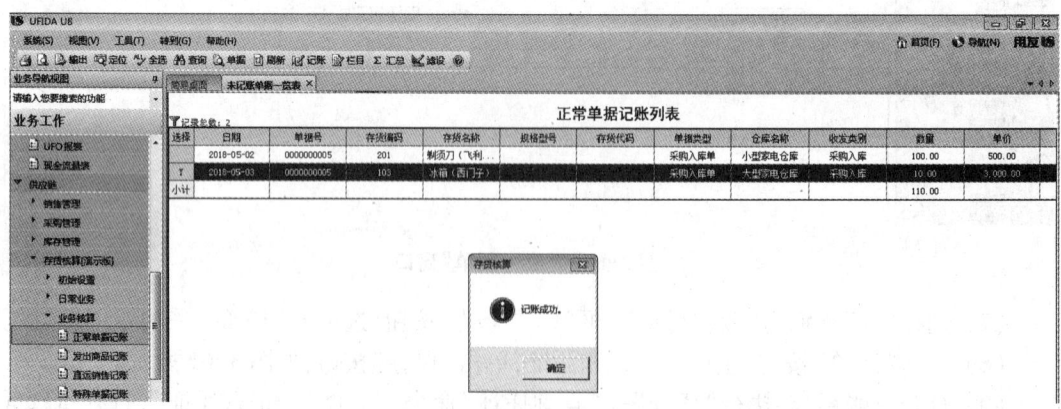

图 3-63 记账成功

（5）单击"确定"按钮。

（6）执行"财务核算"—"生成凭证"命令，打开"查询条件"窗口，如图 3-64 所示。

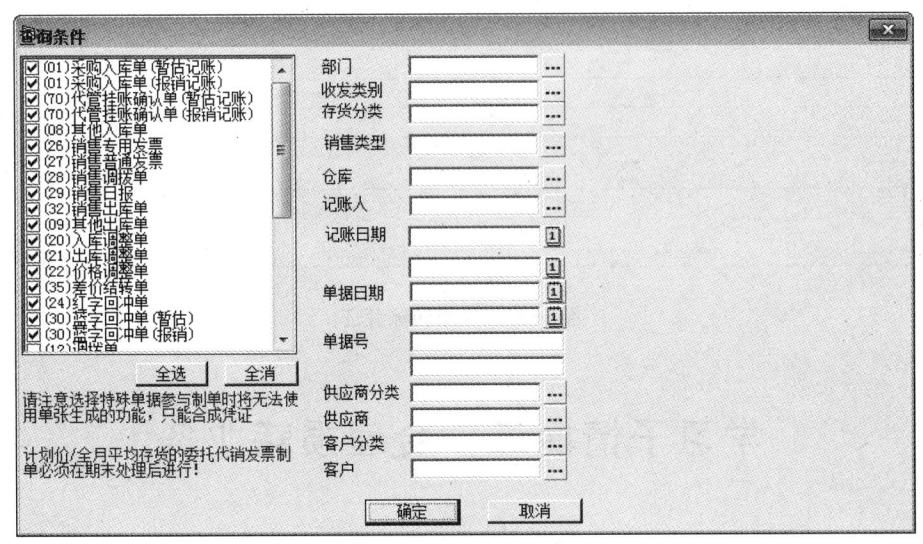

图 3-64　查询条件窗口

（7）单击"确定"按钮，打开"未生成凭证单据一览表"窗口，如图 3-65 所示。

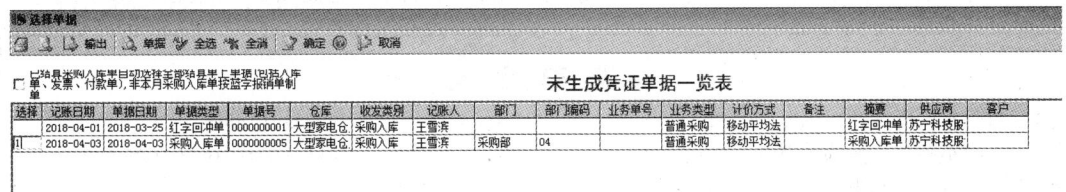

图 3-65　"未生成凭证单据一览表"窗口

（8）单击"选择"栏，或单击"全选"按钮，选中待生成凭证的单据，单击"确定"按钮。

（9）选择凭证类别为"收　收款凭证"，如图 3-66 所示。

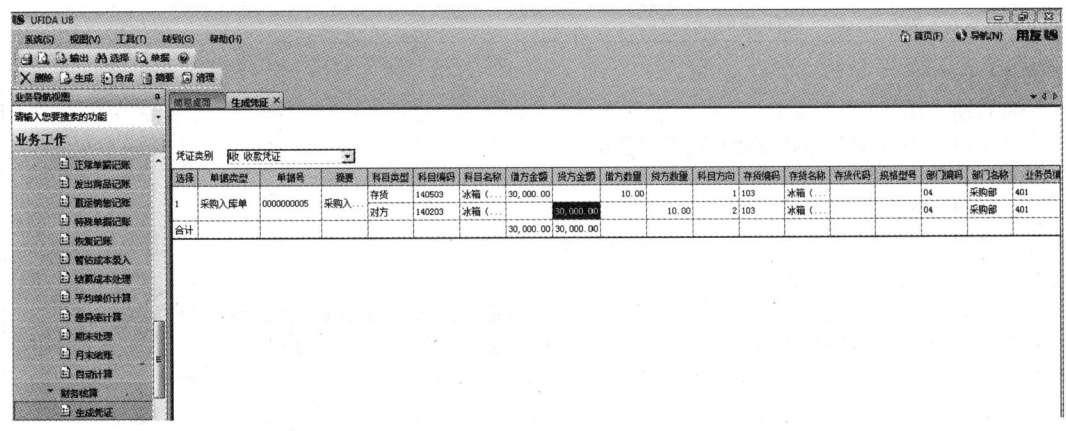

图 3-66　选择记账凭证

（10）单击"生成"按钮，生成一张转账凭证，单击"保存"按钮，如图 3-67 所示。

（11）单击"退出"按钮。

已生成

转账凭证

转 字 0003　　制单日期：2018.05.03　　审核日期：　　附单据数：1

摘要	科目名称	借方金额	贷方金额
采购入库单	库存商品/冰箱（西门子）	3000000	
采购入库单	在途物资/冰箱（西门子）		3000000
票号 日期	数量 单价 合计	3000000	3000000

备注　项目　　部门

个人　　客户

业务员

记账　　审核　　出纳　　制单　王雪滨

图 3-67　生成转账凭证

学习子情境三　合理损耗业务

一、任务描述

(1) 2018 年 5 月 2 日，采购部黄颖露向哈尔滨黑天鹅家电有限公司采购吹风机（飞利浦）。签订购销合同、预付部分货款。取得与该业务相关的凭证如图 3-68、图 3-69 所示。

购 销 合 同

供方：哈尔滨黑天鹅家电有限公司　　合同号：CG004

需方：哈尔滨邦德科技发展有限责任公司　　签订日期：2018 年 5 月 2 日

经双方协议，订立本合同如下：

产品型号	名称	数量	单价（含税）	总额	其他要求
	吹风机（飞利浦）	200	58.00	11 600.00	
合计				11 600.00	
货款总计（大写）：壹万壹仟陆佰元整					

质量验收标准：

交货日期：2018 年 05 月 2 日

交货地点：哈尔滨邦德科技发展有限责任公司

结算方式：电汇

付款时间：2018 年 06 月 2 日

违约条款：违约方须赔对方一切经济损失。但遇天灾人祸或其他人力不能控制之因素而导致延误交货，需方不能要求供方赔偿任何损失。

解决合同纠纷的方式：经双方友好协商解决，如协商不成的，可向当地仲裁委员会提出申诉解决。

本合同一式两份，供需双方各执一份，自签订之日起生效。

供方（盖章）：　　需方（盖章）：哈尔滨邦德科技发展有限责任公司 合同专用章

地址：哈尔滨市南岗区西大直街 88 号　　地址：哈尔滨市南岗区学府路 5 号

法定代表：王艳萍　　法定代表：王慧玲

联系电话：0451-86675444　　联系电话：0451-86619207

图 3-68　购销合同

中国建设银行
China Construction Bank

电汇凭证（回单）　**1**

币别：人民币　　　　2018 年 05 月 2 日　　　　凭证编号：44002001

汇款方式	√普通　加急			
汇款人	全　称	哈尔滨邦德科技发展有限责任公司	收款人	全　称	哈尔滨黑天鹅家电有限责任公司

汇款人　全　称　哈尔滨邦德科技发展有限责任公司
　　　　账　号　513516847964351
　　　　汇出行名称　中国建设银行哈尔滨市南岗区学府支行

收款人　全　称　哈尔滨黑天鹅家电有限责任公司
　　　　账　号　6223589964571201
　　　　汇入行名称　中国建设银行哈尔滨市和兴支行

金额　人民币（大写）　伍仟元整

亿	千	百	十	万	千	百	十	元	角	分
					¥	5	0	0	0	0

支付密码：
附加信息及用途：

中国建设银行
哈尔滨学府支行
2018.05.03
转讫
汇出行签章

此联汇出行给汇款人的回单

图 3-69　电汇凭证

（2）2018 年 5 月 4 日,采购部黄颖露向苏宁科技股份有限公司黑龙江分公司采购洗衣机(三星),取得与该业务相关的凭证,如图 3-70 所示。

购 销 合 同

供方:苏宁科技股份有限公司黑龙江分公司　　　　合同号:CG005
需方:哈尔滨邦德科技发展有限责任公司　　　　签订日期:2018 年 5 月 4 日
经双方协议,订立本合同如下:

产品型号	名　称	数　量	单价(含税)	总　额	其他要求
	洗衣机(三星)	10	2 900.00	29 000.00	
合　计				29 000.00	

货款总计(大写):贰万玖仟元整

质量验收标准:
交货日期:2018 年 05 月 4 日
交货地点:哈尔滨邦德科技发展有限责任公司
结算方式:电汇
付款时间:2018 年 06 月 4 日
违约条款:违约方须赔对一切经济损失。但遇天灾人祸或其他人力不能控制之因素而导致延误交货,需方不能要求供方赔偿任何损失。
解决合同纠纷的方式:经双方友好协商解决,如协商不成的,可向当地仲裁委员会提出申请解决。
本合同一式两份,供需双方各执一份,自签订之日起生效。
供方(盖章):　　　　　　　　　　　需方(盖章):
地址:哈尔滨市南岗区学府路 100 号　　　地址:哈尔滨市南岗区学府路 5 号
法定代表:王一玲　　　　　　　　　　法定代表:王慧玲
联系电话:0451-83830123　　　　　　　联系电话:0451-86619207

图 3-70　购销合同

(3) 2018 年 5 月 6 日,收到苏宁科技股份有限公司黑龙江分公司发来的洗衣机(三星),取得与该业务相关的凭证如图 3-71 所示。

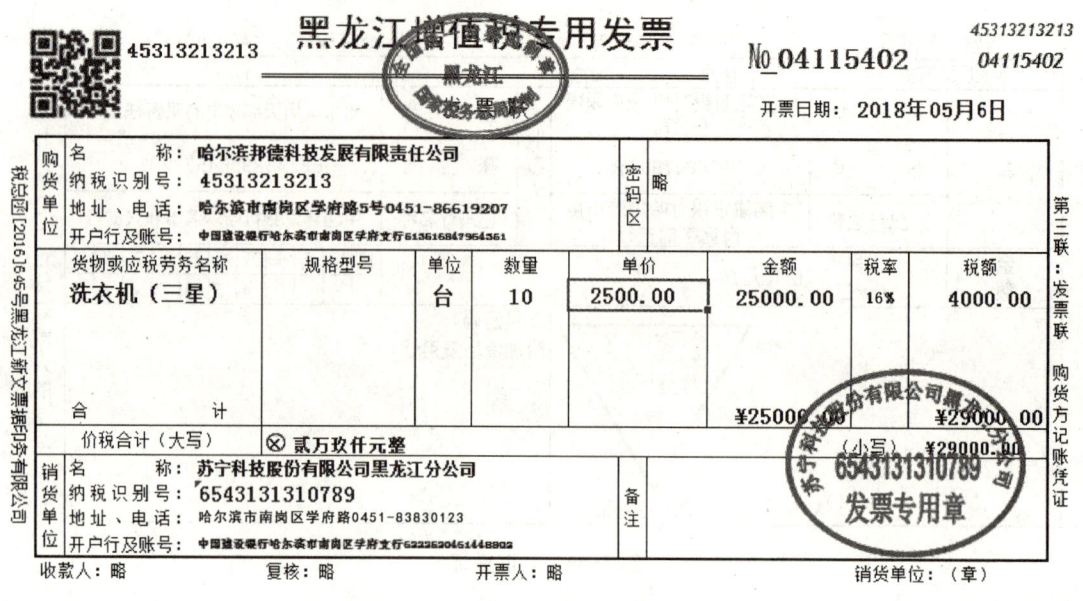

图 3-71 增值税发票

(4) 2018 年 5 月 7 日,收到哈尔滨黑天鹅家电有限公司发来的吹风机(飞利浦)的发票,验收中发现损坏 1 台,属于运输途中的合理损耗。取得与该业务相关的凭证如图 3-72 和图 3-73 所示。

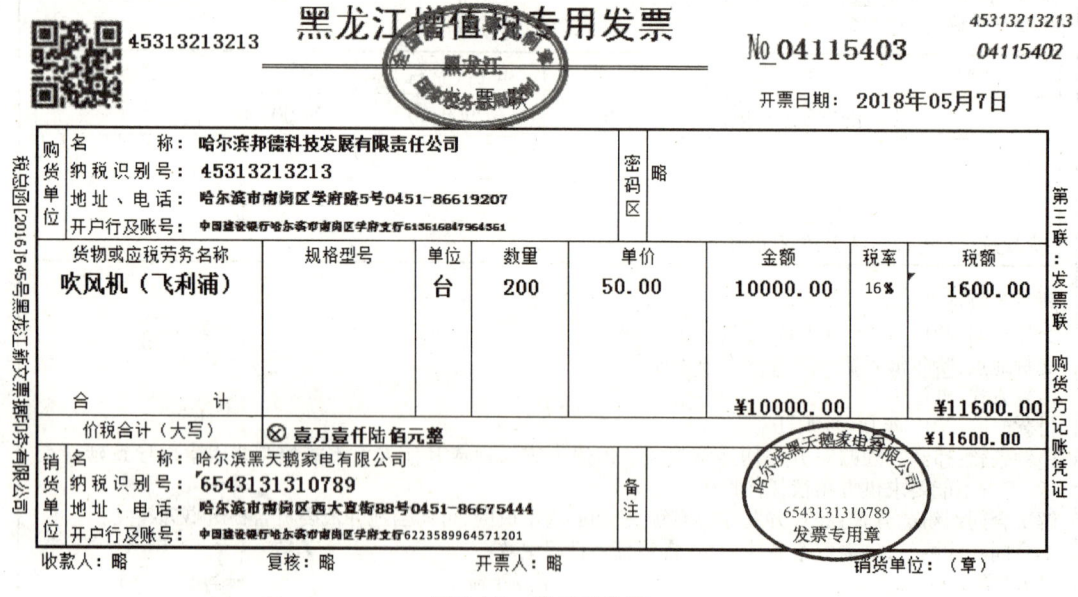

图 3-72 增值税发票

(5) 2018 年 5 月 13 日,支付采购洗衣机(三星)的货款。取得与该业务相关的凭证如图 3-74 所示。

中国建设银行
China Construction Bank

电 汇 凭 证 （回 单）　1

币别：人民币　　　　　2018 年 05 月 7 日　　　　　凭证编号：44002001

汇款方式		√ 普通　　加急											
汇款人	全　　称	哈尔滨邦德科技发展有限责任公司	收款人	全　　称	哈尔滨黑天鹅家电有限公司								
	账　　号	513516847964351		账　　号	6223589964571201								
	汇出行名称	中国建设银行哈尔滨市南岗区学府支行		汇入行名称	中国建设银行哈尔滨市和兴支行								
金额	人民币（大写）	陆仟陆佰元整			亿	千	百	十	万	千	百	十	元 角 分
								¥	6	6	0	0	0 0
		中国建设银行 哈尔滨学府支行 2018.05.07 转讫 汇出行签章	支付密码：附加信息及用途：										

此联汇出行给汇款人的回单

图 3-73　电汇凭证

中国建设银行
China Construction Bank

电 汇 凭 证 （回 单）　1

币别：人民币　　　　　2018 年 05 月 13 日　　　　　凭证编号：44002001

汇款方式		√ 普通　　加急											
汇款人	全　　称	哈尔滨邦德科技发展有限责任公司	收款人	全　　称	苏宁科技股份有限公司黑龙江分公司								
	账　　号	513516847964351		账　　号	6222520461448802								
	汇出行名称	中国建设银行哈尔滨市南岗区学府支行		汇入行名称	中国建设银行哈尔滨市南岗区学府支行								
金额	人民币（大写）	贰万玖仟元整			亿	千	百	十	万	千	百	十	元 角 分
							¥	2	9	0	0	0	0 0
		中国建设银行 哈尔滨学府支行 2018.05.13 转讫 汇出行签章	支付密码：附加信息及用途：										

此联汇出行给汇款人的回单

图 3-74　电汇凭证

二、任务操作

（一）5 月 2 日，采购吹风机

1. 填制采购订单

（1）执行"开始"—"程序"—"用友 ERP-10.1"—"企业应用平台"命令，打开登录界面。

（2）输入操作员为"G01"；在"账套"下拉列表框中选择"［010］（default）哈尔滨邦德科技发展有限公司"，更改"操作日期"为"2018 年 5 月 2 日"，单击"登录"按钮，进入企业应用平台。

（3）2018 年 5 月 2 日，采购部黄颖露在企业应用平台"业务工作"页签中执行"供应链"—"采购管理"—"采购订货"—"采购订单"命令，打开"采购订单"窗口。

（4）单击"增加"按钮，选择"采购类型"为"普通采购"，选择"供应商"为"黑天鹅"，选择"部门"为"采购部"，选择"业务员"为"黄颖露"；在表体中，选择"存货名称"为"吹风机（飞利浦）"，输入"数量"为"200.00"，"原币单价为 50.00"，其他信息由系统自动带出，单击"保存"按钮，如图 3-75 所示。

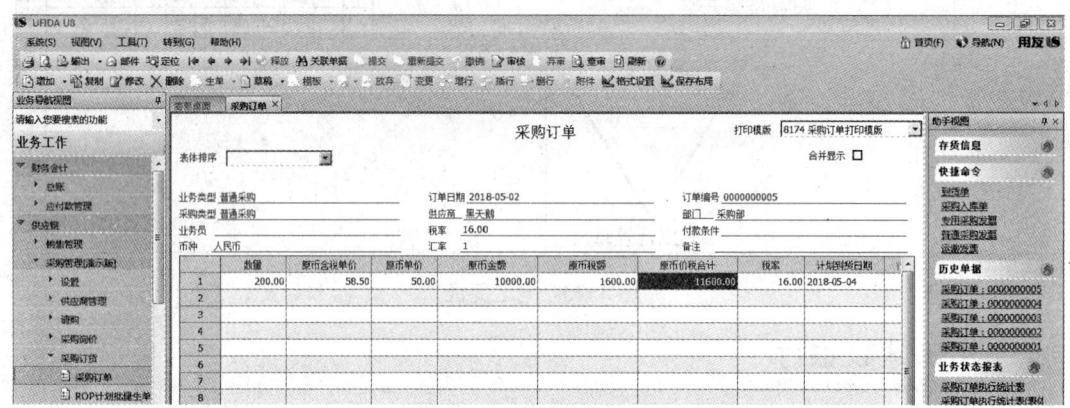

图 3-75　采购订单窗口

（5）单击"审核"按钮，审核填制的采购订单。

2. 付款单填制、审核、制单

（1）2018 年 5 月 2 日，财务部王雪滨在企业应用平台"业务工作"页签中执行"财务会计"—"应付款管理"—"付款单据处理"—"付款单录入"命令，打开"付款单"窗口。

（2）单击"增加"按钮，选择"供应商"为"黑天鹅"，选择"结算方式"为"支票"，录入金额"5 000.00"；在表体中，选择"款项类型"为"预付款"，单击"保存"按钮，如图 3-76 所示。

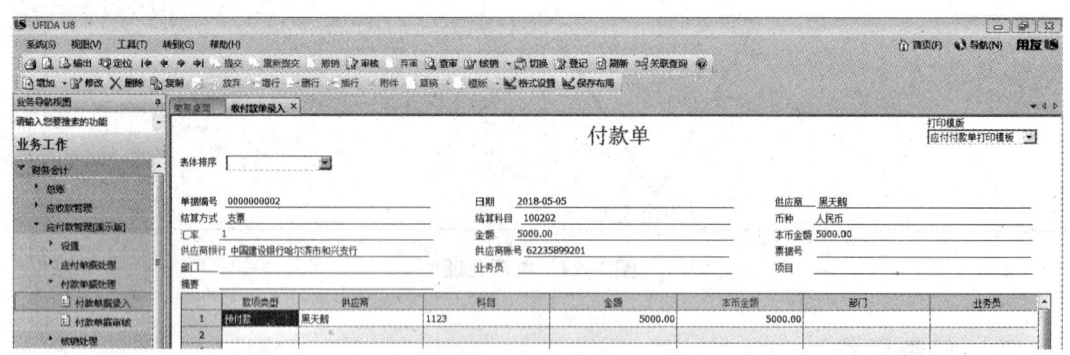

图 3-76　付款单窗口

（3）2018 年 5 月 2 日，财务部王雪滨在企业应用平台"业务工作"页签中执行"财务会计"—"应付款管理"—"付款单据处理"—"付款单审核"命令，打开"付款单查询条件"窗口，如图 3-77 所示。

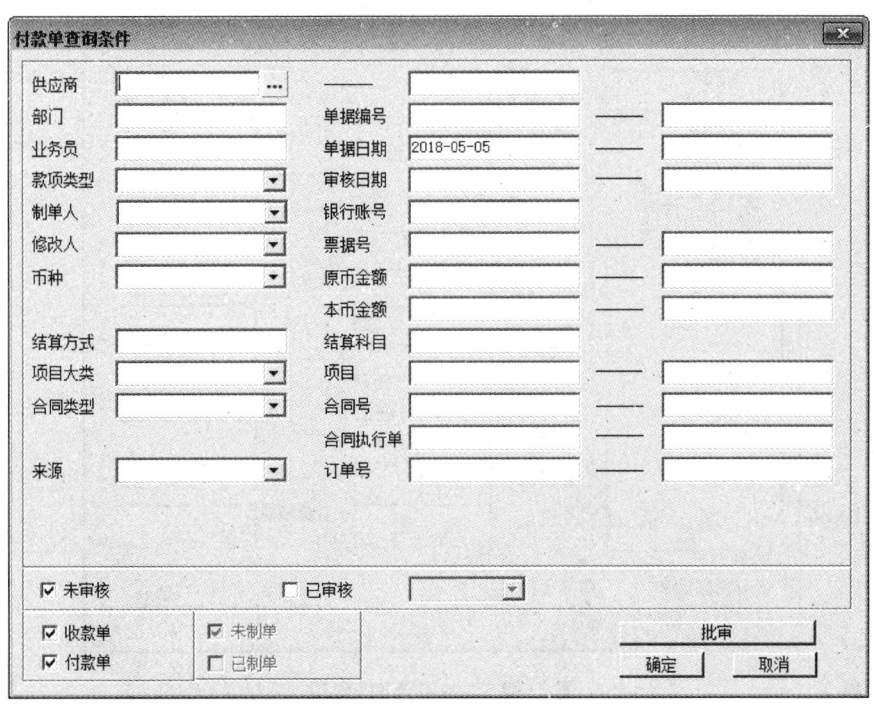

图 3-77 "付款单查询"窗口

（4）单击"确定"按钮，系统弹出"收付款单列表"窗口，单击"全选"按钮，如图 3-78 所示。

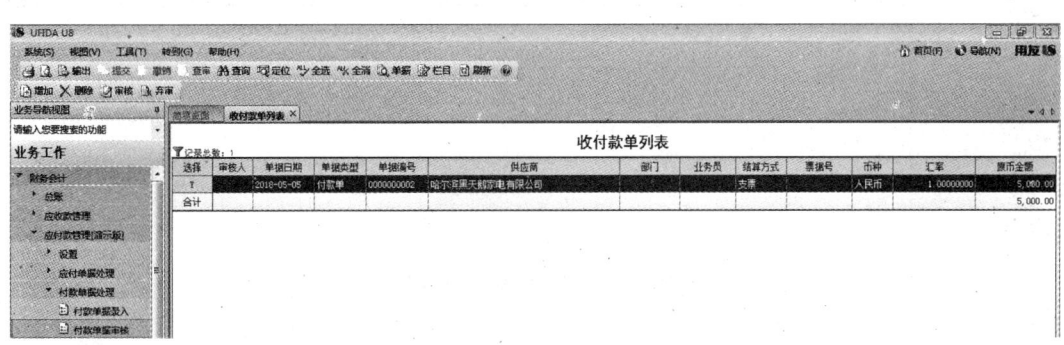

图 3-78 "收付款单列表"窗口

（5）单击"审核"按钮，系统提示单据审核成功，如图 3-79 所示。

（6）执行"制单处理"命令，打开"制单查询"窗口，选择"发票制单"和"收付款单制单"复选框，如图 3-80 所示。

（7）单击"确定"按钮，打开"应付制单"窗口。

（8）选择凭证类别为"收款凭证"，再单击"全选"按钮，选中要制单的付款单，如图 3-81 所示。

（9）单击"制单"按钮，生成一张付款凭证，单击"保存"按钮，如图 3-82 所示。

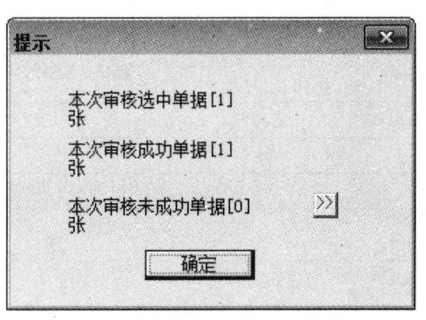

图 3-79 单据审核成功

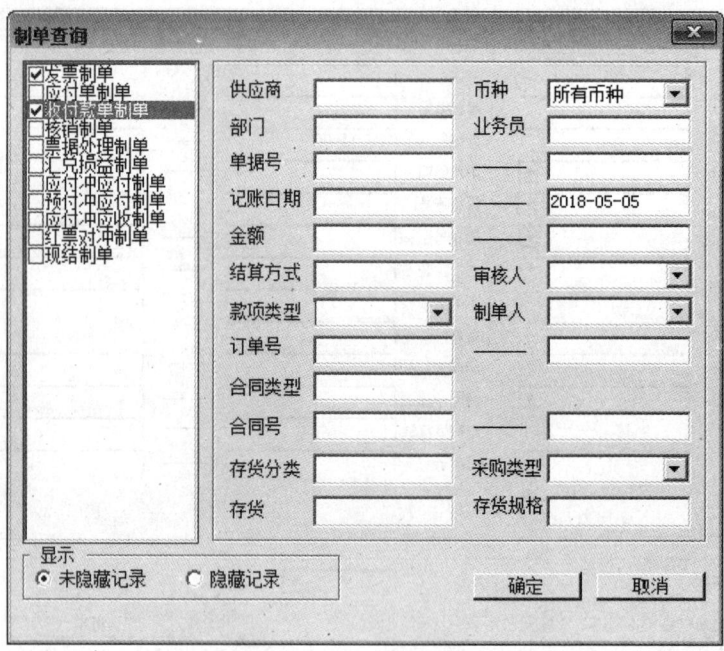

图 3-80 "制单查询"窗口

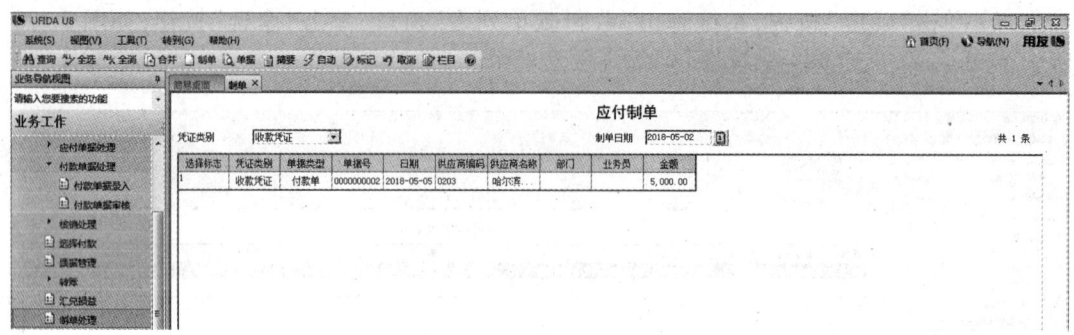

图 3-81 "应付制单"窗口

<table>
<tr><td>已生成</td><td colspan="4" align="center">**付 款 凭 证**</td></tr>
</table>

付　字 0002	制单日期：2018.05.02	审核日期：		附单据数：1
摘　要	科目名称		借方金额	贷方金额
付款单	预付账款		500000	
付款单	银行存款/建行存款			500000
票号 日期	数量 单价			
		合　计	500000	500000
备注	项　目　　　　部　门			
	个　人　　　　客　户			
	业务员			
记账	审核　　　　　出纳		制单 王雪清	

图 3-82 生成付款凭证

（二）5月4日，采购洗衣机

（1）执行"开始"—"程序"—"用友 ERP-10.1"—"企业应用平台"命令，打开登录界面。

（2）输入操作员为"G01"；在"账套"下拉列表框中选择"［010］（default）哈尔滨邦德科技发展有限公司"，更改"操作日期"为"2018年5月4日"，单击"登录"按钮，进入企业应用平台。

（3）2018年5月4日，采购部黄颖露在企业应用平台"业务工作"页签中执行"供应链"—"采购管理"—"采购订货"—"采购订单"命令，打开"采购订单"窗口。

（4）单击"增加"按钮，选择"采购类型"为"普通采购"，选择"供应商"为"苏宁"，选择"部门"为"采购部"，选择"业务员"为"黄颖露"；在表体中，选择"存货名称"为"洗衣机（三星）"，输入"数量"为"10.00"，"原币单价为2 500.00"，其他信息由系统自动带出，单击"保存"按钮，如图3-83所示。

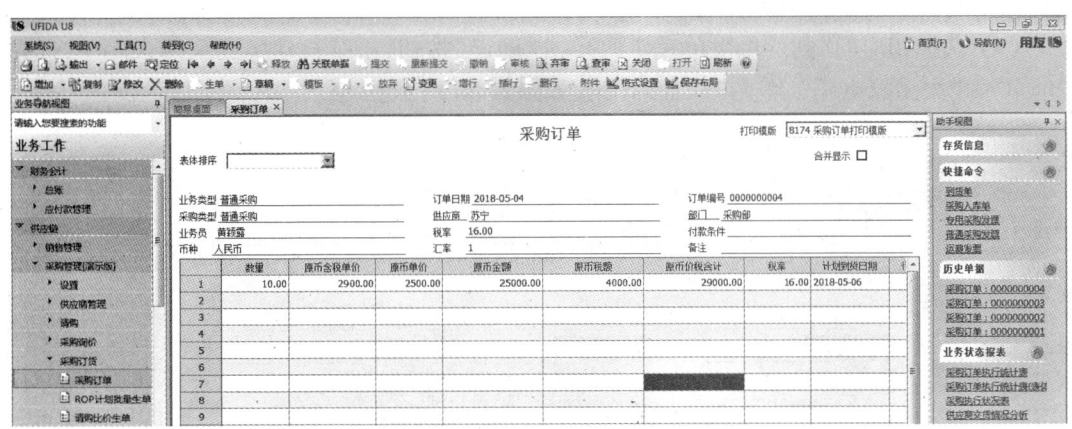

图3-83　"采购订单"窗口

（5）单击"审核"按钮，审核填制的采购订单。

（三）5月6日，收到洗衣机

1. 生成采购到货单

（1）2018年5月6日，采购部黄颖露在企业应用平台"业务工作"页签中执行"供应链"—"采购管理"—"采购到货"—"到货单"命令，打开"到货单"窗口。

（2）单击"增加"按钮，执行"生单"—"采购订单"命令，打开"查询条件选择-采购订单列表过滤"窗口，单击"确定（F）"按钮。

（3）系统弹出"拷贝并执行"窗口，选中所要拷贝的采购订单，单击"确定"按钮，系统自动生成到货单，单击"保存"按钮。

（4）单击"审核"按钮。根据采购订单生成的采购到货单，如图3-84所示。

（5）单击"关闭"按钮。

2. 生成采购入库单

（1）2018年5月6日，仓储部杜飞在企业应用平台"业务工作"页签中执行"供应链"—"库存管理"—"入库业务"—"采购入库单"命令，打开"采购入库单"窗口。

（2）执行"生单"—"采购到货单（蓝字）"命令，打开"查询条件选择-采购到货单列表"窗口，单击"确定（F）"按钮。

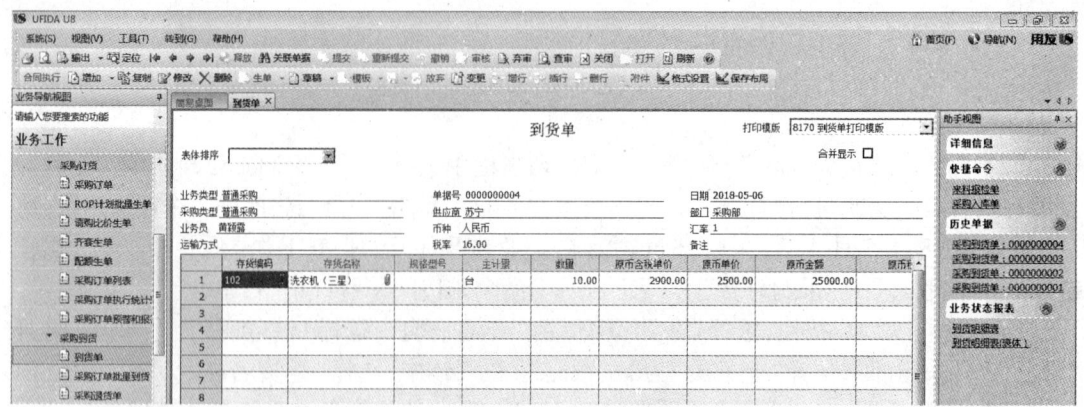

图 3-84　生成采购到货单

（3）打开到货单生单列表。

（4）选择相应的"到货单生单表头"，单击"确定"按钮，系统自动生成采购入库单，选择"仓库"为"大型家电库"，单击"保存"按钮，如图 3-85 所示。

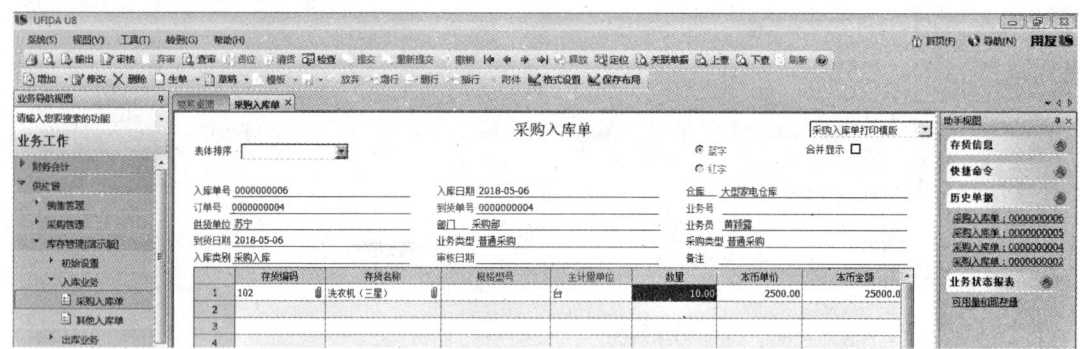

图 3-85　"采购入库单"窗口

（5）单击"审核"按钮，如图 3-86 所示。

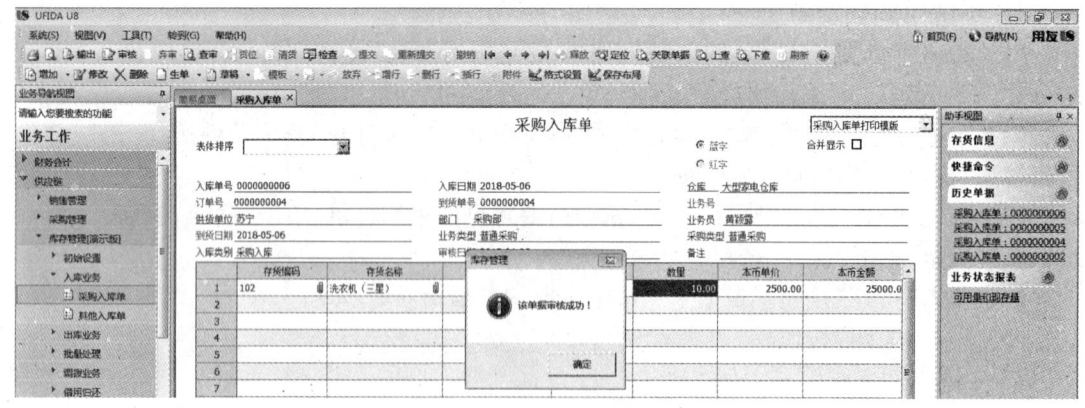

图 3-86　审核采购入库单

3. 填制采购发票

（1）2018 年 5 月 6 日，采购部黄颖露在企业应用平台"业务工作"页签中执行"供应链"—"采购管理"—"采购发票"—"采购专用发票"命令,打开"采购专用发票"窗口。

（2）单击"增加"按钮,执行"生单"—"入库单"命令,打开"查询条件选择-采购入库单列表过滤"窗口,单击"确定(F)"按钮。

（3）系统弹出"拷贝并执行"窗口,选中所要拷贝的采购入库单。

（4）单击"确定"按钮,系统自动生成采购专用发票,修改发票号为"04115402",单击"保存"按钮,如图3-87所示。

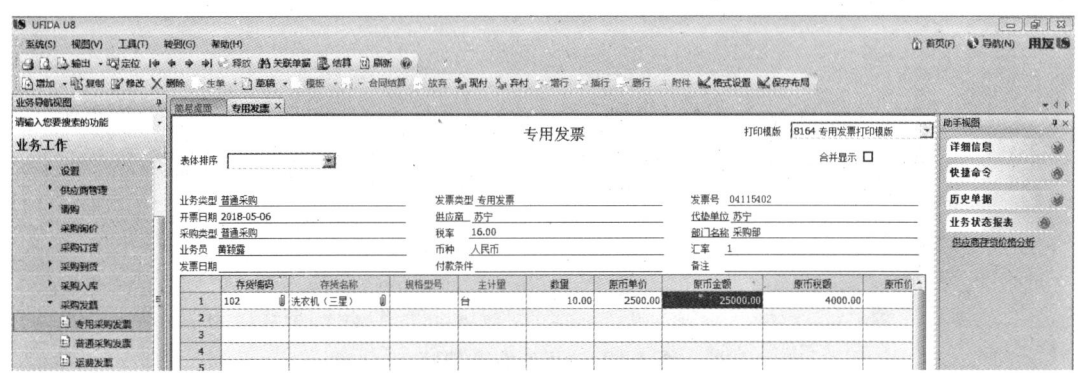

图3-87 生成采购专用发票

4. 采购结算

（1）2018年5月6日,采购部黄颖露在企业应用平台"业务工作"页签中执行"供应链"—"采购管理"—"采购结算"—"手工结算"命令,打开"手工结算"窗口。

（2）单击"选单"按钮,打开"结算选单"窗口。

（3）单击"查询"按钮,打开"查询条件选择-采购手工结算"窗口。

（4）选择相应的采购发票和入库单,如图3-88所示,单击"确定"按钮。

图3-88 选择采购发票和入库单

（5）系统回到"手工结算"窗口,如图3-89所示,单击"结算"按钮,系统显示"完成结算",如图3-90所示。

（6）单击"退出"按钮。

5. 财务部门确认应付账款

（1）2018年5月6日,财务部王雪滨在企业应用平台"业务工作"页签中执行"财务会计"—"应付款管理"—"应付单据处理"—"应付单据审核"命令,打开"应付单查询条件"窗口。

（2）单击"确定"按钮,系统弹出"应付单据列表"窗口。

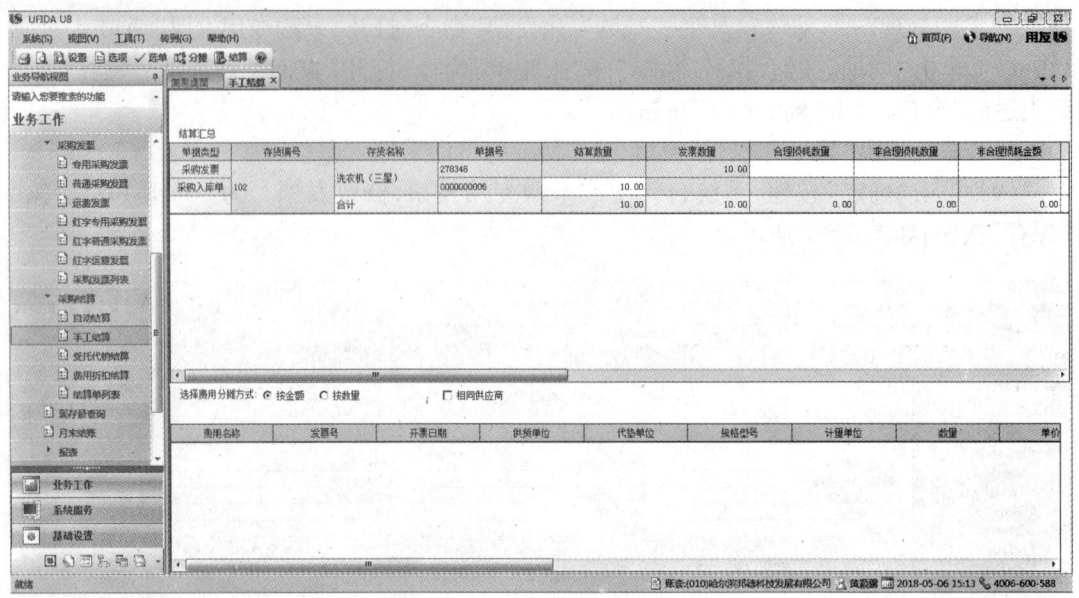

图 3-89 "手工结算"窗口

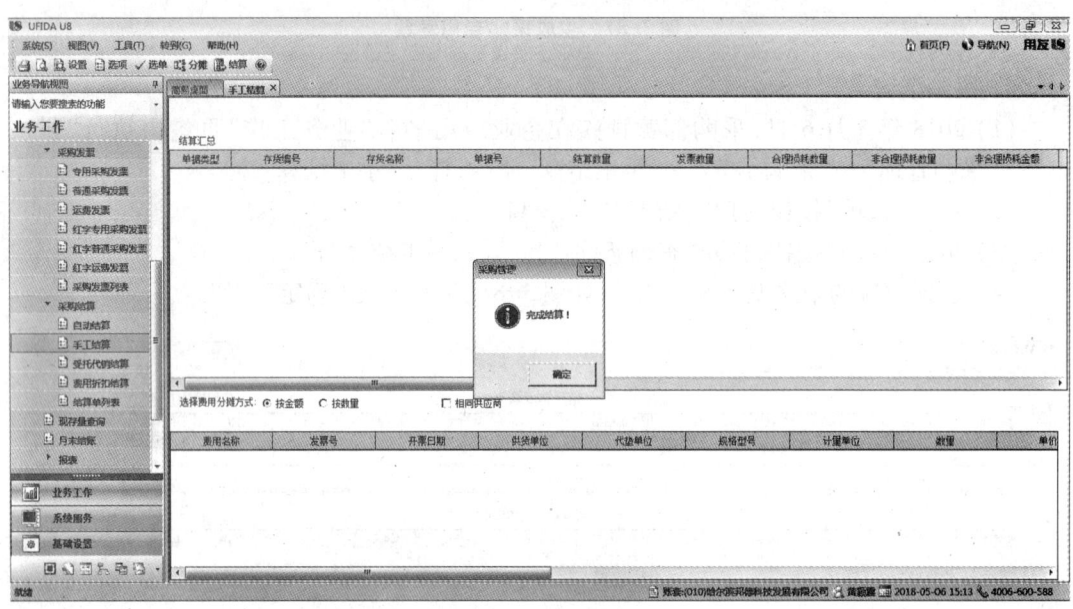

图 3-90 完成结算

（3）双击"选择"栏，或单击"全选"按钮，单击"审核"按钮，系统完成审核并给出审核报告。

（4）单击"确定"按钮后退出。

（5）执行"制单处理"命令，打开"制单查询"窗口，选择"发票制单"复选框。

（6）单击"确定"按钮，打开"采购发票制单"窗口。

（7）选择凭证类别，再单击"全选"按钮，选中要制单的"采购专用发票"。

（8）单击"制单"按钮，生成一张转账凭证，单击"保存"按钮，如图 3-91 所示。

6. 核算采购成市

（1）2018 年 5 月 6 日，财务部王雪滨在企业应用平台"业务工作"页签中执行"供应

图 3-91　生成转账凭证

链"—"存货核算"—"业务核算"—"正常单据记账"命令,打开"查询条件选择"窗口。

（2）单击"确定"按钮,打开"正常单据记账列表"窗口。

（3）单击"全选"按钮。

（4）单击"记账"按钮,将采购入库单记账,系统提示"记账成功",如图 3-92 所示。

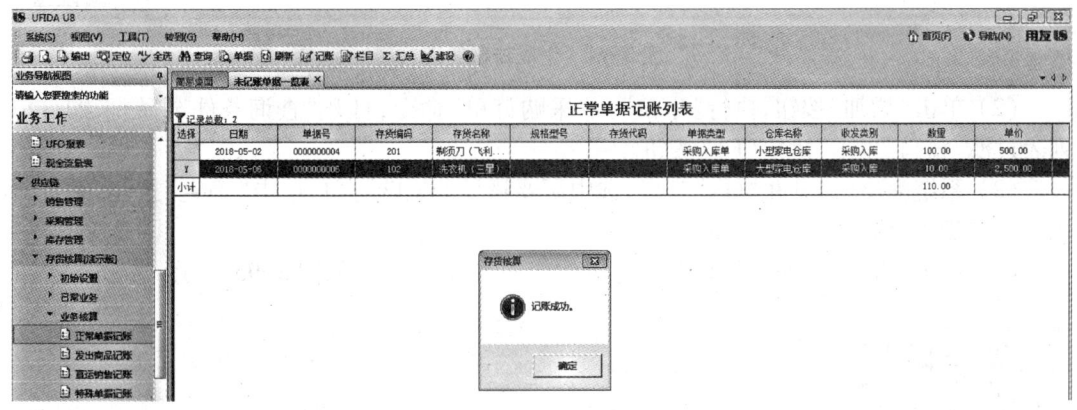

图 3-92　记账成功

（5）单击"确定"按钮。

（6）执行"财务核算"—"生成凭证"命令,打开"查询条件"窗口。

（7）单击"确定"按钮,打开"未生成凭证单据一览表"窗口。

（8）单击"选择"栏,或单击"全选"按钮,选中待生成凭证的单据,单击"确定"按钮。

（9）选择凭证类别为"收　收款凭证",如图 3-93 所示。

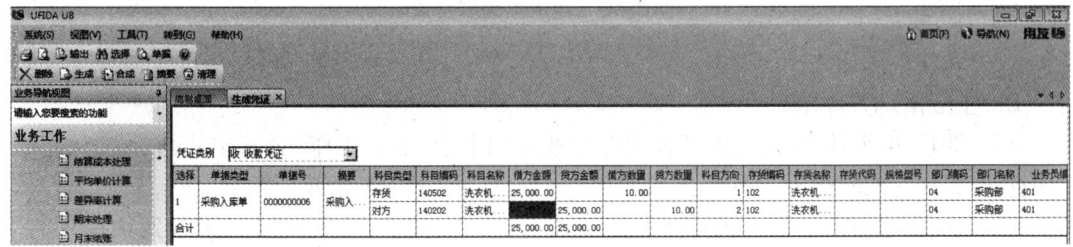

图 3-93　生成凭证窗口

（10）单击"生成"按钮,生成一张转账凭证,单击"保存"按钮,如图3-94所示。

（11）单击"退出"按钮。

（四）5月7日,收到吹风机

1. 生成采购到货单

（1）2018年5月7日,采购部黄颖露在企业应用平台"业务工作"页签中执行"供应链"—"采购管理"—"采购到货"—"到货单"命令,打开"到货单"窗口。

图3-94 生成转账凭证

（2）单击"增加"按钮,执行"生单"—"采购订单"命令,打开"查询条件选择-采购订单列表过滤"窗口,单击"确定(F)"按钮。

（3）系统弹出"拷贝并执行"窗口,选中所要拷贝的采购订单,单击"确定"按钮,系统自动生成到货单,单击"保存"按钮。

（4）单击"审核"按钮。根据采购订单生成的采购到货单,如图3-95所示。

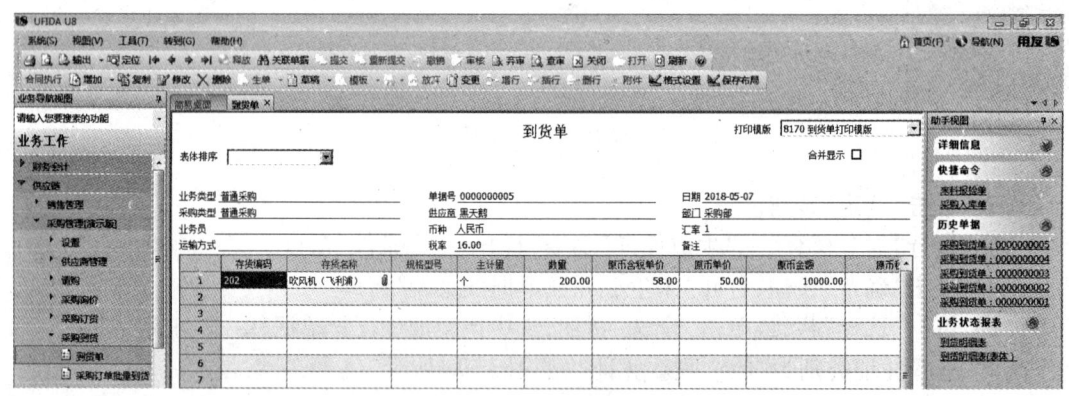

图3-95 生成采购到货单

（5）单击"关闭"按钮。

2. 生成采购入库单

（1）2018年5月7日,仓储部杜飞在企业应用平台"业务工作"页签中执行"供应链"—"库存管理"—"入库业务"—"采购入库单"命令,打开"采购入库单"窗口。

（2）执行"生单"—"采购到货单(蓝字)"命令,打开"查询条件选择-采购到货单列表"窗口,单击"确定(F)"按钮。

（3）打开到货单生单列表。

（4）选择相应的"到货单生单表头"，单击"确定"按钮，系统自动生成采购入库单，选择"仓库"为"小型家电库"，单击"保存"按钮，如图3-96所示。

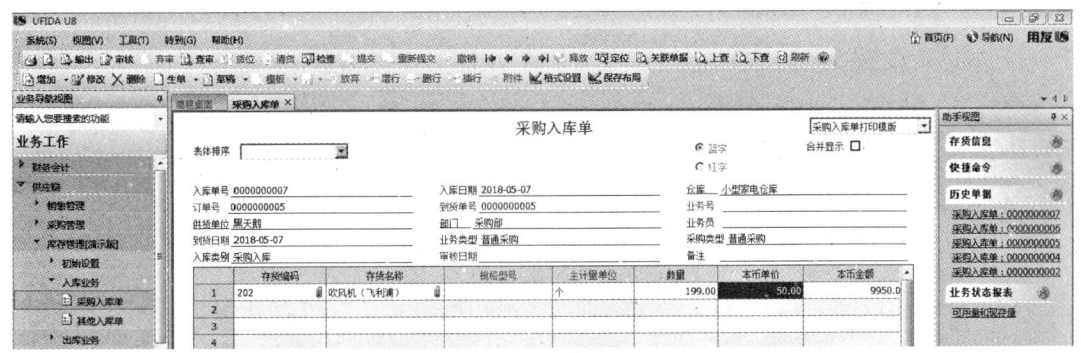

图3-96 "采购入库单"窗口

（5）单击"审核"按钮，如图3-97所示。

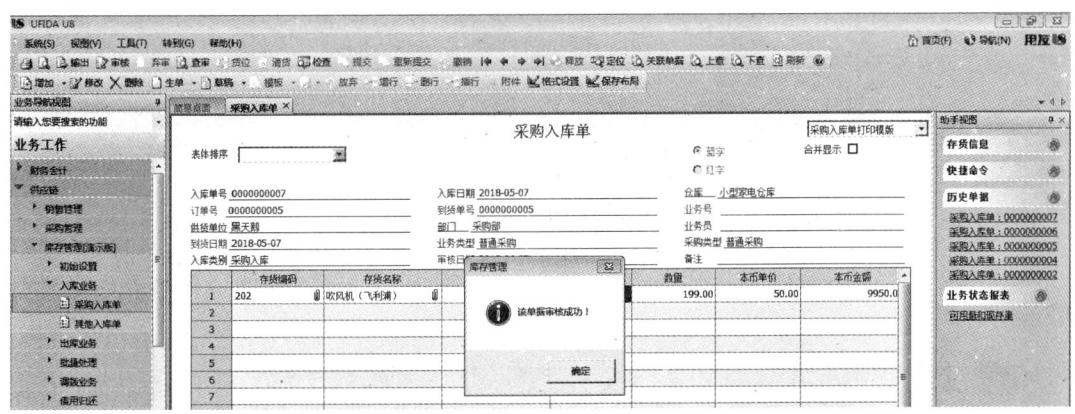

图3-97 审核采购入库单

3. 填制采购发票

（1）2018年5月7日，采购部黄颖露在企业应用平台"业务工作"页签中执行"供应链"—"采购管理"—"采购发票"—"采购专用发票"命令，打开"采购专用发票"窗口。

（2）单击"增加"按钮，执行"生单"—"采购订单"命令，打开"查询条件选择-采购入库单列表过滤"窗口，单击"确定（F）"按钮。

（3）系统弹出"拷贝并执行"窗口，选中所要拷贝的采购订单。

（4）单击"确定"按钮，系统自动生成采购专用发票，修改发票号为"04115403"，单击"保存"按钮，如图3-98所示。

4. 采购结算

（1）2018年5月7日，采购部黄颖露在企业应用平台"业务工作"页签中执行"供应链"—"采购管理"—"采购结算"—"手工结算"命令，打开"手工结算"窗口。

（2）单击"选单"按钮，打开"结算选单"窗口。

（3）单击"查询"按钮，打开"查询条件选择-采购手工结算"窗口。

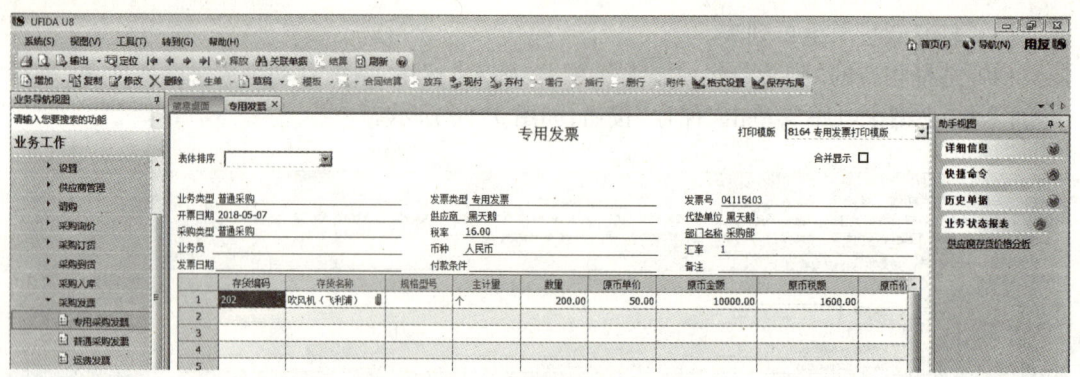

图3-98　生成采购专用发票

（4）选择相应的采购发票和入库单，如图3-99所示，单击"确定"按钮。

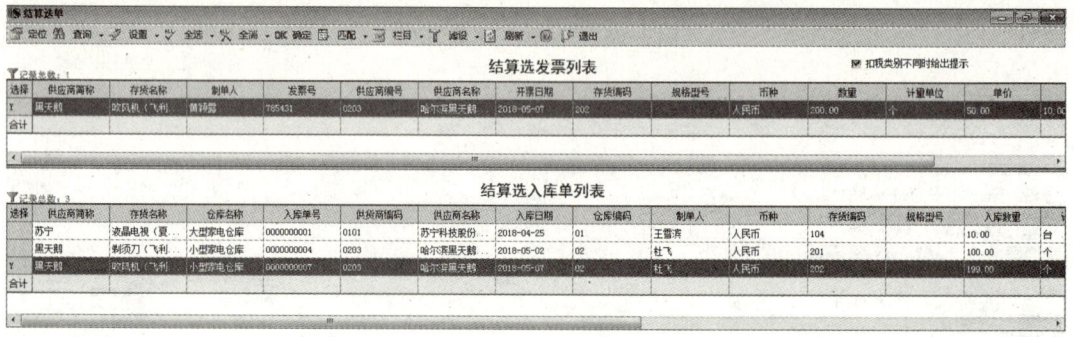

图3-99　选择采购发票和入库单

（5）系统回到"手工结算"窗口，单击"结算"按钮，系统显示"完成结算"，如图3-100所示。

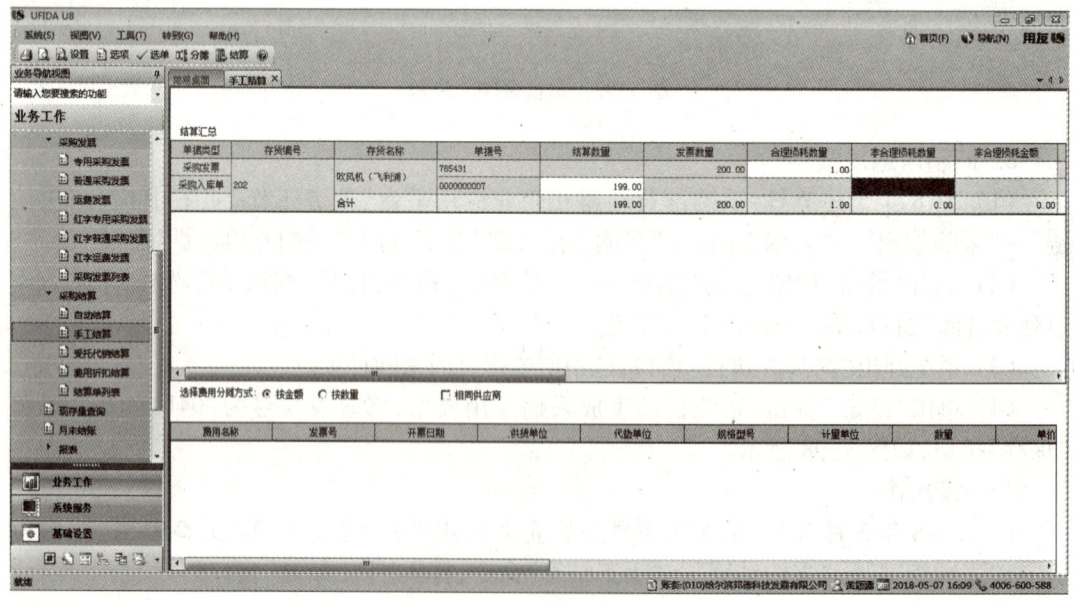

图3-100　"手工结算"窗口

5. 付款

（1）2018年5月7日，财务部王雪滨在企业应用平台"业务工作"页签中执行"财务会计"—"应付款管理"—"票据管理"命令，打开"查询条件选择"窗口，如图3-101所示。

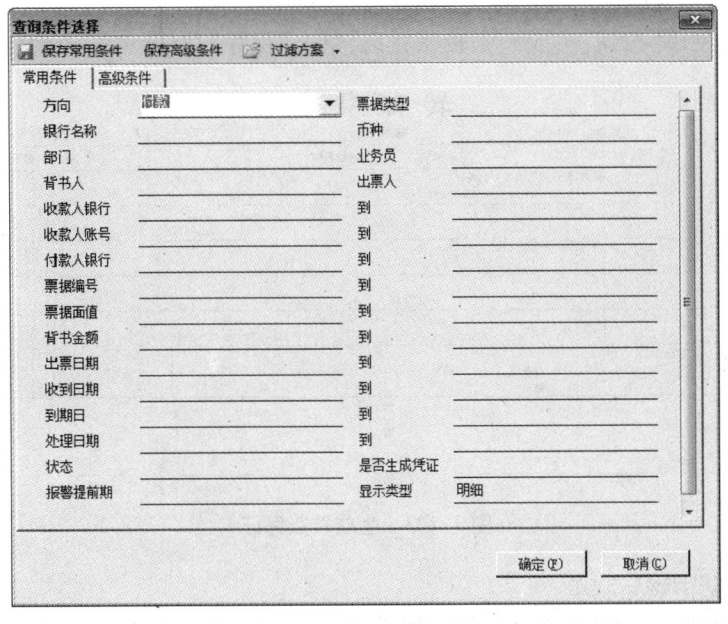

图3-101　"查询条件选择"窗口

（2）单击"确定（F）"按钮，打开"商业汇票"窗口，录入银行承兑汇票信息，单击"保存"按钮，如图3-102所示。

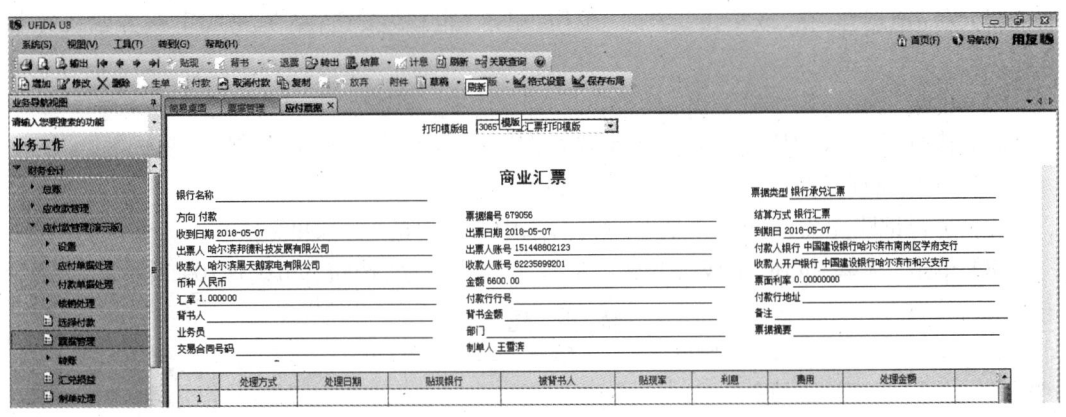

图3-102　"商业汇票"窗口

6. 应付单据审核与制单

（1）2018年5月7日，财务部王雪滨在企业应用平台"业务工作"页签中执行"财务会计"—"应付款管理"—"应付单据处理"—"应付单据审核"命令，打开"应付单据查询条件"窗口。

（2）单击"确定"按钮，系统弹出"应付单据列表"窗口。

（3）双击"选择"栏，或单击"全选"按钮，单击"审核"按钮，系统完成审核并给出审核报告。

（4）单击"确定"按钮后退出。

（5）执行"制单处理"命令，打开"制单查询"窗口，选择"发票制单"复选框。

（6）单击"确定"按钮，打开"采购发票制单"窗口。

（7）选择记账凭证类别，再单击"全选"按钮，选中要制单的"采购专用发票"。

（8）单击"制单"按钮，生成一张转账凭证，单击"保存"按钮，如图3-103所示。

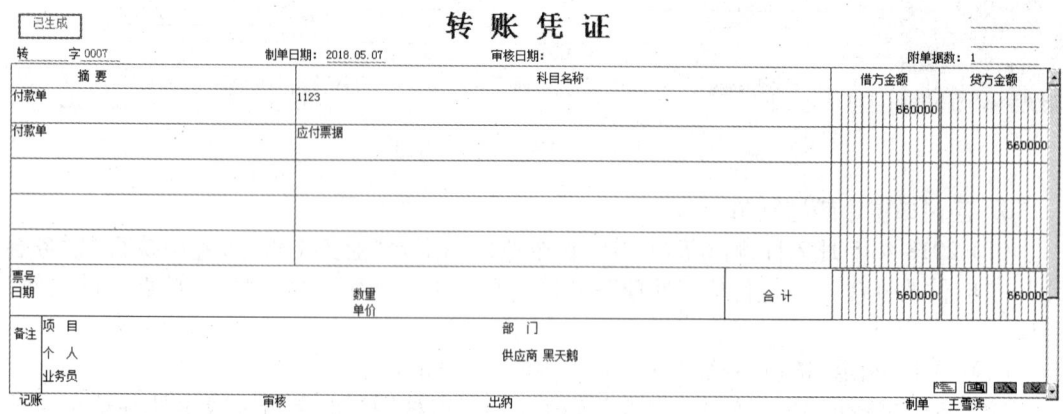

图3-103　生成转账凭证

7. 付款单据审核与制单

（1）2018年5月7日，财务部王雪滨在企业应用平台"业务工作"页签中执行"财务会计"—"应付款管理"—"付款单据处理"—"付款单审核"命令，打开"付款单查询条件"窗口。

（2）单击"确定"按钮，系统弹出"收付款单列表"窗口。

（3）双击"选择"栏，或单击"全选"按钮，单击"审核"按钮，系统完成审核并给出审核报告。

（4）单击"确定"按钮后退出。

（5）执行"制单处理"命令，打开"制单查询"窗口，选择"收付款单制单"复选框。

（6）单击"确定"按钮，打开"收付款单制单"窗口。

（7）选择记账凭证，再单击"全选"按钮，选中要制单的"付款单"。

（8）单击"制单"按钮，生成一张转账凭证，单击"保存"按钮，如图3-104所示。

图3-104　生成转账凭证

8. 预付冲应付

（1）2018年5月7日，财务部王雪滨在企业应用平台"业务工作"页签中执行"财务会计"—"应付款管理"—"转账"—"预付冲应付"命令，打开"预付冲应付"窗口，如图3–105所示。

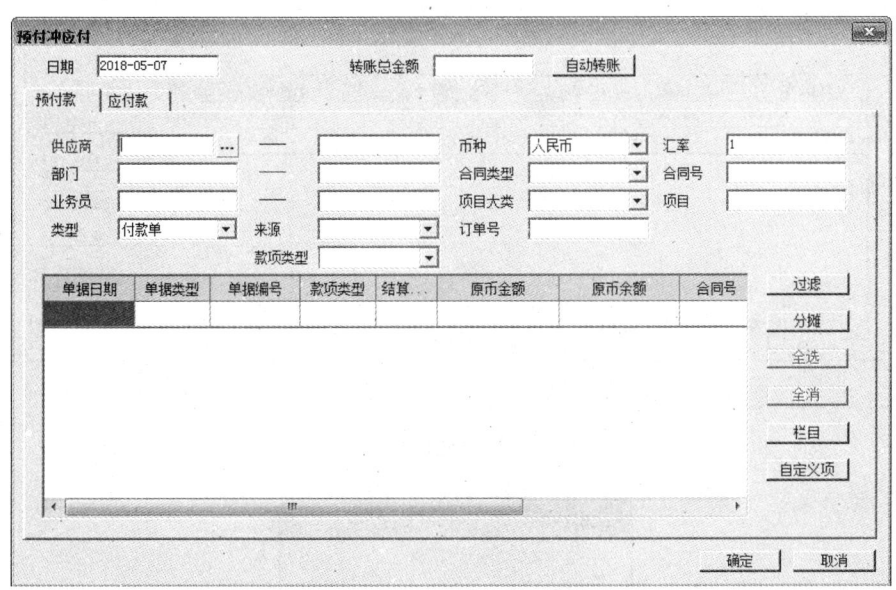

图3–105　"预付冲应付"窗口

（2）在"预付款"页签中，选择"供应商"为"黑天鹅"，输入"转账金额"分别为"5,000.00"和"6,600.00"，单击"确定"按钮，如图3–106、图3–107所示。

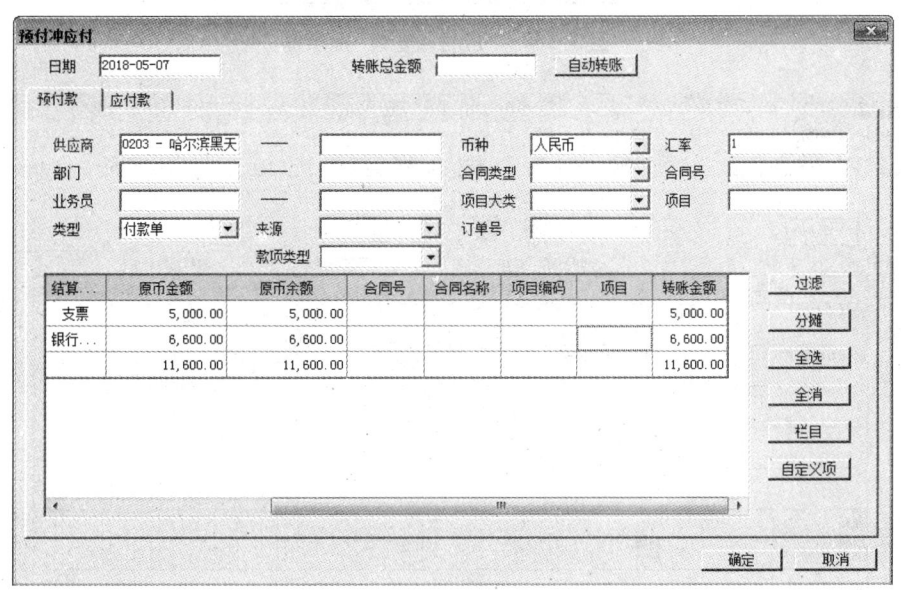

图3–106　"预付款"页签

（3）系统提示"是否立即制单"，选择"是（Y）"，如图3–108所示，生成一张转账凭证，单击"保存"按钮，如图3–109所示。

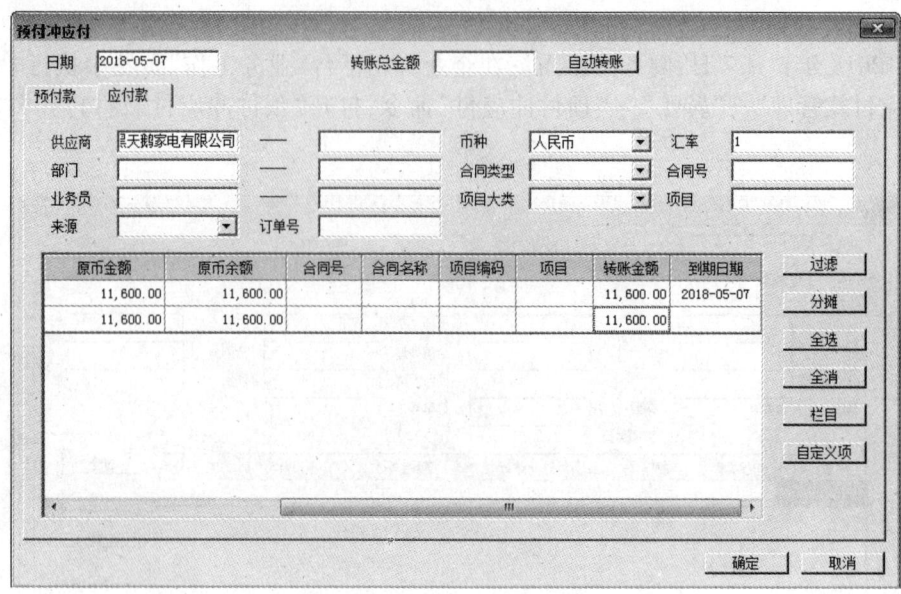

图 3-107　"应付款"页签

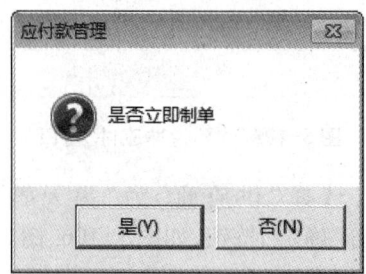

图 3-108　"应付款管理"提示框

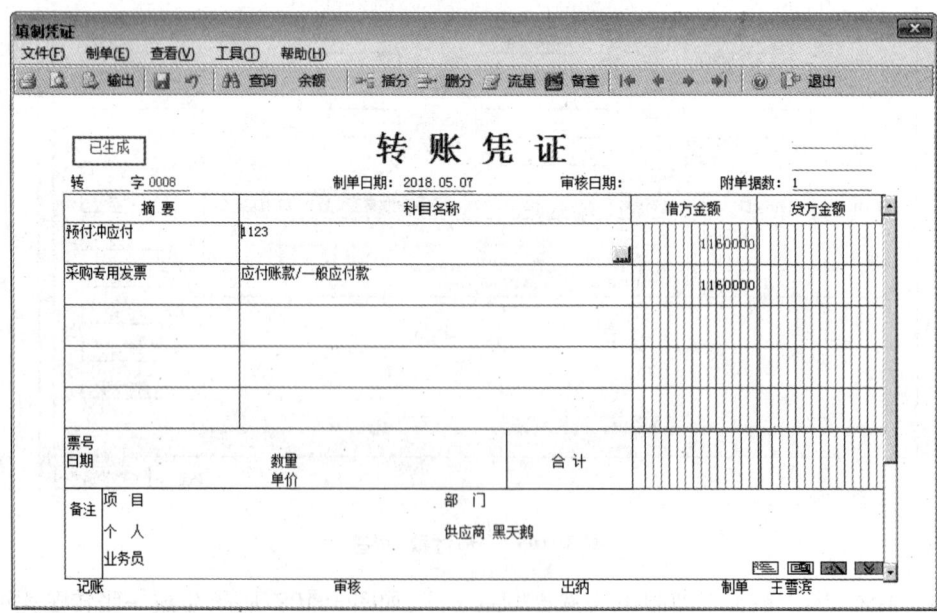

图 3-109　生成转账凭证

9. 核算采购成本

（1）2018 年 5 月 7 日，财务部王雪滨在企业应用平台"业务工作"页签中执行"供应链"—"存货核算"—"业务核算"—"正常单据记账"命令，打开"查询条件选择"窗口。

（2）单击"确定"按钮，打开"正常单据记账列表"窗口。

（3）单击"全选"按钮。

（4）单击"记账"按钮，将采购入库单记账，系统提示"记账成功"，如图 3-110 所示。

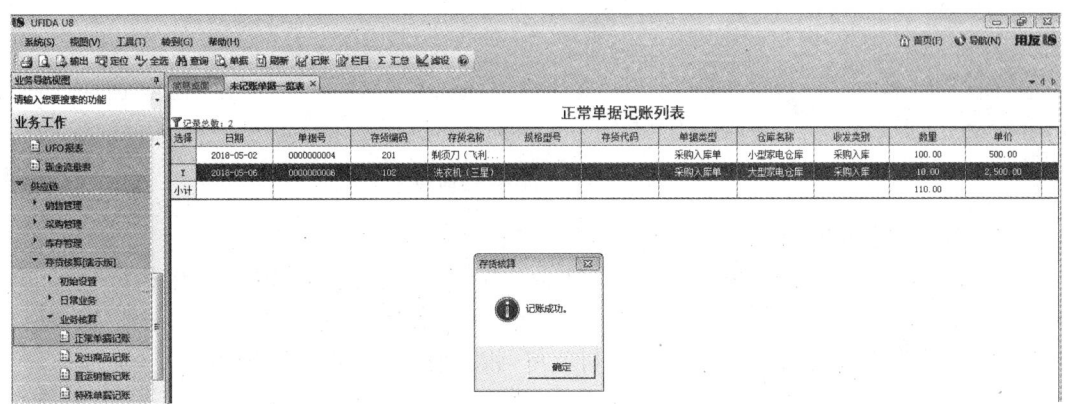

图 3-110　记账成功

（5）单击"确定"按钮。

（6）执行"财务核算"—"生成凭证"命令，打开"查询条件"窗口。

（7）单击"确定"按钮，打开"未生成凭证单据一览表"窗口。

（8）单击"选择"栏，或单击"全选"按钮，选中待生成凭证的单据，单击"确定"按钮。

（9）选择记账凭证类别。

（10）单击"生成"按钮，生成一张转账凭证，单击"保存"按钮，如图 3-111 所示。

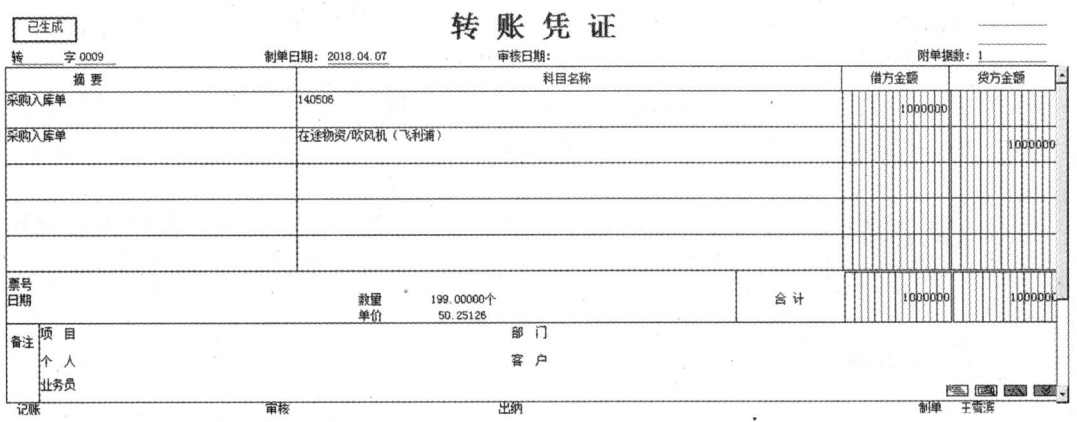

图 3-111　生成转账凭证

（11）单击"退出"按钮。

（五）5 月 13 日，支付货款

1. 付款单录入

2018 年 5 月 13 日，财务部王雪滨在企业应用平台"业务工作"页签中执行"财务会计"—

"应付款管理"—"付款单据处理"—"付款单据录入"命令,打开"付款单"窗口,如图3-112所示。

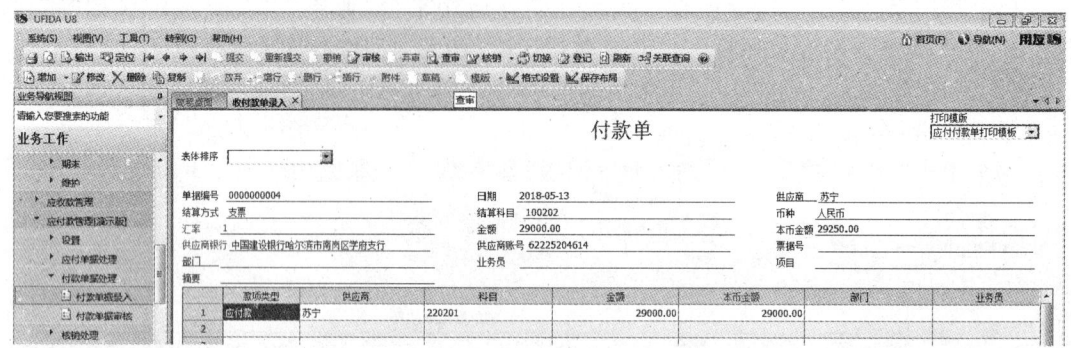

图 3-112 "付款单"窗口

2. 付款单据审核与制单

(1) 2018年5月13日,财务部王雪滨在企业应用平台"业务工作"页签中执行"财务会计"—"应付款管理"—"付款单据处理"—"付款单审核"命令,打开"付款单查询条件"窗口。

(2) 单击"确定"按钮,系统弹出"收付款单列表"窗口,如图3-113所示。

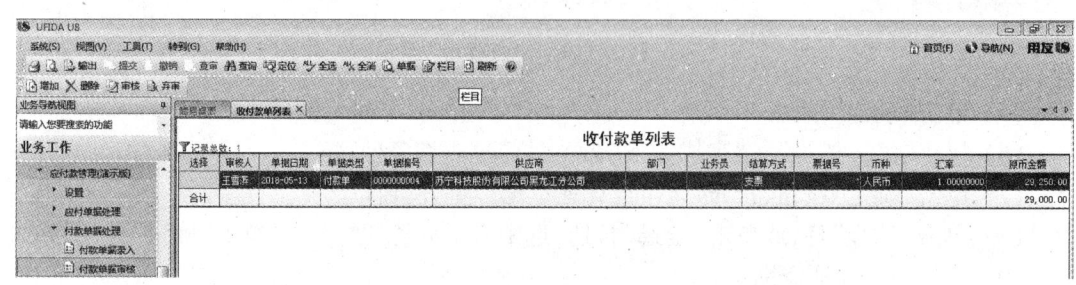

图 3-113 "收付款单列表"窗口

(3) 双击"选择"栏,或单击"全选"按钮,单击"审核"按钮,系统完成审核并给出审核报告。

(4) 单击"确定"按钮后退出。

(5) 执行"核销处理"—"手工核销"命令,打开"手工核销"窗口,输入"本次结算金额为29 250.00",如图3-114所示,单击"保存"按钮。

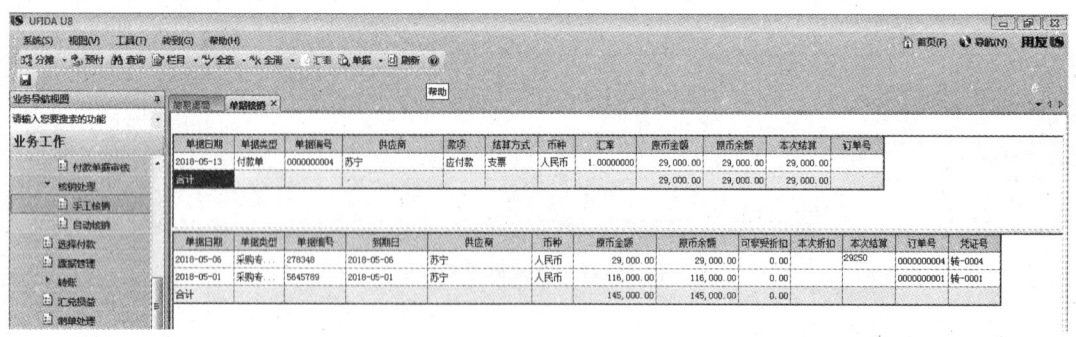

图 3-114 "单据核销"窗口

(6) 执行"制单处理"命令,打开"制单查询"窗口,选择"发票制单""收付款单制单"和"核销制单"复选框,如图3-115所示。

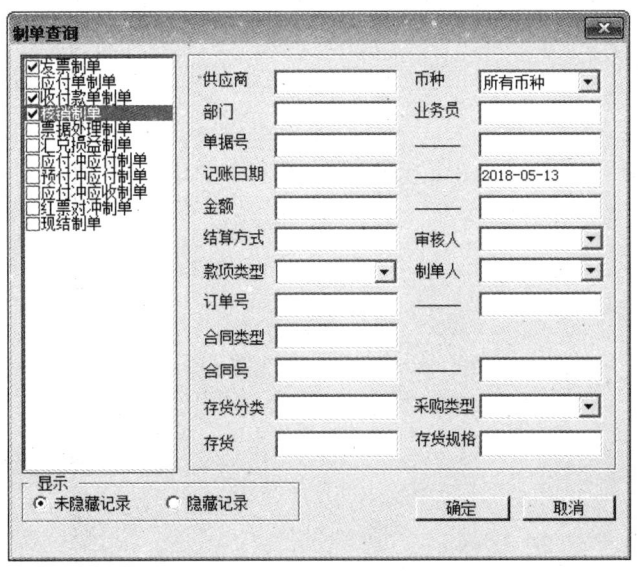

图 3-115　"制单查询"窗口

（7）单击"确定"按钮，打开"应付制单"窗口。

（8）选择凭证类别为"收款凭证"，再单击"全选"按钮，选中要制单的"付款单"和"核销"，单击"合并"按钮，如图 3-116 所示。

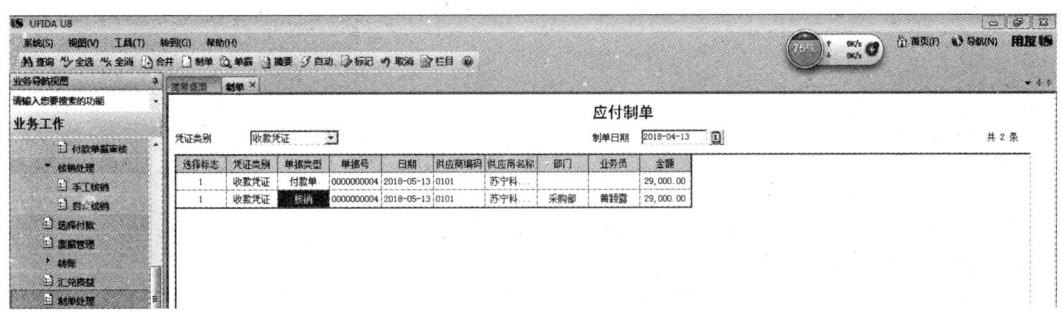

图 3-116　"应付制单"窗口

（9）单击"制单"按钮，生成一张付款凭证，单击"保存"按钮，如图 3-117 所示。

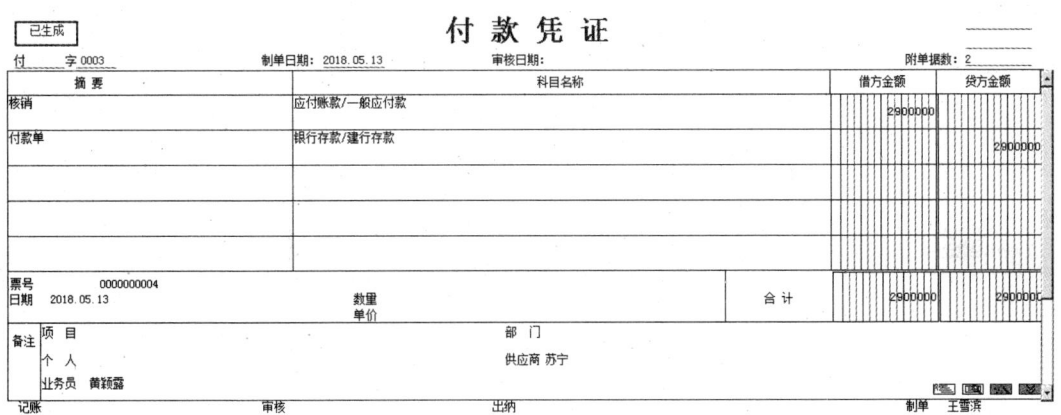

图 3-117　生成付款凭证

学习情境四

特殊采购业务

教学目标

知识

（1）明晰特殊采购业务的业务类型。

（2）熟记特殊采购业务的业务流程。

技能

（1）准确录入特殊采购业务相关原始单据。

（2）根据特殊采购业务的原始单据准确制单。

素养

（1）团队精神及协作、沟通能力。

（2）独立思考和严谨细致的工作作风。

学习子情境一 采购暂估业务

一、任务描述

（1）2018 年 5 月 13 日，收到苏宁科技股份有限公司黑龙江分公司增值税专用发票一张，如图 4-1 所示。货物已于上月验收入库。

图 4-1 增值税专用发票

（2）2018 年 5 月 14 日，收到从新希望公司采购的吹风机 50 个，入成品库。由于到了月底发票仍未收到，故暂定该批货物的暂估成本为 55 元/个，并进行暂估记账处理。

二、任务操作

（一）5 月 13 日，暂估报销业务

1. 生成采购专用发票

（1）2018 年 5 月 13 日，采购部黄颖露登录企业应用平台，如图 4-2 所示。

（2）在"业务工作"页签中，执行"供应链"—"采购管理"—"采购发票"—"专用采购发票"命令，打开"专用发票"窗口。

（3）单击"增加"按钮，执行"生单"—"入库单"命令，打开"查询条件选择-采购入库单列表过滤"窗口，单击"确定（F）"按钮。

（4）系统弹出"拷贝并执行"窗口，选中所要拷贝的采购入库单，单击"确定"按钮，系统自动生成采购专用发票，修改发票号为"04115402"，单击"保存"按钮，如图 4-3 所示。

2. 采购结算

（1）2018 年 5 月 13 日，采购部黄颖露在企业应用平台"业务工作"页签中执行"供应链"—"采购管理"—"采购结算"—"手工结算"命令，打开"手工结算"窗口。

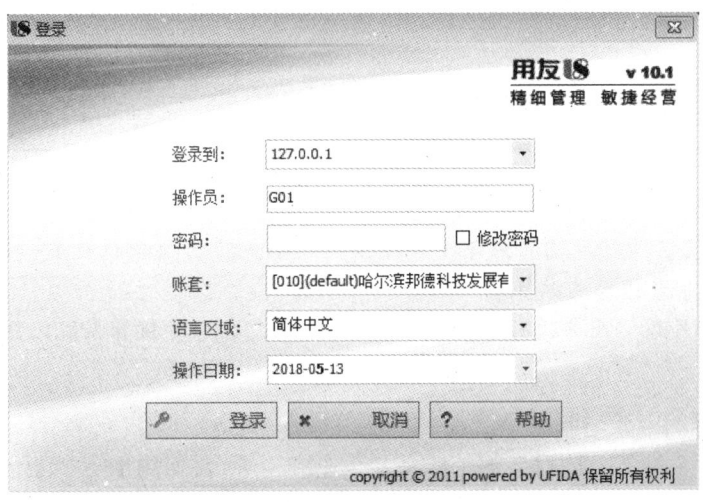

图 4-2 登录企业应用平台

图 4-3 "专用发票"窗口

（2）单击"选单"按钮，打开"结算选单"窗口，如图 4-4 所示。

图 4-4 "结算选单"窗口

（3）单击"查询"按钮，打开"查询条件选择"—"采购手工结算"窗口。

（4）选择相应的"采购发票"和"入库单"，单击"确定（F）"按钮。

（5）系统回到"手工结算"窗口，单击"结算"按钮，如图 4-5 所示，系统显示"完成结算"。

注意：

★ 对于上月月末的暂估业务，执行采购结算后，还需要在存货核算系统进行暂估处理，以便根据采购发票价格改写账簿资料，确认采购成本。

★ 采购溢缺处理需要分清溢缺原因和类型，并分别进行处理。

★ 采购溢缺的结算只能采用手工结算。

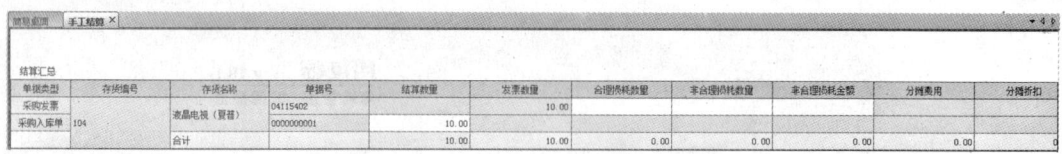

图 4-5　"手工结算"窗口

★ 只有当"发票数量＝结算数量＋合理损耗数量＋非合理损耗数量"时，该条入库单记录与发票记录才能进行采购结算。

★ 本月对上月暂估业务执行采购结算后，还需要先在存货核算系统记账，再执行结算成本处理。

3. 应付单据的审核与制单

（1）2018 年 5 月 13 日，财务部王博登录企业应用平台，如图 4-6 所示。

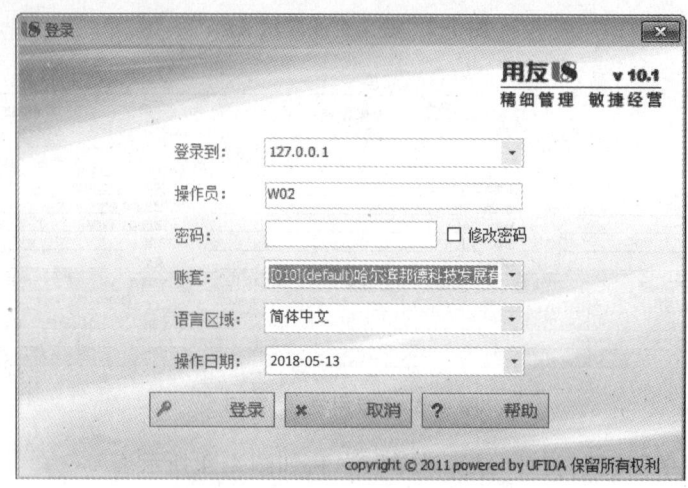

图 4-6　登录企业应用平台

（2）在"业务工作"页签中执行"财务会计"—"应付款管理"—"应付单据处理"—"应付单据审核"命令，打开"应付单据查询条件"窗口。

（3）单击"确定"按钮，系统弹出"应付单据列表"窗口，如图 4-7 所示。

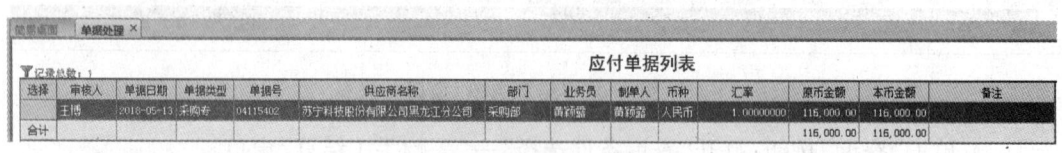

图 4-7　"应付单据列表"窗口

（4）双击"选择"栏，或单击"全选"按钮，单击"审核"按钮，系统完成审核并给出审核报告。

（5）执行"制单处理"命令，打开"制单查询"窗口，选择"发票制单"复选框，如图 4-8 所示。

（6）单击"确定"按钮，打开"采购发票制单"窗口。

（7）选择凭证类别为"转账凭证"，再单击"全选"按钮，选中要制单的"采购专用发票"，如图 4-9 所示。

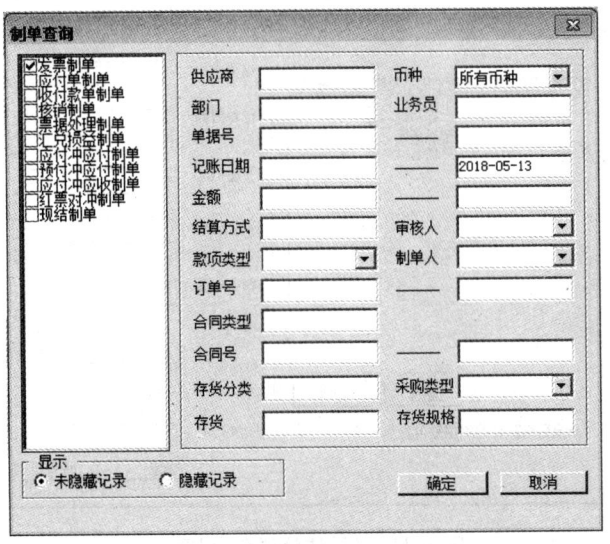

图 4-8　"制单查询"窗口

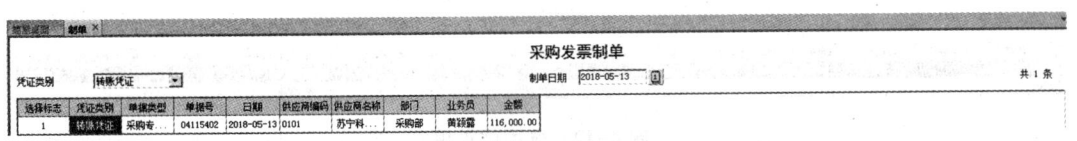

图 4-9　"采购发票制单"窗口

（8）单击"制单"按钮,生成一张转账凭证,单击"保存"按钮打开"辅助项"对话框,填写"在途物资——液晶电视（夏普）"的单价为"10 000",如图 4-10 所示,生成凭证。

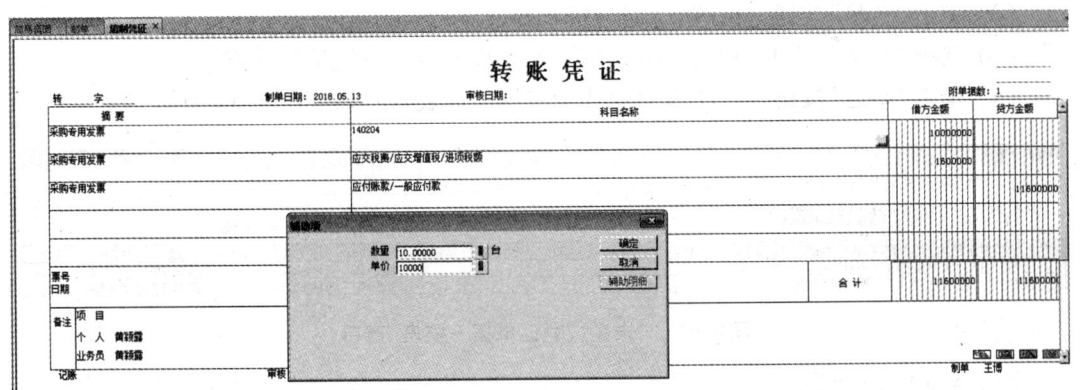

图 4-10　"转账凭证"窗口

4. 结算成本处理

（1）2018 年 5 月 13 日,财务部王博在企业应用平台"业务工作"页签中执行"供应链"—"存货核算"—"业务核算"—"结算成本处理"命令,打开"暂估处理查询"窗口。

（2）选中"大型家电仓库"前的复选框,如图 4-11 所示。

（3）单击"确定"按钮,打开"暂估结算表"窗口。

（4）单击"选择"栏,或单击"全选"按钮,选中要暂估结算的结算单,如图 4-12 所示,再单击"暂估"按钮。

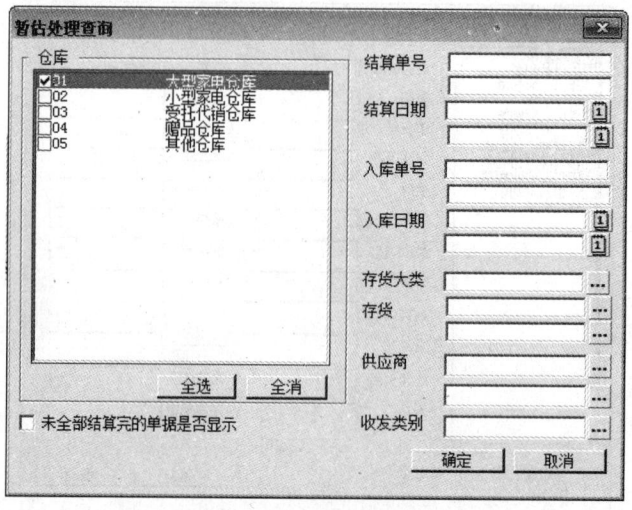

图 4-11　"暂估处理查询"窗口

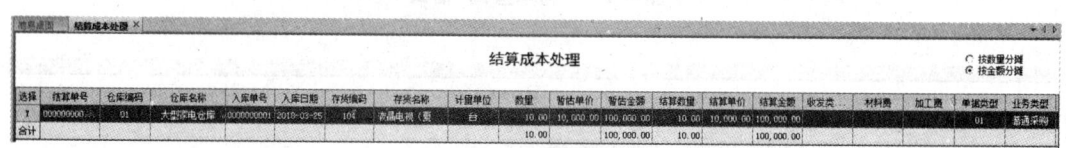

图 4-12　选中结算单

5. 生成红蓝回冲单凭证

（1）2018 年 5 月 13 日,财务部王博在企业应用平台"业务工作"页签中执行"供应链"—"存货核算"—"财务核算"—"生成凭证"命令,打开"生成凭证"窗口。

（2）单击"选择"按钮,打开"查询条件"窗口。

（3）选中"红字回冲单"和"蓝字回冲单"复选框和要生成凭证的单据。

（4）单击"确定"按钮,打开"未生成凭证单据一览表"窗口,如图 4-13 所示。

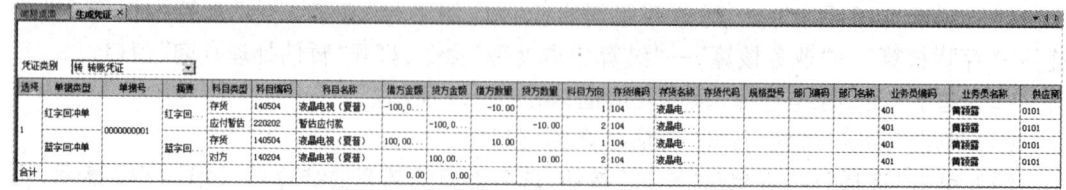

图 4-13　"未生成凭证单据一览表"窗口

（5）单击"选择"栏。

（6）单击"确定"按钮,打开"生成凭证"窗口,选择凭证类别为"转　转账凭证",填写科目编码"140504""220202""140504""140204",如图 4-14 所示。

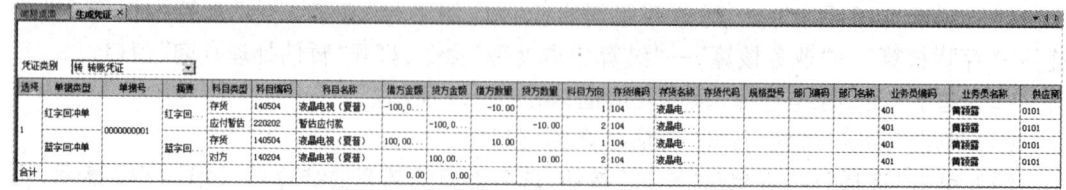

图 4-14　"生成凭证"窗口

（7）单击"生成"按钮,生成两张转账凭证。

（8）分别单击"保存"按钮,如图4-15、图4-16所示。

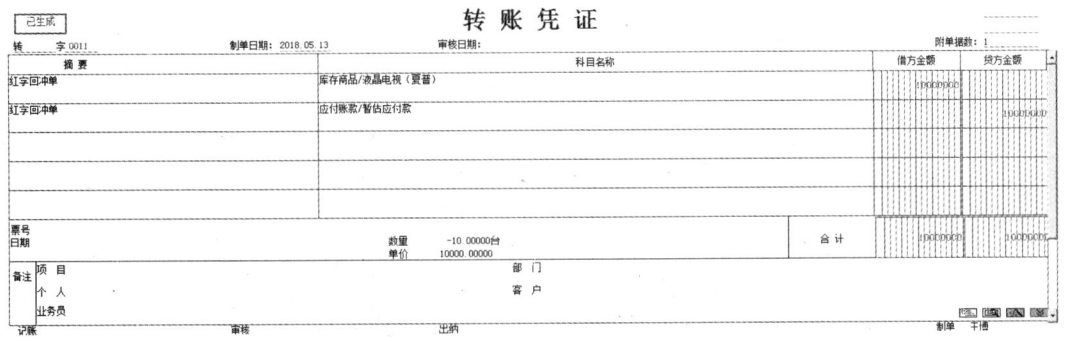

图4-15　第一张转账凭证

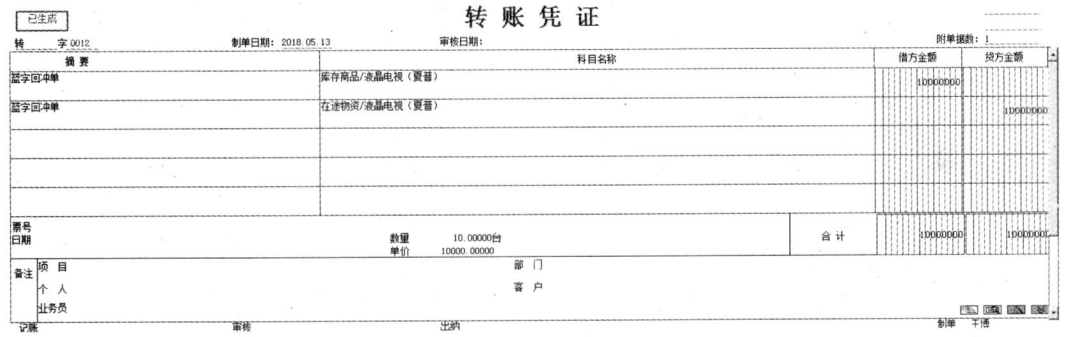

图4-16　第二张转账凭证

（二）5月14日,暂估入库处理业务

1. 在库存管理系统中填制并审核采购入库单

（1）2018年5月14日,仓储部杜飞登录企业应用平台,如图4-17所示。

图4-17　登录企业应用平台

（2）在"业务工作"页签中,执行"供应链"—"库存管理"—"入库业务"—"采购入库单"命令,打开"采购入库单"窗口。

（3）单击"增加"按钮,选择"小型家电仓库",选择供应商"新希望",部门"采购部",业务员"黄颖露",入库类别"采购入库";表体中填写"存货名称"为"吹风机(飞利浦)","数量"为"50.00"。

（4）单击"保存"按钮,单击"审核"按钮,系统提示"该单据审核成功!",如图 4-18 所示。

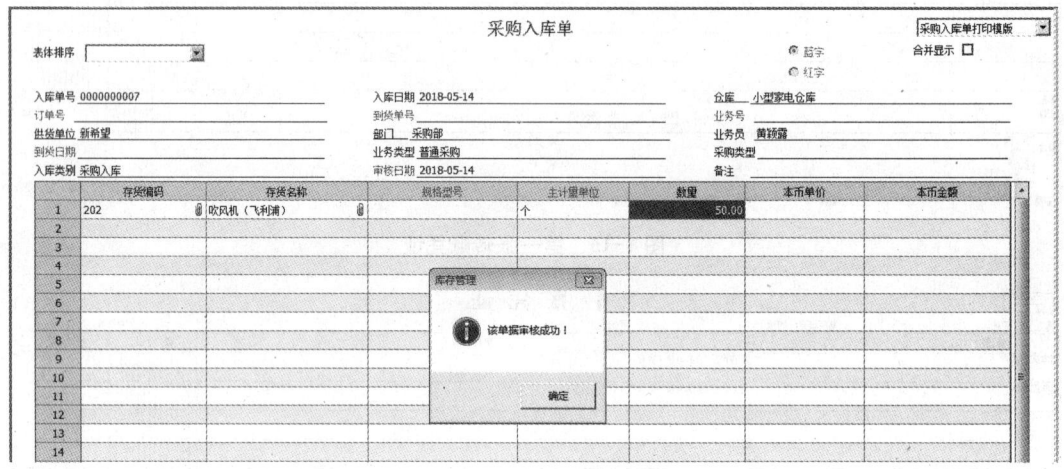

图 4-18 "采购入库单"窗口

（5）单击"确定"按钮返回,退出。

注意:

★ 若要直接填写采购入库单,需要将采购选项中的"普通业务必有订单"选项勾掉。

★ 采购入库单不必填写单价。

2. 月末发票未到,在存货核算系统中录入暂估入库成本并记账生成凭证

（1）2018 年 5 月 30 日,财务部王博在企业应用平台"业务工作"页签中执行"供应链"—"存货核算"—"业务核算"—"暂估成本录入"命令,打开"采购入库单成本成批录入查询"窗口。

（2）选中"小型家电仓库",单击"确定"按钮,打开"暂估成本录入"窗口,在"单价"中输入"55.00",如图 4-19 所示。

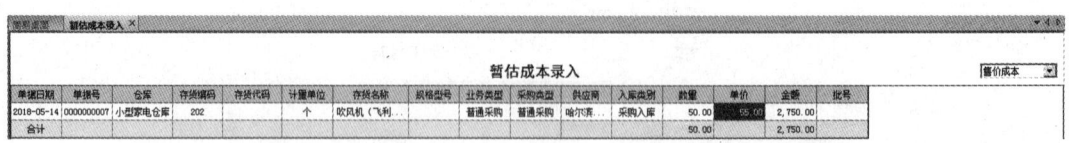

图 4-19 "暂估成本录入"窗口

（3）单击"保存"按钮,再单击"退出"按钮,退出"暂估成本录入"窗口。

3. 正常单据记账

（1）2018 年 5 月 30 日,财务部王博在企业应用平台"业务工作"页签中执行"供应链"—"存货核算"—"业务核算"—"正常单据记账"命令,打开"查询条件选择"窗口。

（2）单击"确定"按钮,打开"正常单据记账列表"窗口,如图 4-20 所示。

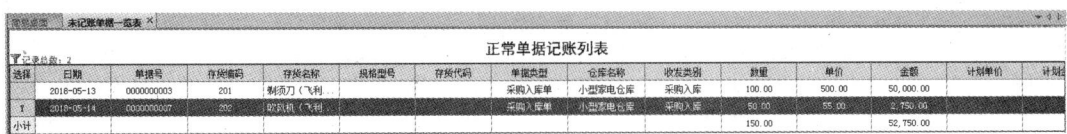

图4-20　"正常单据记账列表"窗口

（3）选择2018年5月14日的入库单，单击"记账"按钮，再单击"确定"，如图4-21所示。

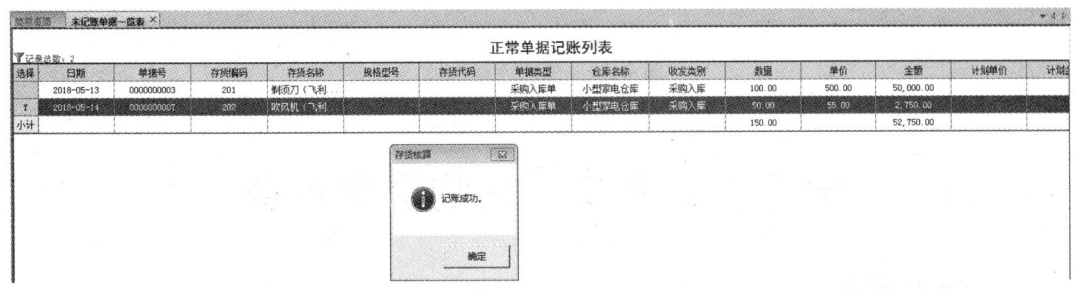

图4-21　选择入库单记账

4. 生成暂估凭证

（1）2018年5月30日，财务部王博在企业应用平台"业务工作"页签中执行"供应链"—"存货核算"—"财务核算"—"生成凭证"命令，打开"生成凭证"窗口。

（2）单击"选择"按钮，打开"查询条件"窗口，选择"采购入库单（暂估记账）"。

（3）单击"确定"按钮，打开"选择单据"窗口。

（4）单击"选择"栏，如图4-22所示。

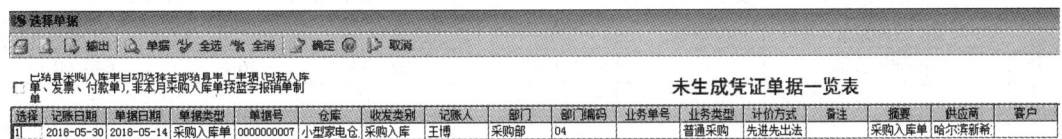

图4-22　"未生成凭证单据一览表"窗口

（5）单击"确定"按钮，打开"生成凭证"窗口，凭证类别选择"转　转账凭证"，填写科目编码"140506""220202"，如图4-23所示。

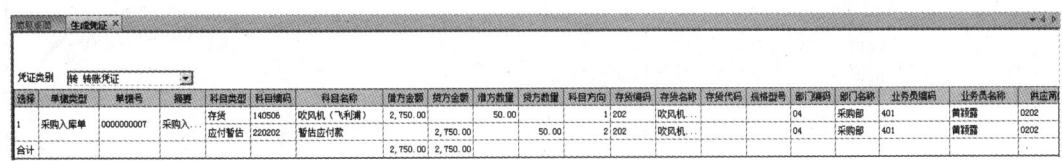

图4-23　"生成凭证"窗口

（6）单击"生成"按钮，生成暂估凭证，单击"保存"按钮，凭证显示"已生成"，如图4-24所示。

注意：

★该笔暂估入库处理业务是月末仍未收到发票而做的处理，可以等到30日时再做处理。

117

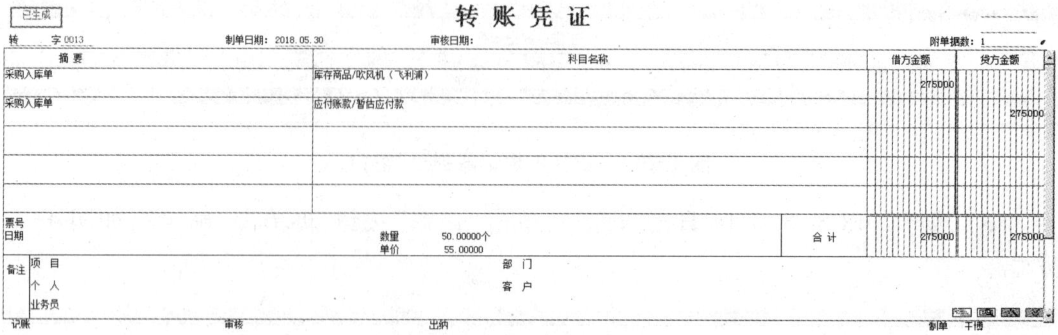

已生成

转 账 凭 证

转 字 0013　　制单日期：2018.05.30　　审核日期：　　附单据数：1

摘要	科目名称	借方金额	贷方金额
采购入库单	库存商品/吹风机（飞利浦）	275000	
采购入库单	应付账款/暂估应付款		275000
票号 日期　数量 50.00000个 单价 55.00000	合 计	275000	275000

备注　项　目　　部　门
个　人　　客　户
业务员

记账　　审核　　出纳　　制单　干倩

图 4-24　生成转账凭证

学习子情境二　采购退货业务

一、任务描述

（1）2018 年 5 月 15 日，发现于 5 月 1 日从苏宁科技股份有限公司黑龙江分公司采购的 50 台空调（海尔）中有 2 台存在质量问题，要求退回 2 台，单价为 2 000 元/台，同时收到红字专用发票一张，如图 4-25 所示，进行结算处理。

开具红字增值税专用发票信息表

填开日期：2018 年 05 月 15 日　　　　NO. 04224011

销售方	名　称	苏宁科技股份有限公司黑龙江分公司		购买方	名　称	哈尔滨邦德科技发展有限责任公司
	纳税人识别号	6543131310789			纳税人识别号	45313213213
开具红字专用发票内容	货物（劳务服务）名称	数量	单价	金额	税率	税额
	空调（海尔）	2	2 000.00	4 000.00	16%	640.00
	合　计	—	—		—	
说明	一、购买方☐ 对应蓝字专用发票抵扣增值税销项税额情况： 1. 已抵扣☑ 2. 未抵扣☐ （1）无法认证☐ （2）纳税人识别号认证不符☐ （3）增值税专用发票代码、号码认证不符☐ （4）所购货物或劳务、服务不属于增值税扣税项目范围☐ 对应蓝字专用发票的代码：＿＿＿＿＿　号码：＿＿＿＿＿ 二、销售方☐ 1. 购买方拒收发票☐ 2. 发票尚未交付☐ 对应蓝字专用发票的代码：＿＿＿＿＿　号码：＿＿＿＿＿ （印章：哈尔滨邦德科技发展有限责任公司 45313213213 发票专用章）					
红字发票信息表编号						

经办人：略　　　　负责人：略　　　　主管税务机关名称（印章）：

注：1. 本通知单一式三联：第一联，购买方主管税务机关留存；第二联，购买方送交销售方留存；第三联：购买方留存。
2. 通知单应与申请单一一对应。3. 销售方应在开具红字专用发票后到主管税务机关进行核销。

图 4-25　开具红字增值税专用发票信息表

（2）2018 年 5 月 16 日,采购部黄颖露与百峰科技有限责任公司签订采购合同,如图 4-26 所示,采购吹风机(飞利浦)20 个,验收入成品库。

购 销 合 同

供方:**百峰科技有限责任公司**　　　　　　　　合同号:CG009

需方:**哈尔滨邦德科技发展有限责任公司**　　　签订日期:2018 年 05 月 16 日

经双方协议,订立本合同如下:

产品型号	名 称	数 量	单价(含税)	总 额	其他要求
	吹风机(飞利浦)	20	232.00	4 640.00	
合 计				4 640.00	

货款总计(大写):肆仟陆佰肆拾元整

质量验收标准:＿＿＿＿＿＿＿＿＿＿

交货日期:2018 年 05 月 16 日

交货地点:哈尔滨邦德科技发展有限责任公司

结算方式:电汇

付款时间:2018 年 06 月 16 日

违约条款:违约方须赔偿对方一切经济损失。但遇天灾人祸或其他人力不能控制之因素而导致延误交货,需方不能要求供方赔偿任何损失。

解决合同纠纷的方式:经双方友好协商解决,如协商不成的,可向当地仲裁委员会提出仲裁解决。

本合同一式两份,供需双方各执一份,自签订之日起生效。

供方(盖章):　　　　　　　　　　　　　　　需方(盖章):

地址:杭州市西湖区莲花街 47 号　　　　　　　地址:哈尔滨市南岗区学府路 5 号

法定代表:印天奇　　　　　　　　　　　　　　法定代表:王慧玲

联系电话:0571-83830123　　　　　　　　　　联系电话:0451-86619207

图 4-26 购销合同

（3）2018 年 5 月 17 日,仓库反映百峰科技有限责任公司发来的吹风机(飞利浦)中有 2 个存在质量问题,要求退回给供应商。

（4）2018 年 5 月 18 日,收到百峰科技有限责任公司开具的增值税专用发票一张,如图 4-27 所示,进行采购结算。

二、任务操作

(一) 5 月 15 日,采购结算后退货

1. 生成采购退货单

（1）2018 年 5 月 15 日,采购部黄颖露在企业应用平台"业务工作"页签中执行"供应链"—"采购管理"—"采购到货"—"采购退货单"命令,打开"采购退货单"窗口,如图 4-28 所示。

（2）单击"增加"按钮,执行"生单"—"采购订单"命令,打开"查询条件选择-采购订单列表过滤"窗口,单击"确定(F)"按钮。

（3）系统弹出"拷贝并执行"窗口,选中所要拷贝的采购订单,单击"确定"按钮,系统自动生成退货单,修改退货数量为"－2",单击"保存"按钮。

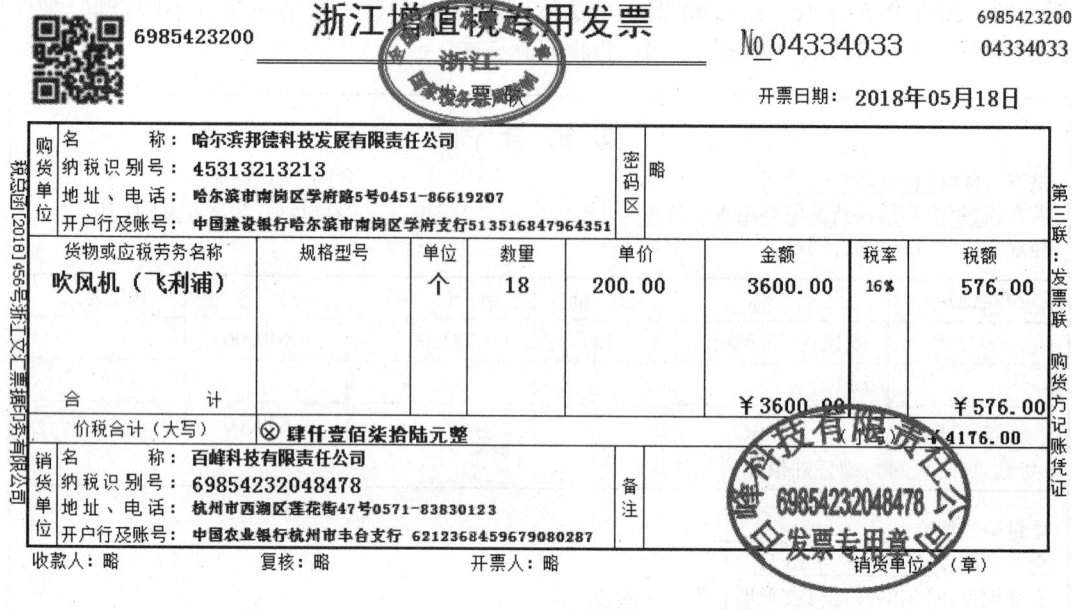

图 4-27　增值税专用发票

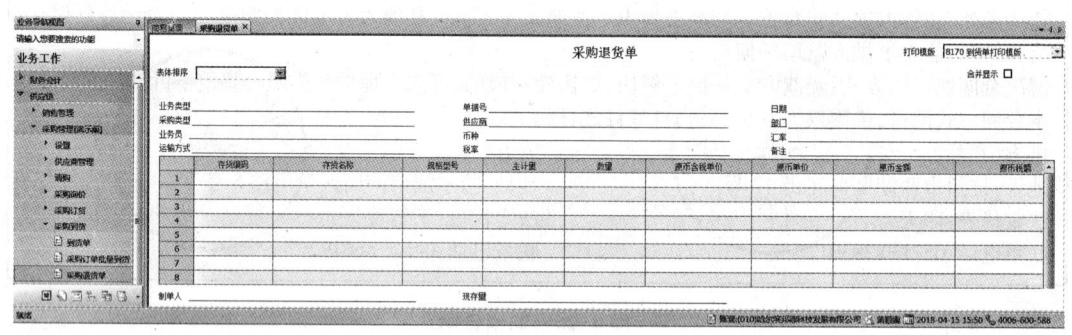

图 4-28　"采购退货单"窗口

（4）单击"审核"按钮，根据采购订单生成的采购退货单如图 4-29 所示。

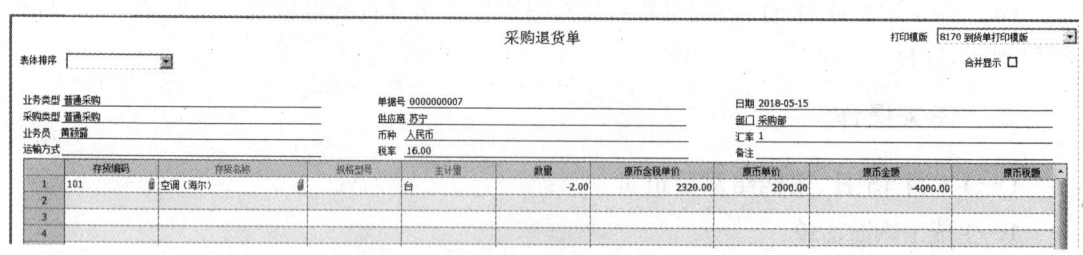

图 4-29　生成采购退货单

2. 生成红字采购入库单

（1）2018 年 5 月 15 日，仓储部杜飞在企业应用平台"业务工作"页签中执行"供应链"—"库存管理"—"入库业务"—"采购入库单"命令，打开"采购入库单"窗口。

（2）执行"生单"—"采购到货单（红字）"命令，打开"查询条件选择-采购到货单列表"窗口。

注意：

　　★ 红字采购入库单的生单依据为采购到货单(红字)。

　　(3) 单击"确定(F)"按钮,在相应的到货单表头单击"选择"栏,出现"Y",如图 4-30 所示。

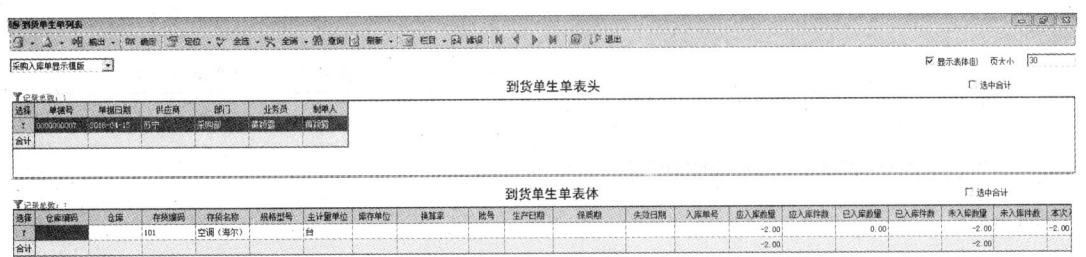

图 4-30　"到货单生单列表"窗口

　　(4) 单击"确定"按钮,系统生成一张红字采购入库单,修改"仓库"为"大型家电仓库",单击"保存"按钮,单击"审核"按钮,如图 4-31 所示,单击"确定"按钮。

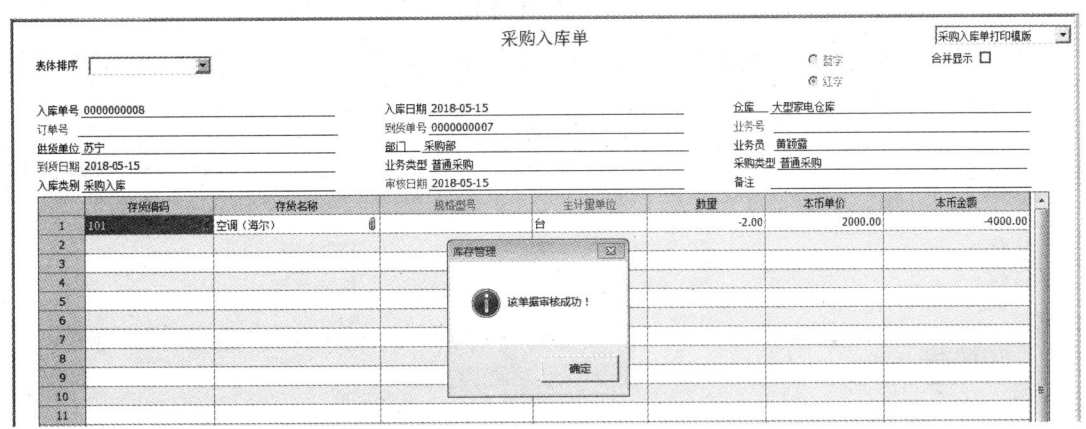

图 4-31　生成红字采购入库单

3. 生成红字专用采购发票

　　(1) 2018 年 5 月 15 日,采购部黄颖露在企业应用平台"业务工作"页签中执行"供应链"—"采购管理"—"采购发票"—"红字专用采购发票"命令,打开专用发票窗口,如图 4-32 所示。

图 4-32　"专用发票"窗口

（2）单击"增加"按钮，执行"生单"—"入库单"命令，打开"查询条件选择-采购入库单列表过滤"窗口，单击"确定(F)"按钮，打开"拷贝并执行"窗口，选中对应采购入库单，如图4-33所示。

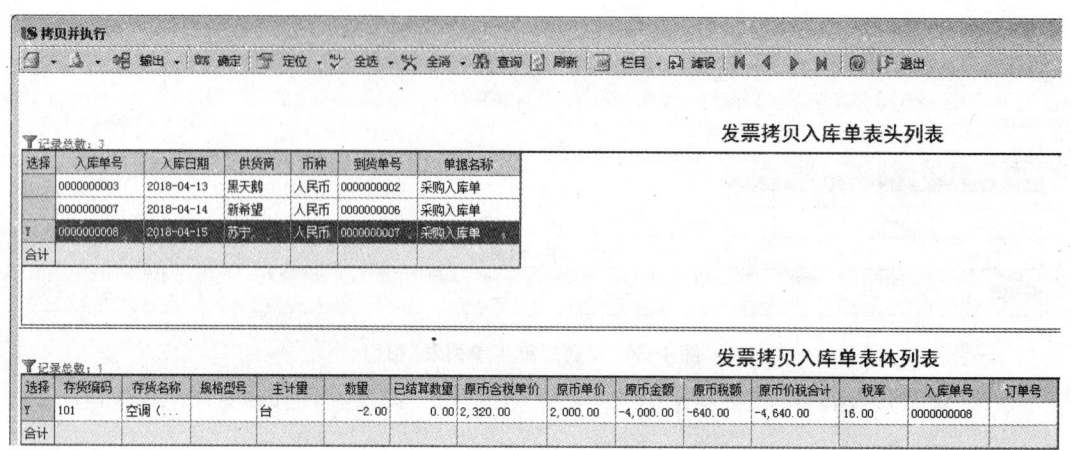

图4-33 选中对应采购入库单

（3）单击"确定"按钮，生成红字采购专用发票，修改发票号为"04224011"，单击"保存"按钮，如图4-34所示。

图4-34 生成红字采购专用发票

4. 采购结算

（1）2018年5月15日，采购部黄颖露在企业应用平台"业务工作"页签中执行"供应链"—"采购管理"—"采购结算"—"手工结算"命令，打开"手工结算"窗口。

（2）单击"选单"按钮，打开"结算选单"窗口。

（3）单击"查询"按钮，打开"查询条件选择-采购手工结算"窗口。

（4）选择相应的采购发票和入库单，如图4-35所示，单击"确定(F)"按钮。

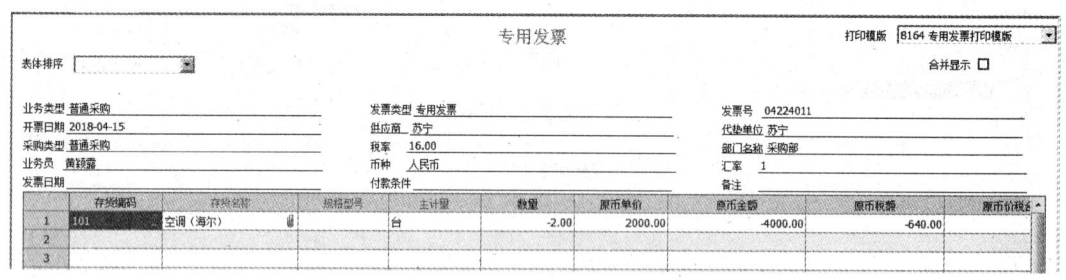

图4-35 "结算选单"窗口

（5）系统回到"手工结算"窗口，单击"结算"按钮，如图4-36所示，系统显示"完成结算"。

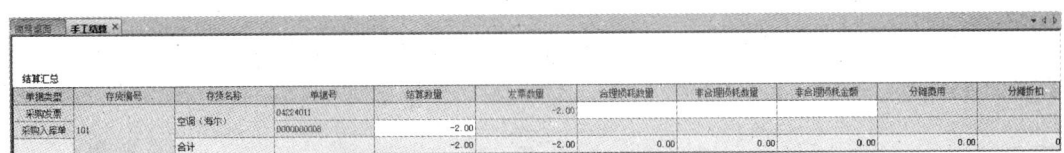

图4-36　已结算红字采购发票

5. 应付单审核并制单

（1）2018年5月15日，财务部王博在企业应用平台"业务工作"页签中执行"财务会计"—"应付款管理"—"应付单据处理"—"应付单据审核"命令，打开"应付单据查询条件"窗口。

（2）单击"确定"按钮，系统弹出"应付单据列表"窗口。

（3）双击"选择"栏，或单击"全选"按钮，单击"审核"按钮，系统完成审核并给出审核报告，如图4-37所示。

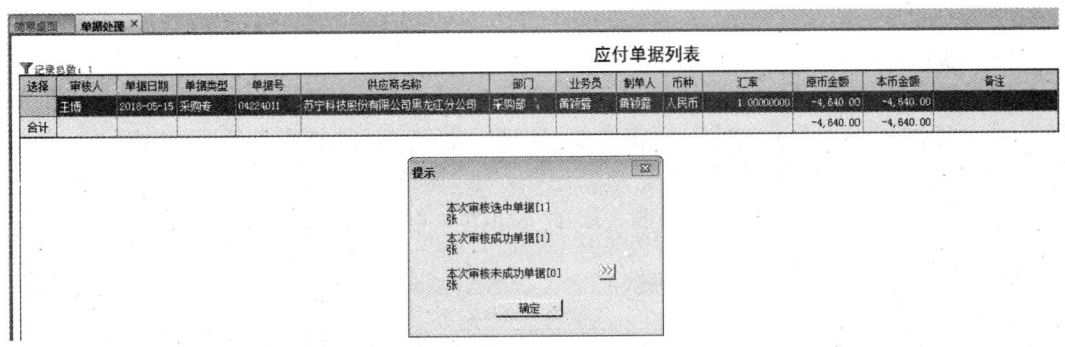

图4-37　应付单据审核报告

（4）执行"制单处理"命令，打开"制单查询"窗口，选择"发票制单"复选框，如图4-38所示。

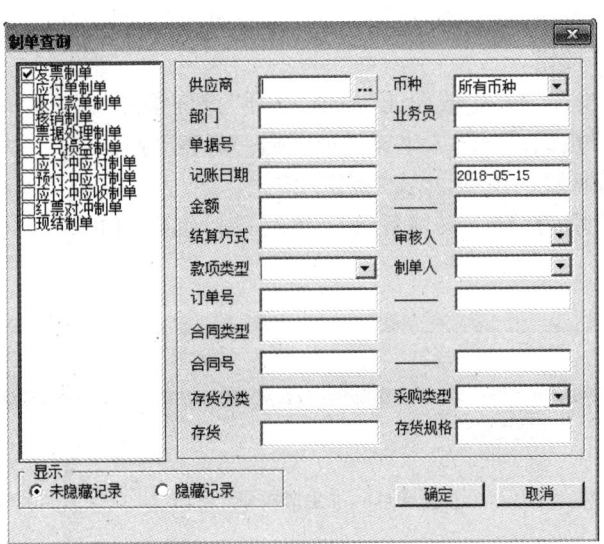

图4-38　"制单查询"窗口

（5）单击"确定"按钮，打开"采购发票制单"窗口。

（6）选择凭证类型为"转　转账凭证"，再单击"全选"按钮，选中要制单的采购专用发票。

（7）单击"制单"按钮，生成一张转账凭证，单击"保存"按钮。打开"辅助项"对话框，填写"在途物资——空调（海尔）"的单价为"2 000.00"，如图4-39所示，生成凭证。

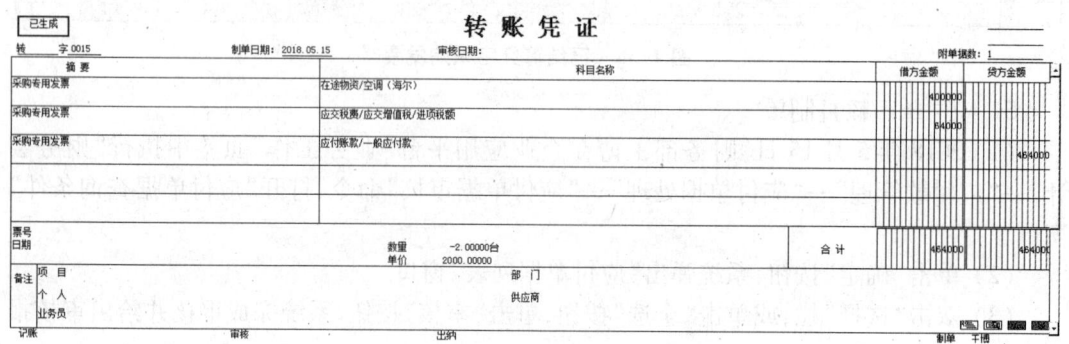

图4-39　生成转账凭证

6. 存货核算

（1）2018年5月15日，财务部王博在企业应用平台"业务工作"页签中执行"供应链"—"存货核算"—"业务核算"—"正常单据记账"命令，打开"查询条件选择"窗口。

（2）单击"确定"按钮，打开"正常单据记账列表"窗口。

（3）选择"2018年5月15日采购入库单"，如图4-40所示。

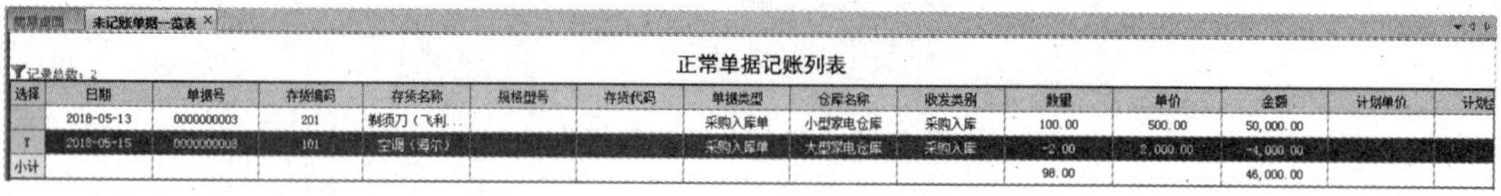

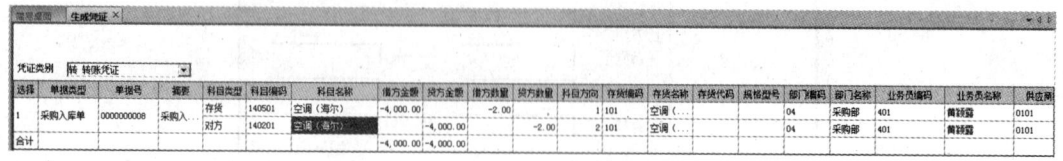

图4-40　"正常单据记账列表"窗口

（4）单击"记账"按钮，将采购入库单记账，系统提示"记账成功"。

（5）单击"确定"按钮。

（6）执行"财务核算"—"生成凭证"命令，打开"查询条件"窗口。

（7）单击"确定"按钮，打开"未生成凭证单据一览表"窗口。

（8）选中待生成凭证的单据，单击"确定"按钮。

（9）选择凭证类别为"转　转账凭证"，填写科目编码"140501""140201"，如图4-41所示。

图4-41　"生成凭证"窗口

（10）单击"生成"按钮，生成一张转账凭证，如图4-42所示，单击"保存"按钮。

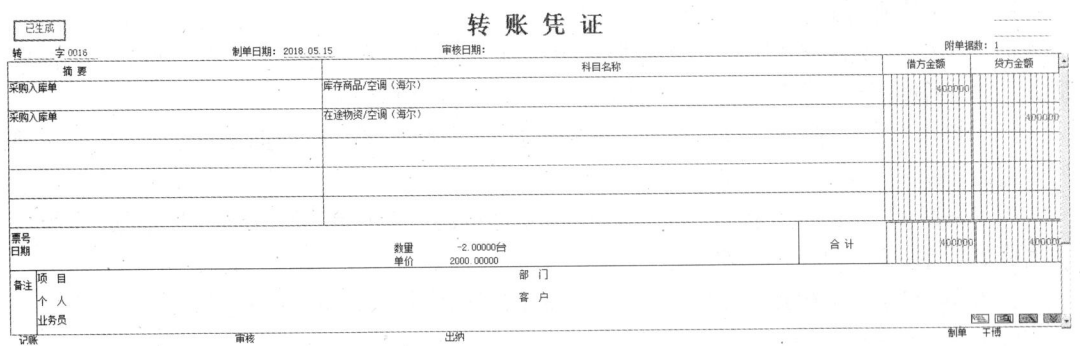

图 4-42 生成转账凭证

注意：

★ 结算前的退货业务如果只是录入到货单，则只需开具到货退回单，不用进采购结算，按照实际入库数量录入采购入库单。

★ 如果退货时已经录入采购入库单，但还没有收到发票，则只需要根据退货数量录入红字采购入库单，对红蓝入库单进行结算。

★ 如果已经录入采购入库单，同时退货时已经收到采购发票，则需要根据退货数量录入红字采购入库单，并录入采购发票，其中发票上的数量＝原入库单数量－红字入库单数量。这时需要采用手工结算方式将红字采购入库单与原采购入库单、采购发票进行采购结算，以冲减原入库数量。

★ 如果采购结算后发生退货业务，需开具到货退回单，录入红字采购入库单、红字专用采购发票，并进行采购结算。

（二）5 月 16 日，普通采购入库业务

1. 填制采购订单

（1）2018 年 5 月 16 日，采购部黄颖露在企业应用平台"业务工作"页签中执行"供应链"—"采购管理"—"采购订货"—"采购订单"命令，打开"采购订单"窗口。

（2）单击"增加"按钮，填写"订单编号"为"CG009"，选择"采购类型"为"普通采购"，选择"供应商"为"百峰科技"，选择"部门"为"采购部"，选择"业务员"为"黄颖露"；在表体中，选择"存货名称"为"吹风机（飞利浦）"，输入"数量"为"20.00"，"原币含税单价"为"232.00"，其他信息由系统自动带出，单击"保存"按钮，如图 4-43 所示。

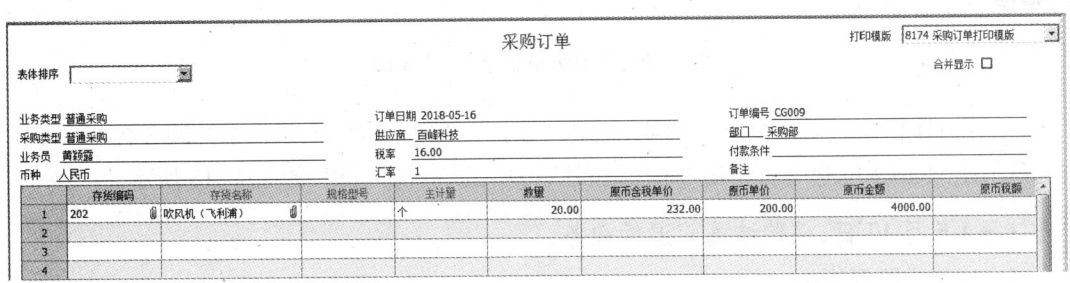

图 4-43 "采购订单"窗口

（3）单击"审核"按钮，审核填制的采购订单。

2. 生成采购到货单

（1）2018 年 5 月 16 日,采购部黄颖露在企业应用平台"业务工作"页签中执行"供应链"—"采购管理"—"采购到货"—"到货单"命令,打开"到货单"窗口。

（2）单击"增加"按钮,执行"生单"—"采购订单"命令,打开"查询条件选择-采购订单列表过滤"窗口,单击"确定"按钮。

（3）系统弹出"拷贝并执行"窗口,选中所要拷贝的采购订单,单击"确定"按钮,系统自动生成到货单,单击"保存"按钮。

（4）单击"审核"按钮。根据采购订单生成的采购到货单,如图 4-44 所示。

（5）单击"退出"按钮。

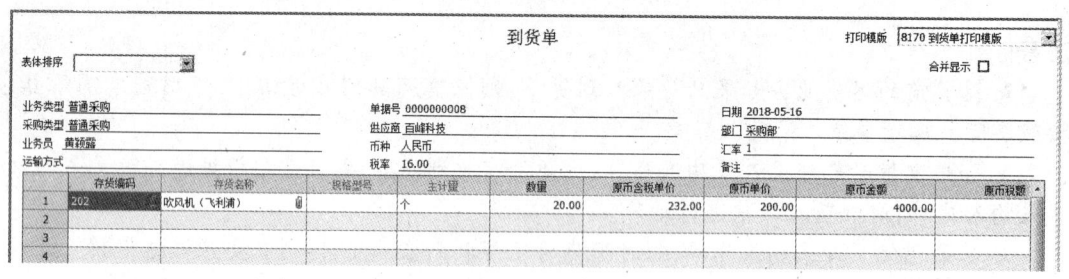

图 4-44　生成到货单

3. 生成采购入库单

（1）2018 年 5 月 16 日,仓储部杜飞在企业应用平台"业务工作"页签中执行"供应链"—"库存管理"—"入库业务"—"采购入单"命令,打开"采购入库单"窗口。

（2）执行"生单"—"采购到货单（蓝字）"命令,打开"查询条件选择-采购到货单列表过滤"窗口,单击"确定"按钮。

（3）打开"到货单生单列表"窗口,如图 4-45 所示。

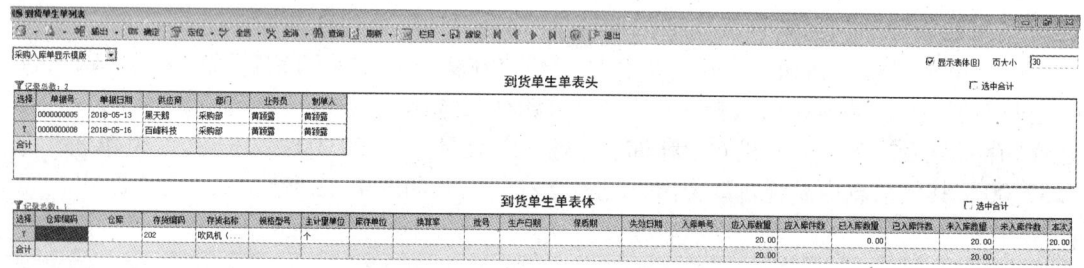

图 4-45　"到货单生单列表"窗口

（4）选择相应的到货单生单表头,单击"确定"按钮,系统自动生成采购入库单,选择"仓库"为"小型家电仓库",单击"保存"按钮,再单击"审核"按钮,如图 4-46 所示。

（三）5 月 17 日,采购结算前退货业务

1. 生成采购退货单

（1）2018 年 5 月 17 日,采购部黄颖露在企业应用平台"业务工作"页签中执行"供应链"—"采购管理"—"采购到货"—"采购退货单"命令,打开"采购退货单"窗口。

（2）单击"增加"按钮,执行"生单"—"采购订单"命令,打开"查询条件选择-采购订单

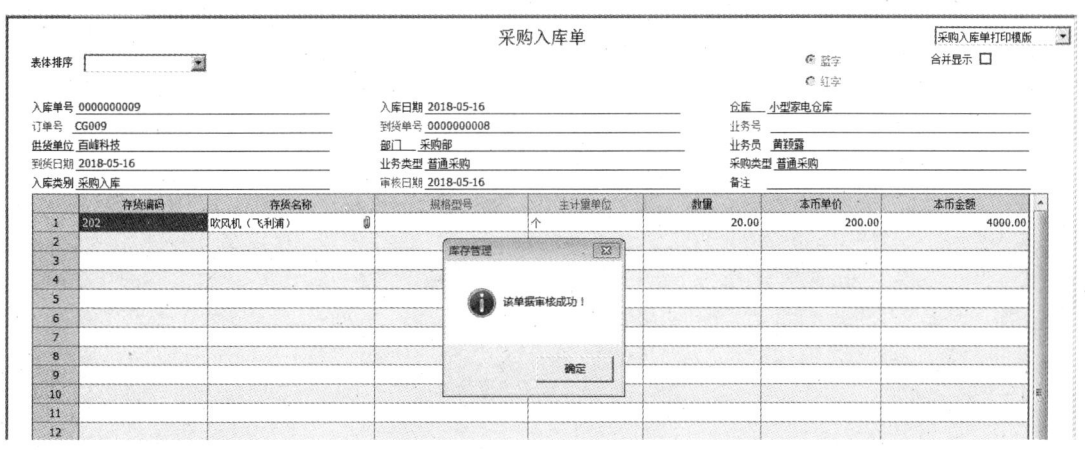

图 4-46　采购入库单审核

列表过滤"窗口,单击"确定(F)"按钮。

（3）系统弹出"拷贝并执行"窗口,选中所要拷贝的采购订单,单击"确定"按钮,系统自动生成退货单,修改退货数量为"-2",单击"保存"按钮。

（4）单击"审核"按钮,根据采购订单生成的采购退货单,如图 4-47 所示。

图 4-47　生成采购退货单

2. 生成红字采购入库单

（1）2018 年 5 月 17 日,仓储部杜飞在企业应用平台"业务工作"页签中执行"供应链"—"库存管理"—"入库业务"—"采购入库单"命令,打开"采购入库单"窗口。

（2）执行"生单"—"采购到货单(红字)"命令,打开"查询条件选择-采购到货单列表"窗口。

（3）单击"确定(F)"按钮,在相应的到货单表头单击"选择"栏,出现"Y",如图 4-48 所示。

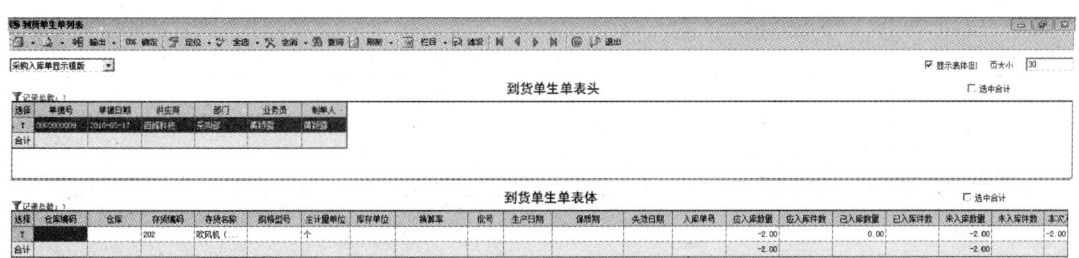

图 4-48　"到货单生单列表"窗口

（4）单击"确定"按钮,系统生成一张红字采购入库单,修改"仓库"为"小型家电仓库",单击"保存"按钮,单击"审核"按钮,如图 4-49 所示,单击"确定"。

图 4-49 审核红字采购入库单

（四）5 月 18 日，采购结算前退货，汇总开票、结算的业务

1. 填制采购发票

（1）2018 年 5 月 18 日，采购部黄颖露在企业应用平台"业务工作"页签中执行"供应链"—"采购管理"—"采购发票"—"采购专用发票"命令，打开"采购专用发票"窗口。

（2）单击"增加"按钮，执行"生单"—"入库单"命令，打开"查询条件选择-采购入库单列表过滤"窗口，单击"确定（F）"按钮。

（3）系统弹出"拷贝并执行"窗口，选中所要拷贝的采购入库单，如图 4-50 所示。

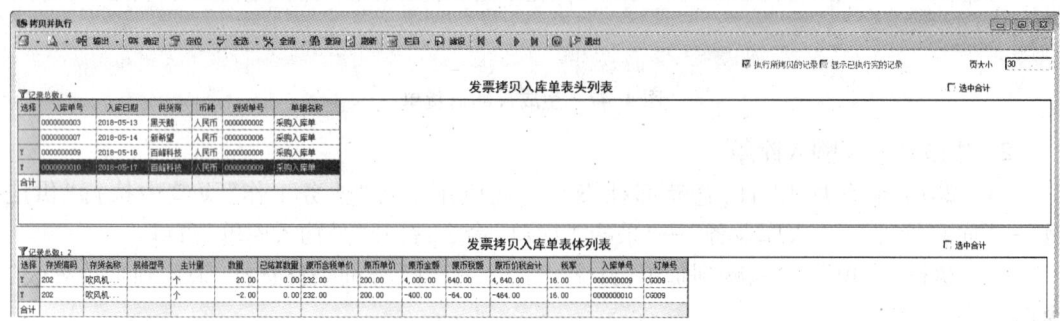

图 4-50 "拷贝并执行"窗口

（4）单击"确定"按钮，系统自动生成采购专用发票，修改发票号为"04334033"，单击"保存"按钮，如图 4-51 所示。

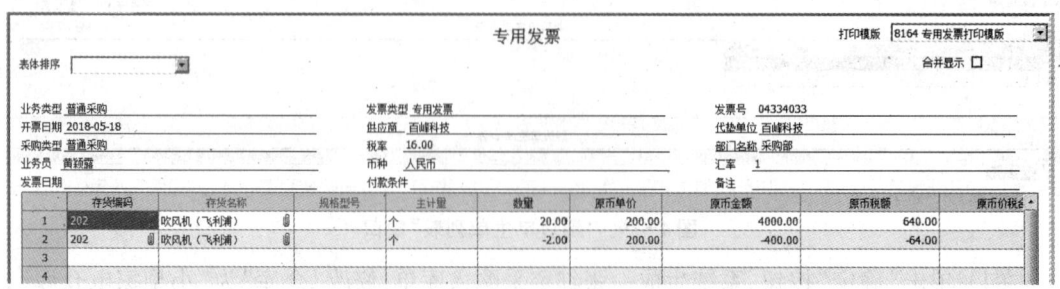

图 4-51 生成采购专用发票

2. 采购结算

（1）2018 年 5 月 18 日，采购部黄颖露在企业应用平台"业务工作"页签中执行"供应链"—"采购管理"—"采购结算"—"手工结算"命令，打开"手工结算"窗口。

（2）单击"选单"按钮，打开"结算选单"窗口。

（3）单击"查询"按钮，打开"查询条件选择-采购手工结算"窗口。

（4）选择相应的采购发票和入库单，如图 4-52 所示，单击"确定"按钮。

图 4-52　"结算选单"窗口

（5）系统回到"手工结算"窗口，单击"结算"按钮，如图 4-53 所示，系统显示"完成结算"。

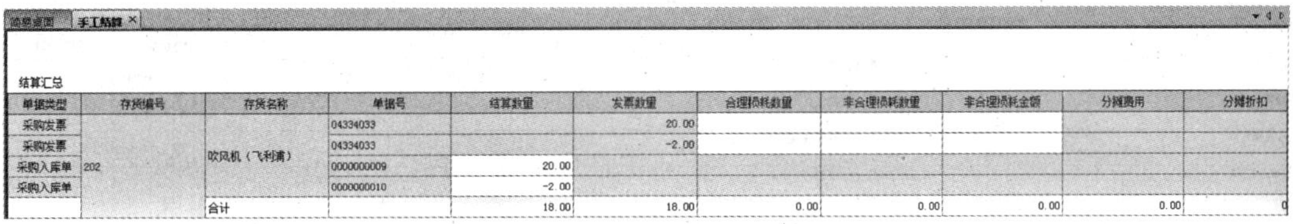

图 4-53　"手工结算"窗口

3. 应付单审核并制单

（1）2018 年 5 月 18 日，财务部王博在企业应用平台"业务工作"页签中执行"财务会计"—"应付款管理"—"应付单据处理"—"应付单据审核"命令，打开"应付单据查询条件"窗口。

（2）单击"确定"按钮，系统弹出"应付单据列表"窗口。

（3）双击"选择"栏，或单击"全选"按钮，单击"审核"按钮，系统完成审核并给出审核报告，如图 4-54 所示。

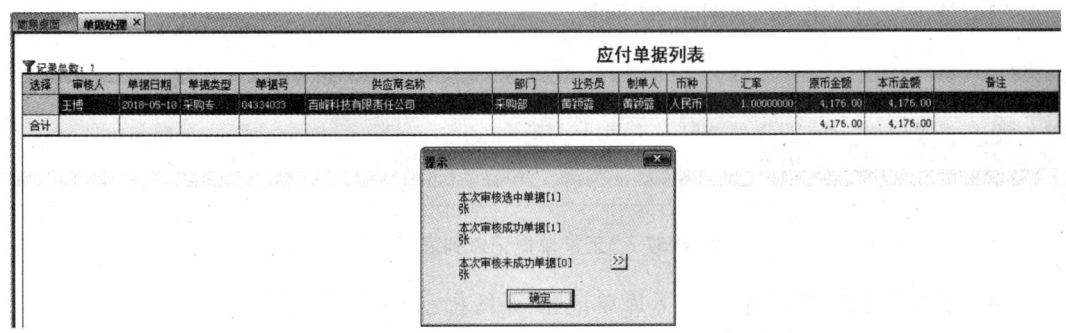

图 4-54　应付单据审核报告

129

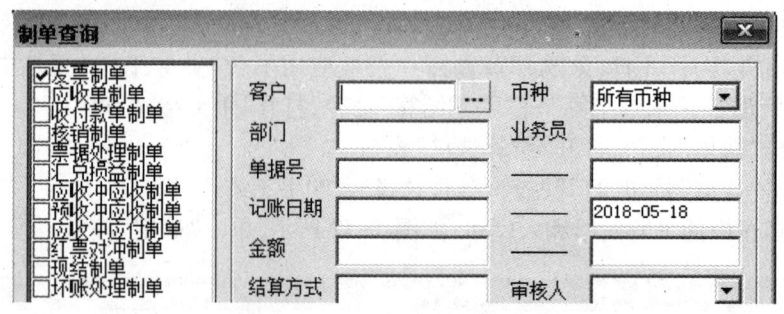

图 4-55 "制单查询"窗口

（4）执行"制单处理"命令,打开"制单查询"窗口,选择"发票制单"复选框,如图 4-55 所示。

（5）单击"确定"按钮,打开"采购发票制单"窗口。

（6）选择凭证类别为"转　转账凭证",再单击"全选"按钮,选中要制单的采购专用发票。

（7）单击"制单"按钮,生成一张转账凭证,单击"保存"按钮。打开"辅助项"对话框,填写"在途物资——吹风机（飞利浦）"的单价为"200.00",如图 4-56 所示,生成凭证。

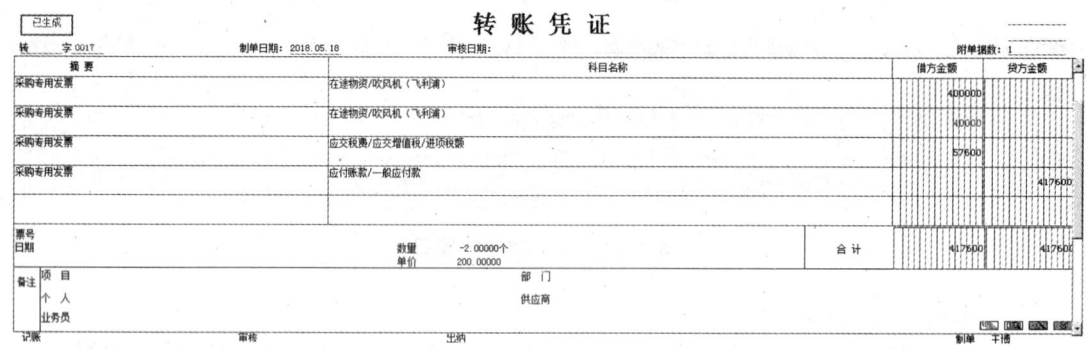

图 4-56 生成转账凭证

4. 存货核算

（1）2018 年 5 月 18 日,财务部王博在企业应用平台"业务工作"页签中执行"供应链"—"存货核算"—"业务核算"—"正常单据记账"命令,打开"查询条件选择"窗口。

（2）单击"确定"按钮,打开"正常单据记账列表"窗口。

（3）单击"全选"按钮,如图 4-57 所示。

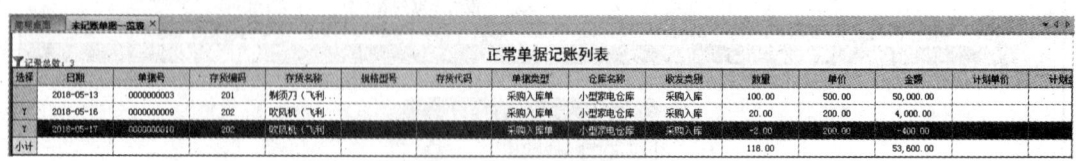

图 4-57 "正常单据记账列表"窗口

（4）单击"记账"按钮,将采购入库单记账,系统提示"记账成功"。

（5）单击"确定"按钮。

（6）执行“财务核算”—“生成凭证”命令，打开“查询条件”窗口。

（7）单击“确定”按钮，打开“未生成凭证单据一览表”窗口。

（8）选中待生成凭证的单据，单击“确定”按钮。

（9）选择凭证类型为“转　转账凭证”，填写科目编码“140506”“140206”“140506”“140206”，如图 4-58 所示。

选择	单据类型	单据号	摘要	科目类型	科目编码	科目名称	借方金额	贷方金额	借方数量	贷方数量	科目方向	存货编码	存货名称	存货代码	规格型号	部门编码	部门名称	业务员编码	业务员名称	供应商
1	采购入库单	0000000009	采购入...	存货	140506	吹风机（飞利浦）	4,000.00		20.00		1	202	吹风机...			04	采购部	401	黄颖露	0103
				对方	140206	吹风机（飞利浦）		4,000.00		20.00	2	202	吹风机...			04	采购部	401	黄颖露	0103
		0000000010		存货	140506	吹风机（飞利浦）	-400.00		-2.00		1	202	吹风机...			04	采购部	401	黄颖露	0103
				对方	140206	吹风机（飞利浦）		-400.00		-2.00	2	202	吹风机...			04	采购部	401	黄颖露	0103
合计							3,600.00	3,600.00												

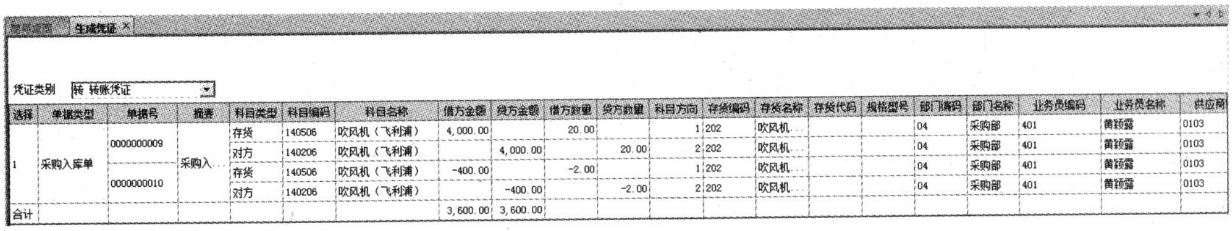

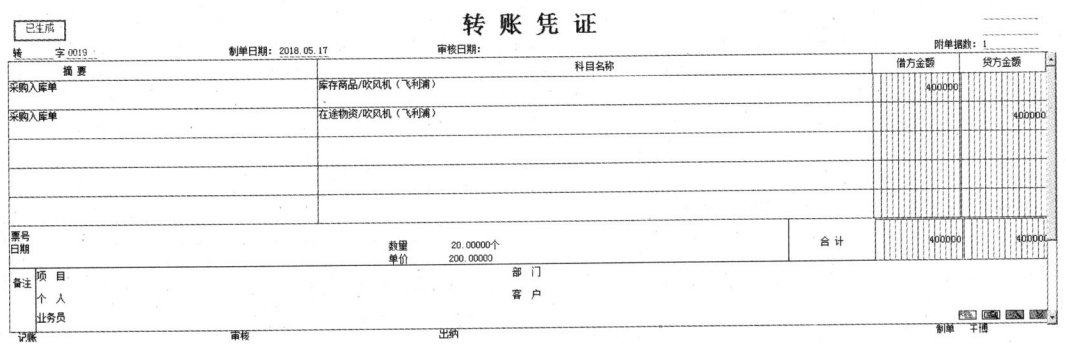

图 4-58　“生成凭证”窗口

（10）单击“生成”按钮，生成两张转账凭证，分别单击“保存”按钮，如图 4-59、图 4-60 所示。

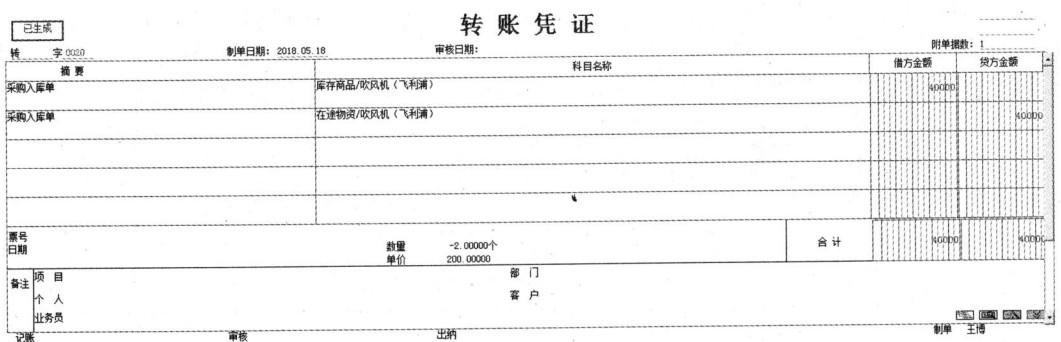

图 4-59　第一张转账凭证

图 4-60　第二张转账凭证

学习子情境三　受托代销业务

一、任务描述

（1）2018 年 5 月 19 日,采购部黄颖露与黑龙江方圆盛东科技发展有限公司签订受托代销合同,收到以视同买断方式代销的澳柯玛冰柜 20 台。取得与该业务相关的凭证,如图 4-61 所示。

购销合同

供方:黑龙江方圆盛东科技发展有限公司　　　　合同号:ST001
需方:哈尔滨邦德科技发展有限责任公司　　　　签订日期:2018 年 05 月 19 日
经双方协议,订立本合同如下:

产品型号	名　称	数　量	单价(含税)	总　额	其他要求
	冰柜(澳柯玛)	20	4 640.00	92 800.00	
合　计				92 800.00	

货款总计(大写):玖万贰仟捌佰元整

质量验收标准:双方约定,该批商品以视同买断方式由哈尔滨邦德科技发展有限责任公司销售。
交货日期:2018 年 05 月 19 日
交货地点:哈尔滨邦德科技发展有限责任公司
结算方式:双方约定,由哈尔滨邦德科技发展有限责任公司开出代销清单时,与黑龙江方圆盛东科技发展有限公司结算货款。
违约条款:违约方须赔偿对方一切经济损失。但遇天灾人祸或其他人力不能控制之因素而导致延误交货,需方不能要求供方赔偿任何损失。
解决合同纠纷的方式:经双方友好协商解决,如协商不成的,可向当地仲裁委员会提出仲裁解决。
本合同一式两份,供需双方各执一份,自签订之日起生效。
供方(盖章):　　　　　　　　　　　　　需方(盖章):
地址:哈尔滨市道外区桦树街　　　　　　　地址:哈尔滨市南岗区学府路
法定代表:吕小溪　　　　　　　　　　　　法定代表:王慧玲
联系电话:0451-57617899　　　　　　　　联系电话:0451-86619207

图 4-61　购销合同

（2）2018 年 5 月 22 日,销售部孙佳佳与世纪联华签订销售合同,销售澳柯玛冰柜 15 台。取得与该业务相关的凭证,如图 4-62、图 4-63、图 4-64 所示。

购销合同

供方:哈尔滨邦德科技发展有限责任公司　　　合同号:XS001

需方:哈尔滨世纪联华有限公司　　　　　　　签订日期:2018 年 05 月 22 日

经双方协议,订立本合同如下:

产品型号	名 称	数 量	单价(含税)	总 额	其他要求
	冰柜(澳柯玛)	15	5 220.00	78 300.00	
合 计				78 300.00	

货款总计(大写):柒万捌仟叁佰元整

质量验收标准:＿＿＿＿＿＿＿＿＿＿＿

交货日期:2018 年 05 月 22 日

交货地点:哈尔滨世纪联华有限公司

结算方式:转账支票

付款时间:2018 年 05 月 22 日

违约条款:违约方须赔偿对方一切经济损失。但遇天灾人祸或其他人力不能控制之因素而导致延误交货,需方不能要求供方赔偿任何损失。

解决合同纠纷的方式:经双方友好协商解决,如协商不成的,可向当地仲裁委员会提出申诉解决。

本合同一式两份,供需双方各执一份,自签订之日起生效。

供方(盖章):　　　　　　　　　　　　　需方(盖章):

地址:哈尔滨市南岗区学府路 5 号　　　　　地址:哈尔滨市道里区友谊路 386 号

法定代表:王慧玲　　　　　　　　　　　　法定代表:何春国

联系电话:0451-86619207　　　　　　　　联系电话:0451-86575555

图 4-62　购销合同

黑龙江增值税专用发票

4531321300　　　No 04554055　　　4531321300
04554055

开票日期: 201 年05月22日

购货单位	名 称:	哈尔滨世纪联华有限公司				密码区	略	
	纳税识别号:	185646130898						
	地址、电话:	哈尔滨市道里区友谊路386号0451-86575555						
	开户行及账号:	中国建设银行哈尔滨市道里区支行62225641130789						

货物或应税劳务名称	规格型号	单位	数量	单价	金额	税率	税额
冰柜（澳柯玛）		台	15	4 500.00	67 500.00	16%	10800.00
合　　计					￥67 500.00		￥10800.00
价税合计(大写)		⊗ 柒万捌仟叁佰元整					￥78 300.00

销货单位	名 称:	哈尔滨邦德科技发展有限责任公司		备注	
	纳税识别号:	45313213213			
	地址、电话:	哈尔滨市南岗区学府路5号0451-86619207			
	开户行及账号:	中国建设银行哈尔滨市南岗区学府支行513516847964351			

收款人: 略　　　复核: 略　　　开票人: 略　　　销货单位: (章)

图 4-63　增值税专用发票

中国建设银行 **进账单**（回 单） **1**

2018年 08月 22日

<table>
<tr><td rowspan="4">出票人</td><td>全 称</td><td colspan="4">哈尔滨世纪联华有限公司</td><td rowspan="4">收款人</td><td>全 称</td><td colspan="12">哈尔滨邦德科技发展有限责任公司</td><td rowspan="12" style="writing-mode:vertical-rl">此联是开户银行交给持票人的回单</td></tr>
<tr><td>账 号</td><td colspan="4">62225641130789</td><td>账 号</td><td colspan="12">513516847964351</td></tr>
<tr><td>开户银行</td><td colspan="4">中国建设银行哈尔滨市道里区支行</td><td>开户银行</td><td colspan="12">中国建设银行哈尔滨市南岗区学府支行</td></tr>
<tr><td rowspan="2">金额</td><td>人民币
（大写）</td><td colspan="3">柒万捌仟叁佰元整</td><td></td><td>亿</td><td>千</td><td>百</td><td>十</td><td>万</td><td>千</td><td>百</td><td>十</td><td>元</td><td>角</td><td>分</td></tr>
<tr><td colspan="4"></td><td></td><td></td><td></td><td></td><td>¥</td><td>7</td><td>8</td><td>3</td><td>0</td><td>0</td><td>0</td><td>0</td></tr>
<tr><td>票据种类</td><td>转账支票</td><td>票据张数</td><td colspan="2">1</td><td colspan="13"></td></tr>
<tr><td>票据号码</td><td colspan="4">43201001</td><td colspan="13"></td></tr>
<tr><td colspan="5">复核　　　　　记账</td><td colspan="13">开户银行签章</td></tr>
</table>

图 4-64　进账单

（3）2018 年 5 月 23 日，开出代销清单，收到对方的发票。取得与该业务相关的凭证。

商品代销清单

日期：2018 年 05 月 23 日

<table>
<tr><td>委托方</td><td colspan="5">黑龙江方圆盛东科技发展有限公司</td><td>受托方</td><td colspan="2">哈尔滨邦德科技发展有限责任公司</td></tr>
<tr><td>账号</td><td colspan="5">6222520461448802</td><td>账号</td><td colspan="2">513516847964351</td></tr>
<tr><td>开户银行</td><td colspan="5">中国建设银行哈尔滨市道外区三棵树支行</td><td>开户银行</td><td colspan="2">中国建设银行哈尔滨市南岗区学府支行</td></tr>
<tr><td rowspan="3">代销货物</td><td>代销货物名称</td><td>规格型号</td><td>数量</td><td>计量单位</td><td colspan="2">单价(不含税)</td><td></td><td></td></tr>
<tr><td>冰柜(澳柯玛)</td><td></td><td>20</td><td>台</td><td colspan="2">4 000.00</td><td></td><td></td></tr>
<tr><td></td><td></td><td></td><td></td><td colspan="2"></td><td></td><td></td></tr>
<tr><td>代销方式</td><td colspan="8">视同买断方式销售</td></tr>
<tr><td>代销款结算时间</td><td colspan="8">根据代销货物销售情况</td></tr>
<tr><td>代销款结算方式</td><td colspan="8">转账支票</td></tr>
<tr><td rowspan="3">结算代销货物情况</td><td>代销货物名称</td><td>规格型号</td><td>数量</td><td>计量单位</td><td>单价
(不含税)</td><td>金额
(不含税)</td><td>税率</td><td>税额</td></tr>
<tr><td>冰柜
(澳柯玛)</td><td></td><td>15</td><td>台</td><td>4 000.00</td><td>60 000.00</td><td>16%</td><td>9 600.00</td></tr>
<tr><td>价税合计</td><td colspan="5">大写：陆万玖仟陆佰元整</td><td colspan="2">小写：￥69 600.00</td></tr>
</table>

主管：略　　　　　审核：略　　　　　制单：略　　　　　受托方盖章

图 4-65　商品代销清单

图 4-66 增值税专用发票

中国建设银行

转账支票存根

10408613

43361002

附加信息

出票日期 2018 年 05 月 23 日

收款人:	黑龙江方圆盛东科技发展有限公司
金 额:	￥69 600.00
用 途:	代销贷款

单位主管:略　　　会计:略

图 4-67 转账支票存根

二、任务操作

(一) 5 月 19 日,签订视同买断方式的委托代销合同、代销商品到货、入库的业务

1. 填制采购订单

(1) 2018 年 5 月 19 日,采购部叶敏在企业应用平台"业务工作"页签中执行"供应链"—"采购管理"—"采购订货"—"采购订单"命令,打开"采购订单"窗口。

(2) 单击"增加"按钮,选择"业务类型"为"受托代销",选择"采购类型"为"代销商进货",修改"订单编号"为"ST001",选择"供应商"为"方圆盛东",选择"部门"为"采购部",选择"业务员"为"黄颖露";在表体中,选择"存货名称"为"冰柜(澳柯玛)",输入"数量"为"20.00","原币含税单价"为"4 640.00",其他信息由系统自动带出,单击"保存"按钮,如图4-68 所示。

图 4-68 "采购订单"窗口

2. 生成采购到货单

（1）2018 年 5 月 19 日，采购部黄颖露在企业应用平台"业务工作"页签中执行"供应链"—"采购管理"—"采购到货"—"到货单"命令，打开"到货单"窗口。

（2）单击"增加"按钮，选择"业务类型"为"受托代销"，执行"生单"—"采购订单"命令，打开"查询条件选择-采购订单列表过滤"窗口，单击"确定(F)"按钮。

（3）系统弹出"拷贝并执行"窗口，选中所要拷贝的采购订单，如图 4-69 所示，单击"确定"按钮，系统自动生成到货单，单击"保存"按钮。

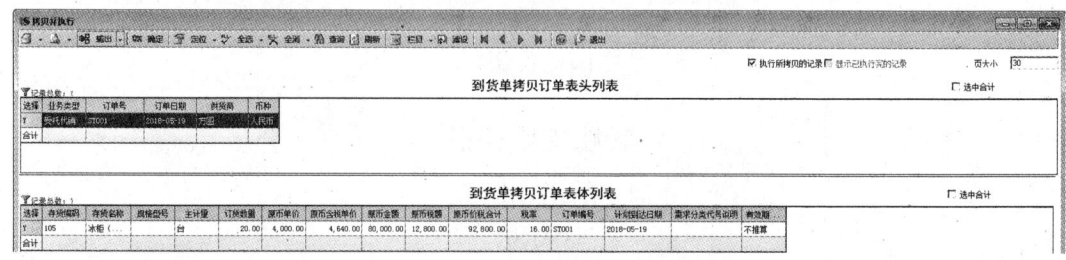

图 4-69 "拷贝并执行"窗口

（4）单击"审核"按钮。根据采购订单生成的采购到货单，如图 4-70 所示。

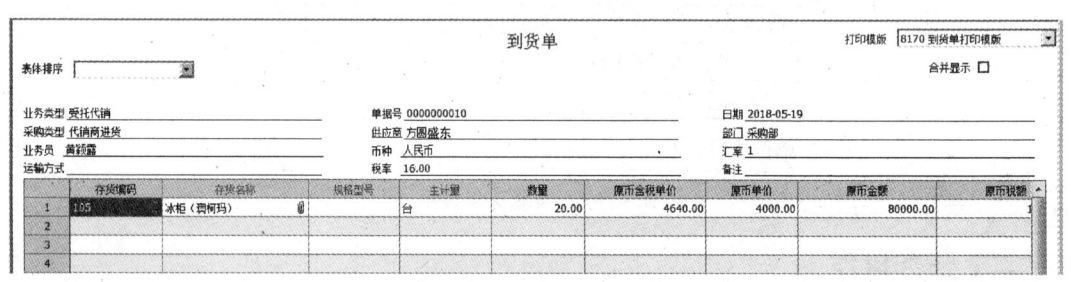

图 4-70 "到货单"窗口

（5）单击"退出"按钮。

3. 生成采购入库单

（1）2018 年 5 月 19 日，仓储部杜飞在企业应用平台"业务工作"页签中执行"供应链"—"库存管理"—"入库业务"—"采购入单"命令，打开"采购入库单"窗口。

（2）执行"生单"—"采购到货单（蓝字）"命令，打开"查询条件选择-采购到货单列表过滤"窗口，单击"确定(F)"按钮。

（3）打开"到货单生单列表"窗口，选择相应的到货单生单列表，单击"确定"按钮，系统自动生成采购入库单，选择"仓库"为"受托代销仓库"，单击"保存"。

（4）单击"审核"按钮，如图4-71所示。

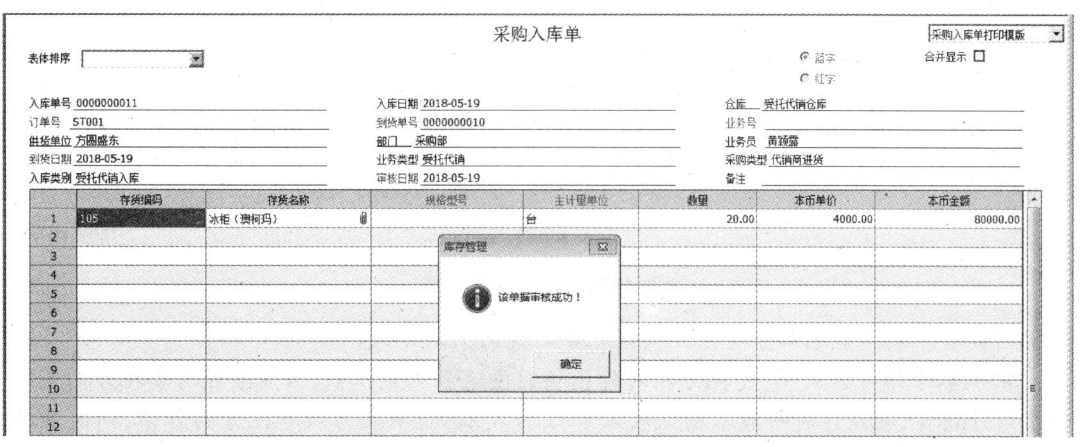

图4-71 采购入库单审核

4. 存货核算

（1）2018年5月19日，财务部王博在企业应用平台"业务工作"页签中执行"供应链"—"存货核算"—"业务核算"—"正常单据记账"命令，打开"查询条件选择"窗口。

（2）单击"确定"按钮，打开"正常单据记账列表"窗口。

（3）选择"2018年5月19日采购入库单"，如图4-72所示。

图4-72 "正常单据记账列表"窗口

（4）单击"记账"按钮，将采购入库单记账，系统提示"记账成功"。

（5）单击"确定"按钮。

（6）执行"财务核算"—"生成凭证"命令，打开"查询条件"窗口。

（7）单击"确定"按钮，打开"未生成凭证单据一览表"窗口。

（8）选中待生成凭证的单据，单击"确定"按钮。

（9）选择凭证类型为"转 转账凭证"，填写科目编码"1321""2314"，如图4-73所示。

图4-73 "生成凭证"窗口

（10）单击"生成"按钮，生成转账凭证，单击"保存"按钮，如图4-74所示。

注意：

★ 受托代销业务是指买卖双方签订代销合同，约定委托方先发货给受托方，由受托方代卖，双方定期对受托方已售出部分进行结算的销售模式。

★ 对受托方而言，受托代销业务有两种常见核算方法：一种是收取手续费方式；另一种

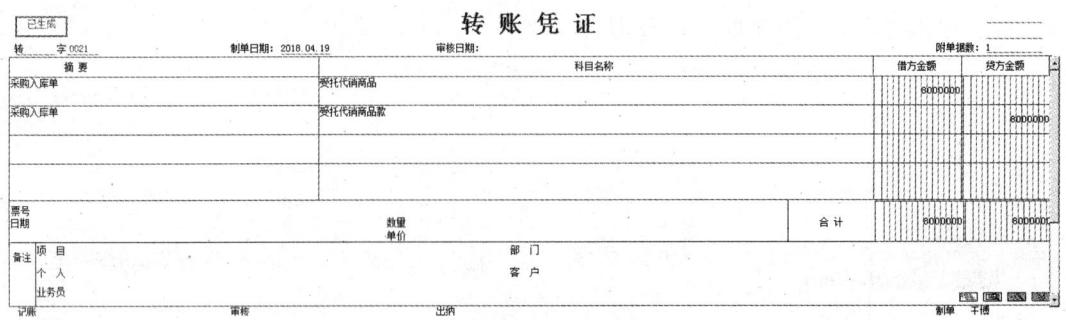

图4-74 生成转账凭证

是视同买断方式。本笔业务是受托代销业务的视同买断方式。

★ 收取手续费方式下,受托方在对外出售时没有独立定价权,只能按照与委托方约定的价格对外销售,在销售时一般不确认收入和结转成本,而确认为对委托方的负债,同时冲减受托代销商品入库成本,收取的手续费需要按照代理业务缴纳增值税。

★ 视同买断方式下,受托方在销售代销品时有独立销售定价权,可以在与委托方结算价格的基础上加价销售,以赚取差价。

(二) 5 月 22 日,签订销售合同、销售受托代销商品的业务

1. 填制销售订单

(1) 2018 年 5 月 22 日,销售部孙佳佳在企业应用平台"业务工作"页签中执行"供应链"—"销售管理"—"销售订货"—"销售订单"命令,打开"销售订单"窗口,如图 4-75 所示。

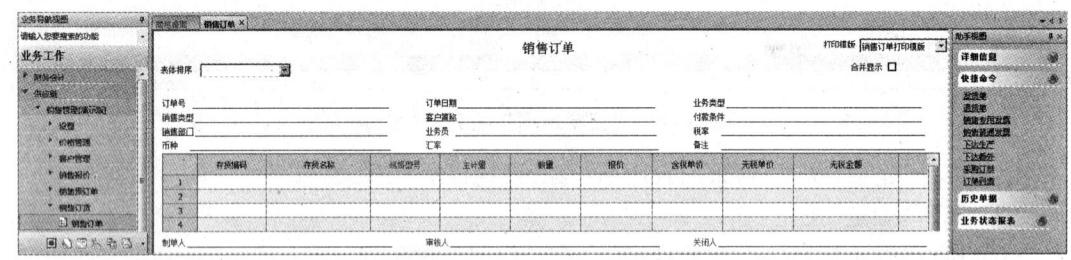

图4-75 "销售订单"窗口

(2) 单击"增加"按钮,修改"订单号"为"XS001",选择"销售类型"为"正常销售",选择客户为"世纪联华",选择"销售部门"为"销售部",选择"业务员"为"孙佳佳";在表体中,选择"存货编码"为"105",输入"数量"为"15.00","含税单价"为"5 220.00",其他信息由系统自动带出,单击"保存"按钮。

(3) 单击"审核"按钮,审核填制的销售订单,如图 4-76 所示。

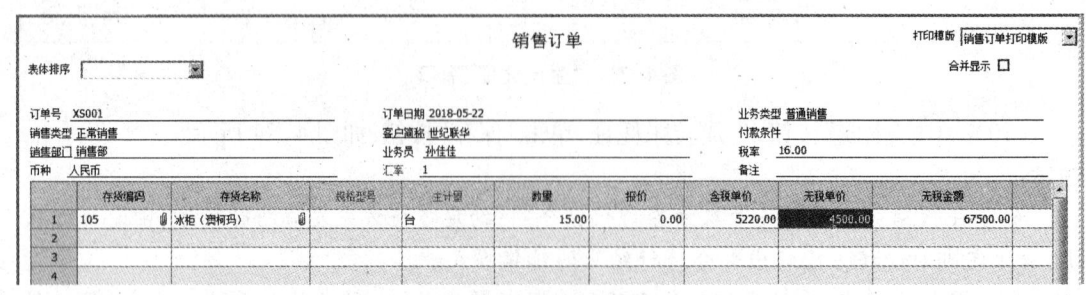

图4-76 销售订单审核

2. 生成销售专用发票

（1）2018年5月22日，销售部孙佳佳在企业应用平台"业务工作"页签中执行"供应链"—"销售管理"—"销售开票"—"销售专用发票"命令，打开"销售专用发票"窗口，如图4-77所示。

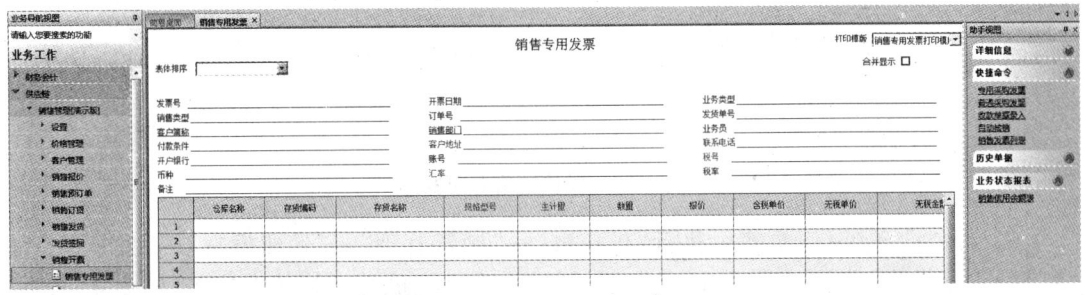

图4-77　"销售专用发票"窗口

（2）单击"增加"按钮，执行"生单"—"参照订单"命令，打开"查询条件选择-参照订单"窗口。

（3）单击"确定（F）"按钮，打开"参照生单"窗口，选择相应的订单，如图4-78所示。

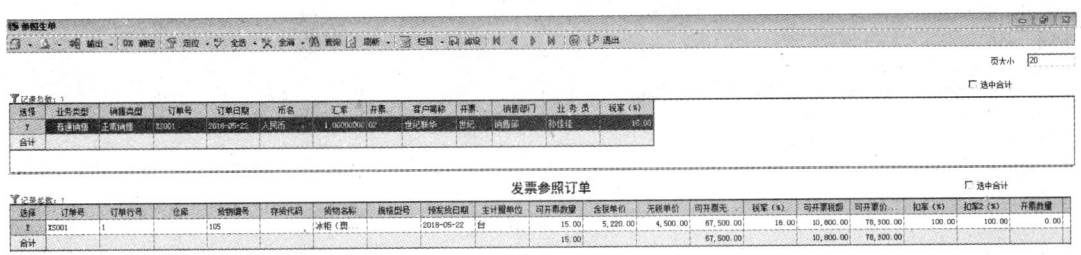

图4-78　"参照生单"窗口

（4）单击"确定"按钮，系统生成一张销售专用发票，修改"发票号"为"04554055"；表体中，修改"仓库名称"为"受托代销仓库"，单击"保存"按钮。

（5）单击"现结"按钮，打开"现结"窗口。输入"结算方式"为"转账支票"，"原币金额"为"78300"，"票据号"为"43201001"。单击"确定"按钮，销售专用发票提示"现结"，如图4-79所示。

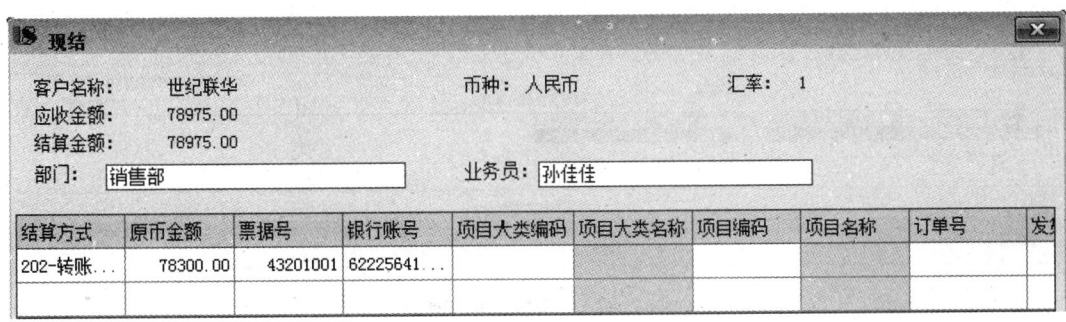

图4-79　"现结"窗口

（6）单击"复核"按钮，复核销售专用发票，如图4-80所示。

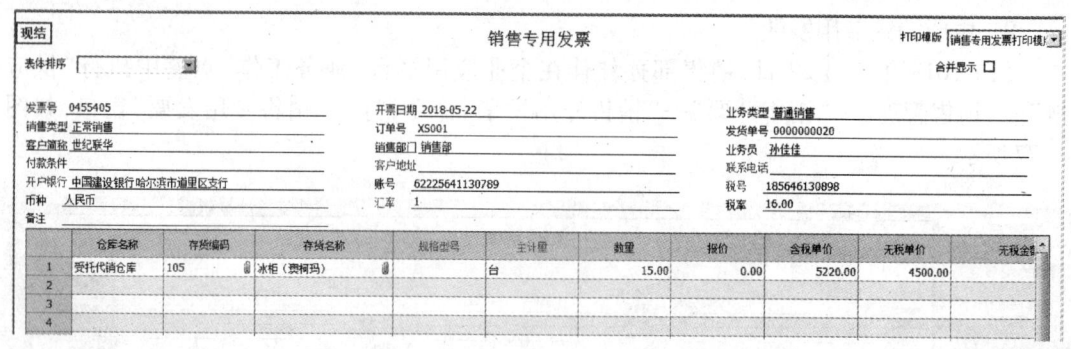

图 4-80　审核销售专用发票

（7）在"业务工作"页签中执行"供应链"—"销售管理"—"销售发货"—"发货单"命令,打开"发货单"窗口,单击"浏览"按钮,可以查看已生成并审核的发货单,如图 4-81 所示。销售发票自动带出已审核的发货单。

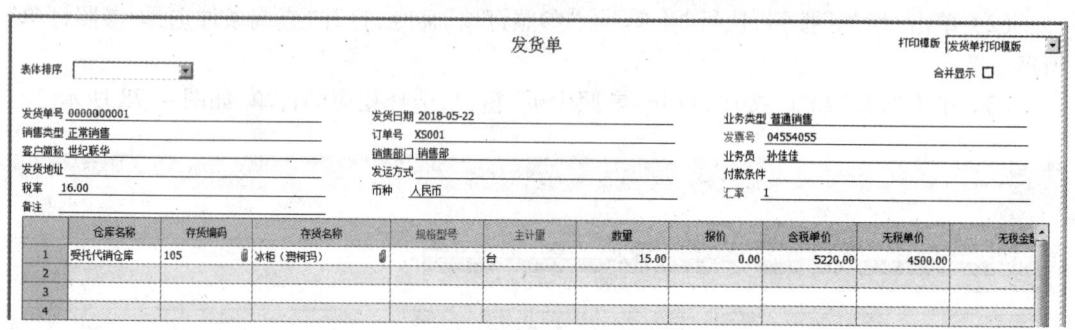

图 4-81　审核发货单

3. 生成销售出库单

（1）2018 年 5 月 22 日,仓储部杜飞在企业应用平台"业务工作"页签中执行"供应链"—"库存管理"—"出库业务"—"销售出库单"命令,打开"销售出库单"窗口。

（2）单击"增加"按钮,执行"生单"—"销售生单"命令,打开"查询条件选择-销售发货单列表"窗口。

（3）单击"确定（F）"按钮,打开"销售生单"窗口,选择相应的发货单,如图 4-82 所示。

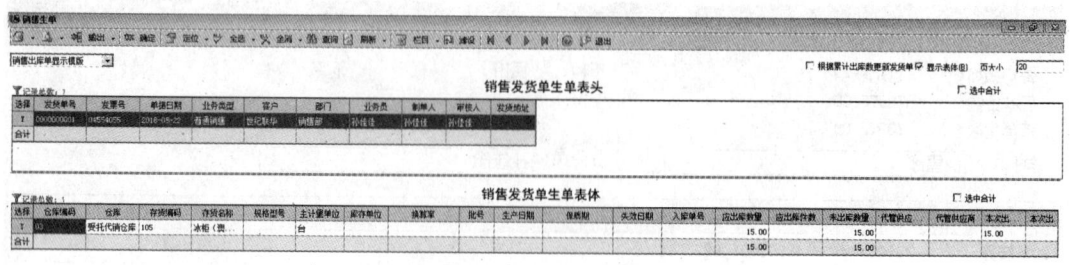

图 4-82　"销售生单"窗口

（4）单击"确定"按钮,系统生成一张销售出库单,选择"仓库"为"受托代销仓库",单击"保存",再单击"审核"按钮,如图 4-83 所示。单击"确定"按钮。

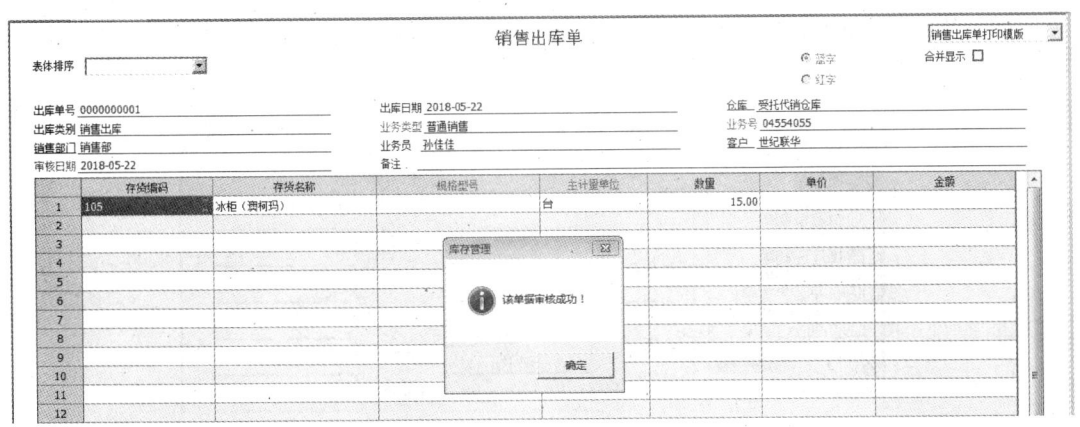

图 4-83 审核销售出库单

4. 应收单据审核与制单

（1）2018 年 5 月 22 日，财务部王博在企业应用平台"业务工作"页签中执行"财务会计"—"应收款管理"—"应收单据处理"—"应收单据审核"命令，打开"应收单查询条件"窗口，勾选"包含已现结发票"复选框，如图 4-84 所示。

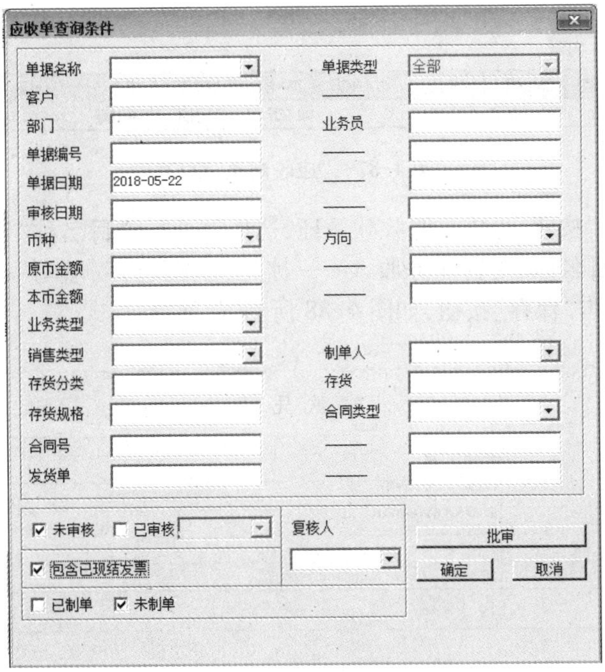

图 4-84 "应收单查询条件"窗口

（2）单击"确定"按钮，系统弹出"应收单据列表"窗口，如图 4-85 所示，双击"选择"栏，或单击"全选"按钮，单击"审核"按钮，系统完成审核并给出审核报告。

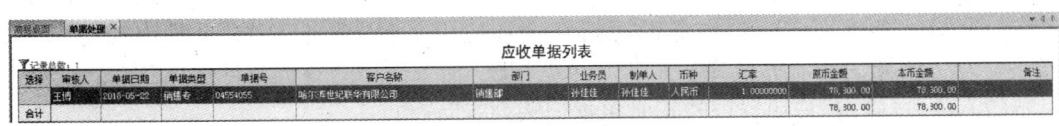

图 4-85 "应收单据列表"窗口

（3）执行"制单处理"命令,打开"制单查询"窗口,选择"发票制单"和"现结制单"复选框,如图 4-86 所示。

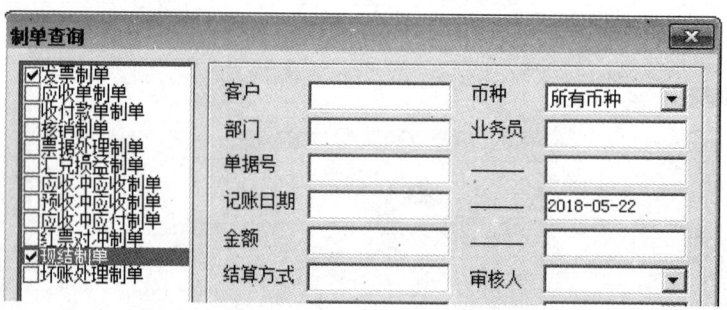

图 4-86 "制单查询"窗口

（4）单击"确定"按钮,打开"应收制单"窗口。

（5）选择凭证类别为"收款凭证",再单击"全选"按钮,选中要制单的销售发票,如图 4-87 所示。

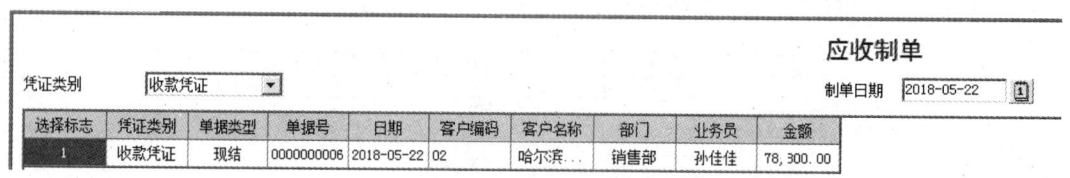

图 4-87 "应收制单"窗口

（6）单击"制单"按钮,生成一张收款凭证,选择第一行科目名称"银行存款——建行存款",选择第二行科目名称"主营业务收入——冰柜(澳柯玛)",填写"冰柜(澳柯玛)"的单价为"4 500.00",单击"保存"按钮,如图 4-88 所示。

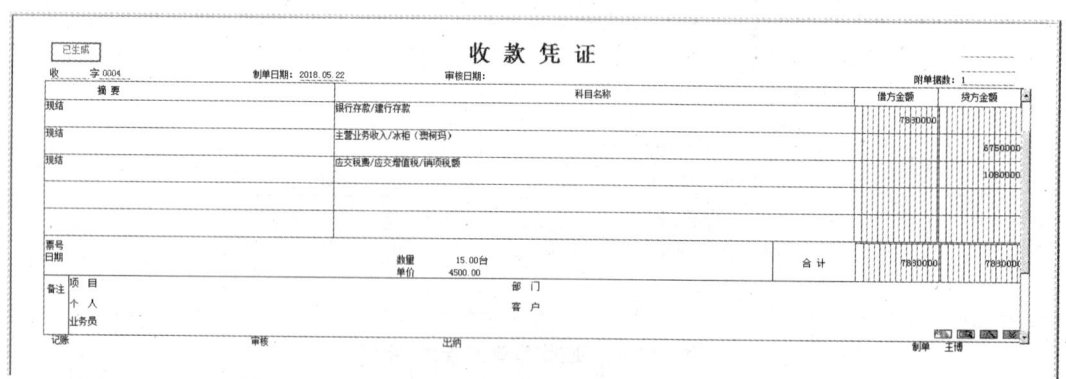

图 4-88 生成收款凭证

5. 存货核算

（1）2018 年 5 月 22 日,财务部王博在企业应用平台"业务工作"页签中执行"供应链"—"存货核算"—"业务核算"—"正常单据记账"命令,打开"查询条件选择"窗口。

（2）单击"确定"按钮,打开"正常单据记账列表"窗口。

（3）选择需要记账的单据,如图 4-89 所示。

未记账单据一览表

正常单据记账列表

记录总数：2

选择	日期	单据号	存货编码	存货名称	规格型号	存货代码	单据类型	仓库名称	收发类别	数量	单价	金额	计划单价	计划金
	2018-05-13	0000000003	201	剃须刀（飞利…			采购入库单	小型家电仓库	采购入库	100.00	500.00	50,000.00		
Y	2018-05-22	0000000001	105	冰柜（贾柯玛）			销售出库单	受托代销仓库	销售出库	15.00				
小计										115.00		50,000.00		

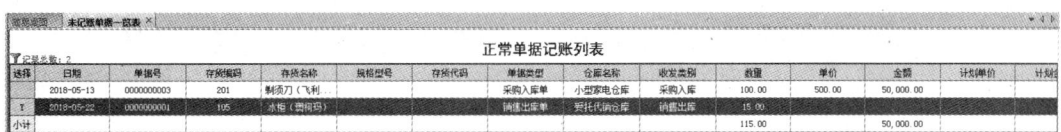

图 4-89　“正常单据记账列表”窗口

（4）单击“记账”按钮，将销售专用发票记账，系统提示“记账成功”。

（5）单击“确定”按钮。

（6）执行“财务核算”—“生成凭证”命令，打开“查询条件”窗口。

（7）单击“确定”按钮，打开“未生成凭证单据一览表”窗口。

（8）单击“选择”栏，选中待生成凭证的单据，单击“确定”按钮。

（9）选择凭证类别为“转　转账凭证”，填写科目编码“640108”“1321”，如图 4-90 所示。

生成凭证

凭证类别　转 转账凭证

选择	单据类型	单据号	摘要	科目类型	科目编码	科目名称	借方金额	贷方金额	借方数量	贷方数量	科目方向	存货编码	存货名称	存货代码	规格型号	部门编码	部门名称	业务员编码	业务员名称	供应商
1	销售出库单	0000000001	销售出…	对方	640108	冰柜（贾柯玛）	60,000.00		15.00		1	105	冰柜（…			05	销售部	501	孙佳佳	
				存货	1321	受托代销商品		60,000.00		15.00	2	105	冰柜（…			05	销售部	501	孙佳佳	
合计							60,000.00	60,000.00												

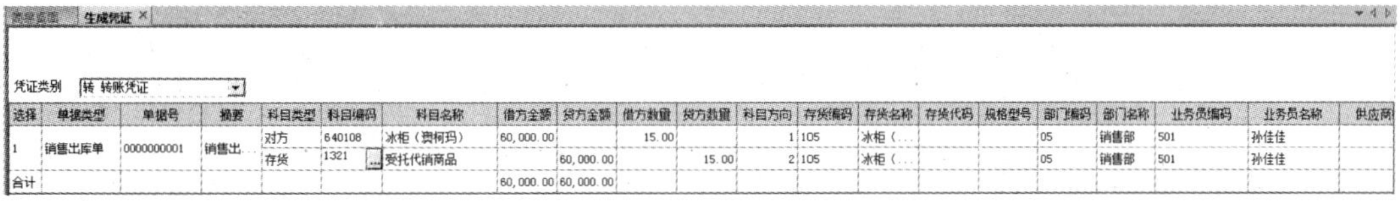

图 4-90　“生成凭证”窗口

（10）单击“生成”按钮，生成一张转账凭证，单击“保存”按钮，如图 4-91 所示。

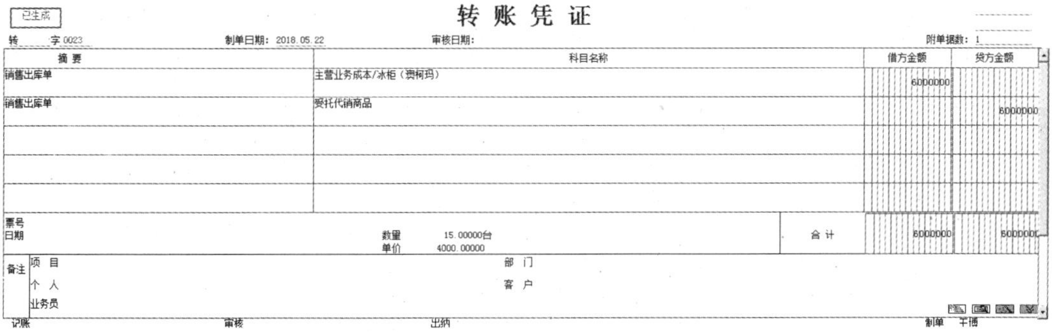

图 4-91　“转账凭证”窗口

（三）5 月 23 日，开出代销清单、与委托方结算的业务

1. 受托代销结算

（1）2018 年 5 月 23 日，采购部黄颖露在企业应用平台“业务工作”页签中执行“供应链”—“采购管理”—“采购结算”—“受托代销结算”命令，显示“查询条件选择-受托结算选单过滤”，选择“供应商编码”为“0102”，如图 4-92 所示。

（2）打开“受托代销结算”窗口，输入“发票号”为“04664066”，输入“部门”为“采购部”，输入“业务员”为“黄颖露”，输入“采购类型”为“02”；在“受托代销结算选单列表”中，按照开具的受托代销结算单输入“结算数量”为“15.00”。

（3）单击“结算”按钮，系统提示“结算完成”，如图 4-93 所示。

（4）执行“采购发票”—“采购专用发票”命令，打开“专用发票”窗口，单击“浏览”按钮，即可看到已结算的采购专用发票，如图 4-94 所示。

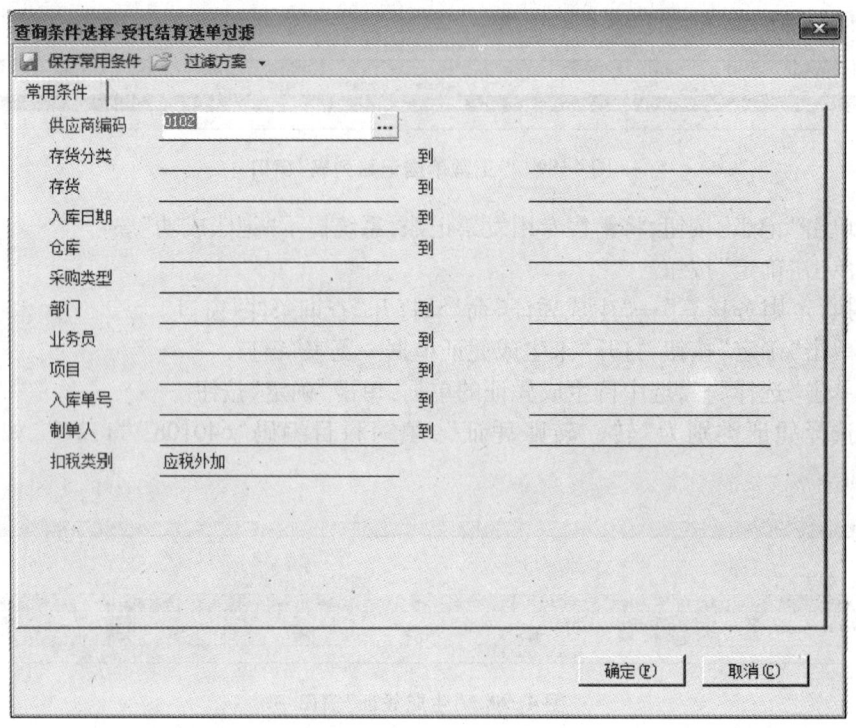

图4-92 "查询条件选择-受托结算选单过滤"窗口

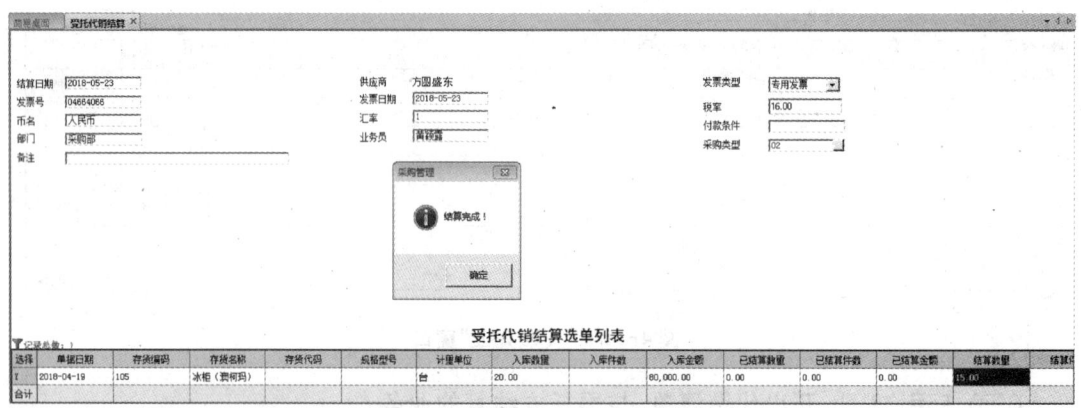

图4-93 "受托代销结算"窗口

图4-94 "专用发票"窗口

2. 应付单据审核与制单

（1）2018年5月23日，财务部王博在企业应用平台"业务工作"页签中执行"财务会计"—"应付款管理"—"应付单据处理"—"应付单据审核"命令，打开"应付单据查询条件"窗口。

（2）单击"确定"按钮，系统弹出"应付单据列表"窗口，如图4-95所示。

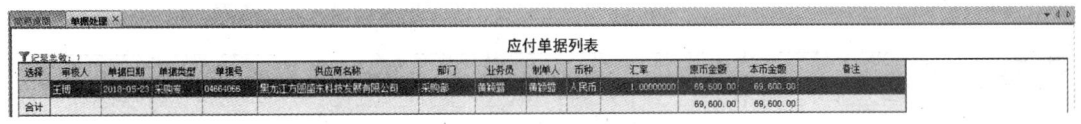

图4-95　"应付单据列表"窗口

（3）双击"选择"栏，或单击"全选"按钮，单击"审核"按钮，系统完成审核并给出审核报告。

（4）执行"制单处理"命令，打开"制单查询"窗口，选择"发票制单"。

（5）单击"确定"按钮，打开"采购发票制单"窗口。

（6）选择凭证类别为"转账凭证"，再单击"全选"按钮，选中要制单的采购专用发票。

（7）单击"制单"按钮，生成一张转账凭证，单击"保存"按钮，如图4-96所示。

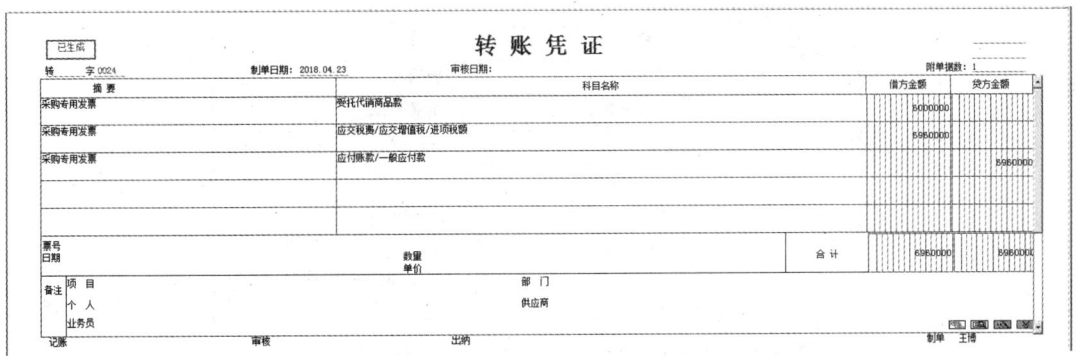

图4-96　生成转账凭证

3. 填制付款单

2018年5月23日，财务部陈晨在企业应用平台"业务工作"页签中执行"财务会计"—"应付款管理"—"付款单据处理"—"付款单据录入"命令，打开"付款单"窗口，按照"转账支票存根"的信息填写付款单，"供应商"为"方圆盛东"，"结算方式"为"转账支票"，"结算科目"为"100202"，"金额"为"69 600.00"，票据号为"43361002"，单击"保存"按钮，如图4-97所示。

图4-97　"付款单"窗口

145

4. 付款单审核并制单

（1）2018 年 5 月 23 日，财务部王博在企业应用平台"业务工作"页签中执行"财务会计"—"应付款管理"—"付款单据处理"—"付款单据审核"命令，打开"收付款单列表"窗口，单击"全选"按钮，单击"审核"按钮，如图 4-98 所示。

图 4-98 "收付款单列表"窗口

（2）执行"制单处理"命令，打开"制单查询"窗口，选择"收付款单制单"复选框，如图 4-99 所示。

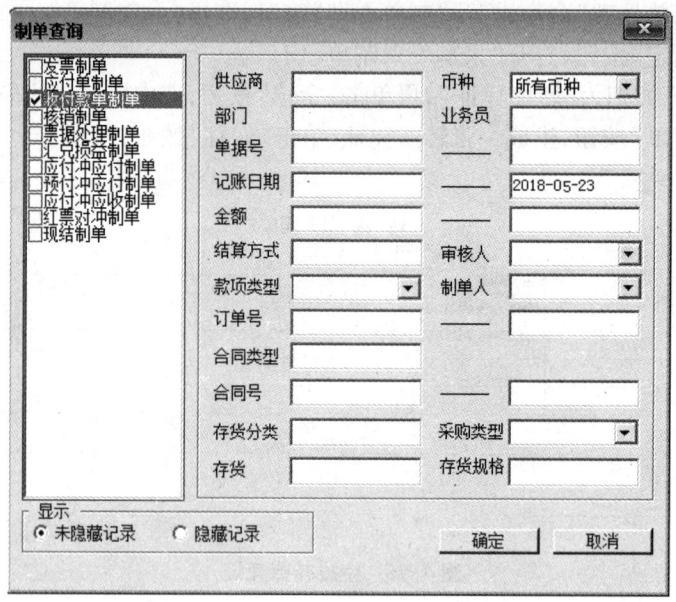

图 4-99 "制单查询"窗口

（3）单击"确定"按钮，打开"收付款单制单"窗口，如图 4-100 所示。

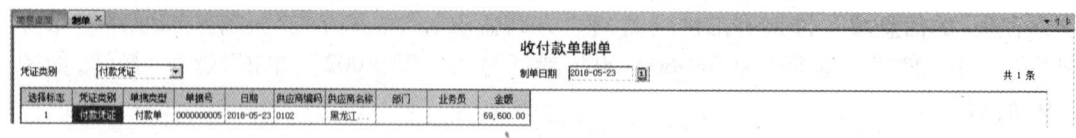

图 4-100 "收付款单制单"窗口

（4）单击"制单"按钮，系统生成一张付款凭证，单击"保存"按钮，如图 4-101 所示。

5. 结算成本处理

（1）2018 年 5 月 23 日，财务部王博在企业应用平台"业务工作"页签中执行"财务会计"—"存货核算"—"结算成本处理"命令，打开"暂估处理查询"窗口，选择"03 受托代销仓库"复选框，如图 4-102 所示。

（2）单击"确定"按钮，打开"结算成本处理"窗口，如图 4-103 所示。

（3）单击"暂估"按钮，系统显示"暂估处理完成"，如图 4-104 所示。

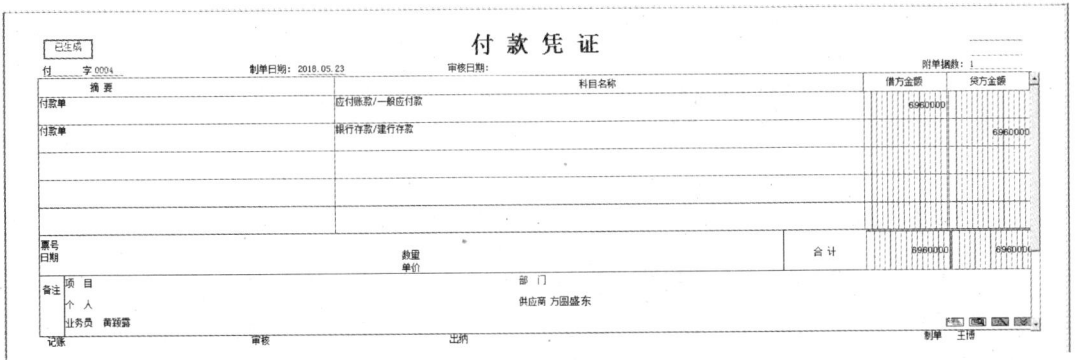

图 4-101　生成付款凭证

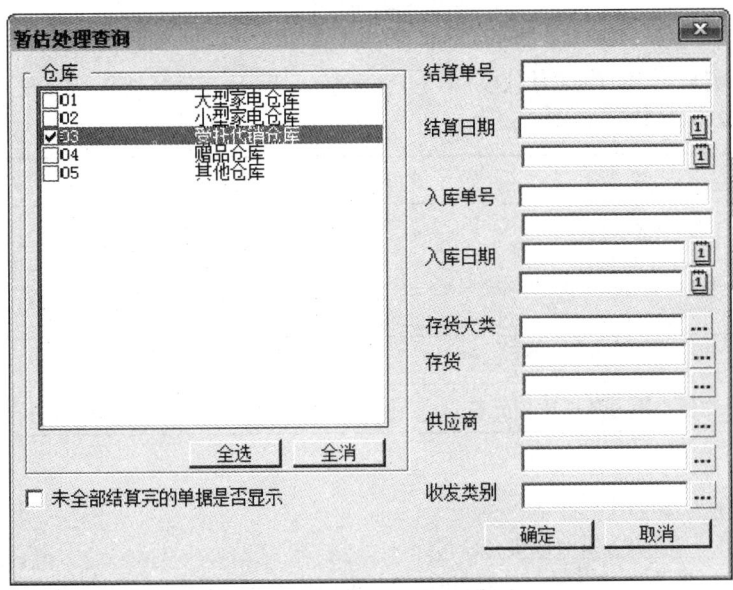

图 4-102　"暂估处理查询"窗口

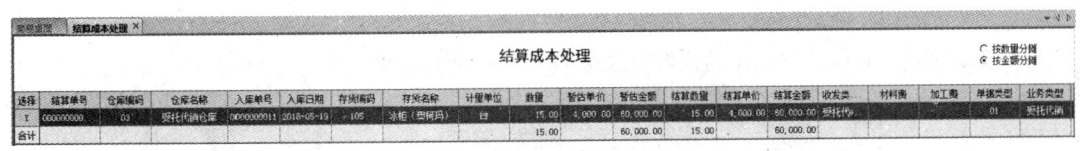

图 4-103　"结算成本处理"窗口

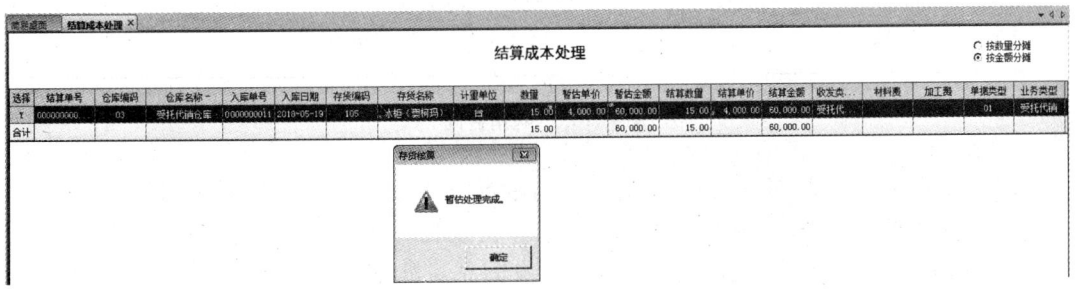

图 4-104　暂估处理完成

147

学习子情境四　其他特殊采购业务

一、任务描述

（1）2018 年 5 月 24 日，采购部黄颖露与百峰科技有限责任公司签订采购合同，采购三星洗衣机 100 台，合同带有付款条件：2/10，1/20，n/30（仅限于价款），货物已验收入库，如图 4-105、图 4-106 所示。

购 销 合 同

供方：百峰科技有限责任公司　　　　合同号：CG010

需方：哈尔滨邦德科技发展有限责任公司　　　　签订日期：2018 年 05 月 24 日

经双方协议，订立本合同如下：

产品型号	名　称	数　量	单价（含税）	总　额	其他要求
	洗衣机（三星）	100	5 220.00	522 000.00	
合　计				522 000.00	
货款总计（大写）：伍拾贰万陆仟伍佰元整					

质量验收标准：

交货日期：2018 年 05 月 24 日

交货地点：哈尔滨邦德科技发展有限责任公司

付款时间及付款方式：自签订合同之日起 30 日内买方向卖方付清货款；付款条件：2/10，1/20，n/30（仅限于价款）

违约条款：违约方须赔偿对方一切经济损失。但遇天灾人祸或其他人力不能控制之因素而导致延误交货，需方不能要求供方赔偿任何损失。

解决合同纠纷的方式：经双方友好协商解决，如协商不成的，可向当地仲裁委员会提出申诉解决。

本合同一式两份，供需双方各执一份，自签订之日起生效。

供方（盖章）：　　　　需方（盖章）：

地址：杭州市西湖区莲花街 47 号　　　　地址：哈尔滨市南岗区学府路 5 号

法定代表：印天奇　　　　法定代表：王慧玲

联系电话：0571-83830123　　　　联系电话：0451-86619207

百峰科技有限责任公司 合同专用章　　　　哈尔滨邦德科技发展有限责任公司 合同专用章

图 4-105　购销合同

（2）2018 年 5 月 27 日，支付给百峰科技有限责任公司全部货款，如图 4-107 所示。

（3）2018 年 5 月 28 日，采购部黄颖露与苏宁科技股份有限公司黑龙江分公司签订采购合同，采购海尔空调 100 台，合同约定免费赠送九阳豆浆机 10 台，单价 185 元/台，货已验收入库，如图 4-108、图 4-109 所示。

浙江增值税专用发票

No 04774077

6985423200
04774077

开票日期：2018年05月24日

购货单位	名　称：哈尔滨邦德科技发展有限责任公司 纳税识别号：45313213213 地址、电话：哈尔滨市南岗区学府路5号0451-86619207 开户行及账号：中国建设银行哈尔滨市南岗区学府支行513516847964351				密码区	略	
货物或应税劳务名称	规格型号	单位	数量	单价	金额	税率	税额
洗衣机（三星）		台	100	4500.00	450000.00	16%	72000.00
合　　计					¥450 000.00		¥72 000.00
价税合计（大写）	⊗ 伍拾贰万贰仟元整					（小写）¥522 000.00	
销货单位	名　称：百峰科技有限责任公司 纳税识别号：69854232048478 地址、电话：杭州市西湖区莲花街47号0571-83830123 开户行及账号：中国农业银行杭州市丰台支行 6212368459679080287				备注		

收款人：略　　　　复核：略　　　　开票人：略　　　　　　　销货单位：（章）

图 4-106 增值税专用发票

中国建设银行
China Construction Bank

电汇凭证（回单） 1

币别：人民币　　　　2018 年 05 月 27 日　　　　凭证编号：44002001

汇款方式		√ 普通　　加急												
汇款人	全　称	哈尔滨邦德科技发展有限责任公司	收款人	全　称	百峰科技有限责任公司								
	账　号	513516847964351		账　号	6212368459679080287								
	汇出行名称	中国建设银行哈尔滨市南岗区学府支行		汇入行名称	中国农业银行杭州市丰台支行								

金额	人民币（大写）	伍拾壹万叁仟元整	亿	千	百	十	万	千	百	十	元	角	分
						¥	5	1	3	0	0	0	0	0

支付密码：
附加信息及用途：

汇出行签章

图 4-107 电汇凭证（回单）

购 销 合 同

供方：苏宁科技股份有限公司黑龙江分公司　　　　合同号：CG011

需方：哈尔滨邦德科技发展有限责任公司　　　　签订日期：2018 年 05 月 28 日

经双方协议，订立本合同如下：

产品型号	名　称	数　量	单价（含税）	总　额	其他要求
	空海（海尔）	100	4 466.00	446 600.00	
合　计				446 600.00	
货款总计（大写）：肆拾肆万陆仟陆佰元整					

质量验收标准：双方约定，随同货物有供货方免费赠送九阳豆浆机 10 台。

交货日期：2018 年 05 月 28 日

交货地点：哈尔滨邦德科技发展有限责任公司

付款时间：2018 年 06 月 28 日

违约条款：违约方须赔偿对方一切经济损失。但遇天灾人祸或其他人力不能控制之因素而导致延误交货，需方不能要求供方赔偿任何损失。

解决合同纠纷的方式：经双方友好协商解决，如协商不成的，可向当地仲裁委员会提出申诉解决。

本合同一式两份，供需双方各执一份，自签订之日起生效。

供方（盖章）：　　　　需方（盖章）：

地址：哈尔滨市南岗区学府路 100 号　　　　地址：哈尔滨市南岗区学府路 5 号

法定代表：王一玲　　　　法定代表：王慧玲

联系电话：0451-83830123　　　　联系电话：0451-86619207

图 4-108　购销合同

6543131310　**黑龙江增值税专用发票**　No 04884088　6543131310 04884088

开票日期：2018年05月28日

购货单位	名称：哈尔滨邦德科技发展有限责任公司 纳税识别号：45313213213 地址、电话：哈尔滨市南岗区学府路5号0451-86619207 开户行及账号：中国建设银行哈尔滨市南岗区学府支行513516847964351	密码区	略				
货物或应税劳务名称	规格型号	单位	数量	单价	金额	税率	税额
空调（海尔）		台	100	3850.00	385000.00	16%	61600.00
合　计					￥385000.00		￥61600.00
价税合计（大写）	⊗ 肆拾肆万陆仟陆佰元整					（小写）	￥446600.00
销货单位	名称：苏宁科技股份有限公司黑龙江分公司 纳税识别号：6543131310789 地址、电话：哈尔滨市南岗区学府路100号0451-83830123 开户行及账号：中国建设银行哈尔滨市南岗区学府支行6222620461448802	备注					

收款人：略　　复核：略　　开票人：略　　销货单位：（章）

税总函[2016]645号黑龙江新文票据印务有限公司

第三联：发票联　购货方记账凭证

图 4-109　增值税专用发票

二、任务操作

(一)5月24日,签订带有付款条件的采购合同、采购到货、收到采购发票的业务

1. 填制带有付款条件的采购订单

(1)2018年5月24日,采购部黄颖露在企业应用平台"业务工作"页签中执行"供应链"—"采购管理"—"采购订货"—"采购订单"命令,打开"采购订单"窗口。

(2)单击"增加"按钮,修改"订单编号"为"CG010",选择"采购类型"为"普通采购",选择"供应商"为"百峰科技",选择"部门"为"采购部",选择"业务员"为"黄颖露",选择"付款条件"为"2/10,1/20,n/30";在表体中,选择"存货名称"为"洗衣机(三星)",输入"数量"为"100.00","原币含税单价"为"5 220.00",其他信息由系统自动带出,单击"保存"按钮,如图4-110所示。

图4-110 "采购订单"窗口

(3)单击"审核"按钮,审核填制的采购订单。

2. 生成采购到货单

(1)2018年5月24日,采购部黄颖露在企业应用平台"业务工作"页签中执行"供应链"—"采购管理"—"采购到货"—"到货单"命令,打开"到货单"窗口。

(2)单击"增加"按钮,执行"生单"—"采购订单"命令,打开"查询条件选择-采购订单列表过滤"窗口,单击"确定(F)"按钮。

(3)系统弹出"拷贝并执行"窗口,选中所要拷贝的采购订单,单击"确定"按钮,系统自动生成到货单,单击"保存"按钮。

(4)单击"审核"按钮。根据采购订单生成的采购到货单如图4-111所示。

图4-111 生成到货单

(5)单击"退出"按钮。

3. 生成采购入库单

(1)2018年5月16日,仓储部杜飞在企业应用平台"业务工作"页签中执行"供应链"—"库存管理"—"入库业务"—"采购入单"命令,打开"采购入库单"窗口。

（2）执行"生单"—"采购到货单（蓝字）"命令，打开"查询条件选择-采购到货单列表过滤"窗口，单击"确定"按钮。

（3）打开"到货单生单列表"窗口，选择相应的到货单生单表头，单击"确定"按钮，系统自动生成采购入库单，选择"仓库"为"大型家电仓库"，单击"保存"按钮，再单击"审核"按钮，如图4-112所示。

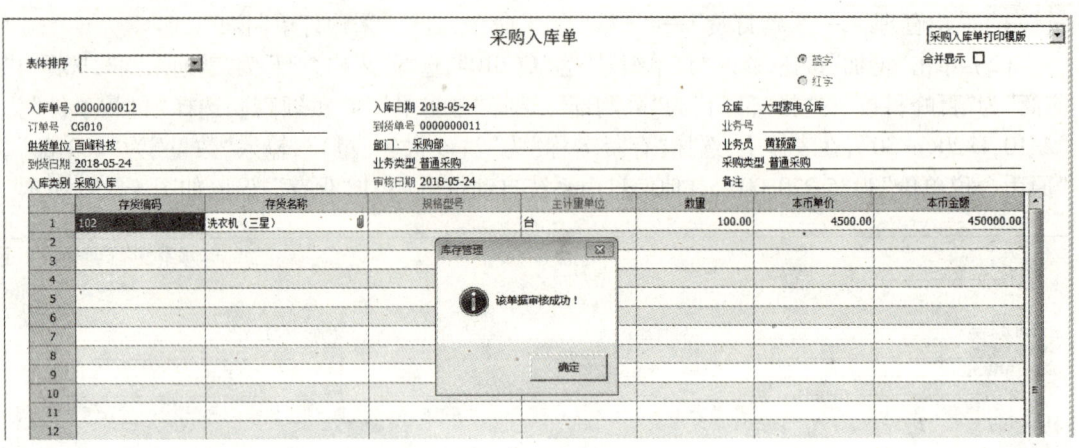

图4-112 "采购入库单"窗口

4. 填制采购发票

（1）2018年5月24日，采购部黄颖露在企业应用平台"业务工作"页签中执行"供应链"—"采购管理"—"采购发票"—"采购专用发票"命令，打开"采购专用发票"窗口。

（2）单击"增加"按钮，执行"生单"—"入库单"命令，打开"查询条件选择-采购入库单列表过滤"窗口，单击"确定（F）"按钮。

（3）系统弹出"拷贝并执行"窗口，选中所要拷贝的采购入库单。

（4）单击"确定"按钮，系统自动生成采购专用发票，修改发票号为"04774077"，单击"保存"按钮，如图4-113所示。

图4-113 生成采购专用发票

5. 采购结算

（1）2018年5月24日，采购部黄颖露在企业应用平台"业务工作"页签中执行"供应链"—"采购管理"—"采购结算"—"手工结算"命令，打开"手工结算"窗口。

（2）单击"选单"按钮，打开"结算选单"窗口。

（3）单击"查询"按钮，打开"查询条件选择-采购手工结算"窗口。

（4）选择相应的采购发票和入库单，如图4-114所示，单击"确定"按钮。

图4-114　"结算选单"窗口

（5）系统回到"手工结算"窗口，单击"结算"按钮，如图4-115所示，系统显示"完成结算"。

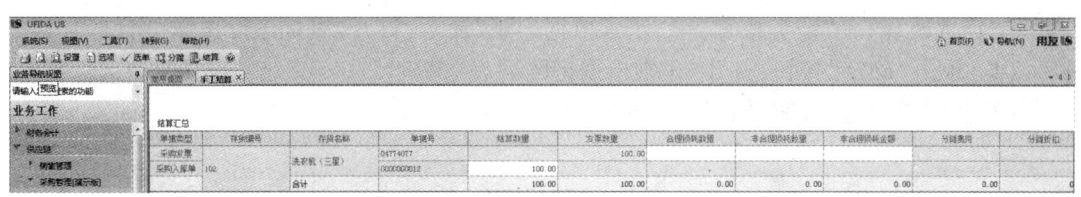

图4-115　"手工结算"窗口

6. 应付单审核并制单

（1）2018年5月24日，财务部王博在企业应用平台"业务工作"页签中执行"财务会计"—"应付款管理"—"应付单据处理"—"应付单据审核"命令，打开"应付单据查询条件"窗口。

（2）单击"确定"按钮，系统弹出"应付单据列表"窗口。

（3）双击"选择"栏，或单击"全选"按钮，单击"审核"按钮，系统完成审核并给出审核报告，如图4-116所示。

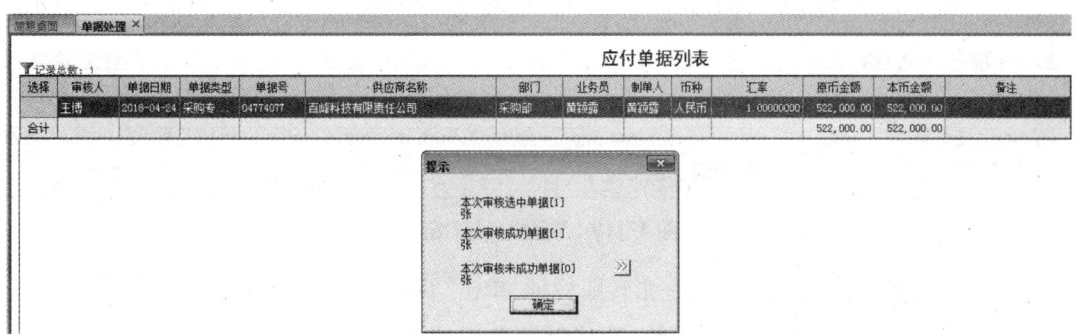

图4-116　应付单据审核报告

（4）执行"制单处理"命令，打开"制单查询"窗口，选择"发票制单"复选框。

（5）单击"确定"按钮，打开"采购发票制单"窗口。

（6）选择凭证类型为"转账凭证"，再单击"全选"按钮，选中要制单的采购专用发票。

（7）单击"制单"按钮，生成一张转账凭证，单击"保存"按钮，填写"在途物资——洗衣机（三星）"的单价为"4 500.00"，如图4-117所示，生成凭证。

图 4-117 "转账凭证"窗口

7. 存货核算

（1）2018 年 5 月 24 日，财务部王博在企业应用平台"业务工作"页签中执行"供应链"—"存货核算"—"业务核算"—"正常单据记账"命令，打开"查询条件选择"窗口。

（2）单击"确定"按钮，打开"正常单据记账列表"窗口。

（3）单击"全选"按钮，如图 4-118 所示。

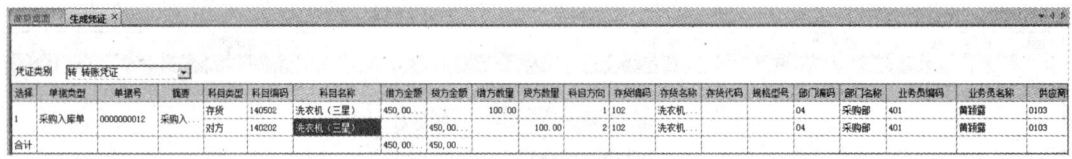

图 4-118 "正常单据记账列表"窗口

（4）单击"记账"按钮，将采购入库单记账，系统提示"记账成功"。

（5）单击"确定"按钮。

（6）执行"财务核算"—"生成凭证"命令，打开"查询条件"窗口。

（7）单击"确定"按钮，打开"未生成凭证单据一览表"窗口。

（8）选中待生成凭证的单据，单击"确定"按钮。

（9）选择凭证类别为"转账凭证"，填写科目编码"140502""140202"，如图 4-119 所示。

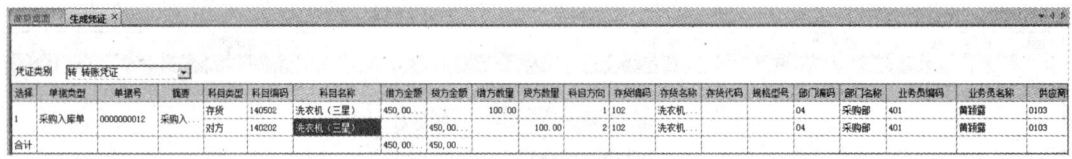

图 4-119 "生成凭证"窗口

（10）单击"生成"按钮，生成一张转账凭证，单击"保存"按钮，如图 4-120 所示。

（二）5 月 27 日，支付采购货款、冲减财务费用的业务

1. 填制付款单

2018 年 5 月 27 日，财务部陈晨在企业应用平台"业务工作"页签中执行"财务会计"—"应付款管理"—"付款单据处理"—"付款单据录入"命令，打开"付款单"窗口，按照电汇凭证（回单）的信息填写付款单，"供应商"为"百峰科技"，"结算方式"为"电汇"，"结算科目"为"100202"，"金额"为"513 000.00"，"票据号"为"44002001"，单击"保存"按钮，如图 4-121 所示。

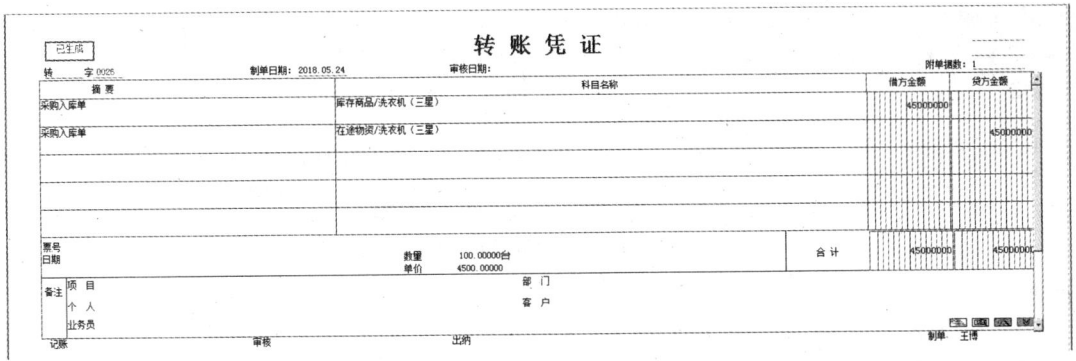

图4-120　生成转账凭证

图4-121　"付款单"窗口

2. 付款单审核、核销并制单

（1）2018年5月27日，财务部王博在企业应用平台"业务工作"页签中执行"财务会计"—"应付款管理"—"付款单据处理"—"付款单据审核"命令，打开"收付款单列表"窗口。

（2）单击"确定"按钮，系统弹出"收付款单列表"窗口。

（3）双击"选择"栏，或单击"全选"按钮，单击"审核"按钮，系统完成审核并给出审核报告，如图4-122所示。

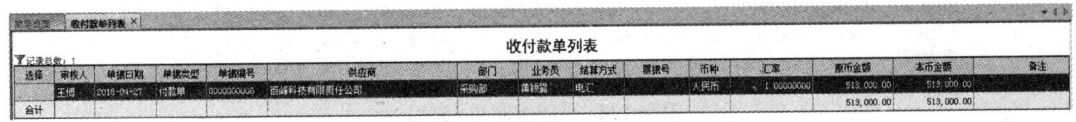

图4-122　"收付款单列表"窗口

（4）单击"确定"按钮后退出。

（5）执行"核销处理"—"手工核销"命令，打开"手工核销"窗口，选择"供应商"为"0103"，如图4-123所示。

（6）在相应发票位置输入"本次结算"为"513,000.00""本次折扣"为"9,000.00"，如图4-124所示。单击"保存"按钮。

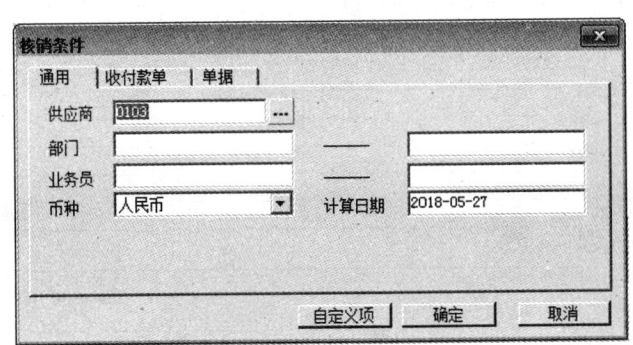

图4-123　"核销条件"窗口

155

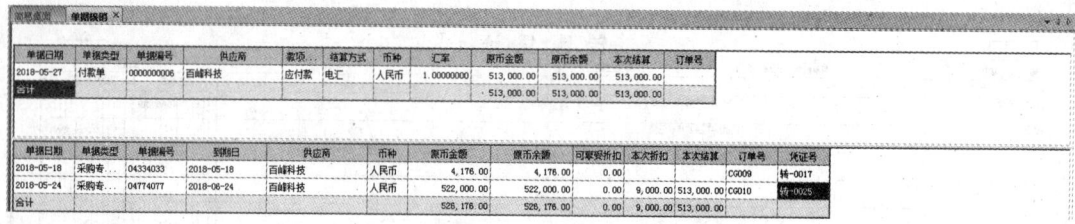

图 4-124 "单据核销"窗口

注意：

★ 因为合同带有付款条件为"2/10,1/20,n/30"，所以在 10 日内付款可享受优惠 2%。

★ 由于合同中规定优惠金额仅限于货款，而不包括税金，因此付款金额为 513 000 元，折扣金额为 9 000 元。

（7）执行"制单处理"命令，打开"制单查询"窗口，选择"收付款单制单"和"核销制单"复选框，如图 4-125 所示。

（8）单击"确定"按钮，打开"应付制单"窗口。

（9）选择凭证类型为"付款凭证"，再单击"全选"按钮，选中要制单的付款单和核销单，单击"合并"按钮，如图 4-126 所示。

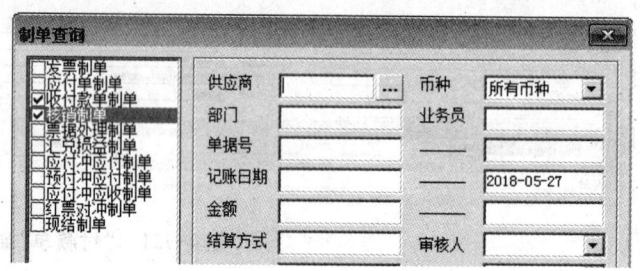

图 4-125 "制单查询"窗口

应付制单

凭证类别 付款凭证 ▼ 制单日期 2018-05-27

选择标志	凭证类别	单据类型	单据号	日期	供应商编码	供应商名称	部门	业务员	金额
1	付款凭证	核销	ZKAP000...	2018-05-27	0103	百峰科...	采购部	黄颖露	522,000.00
1	付款凭证	付款单	0000000006	2018-05-27	0103	百峰科...	采购部	黄颖露	513,000.00

图 4-126 "应付制单"窗口

（10）单击"制单"按钮，生成一张付款凭证，单击"保存"按钮，如图 4-127 所示。

图 4-127 生成付款凭证

（三）5月28日，签订采购赠品合同、采购到货、入库、收到采购专用发票的业务

1. 填制采购订单

（1）2018年5月28日，采购部黄颖露在企业应用平台"业务工作"页签中执行"供应链"—"采购管理"—"采购订货"—"采购订单"命令，打开"采购订单"窗口。

（2）单击"增加"按钮，修改"订单编号"为"CG0011"，选择"采购类型"为"普通采购"，选择"供应商"为"苏宁"，选择"部门"为"采购部"，选择"业务员"为"黄颖露"；在表体中，选择"存货编码"为"101"，输入"数量"为"100.00"，"原币含税单价"为"4 466.00"，其他信息由系统自动带出，单击"保存"按钮，单击"审核"按钮，如图4-128所示。

图4-128　"采购订单"窗口

2. 生成采购到货单

（1）2018年5月28日，采购部黄颖露在企业应用平台"业务工作"页签中执行"供应链"—"采购管理"—"采购到货"—"到货单"命令，打开"到货单"窗口。

（2）单击"增加"按钮，执行"生单"—"采购订单"命令，打开"查询条件选择-采购订单列表过滤"窗口，单击"确定（F）"按钮。

（3）系统弹出"拷贝并执行"窗口，选中所要拷贝的采购订单，单击"确定"按钮，系统自动生成到货单，单击"保存"按钮。

（4）单击"审核"按钮，根据采购订单生成的采购到货单如图4-129所示。

（5）单击"退出"按钮。

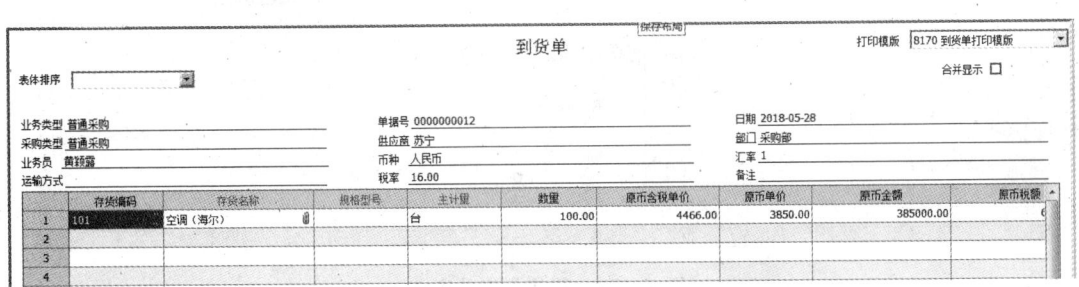

图4-129　生成到货单

3. 生成采购入库单

（1）2018年5月28日，仓储部杜飞在企业应用平台"业务工作"页签中执行"供应链"—"库存管理"—"入库业务"—"采购入库单"命令，打开"采购入库单"窗口。

（2）执行"生单"—"采购到货单（蓝字）"命令，打开"查询条件选择-采购到货单列表"窗口，单击"确定"按钮。

（3）打开"到货单生单列表"窗口,选择相应的到货单生单表头,单击"确定"按钮,系统自动生成采购入库单,选择"仓库"为"大型家电仓库",单击"保存"按钮。

（4）单击"审核"按钮,如图4-130所示。

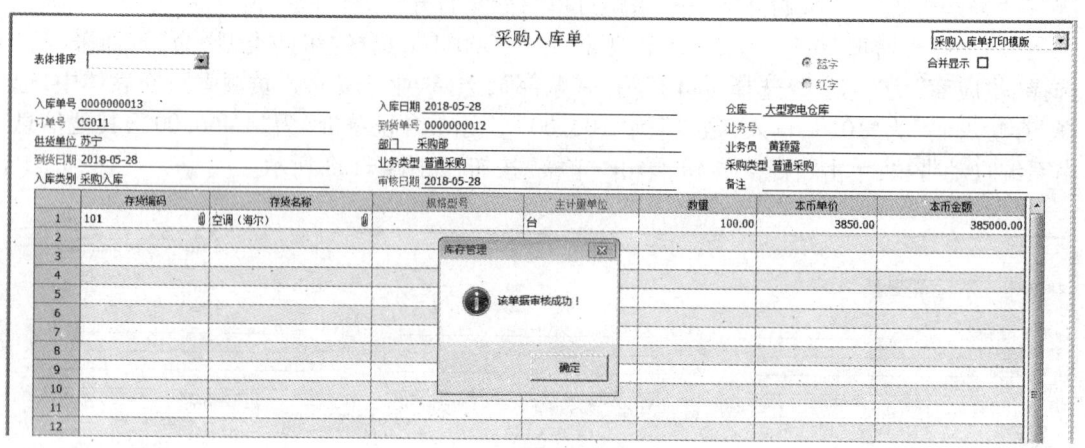

图4-130 采购入库单审核

4. 填制其他入库单

（1）2018年5月28日,仓储部杜飞在企业应用平台"业务工作"页签中执行"供应链""库存管理"—"入库业务"—"其他入库单"命令,打开"其他入库单"窗口。

（2）单击"增加"按钮,按照合同录入赠品入库信息,"仓库"为"赠品仓库","入库类别"为"其他入库",单击"保存"按钮,单击"审核"按钮,如图4-131所示。

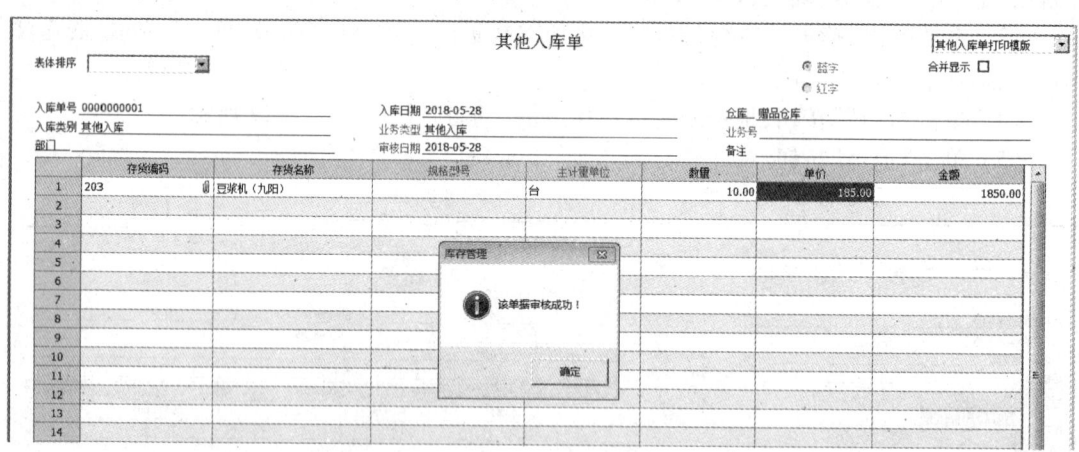

图4-131 其他入库单审核

5. 填制采购专用发票

（1）2018年5月28日,采购部黄颖露在企业应用平台"业务工作"页签中执行"供应链"—"采购管理"—"采购发票"—"采购专用发票"命令,打开"采购专用发票"窗口。

（2）单击"增加"按钮,执行"生单"—"入库单"命令,打开"查询条件选择-采购入库单列表过滤"窗口,单击"确定（F）"按钮。

（3）系统弹出"拷贝并执行"窗口，选中所要拷贝的采购入库单，单击"确定"按钮，系统自动生成采购专用发票，输入"发票号"为"04884088"，如图4-132所示，单击"保存"按钮。

图4-132 "专用发票"窗口

6. 采购结算（手工结算）

（1）2018年5月28日，采购部黄颖露在企业应用平台"业务工作"页签中执行"供应链"—"采购管理"—"采购结算"—"手工结算"命令，打开"手工结算"窗口。

（2）单击"选单"按钮，打开"结算选单"窗口。

（3）单击"查询"按钮，打开"查询条件选择-采购手工结算"窗口。

（4）选择相应的采购发票和入库单，单击"确定"按钮。

（5）系统回到"手工结算"窗口，单击"结算"按钮，系统显示"完成结算"，如图4-133所示。

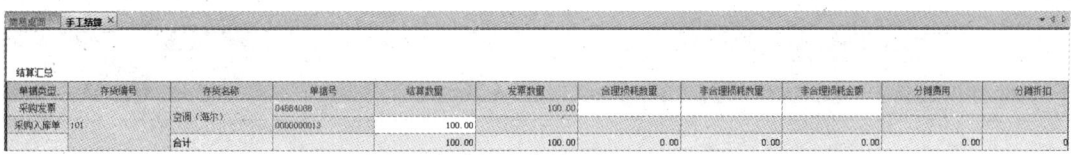

图4-133 "手工结算"窗口

7. 应付单据审核与制单

（1）2018年5月28日，财务部王博在企业应用平台"业务工作"页签中执行"财务会计"—"应付款管理"—"应付单据处理"—"应付单据审核"命令，打开"应付单据查询条件"窗口。

（2）单击"确定"按钮，系统弹出"应付单据列表"窗口。

（3）双击"选择"栏，或单击"全选"按钮，单击"审核"按钮，系统完成审核并给出审核报告，如图4-134所示。

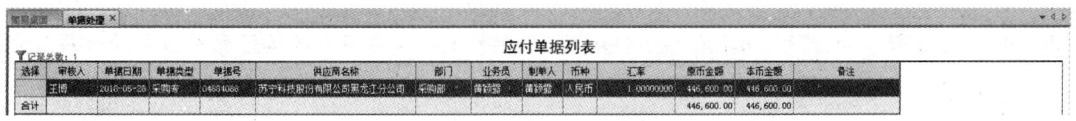

图4-134 审核应付单据

（4）执行"制单处理"命令，打开"制单查询"窗口，选择"发票制单"复选框。

（5）单击"确定"按钮，打开"采购发票制单"窗口。

（6）选择凭证类别为"转账凭证"，再单击"全选"按钮，选中要制单的采购专用发票。

（7）单击"制单"按钮，生成一张转账凭证，单击"保存"按钮，如图 4-135 所示。

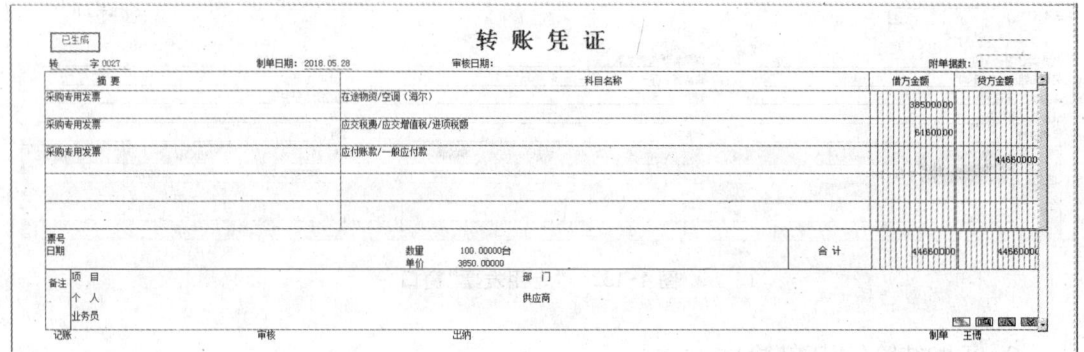

图 4-135　生成转账凭证

8. 确认采购成本

（1）2018 年 5 月 28 日，财务部王博在企业应用平台"业务工作"页签中执行"供应链"—"存货核算"—"业务核算"—"正常单据记账"命令，打开"查询条件选择"窗口。

（2）单击"确定"按钮，打开"正常单据记账列表"窗口。

（3）选择日期为"2018-05-28"的采购入库单和其他入库单，如图 4-136 所示。

选择	日期	单据号	存货编码	存货名称	规格型号	存货代码	单据类型	仓库名称	收发类别	数量	单价	金额	计划单价	计划
	2018-05-13	0000000003	201	制项刀（飞利			采购入库单	小型家电仓库	采购入库	100.00	500.00	50,000.00		
Y	2018-05-28	0000000013	101	空调（海尔）			采购入库单	大型家电仓库	采购入库	100.00	3,850.00	385,000.00		
Y	2018-05-28	0000000001	203	豆浆机（九阳）			其他入库单	昭品仓库	其他入库		185.00	1,850.00		
小计										210.00		436,850.00		

图 4-136　"正常单据记账列表"窗口

（4）单击"记账"按钮，将采购入库单和其他入库单记账，系统提示"记账成功"。

（5）单击"确定"按钮。

（6）执行"财务核算"—"生成凭证"命令，打开"查询条件"窗口。

（7）单击"确定"按钮，打开"未生成凭证单据一览表"窗口。

（8）单击"选择"栏，选中待生成凭证的单据，单击"确定"按钮。

（9）选择凭证类别为"转　转账凭证"，输入科目编码"140507""6301""140501""140201"，如图 4-137 所示。

选择	单据类型	单据号	摘要	科目类型	科目编码	科目名称	借方金额	贷方金额	借方数量	贷方数量	科目方向	存货编码	存货名称	存货代码	规格型号	部门编码	部门名称	业务员编码	业务员名称	供应
1	其他入库单	0000000001	其他入	存货	140507	豆浆机（九阳）	1,850.00		10.00		1	203	豆浆机							
				对方	6301	营业外收入		1,850.00		10.00	2	203	豆浆机							
	采购入库单	0000000013	采购入	存货	140501	空调（海尔）	385.00		100.00		1	101	空调（			04	采购部	401	黄颖露	0101
				对方	140201	空调（海尔）		385.00		100.00	2	101	空调（			04	采购部	401	黄颖露	0101
合计							386.85	386.85												

图 4-137　"生成凭证"窗口

（10）单击"生成"按钮，生成两张转账凭证，分别单击"保存"按钮，如图4-138、图4-139所示。

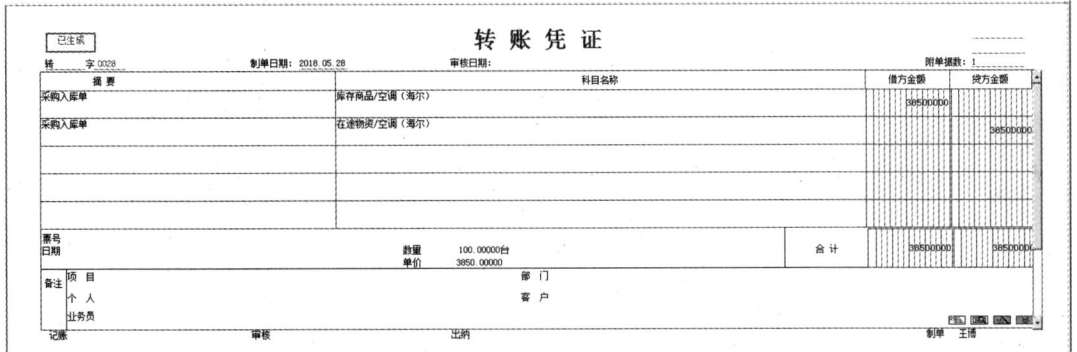

图4-138 第一张转账凭证

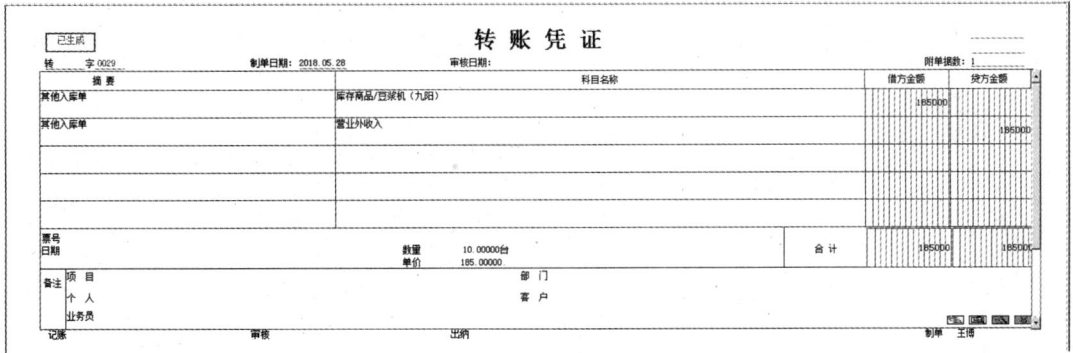

图4-139 第二张转账凭证

教学目标

知识
（1）描述普通销售业务核算流程及意义。
（2）简述普通销售业务的类型。

技能
（1）能够根据业务对各系统的选项进行设置。
（2）熟用会计理论知识在财务软件中进行普通销售经济业务处理。

素养
（1）树立团队合作意识，养成正确使用计算机的习惯。
（2）培养自主学习能力，提升职业素养。

学习子情境一 一般销售业务

一、任务描述

(一)一般销售业务

(1) 2018 年 5 月 10 日,哈尔滨世纪联华有限公司想购买 15 个剃须刀(飞利浦),向销售部了解价格,销售部报价为 130 元/个,填制并审核报价单。

(2) 客户了解情况后,要求订购 10 个,要求发货日期为 2018 年 5 月 11 日,填制并审核销售订单。

(3) 2018 年 5 月 11 日,销售部从小型家电仓库向哈尔滨世纪联华有限公司发出其所订货物,并据此开具销售专用发票一张,发票号为 0455406。

(4) 2018 年 5 月 12 日,业务部门将发票交给财务部门,财务部门结转此业务的收入及成本。

(5) 2018 年 5 月 15 日,财务部收到哈尔滨世纪联华有限公司转账支票一张,金额为 1 521 元,并存入银行,收到银行发来的收款回单,据此填制收款单并制单。相关票据如图 5-1、图 5-2、图 5-3 所示。

购 销 合 同

供方:哈尔滨邦德科技发展有限责任公司   合同号:XS002

需方:哈尔滨世纪联华有限公司   签订日期:2018 年 05 月 10 日

经双方协议,订立本合同如下:

产品型号	名 称	数 量	单价(含税)	总 额	其他要求
	剃须刀(飞利浦)	10	150.80	1 508.00	
合 计				1 508.00	

货款总计(大写):壹仟伍佰零捌元整

质量验收标准:

交货日期:2018 年 05 月 11 日

交货地点:哈尔滨世纪联华有限公司

结算方式:转账支票

付款时间:2018 年 05 月 15 日

违约条款:违约方须赔付对方一切经济损失。但遇天灾人祸或其他人力不能控制之因素而导致延误交货,需方不能要求供方赔偿任何损失。

解决合同纠纷的方式:经双方友好协商解决,如协商不成的,可向当地仲裁委员会提出仲裁解决。

本合同一式两份,供需双方各执一份,自签订之日起生效。

供方(盖章):   需方(盖章):

地址:哈尔滨市南岗区学府路 5 号   地址:哈尔滨市道里区友谊路 386 号

法定代表:王慧玲   法定代表:何春国

联系电话:0451-86619207   联系电话:0451-86575555

图 5-1 购销合同

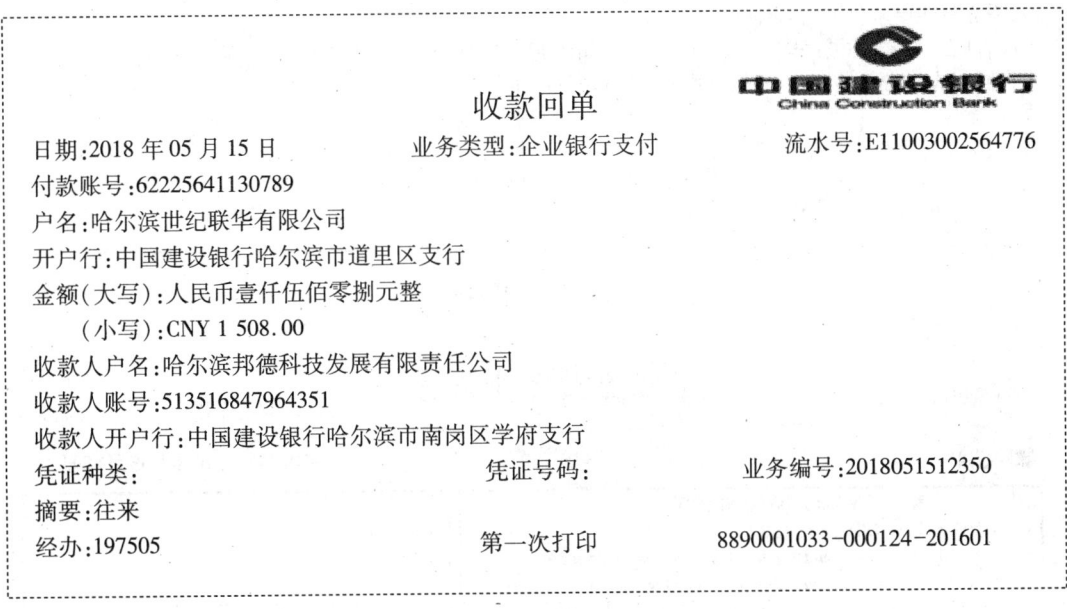

图 5-2　销售发票

图 5-3　收款回单

（二）商业折扣的处理

（1）2018 年 5 月 13 日，销售部向哈尔滨黑天鹅家电有限公司出售液晶电视（夏普）5 台，报价为 14 500 元，成交价为报价的 90%，货物从大型家电仓库发出。

（2）2018 年 5 月 13 日，根据上述发货单开具销售专用发票一张，发票号为 0455407。相关票据如图 5-4、图 5-5 所示。

购 销 合 同

供方：哈尔滨邦德科技发展有限责任公司　　　　合同号：XS003

需方：哈尔滨黑天鹅家电有限公司　　　　签订日期：2018 年 05 月 13 日

经双方协议，订立本合同如下：

产品型号	名　称	数　量	单价（含税）	总　额	其他要求
	液晶电视（夏普）	5	15 138.00	75 690.00	
合计				75 690.00	
货款总计（大写）：柒万伍仟陆佰玖拾元整					

质量验收标准：

交货日期：2018 年 05 月 13 日

交货地点：哈尔滨黑天鹅家电有限公司

结算方式：转账支票

付款时间：2018 年 06 月 22 日

违约条款：违约方须赔付对方一切经济损失。但遇天灾人祸或其他人力不能控制之因素而导致延误交货，需方不能要求供方赔偿任何损失。

解决合同纠纷的方式：经双方友好协商解决，如协商不成的，可向当地仲裁委员会提出申诉解决。

本合同一式两份，供需双方各执一份，自签订之日起生效。

供方（盖章）：哈尔滨邦德科技发展有限责任公司 合同专用章

地址：哈尔滨市南岗区学府路 5 号

法定代表：王慧玲

联系电话：0451-86619207

需方（盖章）：哈尔滨黑天鹅家电有限公司 合同专用章

地址：哈尔滨市西大直街 88 号

法定代表：王艳萍

联系电话：0451-86575689

图 5-4　销售合同

4531321300　　**黑龙江增值税专用发票**　　No 0455407　　4531321300　0455407

记 账 联

开票日期：2018年05月13日

税总函[2018]645号黑龙江新文票据印务有限公司

购货单位	名　　称：哈尔滨黑天鹅家电有限公司 纳税识别号：53131032132 地址、电话：哈尔滨市南岗区西大直街88号0451-86575689 开户行及账号：中国建设银行哈尔滨市和兴支行6223589964571201					密码区	略
货物或应税劳务名称	规格型号	单位	数量	单价	金额	税率	税额
液晶电视（夏普）		台	5	13 050.00	65 250.00	16%	10 440.50
合　　计					¥65 250.00		¥10 440.50
价税合计（大写）	⊗柒万伍仟陆佰玖拾元整				（小写）¥75 690.00		
销货单位	名　　称：哈尔滨邦德科技发展有限责任公司 纳税识别号：45313213213 地址、电话：哈尔滨市南岗区学府路5号0451-86619207 开户行及账号：中国建设银行哈尔滨市南岗区学府支行513516847964351					备注	

收款人：略　　复核：略　　开票人：略　　销货单位：（章）

第一联：记账联 销货方记账凭证

哈尔滨邦德科技发展有限责任公司 45313213213 发票专用章

图 5-5　销售发票

二、任务操作

（一）一般销售业务

1. 设置销售生成出库单选项

孙佳佳登录企业应用平台，进入"销售选项"窗口，打开"业务控制"页签，选择"销售生成出库单"复选框，如图5-6所示，单击"保存"按钮。

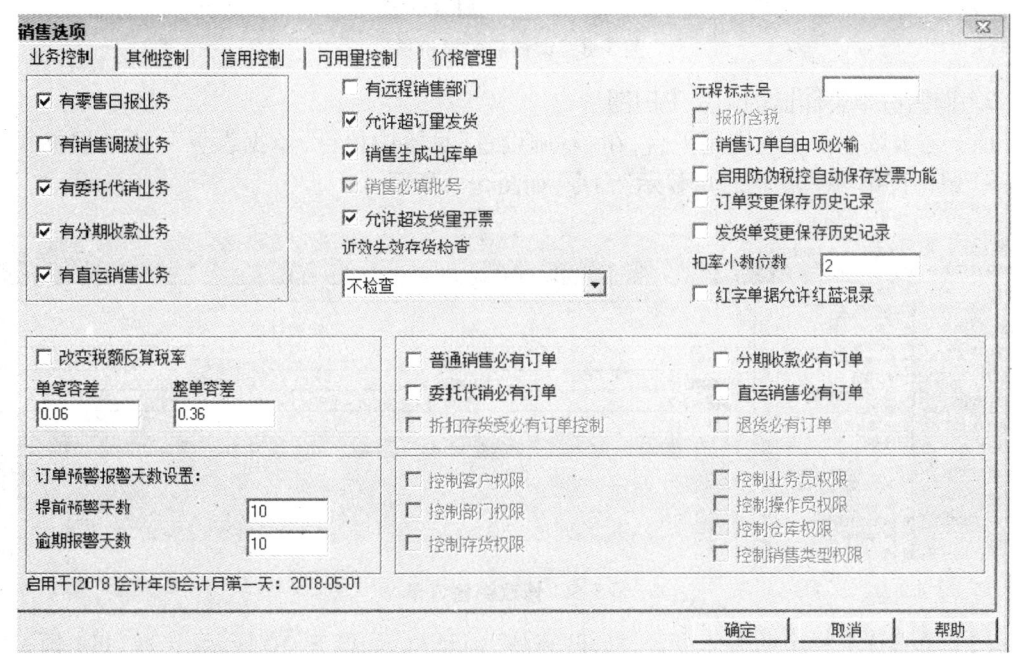

图5-6　选项设置

2. 在销售管理系统中填制并审核报价单

（1）进入销售管理系统，执行"销售报价"—"销售报价单"命令，进入"销售报价单"窗口。

（2）单击"增加"按钮，输入"日期"为"2018-05-10"，"销售类型"为"正常销售"，"客户名称"为"世纪联华"，"销售部门"为"销售部"。

（3）选择"货物名称"为"剃须刀（飞利浦）"，输入"数量"为"15.00"，"报价"为"130.00"。

（4）单击"保存"按钮，单击"审核"按钮，保存并审核报价单，如图5-7、图5-8所示。

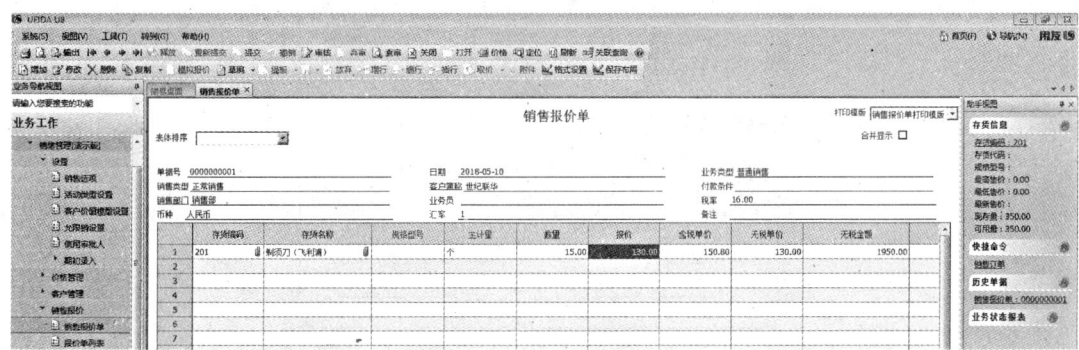

图5-7　填制报价单

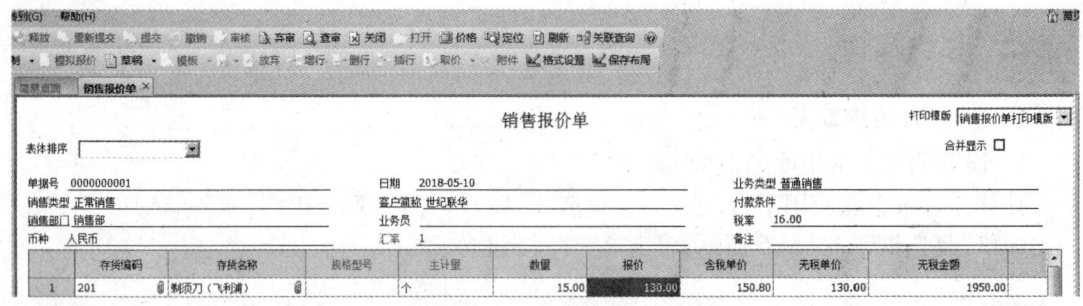

图 5-8　审核后的报价单

3. 销售订单表体增加预完工日期

（1）王雪滨登录企业应用平台，在"基础设置"页签中执行"单据设置"—"单据格式设置"—"销售订单"—"销售订单显示"命令，如图 5-9 所示。

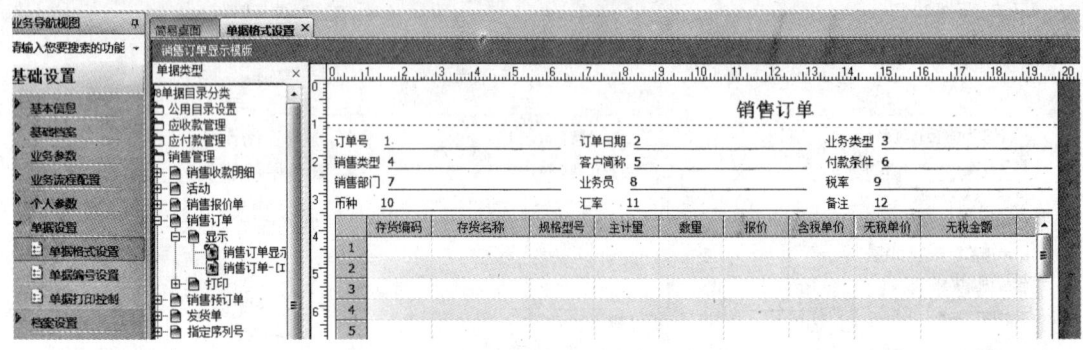

图 5-9　修改销售订单

（2）单击任务栏中的表体设置，打开"表体"对话框，如图 5-10 所示，选择"114 预完工日期"复选框。单击"确定"按钮。

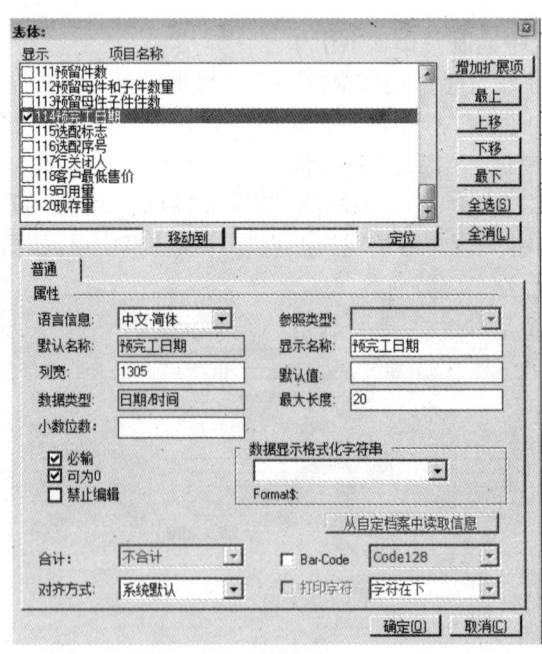

图 5-10　修改销售订单表体部分

4. 在销售管理系统中填制并审核销售订单

（1）进入销售管理系统，执行"销售订货"—"销售订单"命令，进入"销售订单"窗口。

（2）单击"增加"按钮，再单击"生单"按钮，打开"查询条件选择-订单参照报价单"窗口，如图5-11所示。

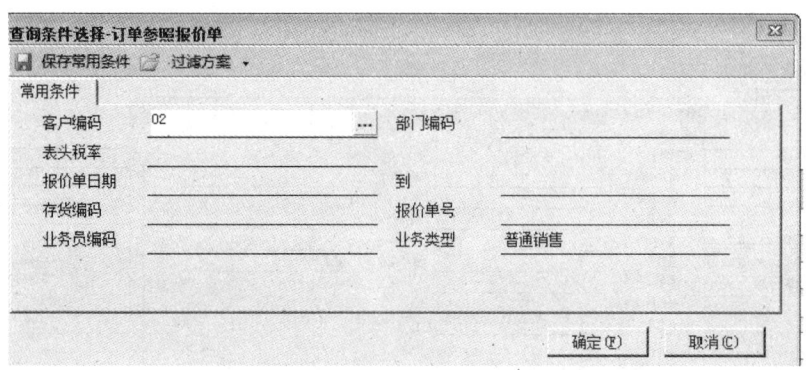

图5-11　报价单生成销售订单

（3）单击"确定（F）"按钮，从上边窗口中选择步骤1中录入的报价单，从下边窗口中选择要参照的记录行，单击"确定"按钮，将报价单信息带入销售订单，如图5-12所示。

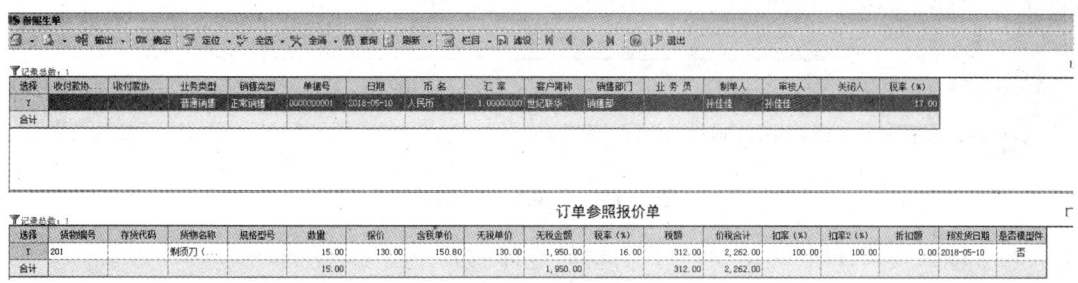

图5-12　报价单生成销售订单

（4）修改"数量"为"10.00"，"预发货日期"为"2018-05-11"。

（5）单击"保存"按钮，单击"审核"按钮，保存并审核销售订单，如图5-13所示。

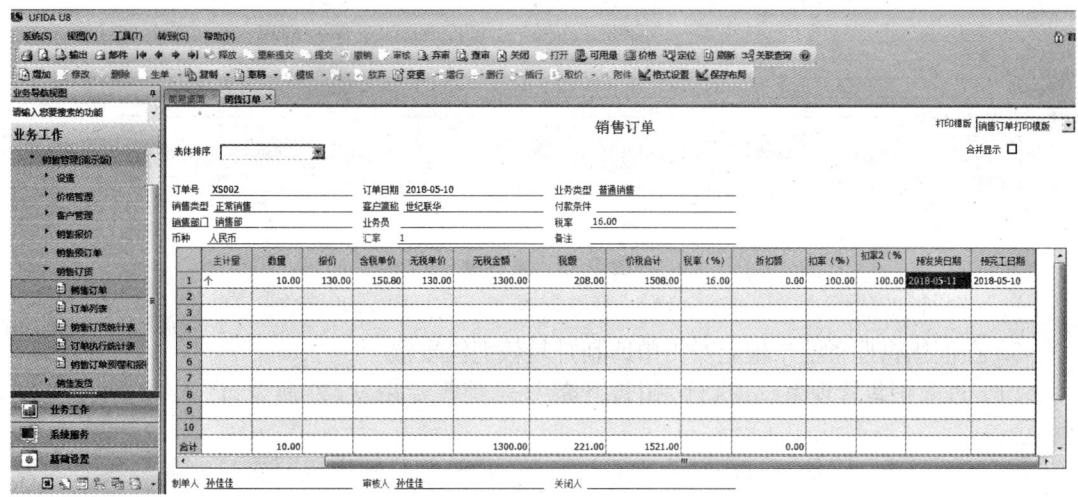

图5-13　销售订单

5. 在销售管理系统中填制并审核发货单

（1）进入销售管理系统，执行"销售发货"—"发货单"命令，进入"发货单"窗口。

（2）单击"增加"按钮后，再单击"过滤"按钮，弹出"查询条件选择-参照订单"窗口，如图 5-14 所示，选择相应的销售订单，单击"确定（F）"按钮，将销售订单信息带入发货单。

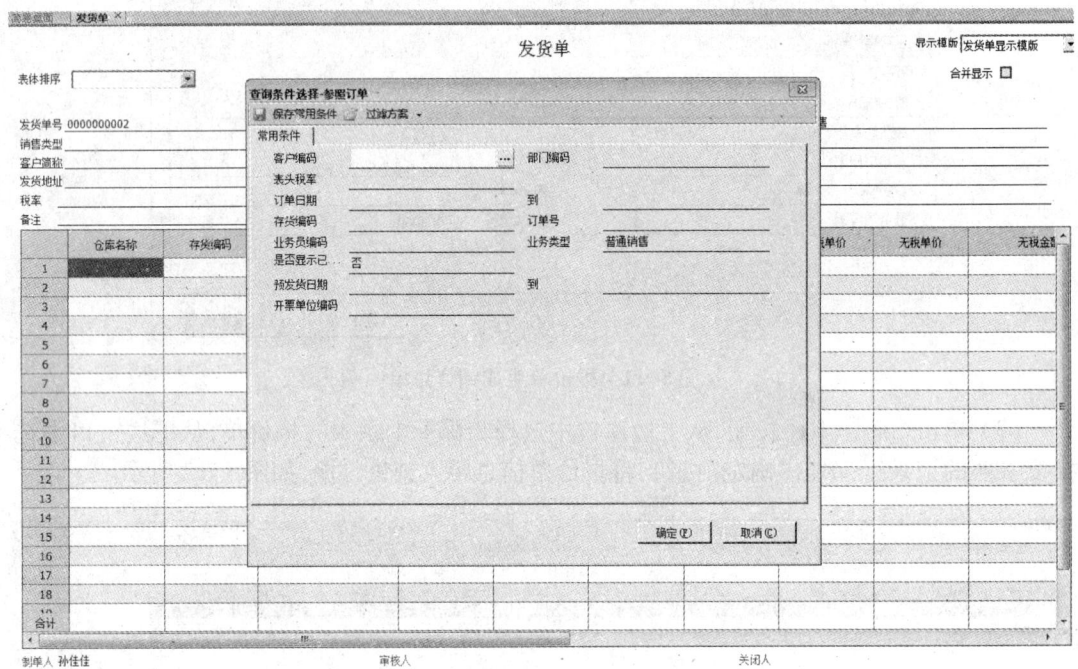

图 5-14　订单生成发货单

（3）输入发货日期"2018-05-11"，选择"仓库"为"小型家电仓库"。

（4）单击"保存"按钮，单击"审核"按钮，保存并审核发货单，如图 5-15 所示。

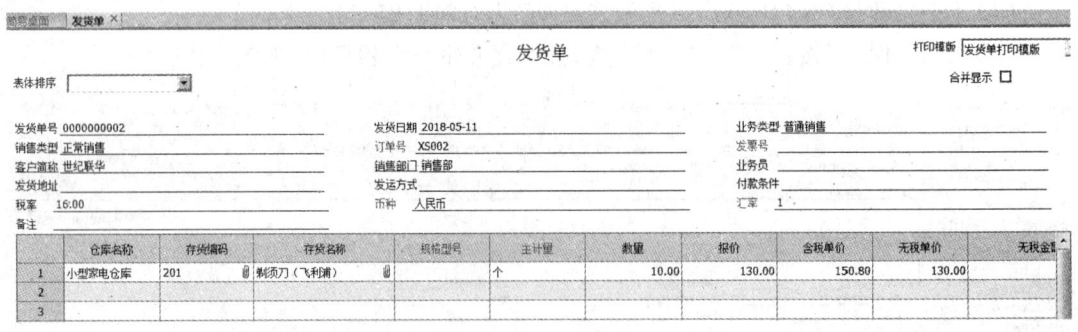

图 5-15　发货单

6. 在销售管理系统中根据发货单填制并复核销售发票

（1）进入销售管理系统，执行"销售开票"—"销售专用发票"命令，进入"销售专用发票"窗口。

（2）单击"增加"按钮，打开"查询条件选择-发票参照发货单"窗口，选择要参照的发货单，单击"确定（F）"按钮，将发货单信息带入销售专用发票。如图 5-16、图 5-17 所示。

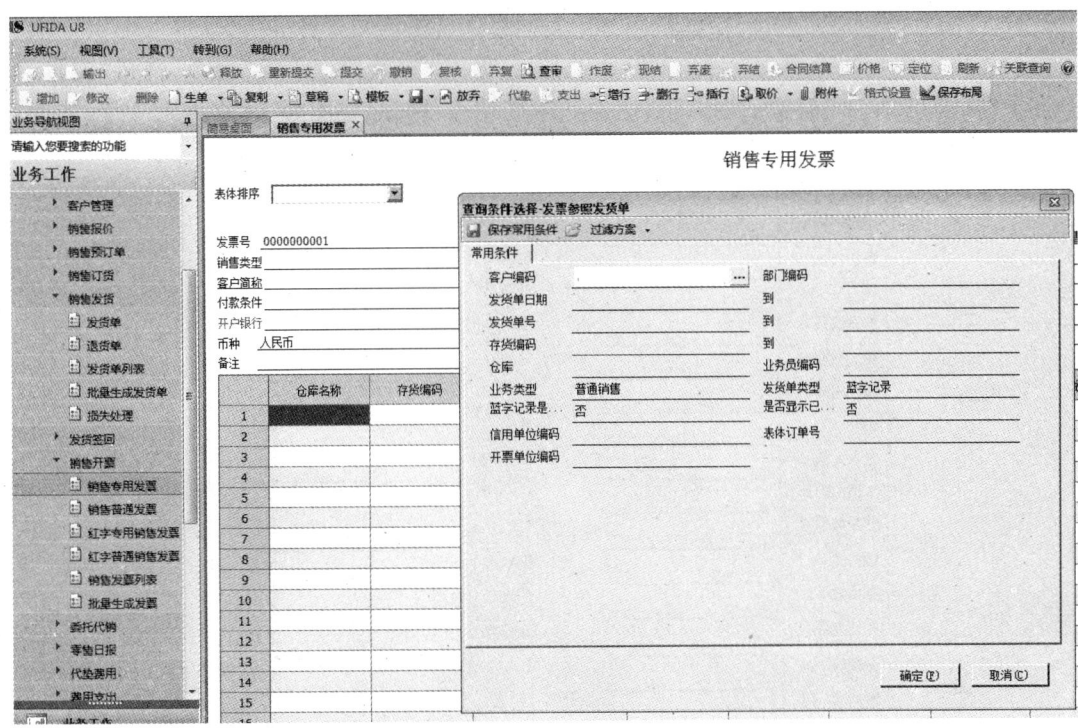

图 5-16 选择发货单

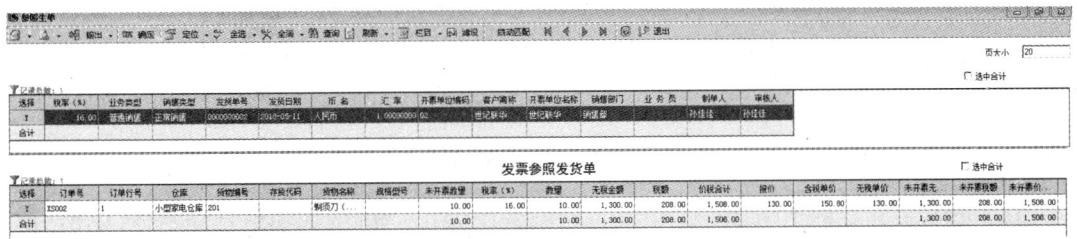

图 5-17 参照发货单生成销售专用发票

（3）单击"保存"按钮,再单击"复核"按钮,复核销售专用发票,最后单击"退出"按钮,如图 5-18 所示。

图 5-18 复核销售专用发票

7. 在应收款管理系统中,审核销售专用发票并生成销售收入凭证

（1）进入应收款管理系统,执行"应收单据处理"—"应收单据审核"命令,打开"应收单查询条件"窗口,单击"确定"按钮,进入"应收单据列表"窗口,如图 5-19 所示。

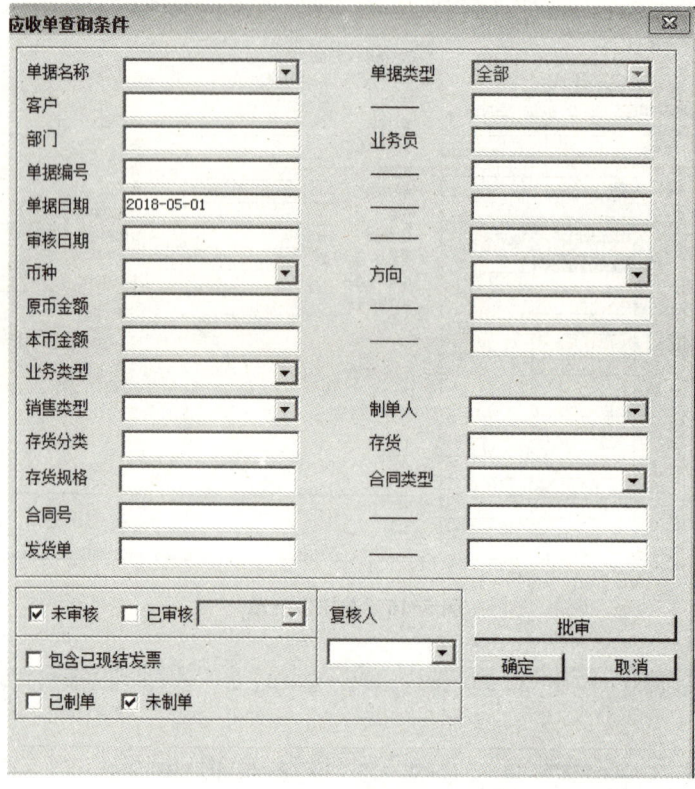

图 5-19　"应收单查询条件"窗口

（2）选择要审核的单据,单击"审核"按钮,系统弹出"审核"成功信息提示框,单击"确定"返回,如图 5-20 所示。

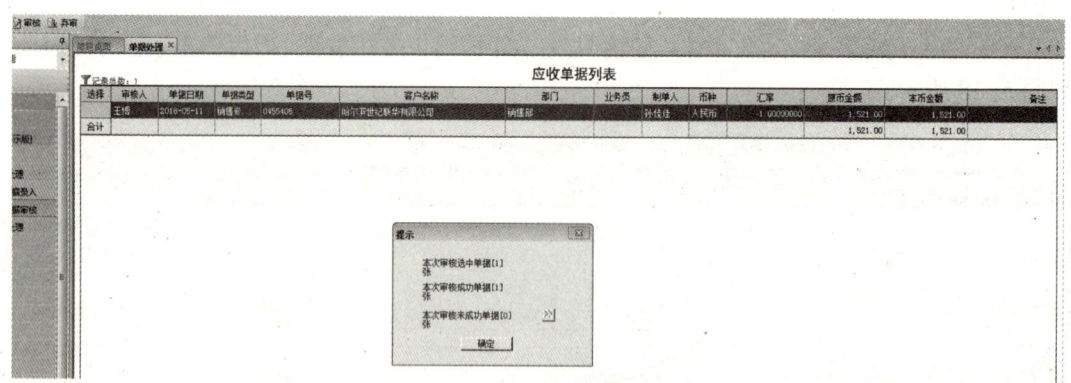

图 5-20　审核应收单据

（3）执行"制单处理"命令,打开"制单查询"对话框。

（4）选中"发票制单"复选框,如图 5-21 所示,单击"确定"按钮,进入"销售发票制单"窗口。

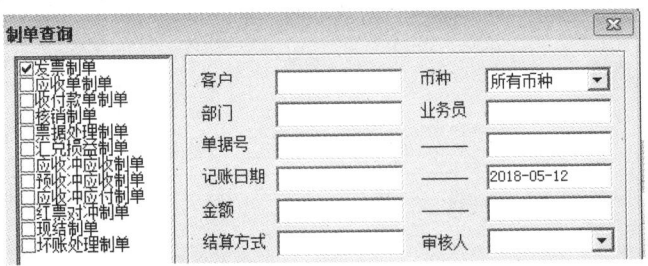

图 5-21　"制单查询"窗口

（5）选择凭证类别为"转账凭证"，单击工具栏中的"全选"按钮，选择窗口中的所有单据，如图 5-22 所示。单击"制单"按钮，屏幕上出现根据发票生成的转账凭证。

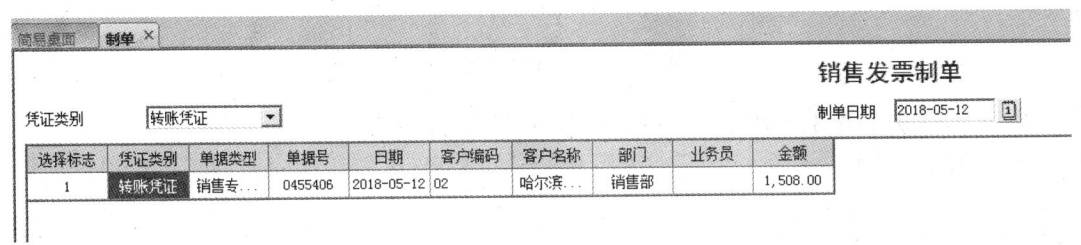

图 5-22　"销售发票制单"窗口

（6）项目选择为"剃须刀（飞利浦）"，修改制单日期，单击"保存"按钮，凭证左上角显示"已生成"红字标记，表示已将凭证传递到总账系统，如图 5-23 所示。

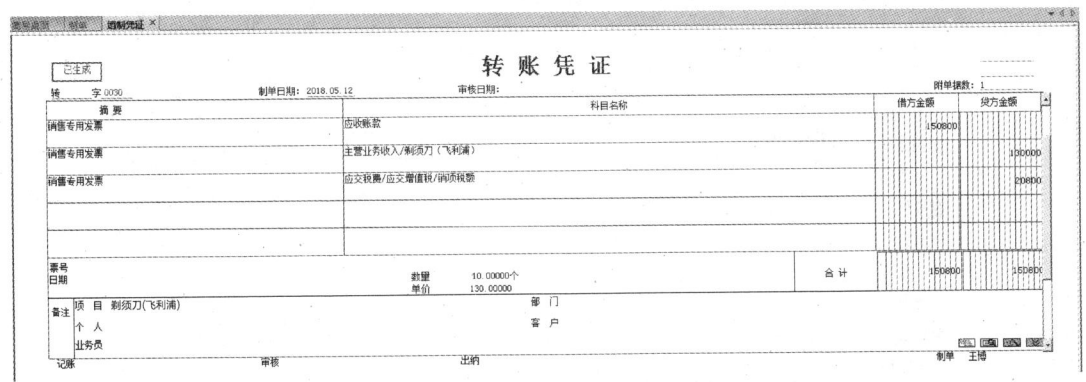

图 5-23　生成凭证

8. 在库存管理系统中审核销售出库单

（1）进入库存管理系统，执行"出库业务"—"销售出库单"命令，进入"销售出库单"窗口，单击"末张"按钮，查找到自动生成的出库单。

（2）单击"审核"按钮，系统提示"该单据审核成功！"，单击"确定"按钮，如图 5-24、图 5-25 所示。

图 5-24　单击"审核"按钮

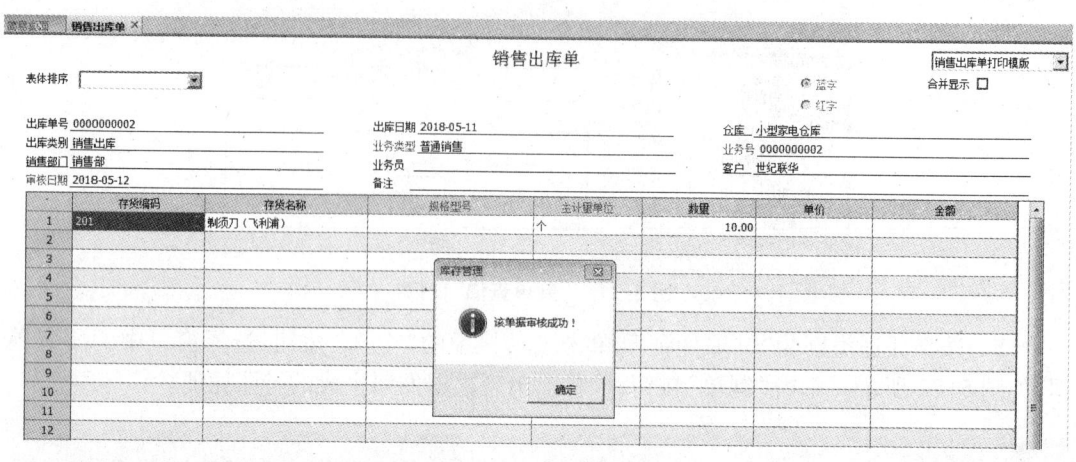

图 5-25　审核销售出库单

9. 在存货核算系统中对销售出库单记账并生成凭证

（1）进入存货核算系统，执行"业务核算"—"正常单据记账"命令，打开"正常单据记账列表"窗口。

（2）打开"查询条件选择"窗口，选中"小型家电仓库"复选框，保留"销售出库单"单据类型，单击"确定(F)"按钮，如图 5-26 所示。

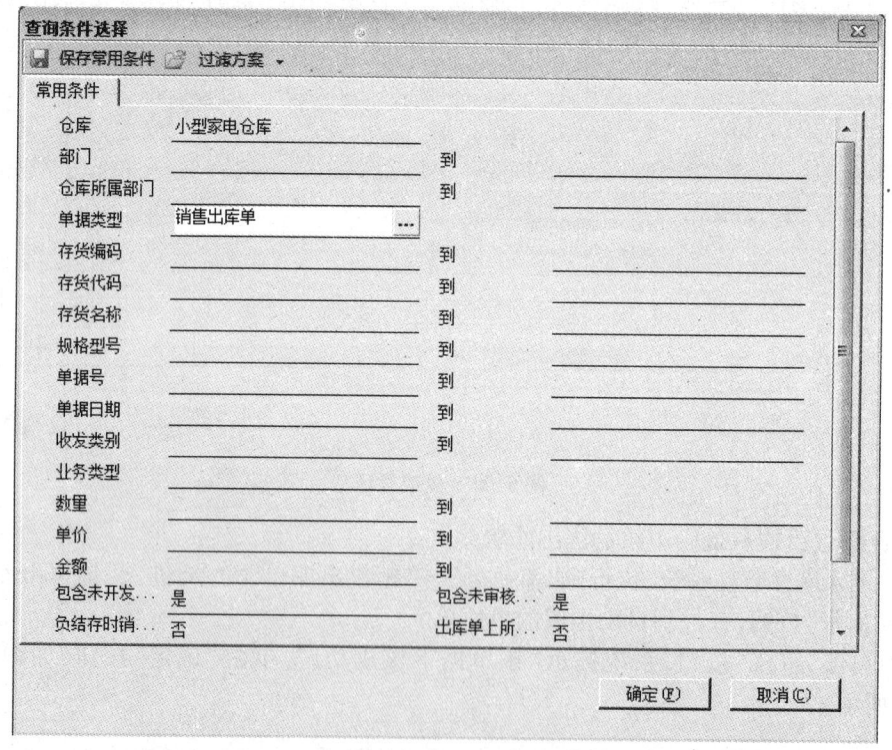

图 5-26　"查询条件选择"窗口

（3）单击需要记账的单据前的"选择"栏，出现"Y"标记，或单击工具栏的"全选"按钮选择所有单据，然后单击工具栏中的"记账"按钮。

（4）系统开始进行单据记账，记账成功后，单据不在窗口中显示，如图 5-27 所示。

图 5-27　记账成功

（5）执行"财务核算"—"生成凭证"命令，进入"生成凭证"窗口。

（6）单击"选择"按钮，打开"查询条件"对话框。

（7）选择"销售出库单"复选框，单击"确定"按钮，进入"选择单据"窗口，如图5-28、图5-29 所示。

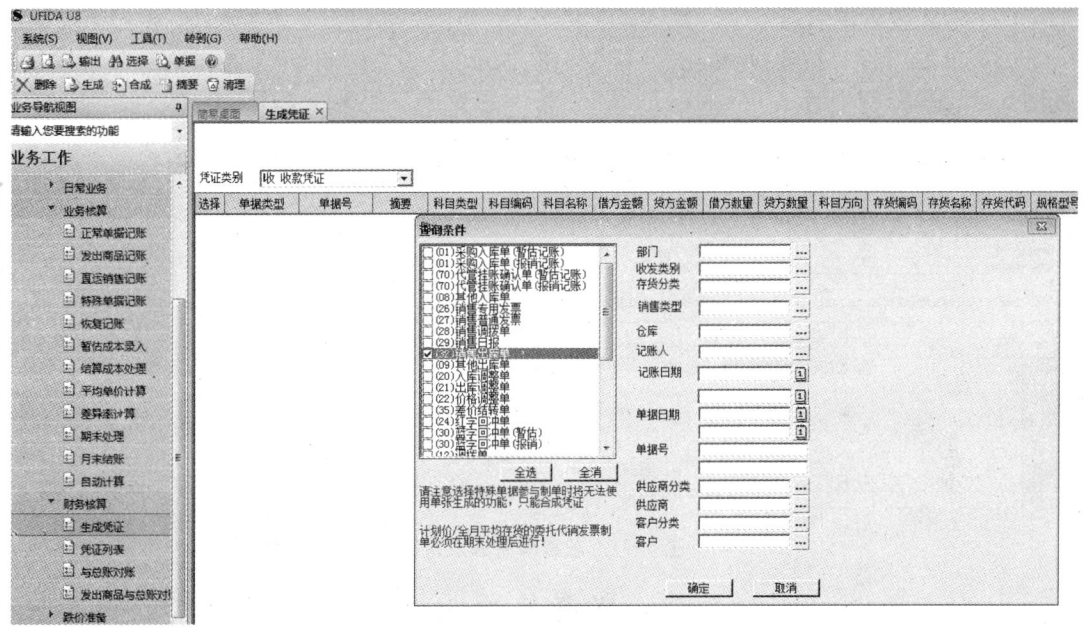

图 5-28　生成凭证条件选择

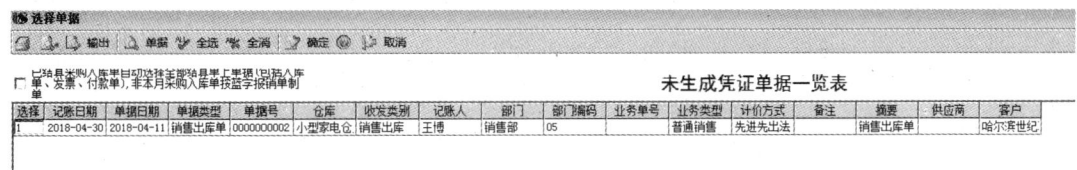

图 5-29　"选择单据"窗口

（8）选择凭证类别为"转账凭证"，单击"生成"按钮，系统显示生成的转账凭证。

（9）修改确定无误后，单击工具栏中的"保存"按钮，凭证左上角显示"已生成"红字标记，表示已将凭证传递到总账系统，如图5-30所示。

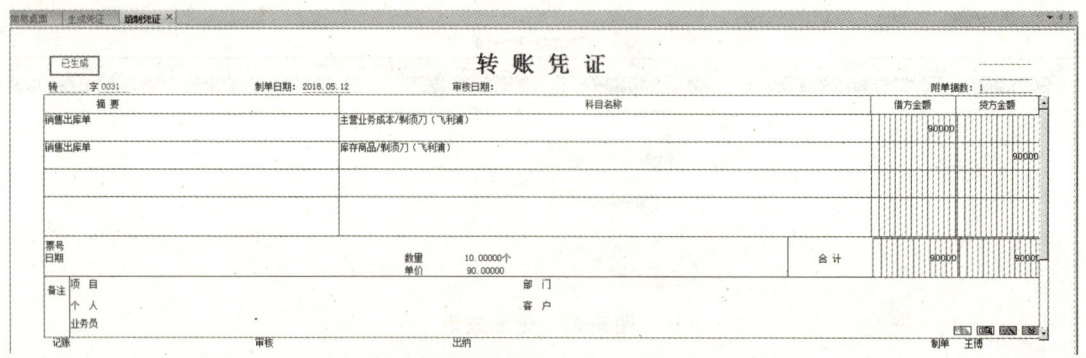

图 5-30　生成的凭证

10. 在应收款管理系统中输入收款单并制单

（1）进入应收款管理系统，执行"收款单据处理"—"收款单据录入"命令，进入收款单录入窗口。

（2）输入收款单信息。

（3）单击"保存"按钮，再单击"审核"按钮，提示"是否立即制单？"，单击"是（Y）"按钮，如图 5-31、图 5-32 所示。

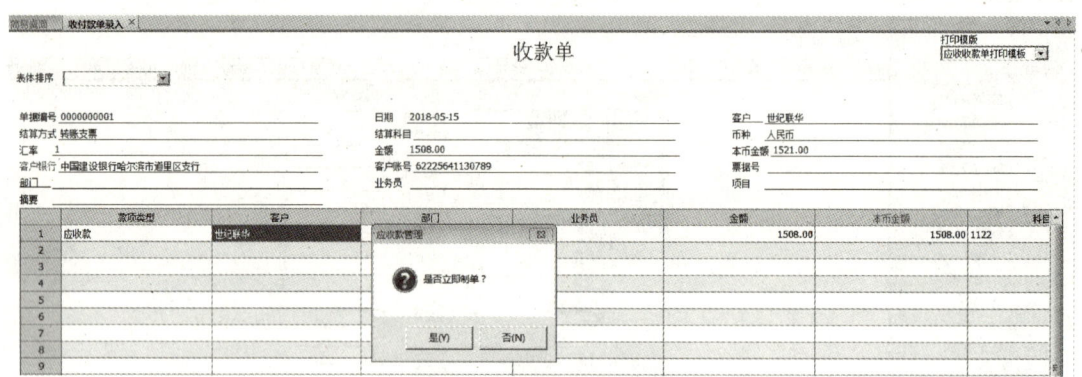

图 5-31　收款单录入及审核

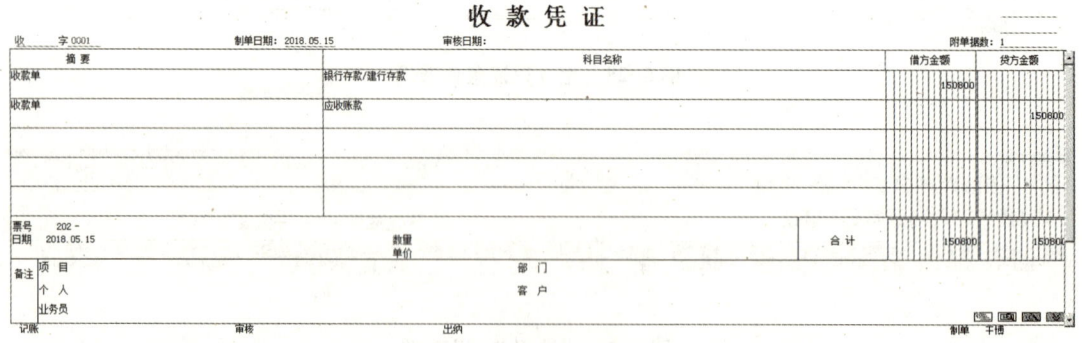

图 5-32　生成的凭证

（二）商业折扣的处理

1. 在销售管理系统中填制并审核销售订单

（1）进入销售管理系统，执行"销售订货"—"销售订单"命令，进入"销售订单"窗口。

（2）单击"增加"按钮,根据业务填写销售订单,"存货名称"为"液晶电视（夏普）","数量"为"5.00","报价"为"14 500.00","扣率(%)"为"90",如图5-33所示。

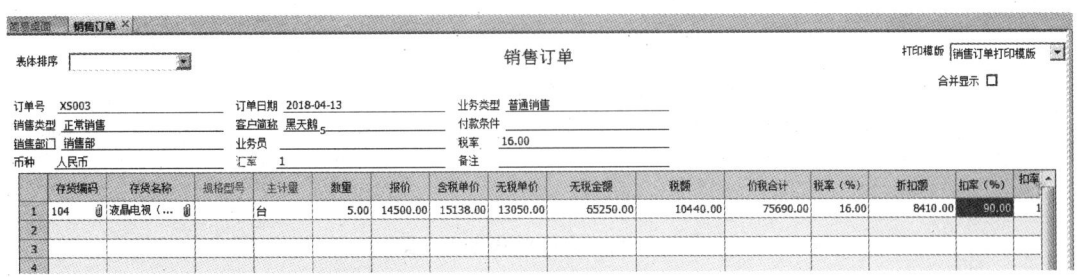

图5-33　"销售订单"窗口

2. 在销售管理系统中填制并审核发货单

（1）进入销售管理系统,执行"销售发货"—"发货单"命令,进入"发货单"窗口。

（2）单击"增加"按钮,打开"选择订单"对话框。

（3）运用销售订单生成发货单,选择"仓库"为"大型家电仓库",如图5-34所示。

（4）单击"保存"按钮,再单击"审核"按钮,保存并审核发货单。

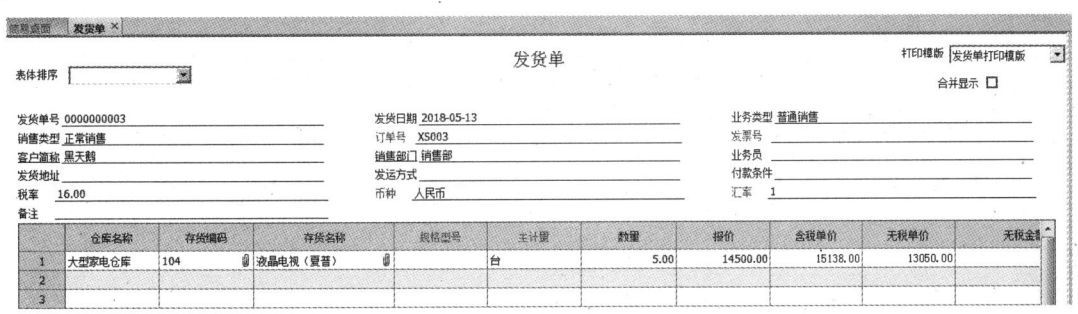

图5-34　"发货单"窗口

3. 在销售管理系统中,根据发货单填制并复核销售发票

（1）进入销售管理系统,执行"销售开票"—"销售专用发票"命令,进入"销售专用发票"窗口。

（2）单击"增加"按钮,打开"选择发货单"窗口,单击"显示"按钮,打开"参照生单"窗口,选择要参照的发货单,单击"确定"按钮,将发货单信息带入销售专用发票。

（3）单击"保存"按钮,单击"复核"按钮,复核销售专用发票,单击"退出"按钮,如图5-35、图5-36所示。

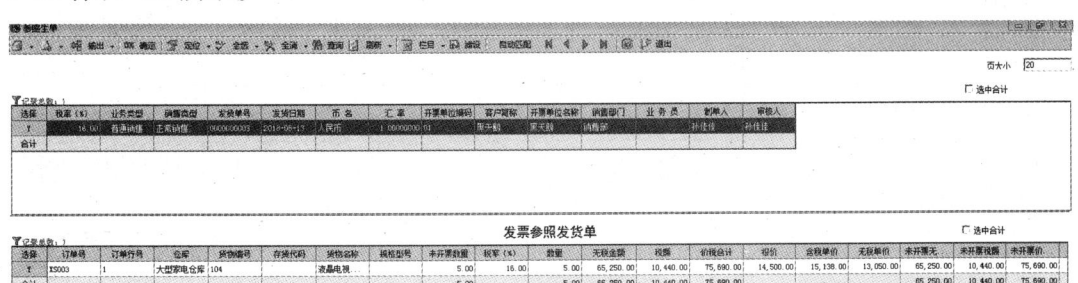

图5-35　参照发货单生成销售专用发票

图 5-36　复核销售专用发票

4. 在应收款管理系统中,审核销售专用发票并生成销售收入凭证

（1）进入应收款管理系统中,执行"应收单据处理"—"应收单据审核"命令,打开"单据过滤条件"对话框,单击"确定"按钮,进入"应收单据列表"窗口。

（2）双击销售专用发票,单击"审核",提示"是否立即制单",如图 5-37 所示。

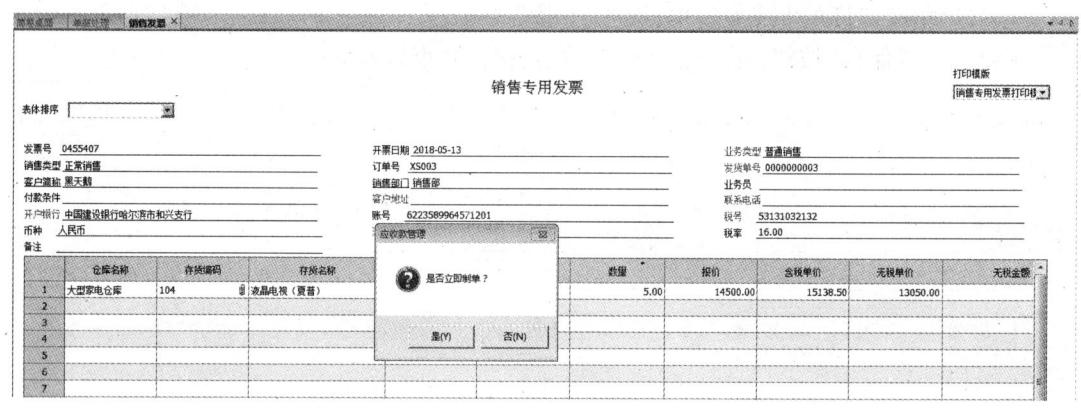

图 5-37　审核销售专用发票

（3）项目选择为"液晶电视（夏普）",修改制单日期,输入附件数为"1",单击"保存"按钮,凭证左上角显示"已生成"红字标记,表示已将凭证传递到总账系统,如图 5-38所示。

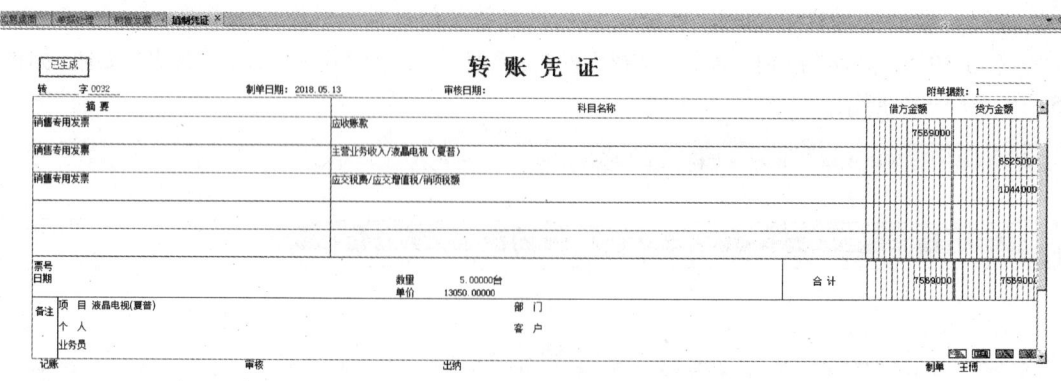

图 5-38　生成凭证

5. 在库存管理系统中审核销售出库单

（1）进入库存管理系统，执行"出库业务"—"销售出库单"命令，进入"销售出库单"窗口，单击"末张"按钮，查找自动生成的出库单。

（2）单击"审核"按钮，系统提示"该单据审核成功!"，单击"确定"按钮，如图5-39所示。

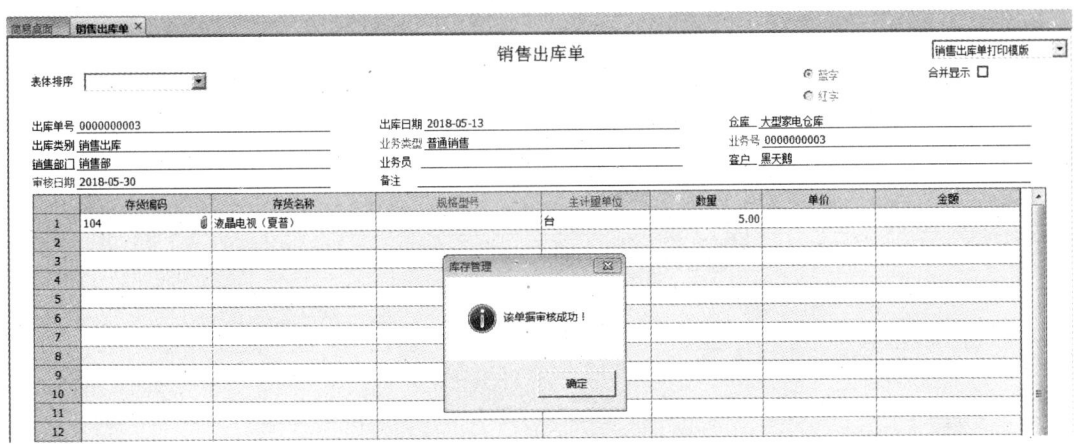

图5-39 审核销售出库单

6. 在存货核算系统中对销售出库单记账并生成凭证

（1）进入存货核算系统，执行"业务核算"—"正常单据记账"命令，打开"正常单据记账列表"窗口。

（2）打开"查询条件选择"窗口，选中"产成品库"复选框，保留"销售出库单"单据类型，单击"确定(F)"按钮。

（3）单击需要记账的单据前的"选择"栏，出现"Y"标记，或单击工具栏的"全选"按钮选择所有单据，然后单击工具栏中的"记账"按钮。

（4）系统开始进行单据记账，记账成功后，单据不在窗口中显示，如图5-40所示。

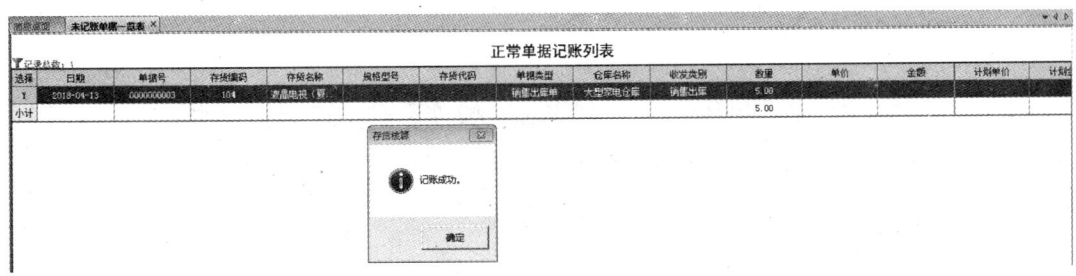

图5-40 记账成功

（5）执行"财务核算"—"生成凭证"命令，进入"生成凭证"窗口。

（6）单击"选择"按钮，打开"查询条件"对话框。

（7）选择"销售出库单"复选框，单击"确定"按钮，进入"选择单据"窗口。

（8）单击需要生成凭证的单据前的"选择"栏或单击工具栏中的"全选"按钮，然后单击工具栏中的"销售专用发票"，进入"生成凭证"窗口。

（9）选择凭证类别为"转　转账凭证"，单击"生成"按钮，系统显示生成的转账凭证，图5-41 所示。

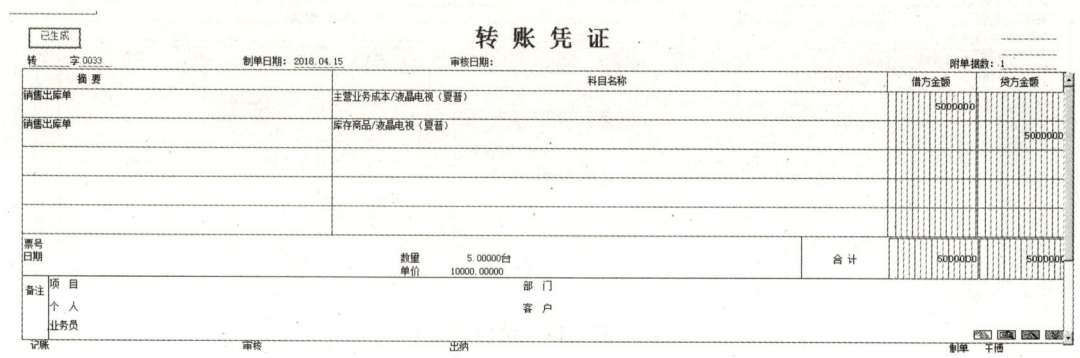

图 5-41　生成凭证

（10）修改确定无误后，单击工具栏中的"保存"按钮，凭证左上角显示"已生成"红字标记，表示已将凭证传递到总账系统，如图 5-42 所示。

转 账 凭 证

已生成						
转　字 0033	制单日期：2018.04.15		审核日期：			附单据数：1
摘要	科目名称				借方金额	贷方金额
销售出库单	主营业务成本/液晶电视（夏普）				5000000	
销售出库单	库存商品/液晶电视（夏普）					5000000
票号日期	数量　5.00000台单价　10000.00000			合计	5000000	5000000
备注 项 目个 人业务员			部 门客 户			
记账	审核	出纳			制单 王博	

图 5-42　生成凭证

注意：

★ 销售管理系统中所有单据上的税率均为 16%。

★ 如果需要手工输入销售专用发票，则必须将销售系统选项中的"普通销售必有订单"取消，否则，只能参照生成，不能手工输入。

★ 如果增加销售专用发票，系统没有自动弹出选择发货单的条件过滤窗口，则表示在销售系统参数设置时，没有选择"普通销售必有订单"选项。这时可以单击"发货"按钮，系统显示发货单的条件过滤窗口。

学习子情境二　现结及代垫费用业务

一、任务描述

现结业务主要是销售发票开出后，立即收到货款，根据发票现结处理。代垫费用业务为在销售过程中发生的代客户支付的费用。

以销售主管 X01 孙佳佳的身份进行销售业务处理，以仓库主管 C01 杜飞的身份进行库存业务处理，以会计 W02 王博的身份进行存货核算及应收业务处理。

（一）现结业务

（1）2018 年 5 月 14 日，销售部向牡丹江中央红有限公司出售豆浆机（九阳）10 台，售价230 元（不含税），货物从小型家电仓库发出。

（2）2018 年 5 月 14 日，根据上述发货单开具专用发票一张，发票号为 0455408。同时收到客户以转账支票所支付的全部货款，存入银行并收到银行发来的收款回单。

（3）进行现结制单处理，相关票据如图 5-43、图 5-44、图 5-45 所示。

购 销 合 同

供方：哈尔滨邦德科技发展有限责任公司　　　　　　合同号：XS004
需方：牡丹江中央红有限公司　　　　　　　　　　　签订日期：2018 年 05 月 14 日
经双方协议，订立本合同如下：

产品型号	名　称	数　量	单价（含税）	总　额	其他要求
	豆浆机（九阳）	10	266.80	2 668.00	
合　计				2 668.00	

货款总计（大写）：贰仟陆佰陆拾捌元整

质量验收标准：
交货日期：2018 年 05 月 14 日
交货地点：牡丹江中央红有限公司
结算方式：转账支票
付款时间：2018 年 05 月 14 日
违约条款：违约方须赔付对方一切经济损失。但遇天灾人祸或其他人力不能控制之因素而导致延误交货，需方不能要求供方赔偿任何损失。
解决合同纠纷的方式：经双方友好协商解决，如协商不成的，可向当地仲裁委员会提出申诉解决。
本合同一式两份，供需双方各执一份，自签订之日起生效。
供方（盖章）：　　　　　　　　　　　　需方（盖章）：
地址：哈尔滨市南岗区学府路 5 号　　　　地址：牡丹江市一路 217 号
法定代表：王慧玲　　　　　　　　　　　法定代表：何春国
联系电话：0451-86619207　　　　　　　联系电话：0453-68845545

图 5-43　销售合同

黑龙江增值税专用发票　　No 0455408

开票日期：2018 年 05 月 14 日

购货单位	名　称	牡丹江中央红有限公司			密码区	略
	纳税识别号	465413132064				
	地址、电话	牡丹江市东一路217号0453-68845545				
	开户行及账号	中国建设银行牡丹江市西长安支行6223944131302147				

货物或应税劳务名称	规格型号	单位	数量	单价	金额	税率	税额
豆浆机（九阳）		台	10	230.00	2300.00	16%	368.00
合　　　计					¥2300.00		¥368.00
价税合计（大写）	⊗ 贰仟陆佰陆拾捌元整					（小写）¥2668.00	

销货单位	名　称	哈尔滨邦德科技发展有限责任公司	备注
	纳税识别号	45313213213	
	地址、电话	哈尔滨市南岗区学府路5号0451-86619207	
	开户行及账号	中国建设银行哈尔滨市南岗区学府支行513516847964351	

收款人：略　　　复核：略　　　开票人：略　　　销货单位（章）

图 5-44　销售发票

收款回单

日期:2018 年 05 月 14 日   业务类型:企业银行支付

付款账号:6223944131302147

流水号:E11003008324891

户名:牡丹江中央红有限公司

开户行:中国建设银行牡丹江市西长安支行

金额(大写):人民币贰仟陆佰陆拾捌元整

    (小写):CNY 2 668.00

收款人户名:哈尔滨邦德科技发展有限责任公司

收款人账号:513516847964351

收款人开户行:中国建设银行哈尔滨市南岗区学府支行

凭证种类: 凭证号码: 业务编号:2018051412320

摘要:往来

经办:197505   第一次打印   8890001033-000124-201805

图 5-45 收款回单

(二)代垫费用处理

2018 年 5 月 15 日,销售部向大庆家乐福有限公司出售洗衣机(三星)3 台,不含税售价 5 000 元。货物从大型家电库发出,出具销售专用发票,票号为 0455409,在销售商品过程中发生了一笔代垫的物流费用,以 200 元现金支付。客户尚未支付货款及代垫费用。相关票据如图 5-46、图 5-47、图 5-48 所示。

购 销 合 同

供方:哈尔滨邦德科技发展有限责任公司   合同号:XS005

需方:大庆家乐福有限公司   签订日期:2018 年 05 月 15 日

经双方协议,订立本合同如下:

产品型号	名 称	数 量	单价(含税)	总 额	其他要求
	洗衣机(三星)	3	5 800.00	17 400.00	
合 计				17 400.00	

货款总计(大写):壹万柒仟肆佰元整

质量验收标准:

交货日期:2018 年 05 月 15 日

交货地点:大庆家乐福有限公司

结算方式:转账支票

付款时间:2018 年 06 月 15 日

违约条款:违约方须赔付对方一切经济损失。但遇天灾人祸或其他人力不能控制之因素而导致延误交货,需方不能要求供方赔偿任何损失。

解决合同纠纷的方式:经双方友好协商解决,如协商不成的,可向当地仲裁委员会提出申诉解决。

本合同一式两份,供需双方各执一份,自签订之日起生效。

供方(盖章):   需方(盖章):

地址:哈尔滨市南岗区学府路 5 号   地址:大庆市远望大街 54 号

法定代表:王慧玲   法定代表:程国东

联系电话:0451-86619207   联系电话:0459-23645545

图 5-46 销售合同

黑龙江增值税专用发票

4531321300

No 0455409

4531321300
0455409

开票日期：2018年05月15日

购货单位		
名　称：大庆家乐福有限公司		
纳税识别号：5643130564		
地址、电话：大庆市远望大街54号0459-23645545		
开户行及账号：中国建设银行大庆市市让胡路支行6228952266654821		

密码区　略

第一联：记账联　销货方记账凭证

货物或应税劳务名称	规格型号	单位	数量	单价	金额	税率	税额
洗衣机（三星）		台	3	5 000.00	15 000.00	16%	2 400.00
合　　计					¥15 000.00		¥2 400.00

价税合计（大写）　⊗ 壹万柒仟肆佰元整　（小写）¥17 400.00

销货单位		
名　称：哈尔滨邦德科技发展有限责任公司		
纳税识别号：45313213213		
地址、电话：哈尔滨市南岗区学府路5号0451-86619207		
开户行及账号：中国建设银行哈尔滨市南岗区学府支行513516847964351		

备注

收款人：略　　复核：略　　开票人：略　　销货单位：（章）

图 5-47　销售专用发票

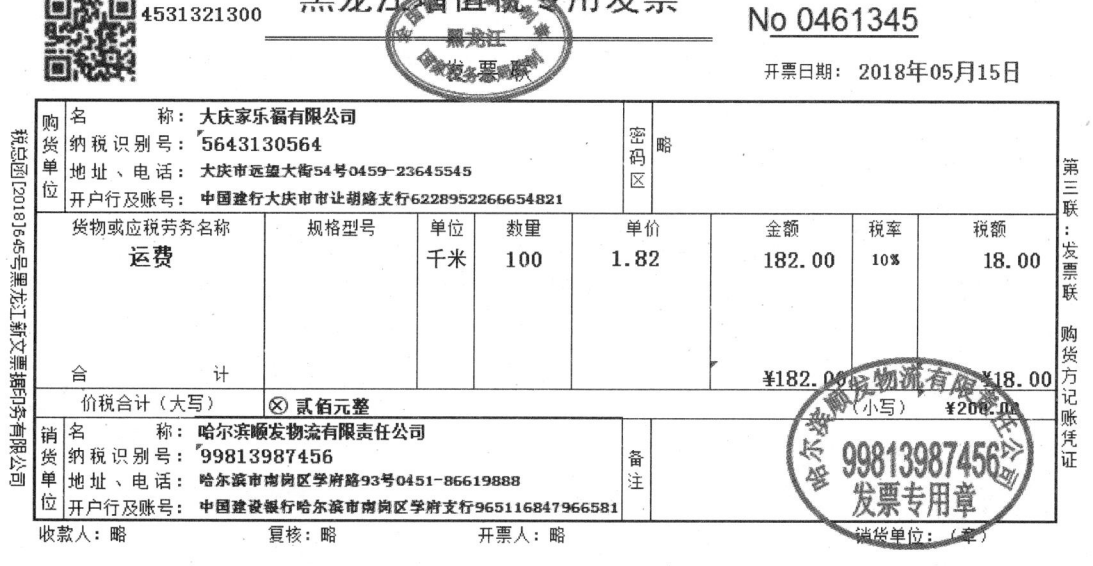

黑龙江增值税专用发票

4531321300

No 0461345

开票日期：2018年05月15日

购货单位		
名　称：大庆家乐福有限公司		
纳税识别号：5643130564		
地址、电话：大庆市远望大街54号0459-23645545		
开户行及账号：中国建行大庆市市让胡路支行6228952266654821		

密码区　略

第三联：发票联　购货方记账凭证

货物或应税劳务名称	规格型号	单位	数量	单价	金额	税率	税额
运费		千米	100	1.82	182.00	10%	18.00
合　　计					¥182.00		¥18.00

价税合计（大写）　⊗ 贰佰元整　（小写）¥200.00

销货单位		
名　称：哈尔滨顺发物流有限责任公司		
纳税识别号：99813987456		
地址、电话：哈尔滨市南岗区学府路93号0451-86619888		
开户行及账号：中国建设银行哈尔滨市南岗区学府支行965116847966581		

备注

收款人：略　　复核：略　　开票人：略　　销货单位：（章）

图 5-48　代垫费用发票

二、任务操作

（一）现结业务

1. 在销售管理系统中填制并审核销售订单

（1）进入销售管理系统，执行"销售订货"——"销售订单"命令，进入"销售订单"窗口。

（2）单击"增加"按钮，根据业务填写销售订单，输入"存货名称"为"豆浆机（九阳）"，"数量"为"10.00"，"无税单价"为"230.00"。单击"保存""审核"按钮，如图5-49所示。

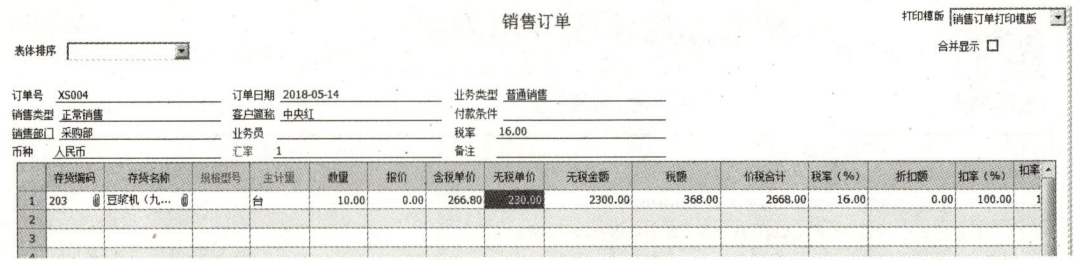

图 5-49　输入销售订单

2. 在销售管理系统中填制并审核发货单

（1）进入销售管理系统，执行"销售发货"—"发货单"命令，进入"发货单"窗口。

（2）单击"增加"按钮，打开"选择订单"对话框。

（3）运用销售订单生成发货单，选择"仓库"为"小型家电仓库"。

（4）单击"保存"按钮，再单击"审核"按钮，保存并审核发货单，如图5-50所示。

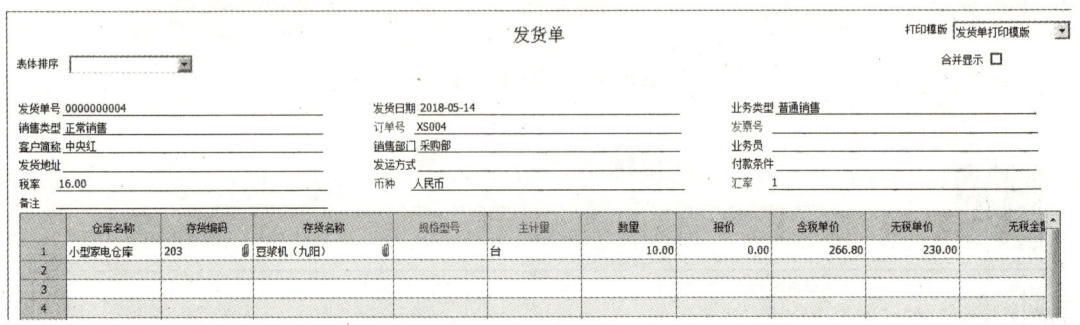

图 5-50　"发货单"窗口

3. 在销售管理系统中根据发货单生成销售专用发票，并执行现结

（1）进入销售管理系统，根据发货单生成销售专用发票，单击"保存"按钮，如图 5-51 所示。

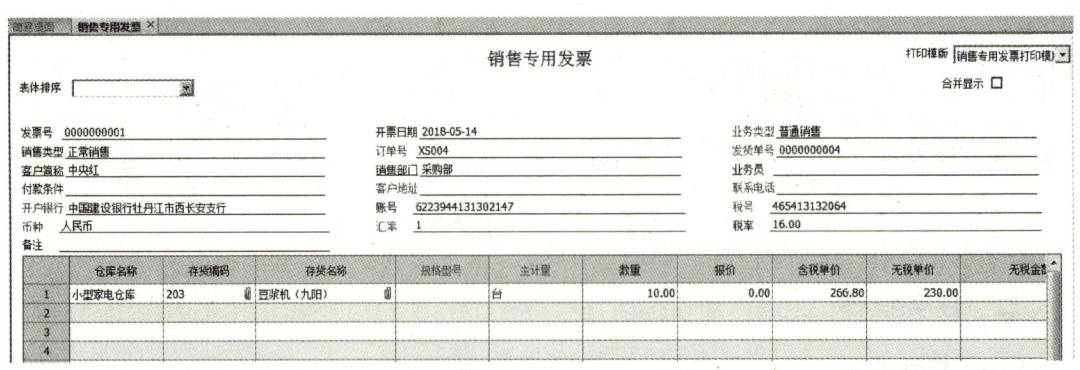

图 5-51　销售专用发票

（2）在销售专用发票界面，单击"现结"按钮，打开"现结"对话框。选择"结算方式"为"202-转账支票"，输入"结算金额"为"2 668.00"，如图 5-52 所示。单击"确定"按钮返回，销售专用发票左上角显示"现结"标志。

（3）单击"复核"按钮，对现结发票进行复核，如图 5-53 所示。

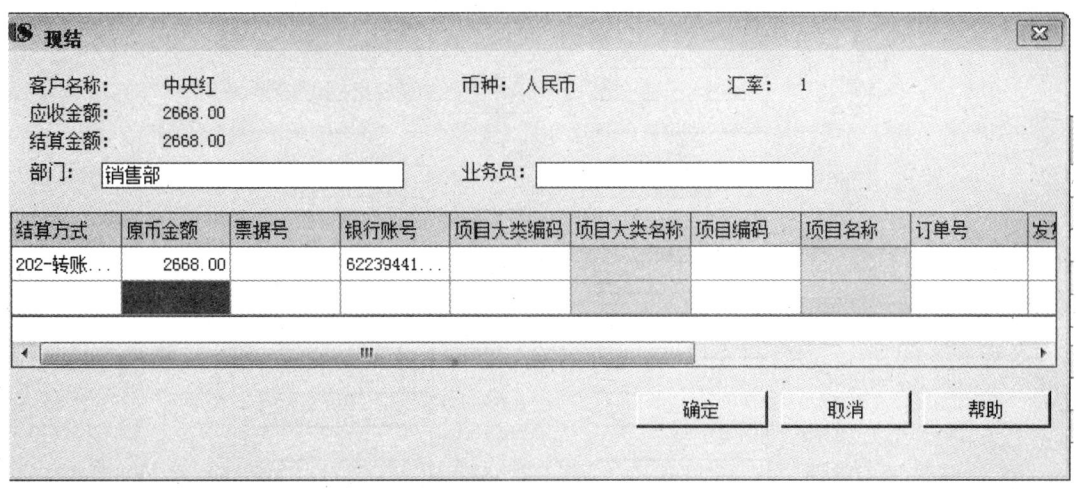

图 5-52 "现结"对话框

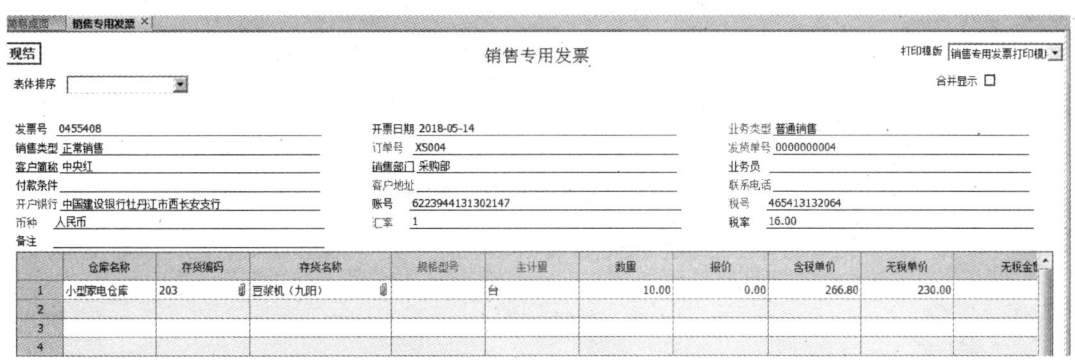

图 5-53 现结后的销售专用发票

注意:
　★ 应在销售发票复核前进行现结处理。
　★ 销售发票复核后才能在应收款管理系统中进行"现结"制单。

4. 在应收款管理系统中进行应收单据审核和现结制单

（1）进入应收款管理系统,执行"应收单据处理"—"应收单据审核"命令,打开"单据过滤条件"对话框。

（2）选中"包含已现结发票"复选框,单击"确定"按钮,如图 5-54 所示,进入"应收单据列表"窗口。

（3）审核销售专用发票列表。

（4）双击相应的销售专用发票,单击"审核"按钮。提示"是否立即制单",如图 5-55 所示。

（5）修改确定无误后,单击"保存"按钮,凭证左上角出现"已生成"红色标记,表示凭证已传递到总账,如图 5-56 所示。

5. 在库存管理系统中审核销售出库单

（1）进入库存管理系统,执行"出库业务"—"销售出库单"命令,进入"销售出库单"窗口,单击"末张"按钮,查找到自动生成的出库单。

应收单查询条件

单据名称	单据类型 全部
客户	
部门	业务员
单据编号	
单据日期 2018-05-01	
审核日期	
币种	方向
原币金额	
本币金额	
业务类型	
销售类型	制单人
存货分类	存货
存货规格	合同类型
合同号	
发货单	

☑ 未审核　☐ 已审核　　复核人　　　　批审

☑ 包含已现结发票　　　　　　　　确定　取消

☐ 已制单　☑ 未制单

图 5-54　"应收单查询条件"窗口

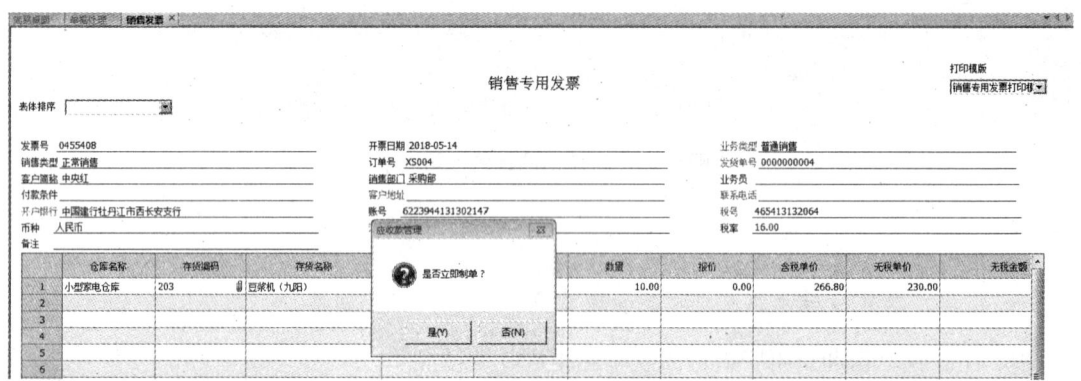

图 5-55　审核发票

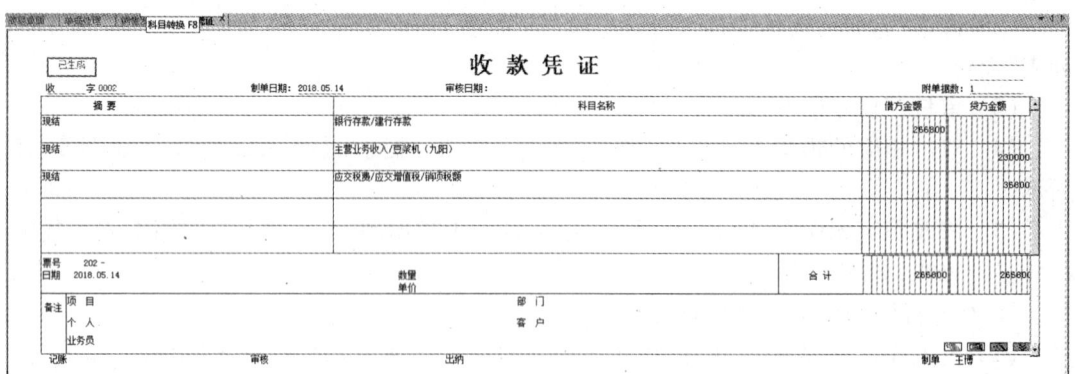

图 5-56　保存凭证

（2）单击"审核"按钮,系统提示"该单据审核成功!",单击"确定"按钮,如图 5-57 所示。

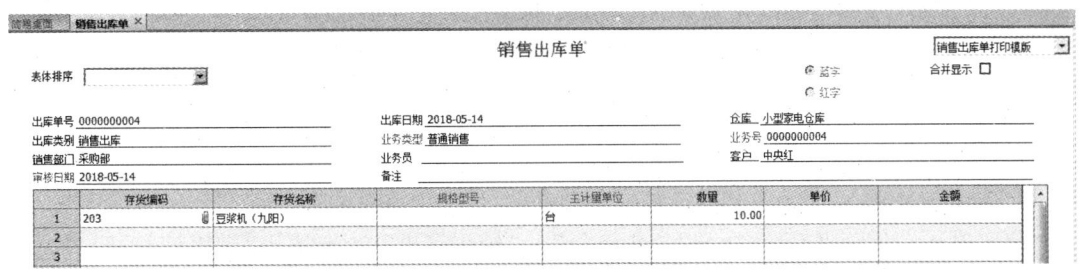

图 5-57　审核后的销售出库单

6. 在存货核算系统中对销售出库单记账并生成凭证

（1）进入存货核算系统,执行"业务核算"—"正常单据记账"命令,打开"正常单据记账列表"窗口。

（2）打开"查询条件选择"窗口,选中"小型产品库"复选框,保留"销售出库单"单据类型,单击"确定"按钮。

（3）单击需要记账的单据前的"选择"栏,出现"Y"标记,或单击工具栏的"全选"按钮选择所有单据,然后单击工具栏中的"记账"按钮。

（4）系统开始进行单据记账,记账完成后,单据不在窗口中显示。

（5）执行"财务核算"—"生成凭证"命令,进入"生成凭证"窗口。

（6）单击"选择"按钮,打开"查询条件"对话框。

（7）选择"销售出库单"复选框,单击"确定"按钮,进入"选择单据"窗口。

（8）单击需要生成凭证的单据前的"选择"栏或单击工具栏中的"全选"按钮,然后单击工具栏中的"销售出库单",进入"生成凭证"窗口。

（9）选择凭证类别为"转账凭证",单击"生成"按钮,系统显示生成的转账凭证。

（10）修改确定无误后,单击工具栏中的"保存"按钮,凭证左上角显示"已生成"红字标记,表示已将凭证传递到总账系统,如图 5-58 所示。

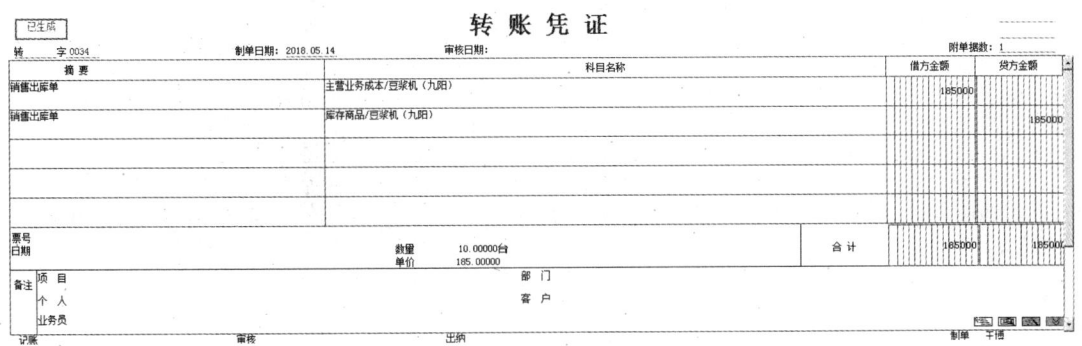

图 5-58　生成凭证

注意:

★ 系统自动生成发票后,如果直接单击"复核"按钮,则不能进行现结处理,只能确认为应收账款。

★ 如果需要现结处理,需要在自动生成销售发票时,先单击"现结"按钮,进行现结处理,再单击"复核"按钮。

★ 已经现结或复核的发票不能直接修改。如果需要修改,可以先单击"弃结"和"弃复"按钮,然后单击"修改"按钮,修改确认后单击"保存"按钮。

★ 已经现结或复核的发票不能直接删除。如果需要删除,可以先单击"弃结"和"弃复"按钮。

(二)代垫费用处理

1. 在销售管理系统中填制并审核销售订单

(1)进入销售管理系统,执行"销售订货"—"销售订单"命令,进入"销售订单"窗口。

(2)单击"增加"按钮,根据业务填写销售订单,输入"订单日期"为"2018-05-15","客户名称"为"家乐福","销售部门"为"销售部","存货名称"为"洗衣机(三星)","数量"为"3.00","无税单价"为"500.00",如图5-59所示。

图5-59 "销售订单"窗口

2. 在销售管理系统中填制并审核发货单

(1)进入销售管理系统,执行"销售发货"—"发货单"命令,进入"发货单"窗口。

(2)单击"增加"按钮,打开"选择订单"对话框。

(3)运用销售订单生成发货单,选择"仓库"为"大型家电仓库"。

(4)单击"保存"按钮,单击"审核"按钮,保存并审核发货单,如图5-60所示。

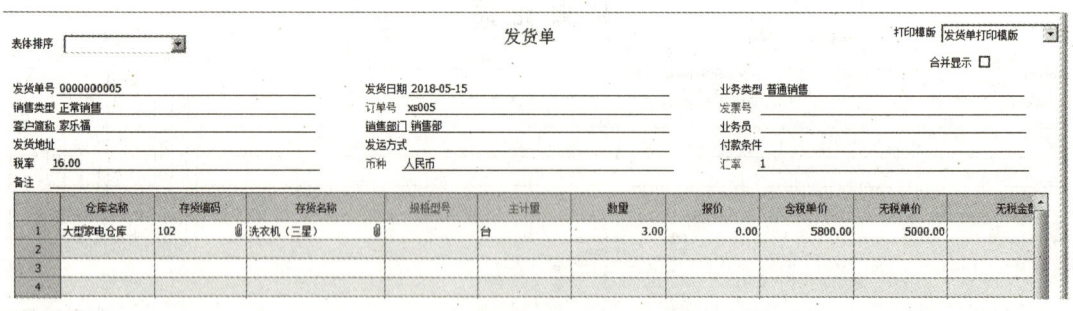

图5-60 审核后的发货单

3. 在销售管理系统中根据发货单填制并复核销售发票

(1)进入销售管理系统,执行"销售开票"—"销售专用发票"命令,进入"销售专用发票"窗口。

(2)单击"增加"按钮,打开"选择发货单"对话框,单击"显示"按钮,选择要参照的发货单,单击"确定"按钮,将发货单信息带入销售专用发票。

（3）单击"保存"按钮,单击"复核"按钮,复核销售专用发票,单击"退出"按钮,如图5-61所示。

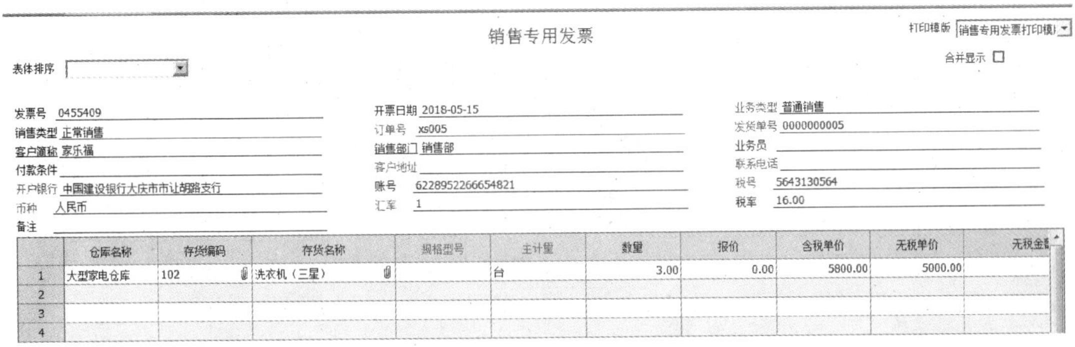

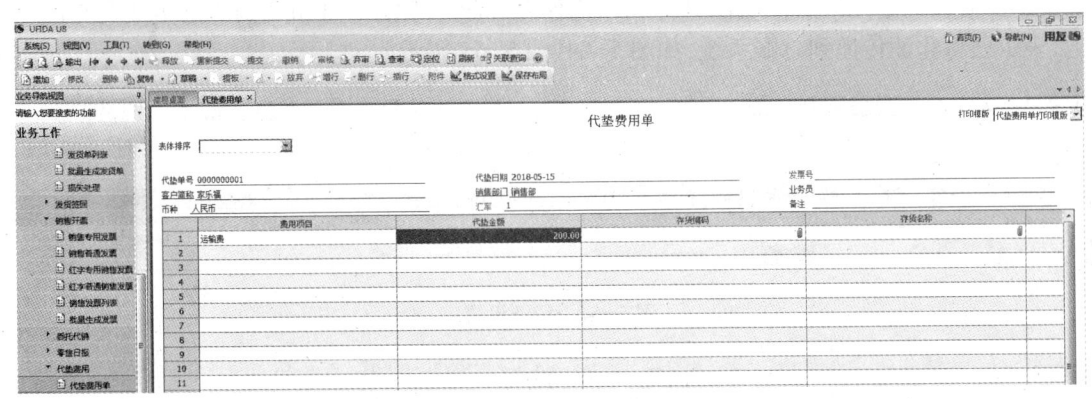

图5-61 复核销售专用发票

4. 在销售管理系统中填制并审核代垫费用单

（1）进入销售管理系统,执行"代垫费用"—"代垫费用单"命令,进入"代垫费用单"窗口。

（2）单击"增加"按钮,输入"代垫日期"为"2018-05-15"、"客户"名称为"家乐福"、"销售部门"为"销售部"、"费用项目"为"运输费"、"代垫金额"为"200.00",保存并审核,如图5-62所示。

图5-62 输入代垫运费

5. 在库存管理系统中审核销售出库单

（1）进入库存管理系统,执行"出库业务"—"销售出库单"命令,进入"销售出库单"窗口,单击"末张"按钮,查找自动生成的出库单。

（2）单击"审核"按钮,系统提示"该单据审核成功!",单击"确定"按钮,如图5-63所示。

6. 在存货核算系统中对销售出库单记账并生成凭证

（1）进入存货核算系统,执行"业务核算"—"正常单据记账"命令,打开"正常单据记账列表"窗口。

（2）打开"查询条件选择"窗口,选中"大型家电仓库"复选框,保留"销售出库单"单据类型,单击"确定"按钮。

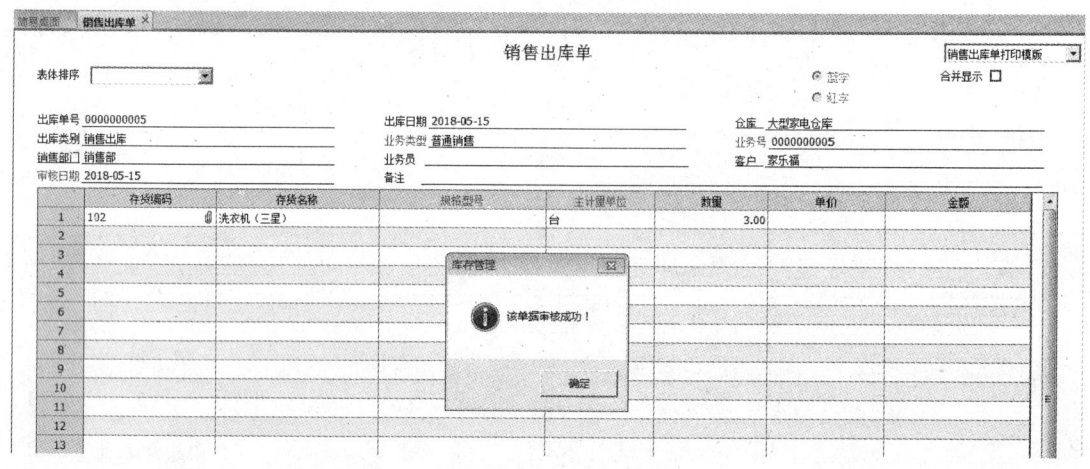

图 5-63　审核出库单

（3）单击需要记账的单据前的"选择"栏，出现"Y"标记，或单击工具栏的"全选"按钮选择所有单据，然后单击工具栏中的"记账"按钮。

（4）系统开始进行单据记账，记账成功后，单据不在窗口中显示。

（5）执行"财务核算"—"生成凭证"命令，进入"生成凭证"窗口。

（6）单击"选择"按钮，打开"查询条件"对话框。

（7）选择"销售出库单"复选框，单击"确定"按钮，进入"选择单据"窗口。

（8）选择凭证类别为"转　转账凭证"，单击"生成"按钮，系统显示生成的转账凭证。

（9）修改确定无误后，单击工具栏中的"保存"按钮，凭证左上角显示"已生成"红字标记，表示已将凭证传递到总账系统，如图 5-64、图 5-65 所示。

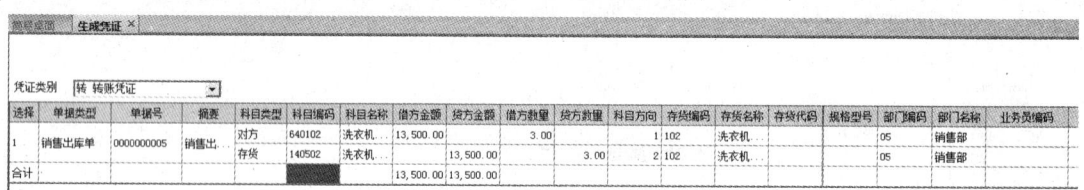

图 5-64　凭证设置

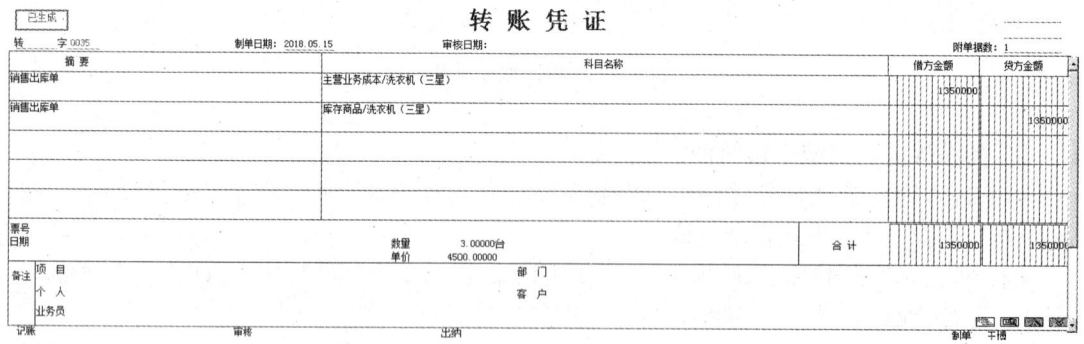

图 5-65　生成凭证

7. 在应收款管理系统中，审核销售专用发票并生成销售收入凭证

（1）进入应收款管理系统，执行"应收单据处理"—"应收单据审核"命令，打开"单据过滤条件"对话框,单击"确定"按钮,进入"应收单据列表"窗口。

(2) 选择要审核的单据,单击"审核"按钮,系统弹出"审核"成功信息提示框,单击"确定"按钮,退出。

(3) 执行"制单处理"命令,打开"制单查询"对话框。

(4) 选中"发票制单"和"应收单制单"复选框,单击"确定"按钮,进入"应收制单"窗口,如图5-66所示。

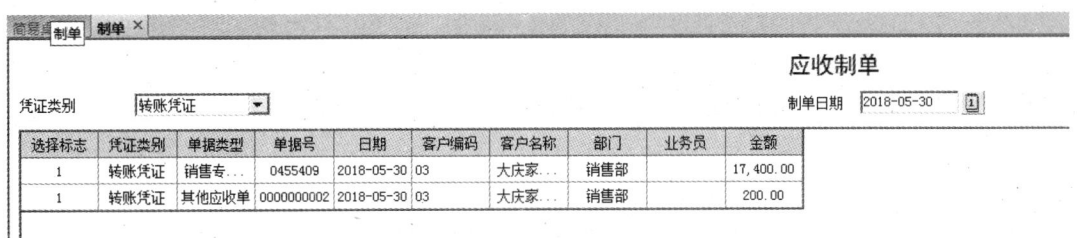

图5-66　"应收制单"窗口

(5) 选择凭证类别为"付款凭证",单击工具栏中的"全选"按钮,选择窗口中的所有单据。单击"制单"按钮,系统显示根据发票生成的转账凭证。

(6) 项目选择为"液晶电视(夏普)",修改制单日期,单击"保存"按钮,凭证左上角显示"已生成"红字标记,表示已将凭证传递到总账系统,如图5-67所示。

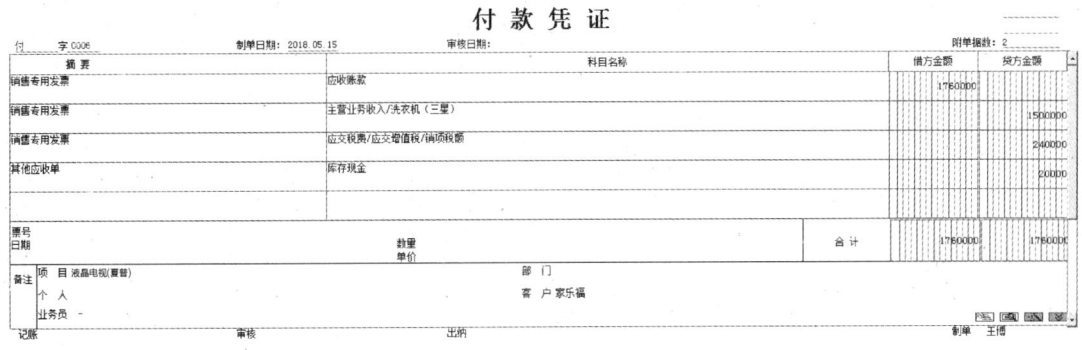

图5-67　生成凭证

注意:

★ 应收单可以在应收款管理系统中手工录入,也可以由销售发票自动生成。当销售管理系统与应收款管理系统集成使用时,销售发票复核后自动生成应收单并传递至应收款管理系统。

★ 应收单需要在应收款管理系统中审核确认,才能形成应收款项。

★ 如果是现结,应收单也必须在应收款管理系统中审核后,才能确认收取的款项。

★ 由销售发票自动生成的应收单不能直接修改。如果需要修改,则必须在销售系统中取消发票的复核,单击"修改""保存"和"复核"按钮,根据修改后的发票生成的应收单就是已经修改后的单据了。

★ 只有审核后的应收单或收款单才能制单。

★ 可以根据每笔业务制单,也可以月末一次制单。如果采用月末处理,可以按业务分别制单,也可以合并制单。

学习子情境三　开票业务

一、任务描述

根据客户的要求将两批货开到一张发票上,或者一批货物开出两张发票以及直接开出发票发出货物业务。

以销售主管 X01 孙佳佳的身份进行销售业务处理,以仓库主管 C01 杜飞的身份进行库存业务处理;以会计 W02 王博的身份进行存货核算及应收业务处理。

(一) 汇总开票业务

(1) 2018 年 5 月 15 日,销售部向哈尔滨黑天鹅家电有限公司出售空调(海尔)3 台,不含税单价为 4 200 元,货物从大型家电库发出。

(2) 2018 年 5 月 16 日,销售部向哈尔滨黑天鹅家电有限公司出售洗衣机(三星)2 台,不含税单价为 5 100 元,货物从大型家电库发出。

(3) 2018 年 5 月 16 日,根据上述两张发货单开具专用发票一张,发票号为 0455410,相关票据如图 5-68、图 5-69、图 5-70 所示。

购 销 合 同

供方:哈尔滨邦德科技发展有限责任公司　　　　　合同号:XS006
需方:哈尔滨黑天鹅家电有限公司　　　　　　　　签订日期:2018 年 05 月 15 日
经双方协议,订立本合同如下:

产品型号	名　称	数　量	单价(含税)	总　额	其他要求
	空调(海尔)	3	4 872.00	14 616.00	
合　计				14 616.00	

货款总计(大写):壹万肆仟陆佰壹拾陆元整

质量验收标准:
交货日期:2018 年 05 月 16 日
交货地点:哈尔滨黑天鹅家电有限公司
结算方式:转账支票
付款时间:2018 年 06 月 22 日
违约条款:违约方须赔付对方一切经济损失。但遇天灾人祸或其他人力不能控制之因素而导致延误交货,需方不能要求供方赔偿任何损失。
解决合同纠纷的方式:经双方协商解决,如协商不成的,可向当地仲裁委员会提出申诉解决。
本合同一式两份,供需双方各执一份,自签订之日起生效。

供方(盖章):　　　　　　　　　　　　　　需方(盖章):
地址:哈尔滨市南岗区学府路 5 号　　　　　　地址:哈尔滨市南岗区西天直街 88 号
法定代表:王慧玲　　　　　　　　　　　　　法定代表:王艳萍
联系电话:0451-86619207　　　　　　　　　联系电话:0451-86575689

图 5-68　销售合同

购 销 合 同

供方:哈尔滨邦德科技发展有限责任公司　　　　　合同号:XS007
需方:哈尔滨黑天鹅家电有限公司　　　　　　　　签订日期:2018 年 05 月 16 日
经双方协议,订立本合同如下:

产品型号	名　称	数　量	单价(含税)	总　额	其他要求
	洗衣机(三星)	2	5 916.00	11 832.00	
合　计				11 832.00	

货款总计(大写):壹万壹仟捌佰叁拾贰元整

质量验收标准:
交货日期:2018 年 05 月 16 日
交货地点:哈尔滨黑天鹅家电有限公司
结算方式:转账支票
付款时间:2018 年 06 月 22 日
违约条款:违约方须赔付对方一切经济损失。但遇天灾人祸或其他人力不能控制之因素而导致延误交货,需方不能要求供方赔偿任何损失。
解决合同纠纷的方式:经双方友好协商解决,如协商不成的,可向当地仲裁委员会提出申诉解决。
本合同一式两份,供需双方各执一份,自签订之日起生效。
供方(盖章):　　　　　　　　　　　　　　需方(盖章):
地址:哈尔滨市南岗区学府路5号　　　　　　地址:哈尔滨市南岗区西大直街88号
法定代表:王慧玲　　　　　　　　　　　　　法定代表:王艳萍
联系电话:0451-86619207　　　　　　　　　联系电话:0451-86575689

图 5-69　销售合同

黑龙江增值税专用发票

No 0455410

4531321300
0455410

4531321300

开票日期: 2018年05月16日

购货单位	名　称:	哈尔滨黑天鹅家电有限公司					密码区	略
	纳税识别号:	53131032132						
	地址、电话:	哈尔滨市南岗区西大直街88号0451-86575689						
	开户行及账号:	中国建设银行哈尔滨市和兴支行6223589964571201						

货物或应税劳务名称	规格型号	单位	数量	单价	金额	税率	税额
空调(海尔)		台	3	4200.00	12600.00	16%	2016.00
洗衣机(三星)		台	2	5100.00	10200.00		1632.00
合　　计					¥22800.00		¥3648.00

价税合计(大写): ⊗ 贰万陆仟肆佰肆拾捌元整　　　　　　（小写）¥26448.00

销货单位	名　称:	哈尔滨邦德科技发展有限责任公司		备注	
	纳税识别号:	45313213213			
	地址、电话:	哈尔滨市南岗区学府路5号0451-86619207			
	开户行及账号:	中国建设银行哈尔滨市南岗区学府支行513516847964351			

收款人:略　　　复核:略　　　开票人:略　　　销货单位(章)

第一联:发票联 销货方记账凭证

45313213213
发票专用章

图 5-70　销售专用发票

（二）分次开票业务

（1）2018 年 5 月 16 日，销售部向方圆盛东出售吹风机(飞利浦)20 个，不含税单价为 80 元，货物从小型家电库发出。

（2）2018 年 5 月 16 日，应客户要求，对上述所发出的商品开具两张专用销售发票，第一张发票中所列示的数量为 15 个，发票号为 0455411 第二张发票上所列示的数量为 5 个，发票号为 0455412。相关票据如图 5-71、图 5-72、图 5-73 所示。

购 销 合 同

供方:哈尔滨邦德科技发展有限责任公司　　　　　合同号:XS008
需方:黑龙江方圆盛东科技发展有限公司　　　　　签订日期:2018 年 05 月 16 日

经双方协议，订立本合同如下:

产品型号	名　称	数　量	单价(含税)	总　额	其他要求
	吹风机(飞利浦)	20	92.80	1 856.00	
合　计				1 856.00	

货款总计(大写):壹仟捌佰伍拾陆元整

质量验收标准:

交货日期:2018 年 05 月 16 日

交货地点:黑龙江方圆盛东科技发展有限公司

结算方式:转账支票

付款时间:2018 年 06 月 15 日

客户要求:分开两张发票，数量分别为 15 个，5 个。

违约条款:违约方须赔付对方一切经济损失。但遇天灾人祸或其他人力不能控制之因素而导致延误交货，需方不能要求供方赔偿任何损失。

解决合同纠纷的方式:经双方协商解决，如协商不成的，可向当地仲裁委员会仲裁或提出诉讼解决。

本合同一式两份，供需双方各执一份，自签订之日起生效。

供方(盖章):　　　　　　　　　　　　　　需方(盖章):
地址:哈尔滨市南岗区誉府路用章　　　　　　地址:哈尔滨市道外区桦树街47号专用章
法定代表:王慧玲　　　　　　　　　　　　　法定代表:吕小溪
联系电话:0451-86619207　　　　　　　　　联系电话:0451-57617899

图 5-71　销售合同

（三）开票直接发货

2018 年 5 月 18 日，销售部向哈尔滨世纪联华有限公司出售 10 个剃须刀(飞利浦)，不含税单价为 130 元，货物从小型家电库发出。并据此开具销售专用发票一张，发票号为 0455413。相关票据如图 5-74 所示

图 5-72　销售专用发票

图 5-73　销售专用发票

二、任务操作

(一) 汇总开票业务

1. 在销售管理系统中填制并审核销售订单

(1) 执行"销售订货"—"销售订单"命令,进入"销售订单"窗口。

(2) 单击"增加"按钮,根据业务填写销售订单,输入"订单日期"为"2018-05-15","客户简称"为"黑天鹅","销售部门"为"销售部","存货名称"为"空调(海尔)","数量"为"3.00","无税单价"为"4 200.00",保存并审核如图 5-75 所示。

图 5-74　销售专用发票

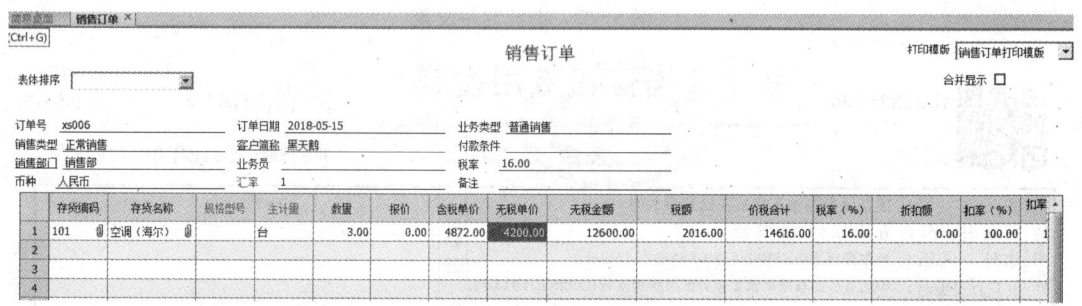

图 5-75　销售订单

（3）单击"增加"按钮，根据业务填写销售订单，输入"订单日期"为"2018-05-16"，"客户简称"为"黑天鹅"，"销售部门"为"销售部"，"存货名称"为"洗衣机（三星）"，"数量"为"2.00"，"无税单价"为"5 100.00"。保存并审核如图 5-76 所示。

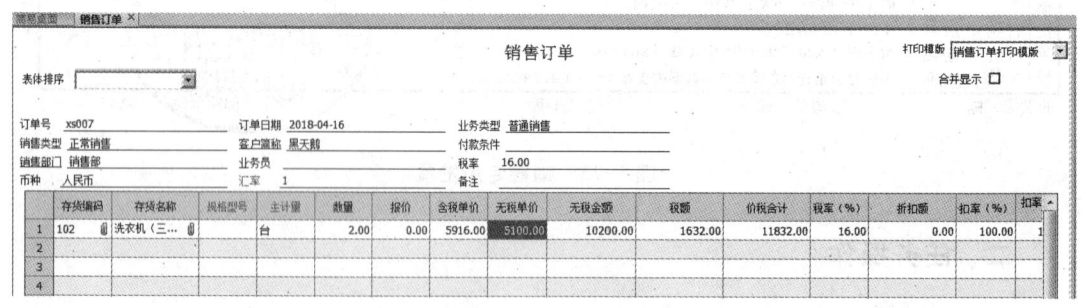

图 5-76　销售订单

2. 在销售管理系统中填制并审核发货单

（1）进入销售管理系统，执行"销售发货"—"发货单"命令，进入"发货单"窗口。

（2）单击"增加"按钮，打开"选择订单"对话框。

（3）运用销售订单生成发货单。选择"仓库"为"大型家电仓库"。

（4）单击"保存"按钮，再单击"审核"按钮，保存并审核发货单，单击"增加"按钮生成第二张发货单，如图5-77、图5-78所示。

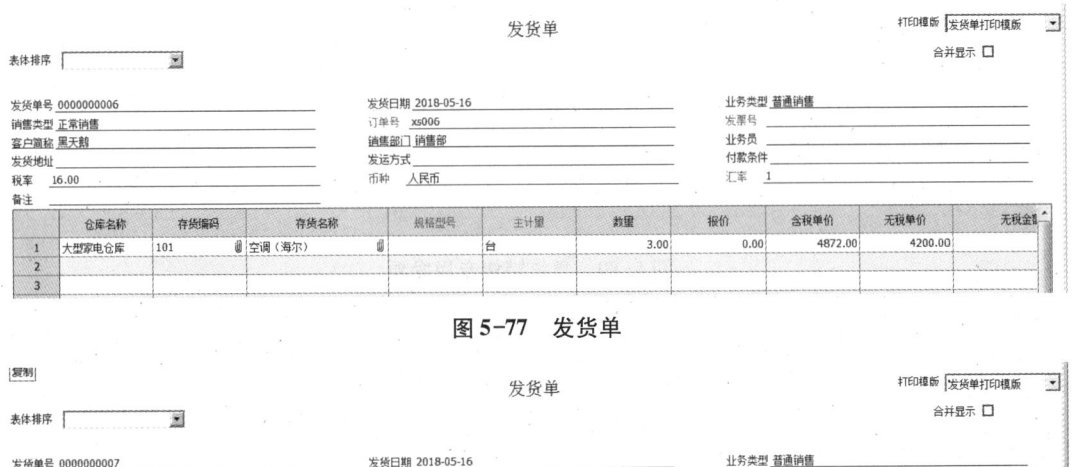

图5-77 发货单

图5-78 发货单

3. 在销售管理系统中根据发货单填制并复核销售发票

（1）进入销售管理系统，执行"销售开票"—"销售专用发票"命令，进入"销售专用发票"窗口。

（2）单击"增加"按钮，打开"选择发货单"对话框，单击"显示"按钮，选择要参照的发货单，单击"确定"按钮，将发货单信息带入销售专用发票。有两条发货单信息，全选，如图5-79所示。

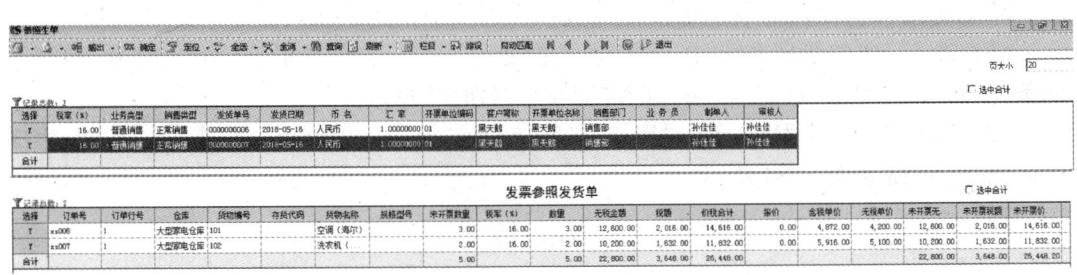

图5-79 参照生单

（3）单击"保存"按钮，单击"复核"按钮，复核销售专用发票，单击"退出"按钮，如图5-80所示。

4. 在库存管理系统中审核两张销售出库单

（1）进入库存管理系统，执行"出库业务"—"销售出库单"命令，进入"销售出库单"窗口，单击"末张"按钮，查找到自动生成的出库单。

（2）单击"审核"按钮，系统提示"该单据审核成功！"，单击"确定"按钮，如图5-81、图5-82所示。

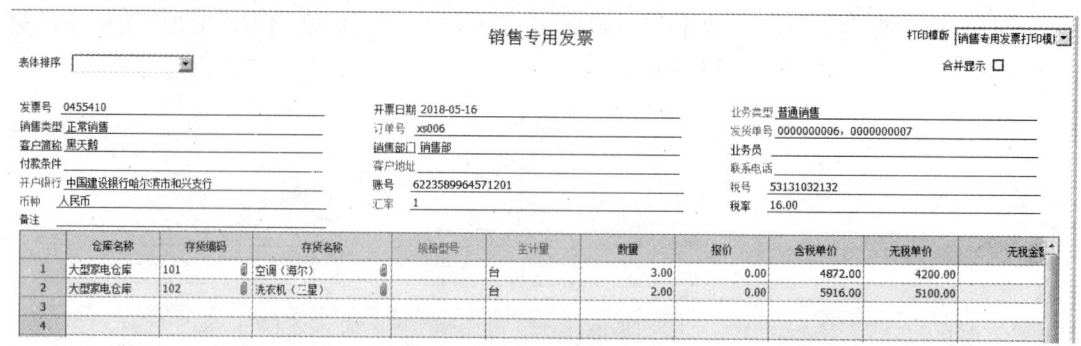

图 5-80　复核销售专用发票

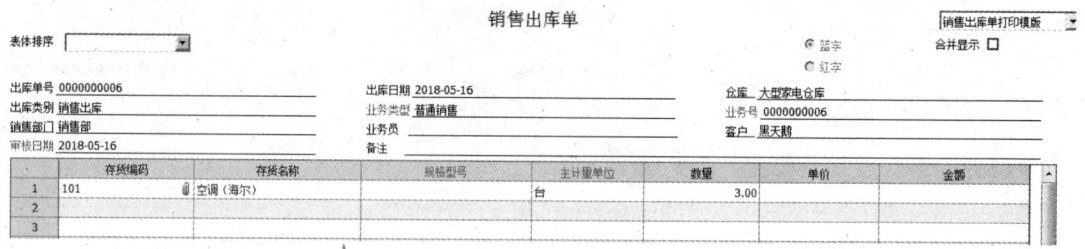

图 5-81　出库单

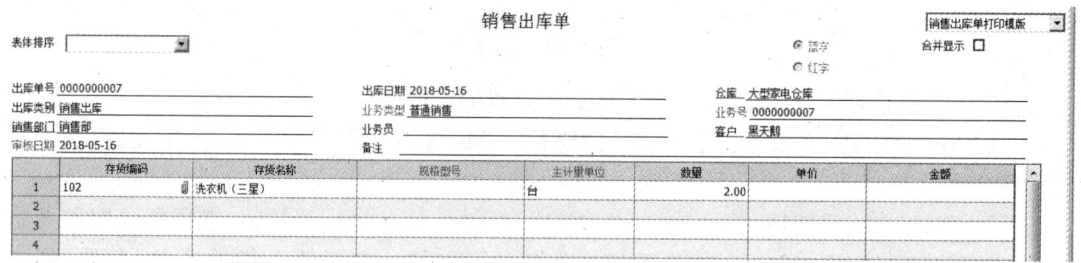

图 5-82　出库单

5. 在应收款管理系统中,审核销售专用发票并生成销售收入凭证

（1）进入应收款管理系统,执行"应收单据处理"—"应收单据审核"命令,打开"单据过滤条件"对话框,单击"确定"按钮,进入"应收单据列表"窗口。

（2）双击销售专用发票,单击"审核"。系统提示"是否立即制单",点击"是"按钮,生成凭证,如图 5-83 和图 5-84 所示。

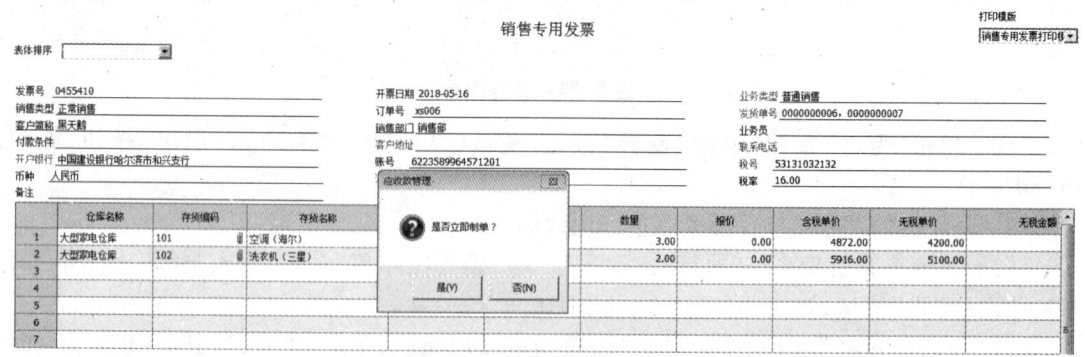

图 5-83　审核销售专用发票

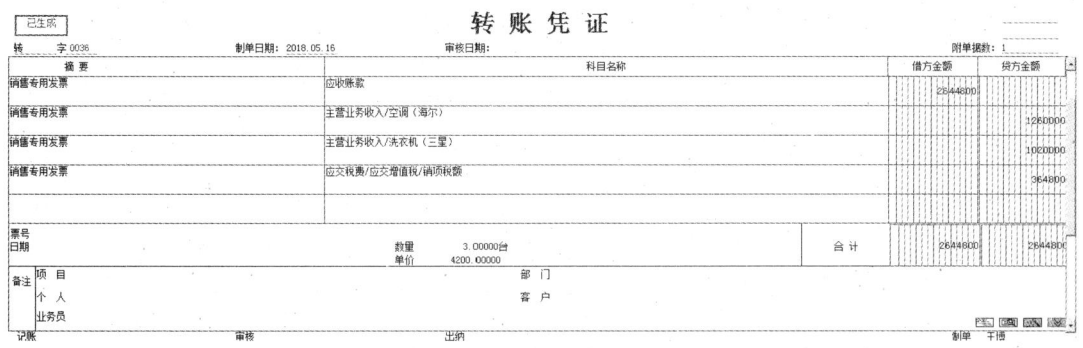

图 5-84　生成凭证

6. 在存货核算系统中对销售出库单记账并生成凭证

（1）进入存货核算系统，执行"业务核算"—"正常单据记账"命令，打开"正常单据记账列表"窗口。

（2）打开"查询条件选择"窗口，选中"大型家电仓库"复选框，保留"销售出库单"单据类型，单击"确定"按钮。

（3）单击需要记账的单据前的"选择"栏，出现"Y"标记，或单击工具栏的"全选"按钮选择所有单据，然后单击工具栏中的"记账"按钮。

（4）系统开始进行单据记账，记账成功后，单据不在窗口中显示。

（5）执行"财务核算"—"生成凭证"命令，进入"生成凭证"窗口。

（6）单击"选择"按钮，打开"查询条件"对话框。

（7）选择"销售出库单"，单击"确定"按钮，进入"选择单据"窗口。

（8）选择凭证类别为"转　转账凭证"，单击"生成"按钮，系统显示生成的转账凭证。

（9）修改确定无误后，单击工具栏中的"保存"按钮，凭证左上角显示"已生成"红字标记，表示已将凭证传递到总账系统，如图 5-85、图 5-86、图 5-87 所示。

选择	单据类型	单据号	摘要	科目类型	科目编码	科目名称	借方金额	贷方金额	借方数量	贷方数量	科目方向	存货编码	存货名称	存货代码	规格型号	部门编码	部门名称	业务员编码
1	销售出库单	0000000006	销售出...	对方	640101	空调（...	11,550.00		3.00		1	101	空调（...			05	销售部	
				存货	140501	空调（...		11,550.00		3.00	2	101	空调（...			05	销售部	
		0000000007	销售出...	对方	640102	洗衣机...	9,000.00		2.00		1	102	洗衣机...			05	销售部	
				存货	140502	洗衣机...		9,000.00		2.00	2	102	洗衣机...			05	销售部	
合计							20,550.00	20,550.00									

凭证类别　转　转账凭证

图 5-85　凭证设置

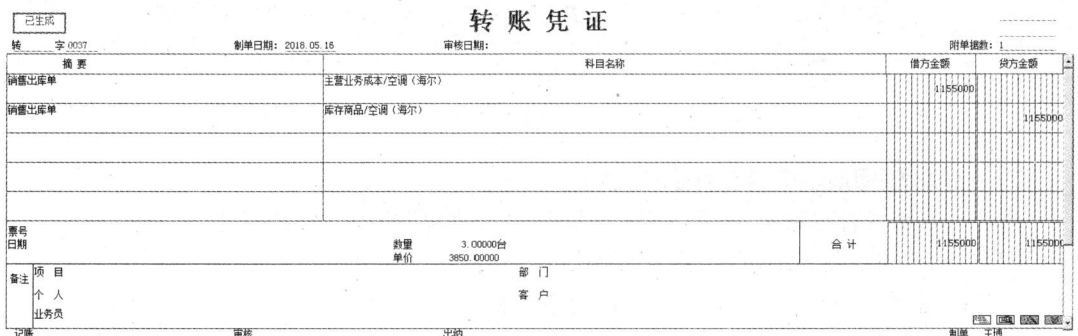

图 5-86　第一张转账凭证

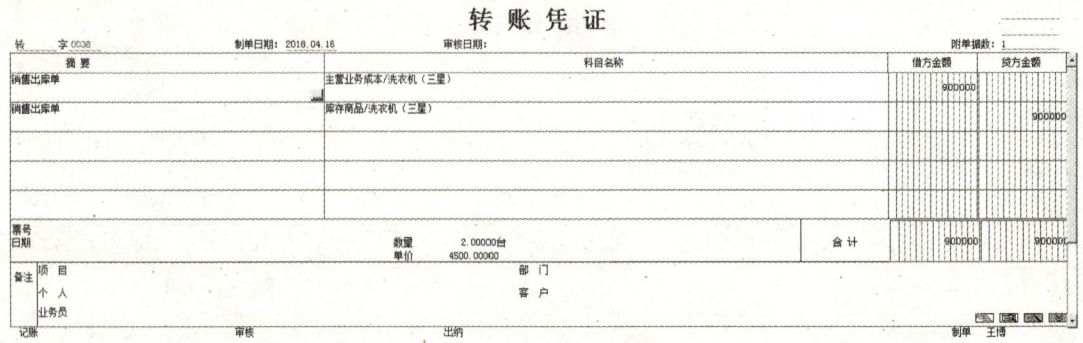

图 5-87　第二张转账凭证

注意：

★ 如果在存货核算系统初始化时已经设置过存货科目和对方科目，则此处可以不再设置。

★ 存货核算系统必须执行正常单据记账后，才能确认销售出库的成本，并生成结转销售成本凭证。

★ 正常单据记账后，可以执行取消记账操作，恢复到记账前状态。

★ 可以根据每笔业务单据执行记账操作，也可以月末执行一次记账操作。

★ 可以根据每笔业务结转销售成本，生成结转凭证；也可以月末集中结转，合并生成结转凭证。存货采用先进先出法、后进先出法等方法核算，可以随时结转成本。如果存货采用全月加权平均法，则只能在月末计算存货单位成本和结转销售成本。

（二）分次开票业务

1. 在销售管理系统中填制并审核销售订单

（1）进入销售管理系统，执行"销售订货"—"销售订单"命令，进入"销售订单"窗口。

（2）单击"增加"按钮，根据业务填写销售订单。输入"订单日期"为"2018-05-16"、"客户简称"为"方圆盛东"、"销售部门"为"销售部"、"存货名称"为"吹风机（飞利浦）"、"数量"为"20.00"、"无税单价"为"80.00"，保存并审核如图 5-88 所示。

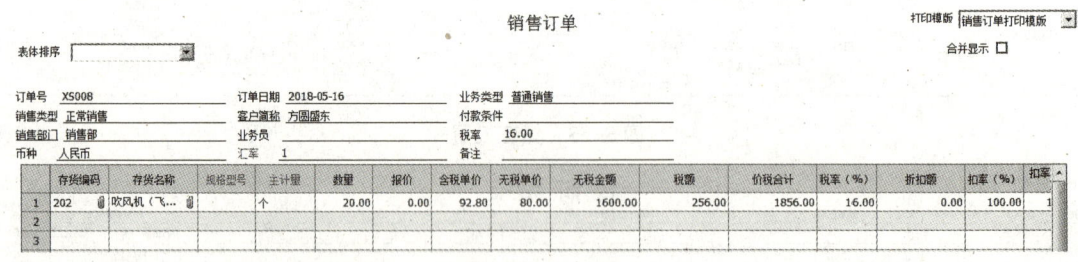

图 5-88　销售订单

2. 在销售管理系统中填制并审核发货单

（1）进入销售管理系统，执行"销售发货"—"发货单"命令，进入"发货单"窗口。

（2）单击"增加"按钮，打开"选择订单"对话框。

（3）运用销售订单生成发货单，选择"仓库"为"小型家电仓库"。

（4）单击"保存"按钮，再单击"审核"按钮，保存并审核发货单，单击"下一张"按钮，进行审查，如图 5-89 所示。

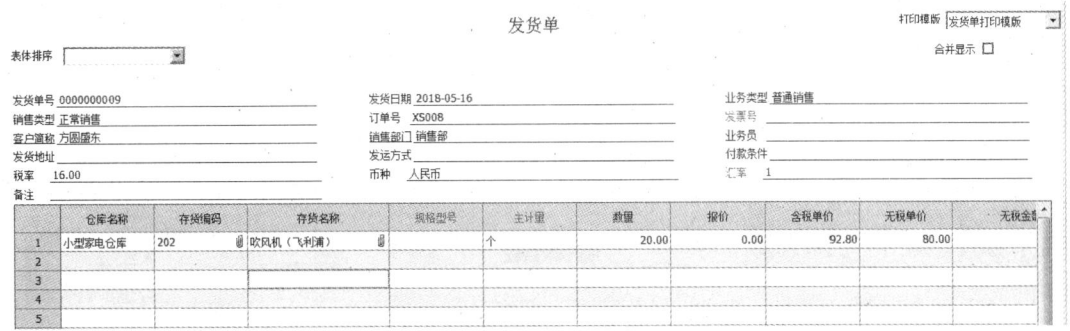

图 5-89　发货单

3. 在销售管理系统中填制并复核两张销售发票

（1）进入销售管理系统，执行"销售开票"—"销售专用发票"命令，进入"销售专用发票"窗口。

（2）单击"增加"按钮，打开"选择发货单"对话框，单击"显示"按钮，选择要参照的发货单，单击"确定"按钮，将数量"20"改为"15"，如图 5-90 所示。

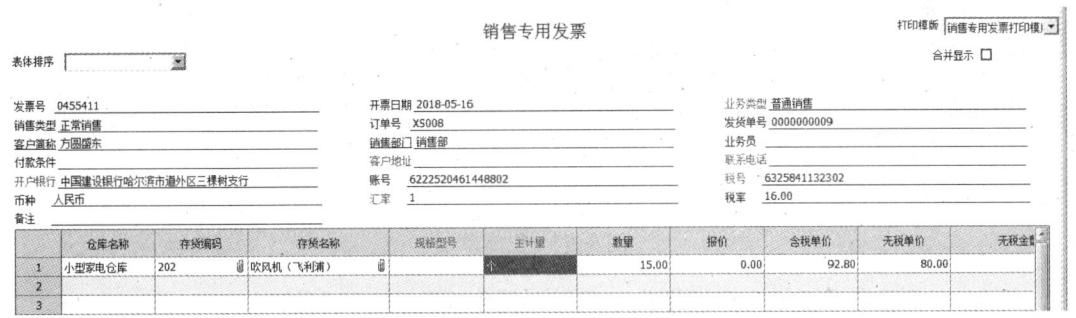

图 5-90　销售专用发票

（3）单击"保存"按钮，单击"复核"按钮，复核销售专用发票。

（4）单击"增加"按钮，打开"选择发货单"对话框，单击"显示"按钮，选择要开具销售专用发票的发货单，注意此时发货单上"未开票数量"一栏显示"5.00"，单击"确定"按钮，将发货单信息带到销售专用发票上。保存并复核，如图 5-91 和图 5-92 所示。

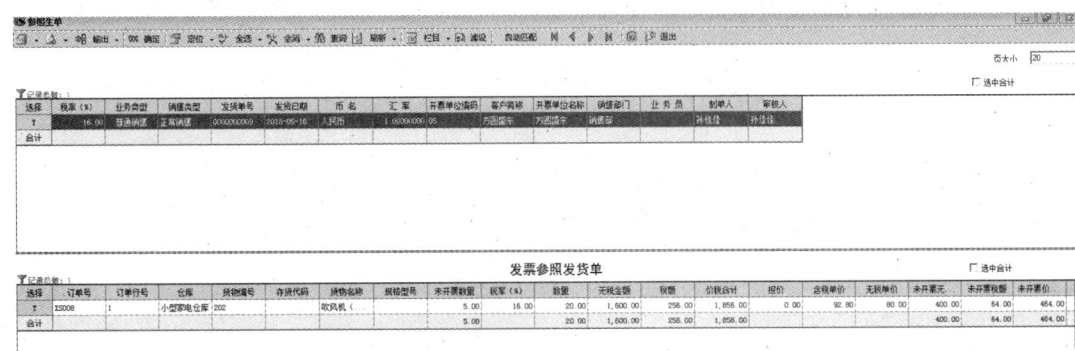

图 5-91　参照生单

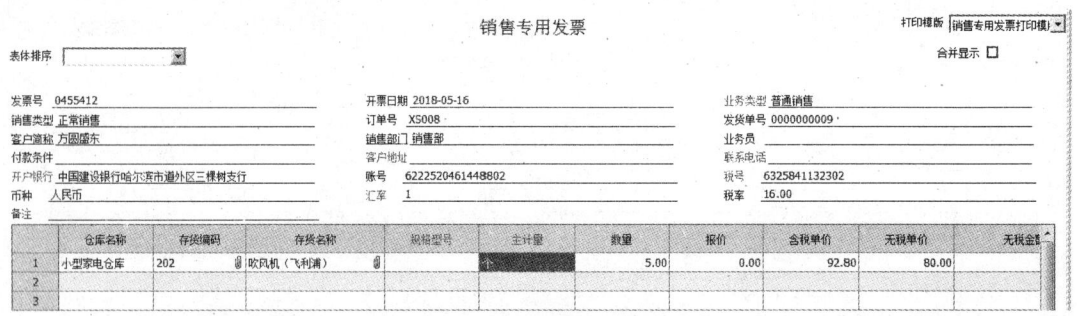

图 5-92　销售专用发票

4. 在库存管理系统中审核销售出库单

（1）进入库存管理系统，执行"出库业务"—"销售出库单"命令，进入"销售出库单"窗口，单击"末张"按钮，查找自动生成的出库单。

（2）单击"审核"按钮，系统提示"该单据审核成功！"，单击"确定"按钮，如图 5-93 所示。

图 5-93　出库单

5. 在应收款管理系统中审核销售专用发票并生成销售收入凭证

（1）进入应收款管理系统，执行"应收单据处理"—"应收单据审核"命令，打开"单据过滤条件"对话框，单击"确定"按钮，进入"应收单据列表"窗口。

（2）选择要审核的单据，单击"审核"按钮，系统提示审核成功，单击"确定"返回，如图 5-94 所示。

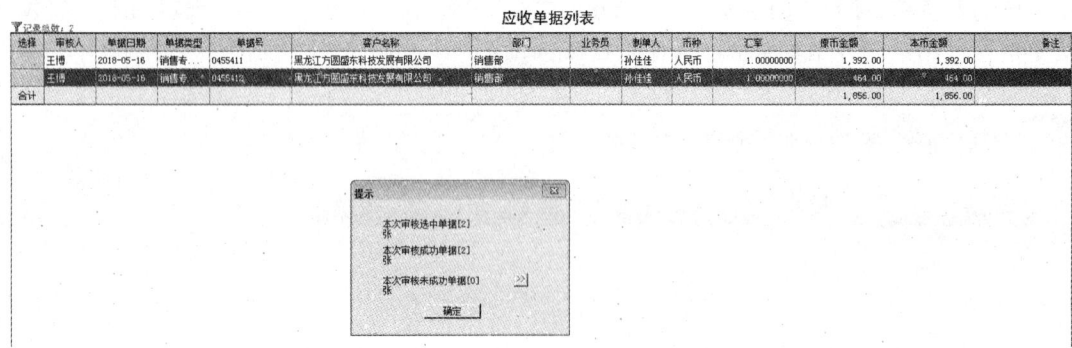

图 5-94　应收单据表

（3）执行"制单处理"命令，打开"制单查询"对话框。

（4）选中"发票制单"复选框，单击"确定"按钮，进入"销售发票制单"窗口。

（5）选择凭证类别为"转 转账凭证"，单击工具栏中的"全选"按钮,选择窗口中的所有单据。单击"合并""制单"按钮,系统显示根据发票生成的转账凭证,如图5-95、图5-96所示。

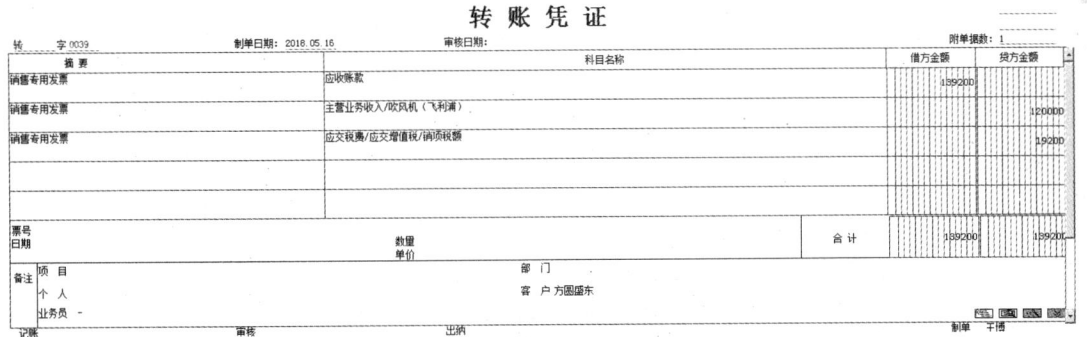

图5-95 第一张转账凭证

图5-96 第二张转账凭证

6. 在存货核算系统中对销售出库单记账并生成凭证

（1）进入存货核算系统,执行"业务核算"—"正常单据记账"命令,打开"正常单据记账列表"窗口。

（2）打开"查询条件选择"窗口,选中"小型家电仓库"复选框,保留"销售出库单"单据类型,单击"确定"按钮。

（3）单击需要记账的单据前的"选择"栏,出现"Y"标记,或单击工具栏的"全选"按钮选择所有单据,然后单击工具栏中的"记账"按钮。

（4）系统开始进行单据记账,记账成功后,单据不在窗口中显示。

（5）执行"财务核算"—"生成凭证"命令,进入"生成凭证"窗口。

（6）单击"选择"按钮,打开"查询条件"对话框。

（7）选择"销售出库单",单击"确定"按钮,进入"选择单据"窗口。

（8）选择凭证类别为"转 转账凭证",单击"生成"按钮,系统显示生成的转账凭证。

（9）修改确定无误后,单击工具栏中的"保存"按钮,凭证左上角显示"已生成"红字标记,表示已将凭证传递到总账系统,如图5-97所示。

注意:

★ 如果一张发货单需要分次开具发票,则需要修改发票数量等信息。

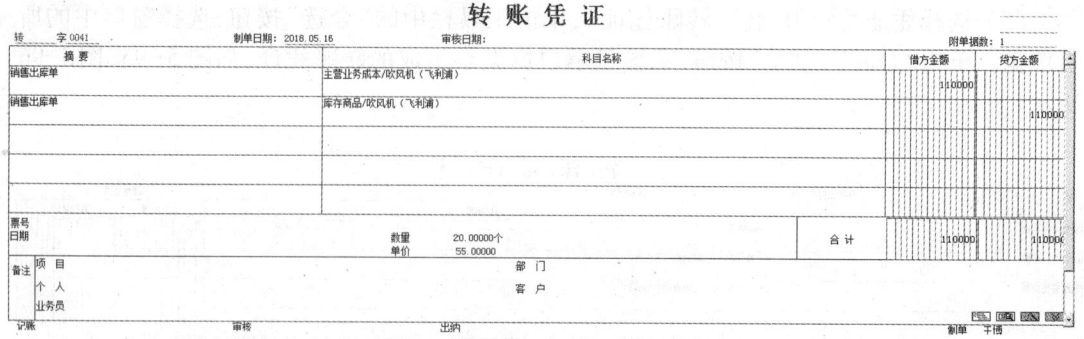

图 5-97　生成凭证

（三）开票直接发货

1. 在销售管理系统中填制并复核销售专用发票

（1）进入销售管理系统，执行"销售开票"—"销售专用发票"命令，进入"销售专用发票"窗口。

（2）单击"增加"按钮，打开"选择发货单"对话框，单击"取消"按钮，返回"销售专用发票"窗口。

（3）按业务要求输入销售专用发票内容并复核，如图 5-98 和图 5-99 所示。

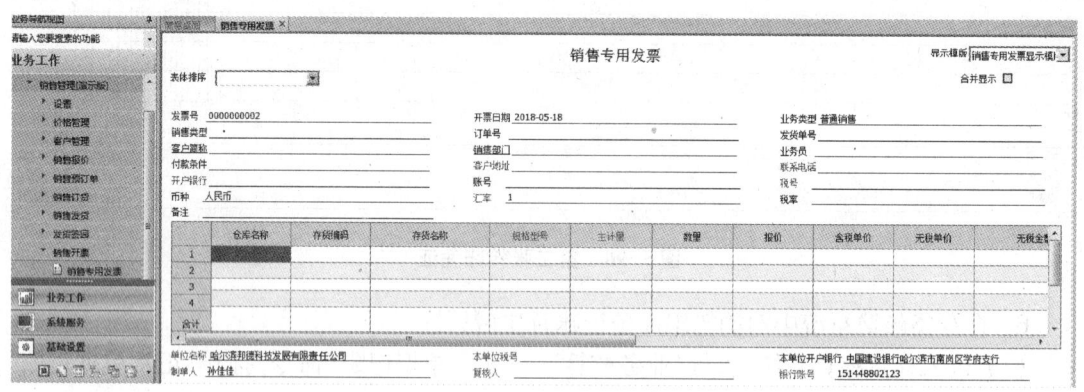

图 5-98　填写发票

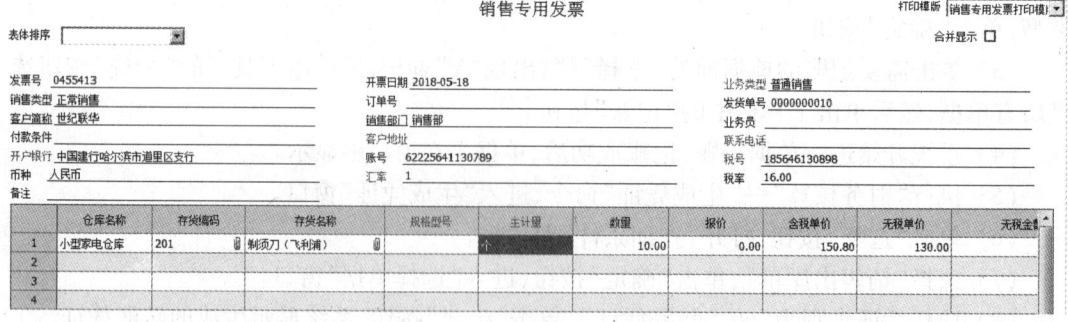

图 5-99　销售专用发票

2. 在销售管理系统中查询销售发货单

执行"销售发货"—"发货单"命令，进入"发货单"窗口，可以查看根据销售专用发票自动生成的发货单，如图 5-100 所示。

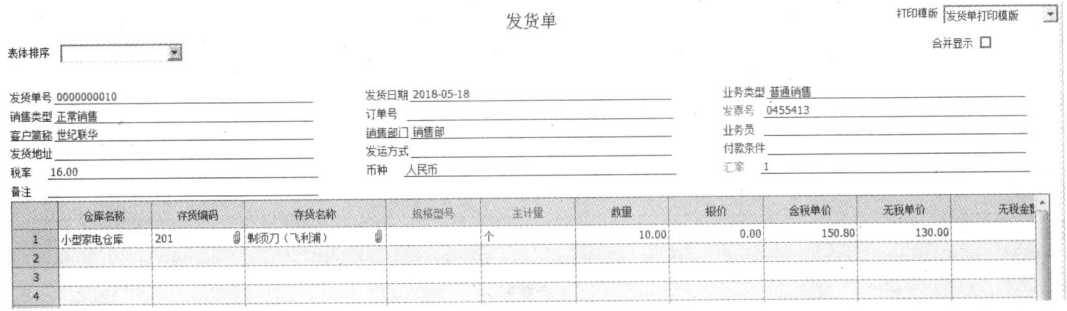

图 5-100　发货单

3. 在库存管理系统中审核销售出库单

（1）进入库存管理系统，执行"出库业务"—"销售出库单"命令，进入"销售出库单"窗口，单击"末张"按钮，查找到自动生成的出库单。

（2）单击"审核"按钮，系统提示"该单据审核成功！"，单击"确定"按钮，如图5-101所示。

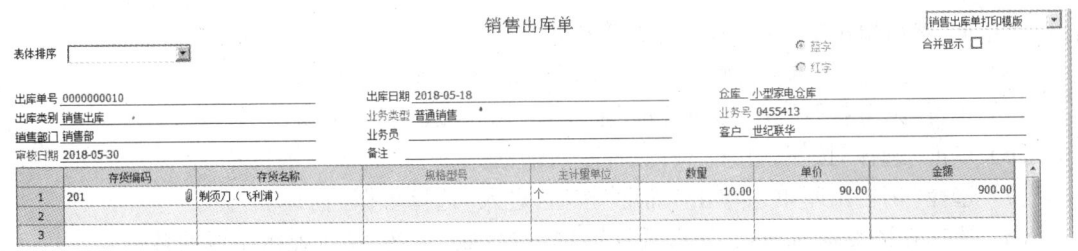

图 5-101　出库单

4. 在应收款管理系统中审核销售专用发票并生成销售收入凭证

（1）进入应收款管理系统中，执行"应收单据处理"—"应收单据审核"命令，打开"单据过滤条件"对话框，单击"确定"按钮，进入"应收单据列表"窗口。

（2）双击销售专用发票，单击"审核"，提示"是否立即制单"，如图5-102和图5-103所示。

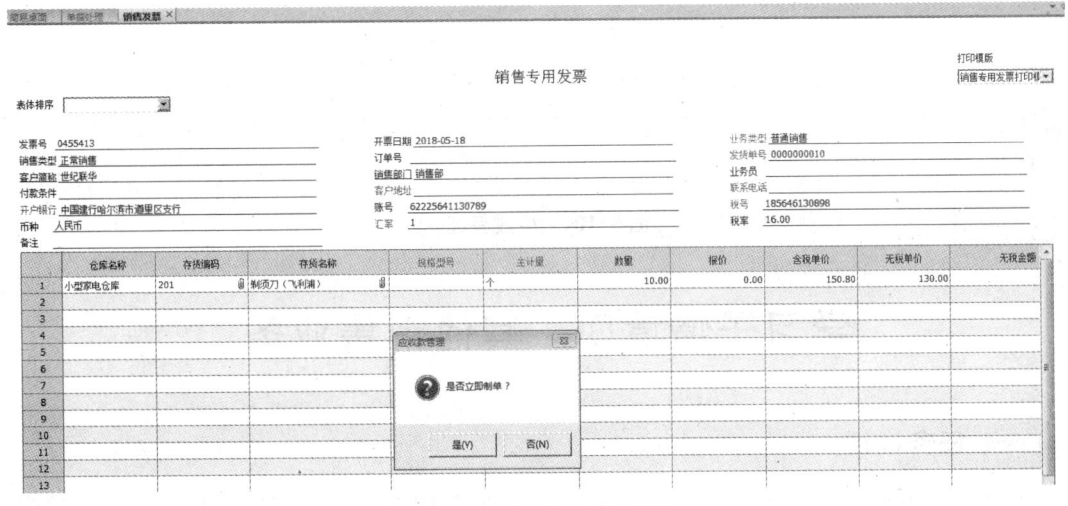

图 5-102　审核销售专用发票

5. 在存货核算系统中对销售出库单记账并生成凭证

（1）进入存货核算系统，执行"业务核算"—"正常单据记账"命令，打开"正常单据记账

转 账 凭 证

转　字 0042	制单日期：2018.05.18	审核日期：		附据数：1	
摘　要		科目名称		借方金额	贷方金额
销售专用发票		应收账款		150800	
销售专用发票		主营业务收入/制须刀（飞利浦）			130000
销售专用发票		应交税票/应交增值税/销项税额			20800
票号 日期	数量 单价		合　计	150800	150800
备注 项　目 个　人 业务员　-		部　门 客　户 世纪联华			
记账	审核	出纳		制单 王博	

图 5-103　凭证

列表"窗口。

（2）打开"查询条件选择"窗口，选中"小型家电仓库"复选框，保留"销售出库单"单据类型，单击"确定"按钮。

（3）单击需要记账的单据前的"选择"栏，出现"Y"标记，或单击工具栏的"全选"按钮选择所有单据，然后单击工具栏中的"记账"按钮。

（4）系统开始进行单据记账，记账成功后，单据不在窗口中显示。

（5）执行"财务核算"—"生成凭证"命令，进入"生成凭证"窗口。

（6）单击"选择"按钮，打开"查询条件"对话框。

（7）选择"销售出库单"，单击"确定"按钮，进入"选择单据"窗口。

（8）选择凭证类别为"转　转账凭证"，单击"生成"按钮，系统显示生成的转账凭证。

（9）修改确定无误后，单击工具栏中的"保存"按钮，凭证左上角显示"已生成"红字标记，表示已将凭证传递到总账系统，如图 5-104 所示。

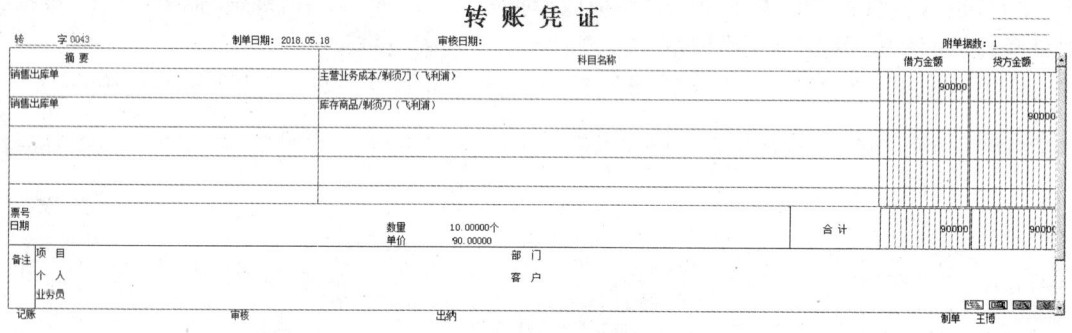

转 账 凭 证

转　字 0043	制单日期：2018.05.18	审核日期：		附据数：1	
摘　要		科目名称		借方金额	贷方金额
销售出库单		主营业务成本/制须刀（飞利浦）		90000	
销售出库单		库存商品/制须刀（飞利浦）			90000
票号 日期	数量　10.00000个 单价　90.00000		合　计	90000	90000
备注 项　目 个　人 业务员		部　门 客　户			
记账	审核	出纳		制单 王博	

图 5-104　生成凭证

学习子情境四　其他销售业务

一、任务描述

根据客户的要求将一笔订单分次出库的业务处理，以及在发货时客户想多购买几件商品的业务处理，在销售过程中的时有发生。

以销售主管 X01 孙佳佳的身份进行销售业务处理，以仓库主管 C01 杜飞的身份进行库存业务处理，以会计 W02 王博的身份进行存货核算及应收业务处理。

（一）一次销售分次出库

（1）2018 年 5 月 18 日，销售部向家乐福出售豆浆机（九阳）10 台，由小型家电仓库发货，不含税单价为 230 元/台，同时开具专用发票一张，发票号为 0455414。

（2）2018 年 5 月 18 日，客户根据发货单从小型家电仓库领出豆浆机（九阳）6 台。

（3）2018 年 5 月 19 日，客户根据发货单再从小型家电仓库领出豆浆机（九阳）4 台。相关票据如图 5-105 和图 5-106 所示。

购 销 合 同

供方：哈尔滨邦德科技发展有限责任公司　　　　　　　　合同号：XS009
需方：大庆家乐福有限公司　　　　　　　　　　　　　　签订日期：2018 年 05 月 18 日
经双方协议，订立本合同如下：

产品型号	名　称	数　量	单价（含税）	总　额	其他要求
	豆浆机（九阳）	10	266.80	2 668.00	
合　计				2 668.00	

货款总计（大写）：贰仟陆佰陆拾捌元整

质量验收标准：
交货日期：2018 年 05 月 18 日
交货地点：大庆家乐福有限公司
结算方式：转账支票
付款时间：2018 年 06 月 15 日
客户要求：货物分两次交货，5 月 18 日交货 6 台，5 月 19 日交货 4 台。
违约条款：违约方须赔偿对方一切经济损失。但遇天灾人祸或其他人力不能控制之因素而导致延误交货，需方不能要求供方赔偿任何损失。
解决合同纠纷的方式：经双方友好协商解决，如协商不成的，可向当地仲裁委员会提出申请仲裁解决。
本合同一式两份，供需双方各执一份，自签订之日起生效。
供方（盖章）：　　　　　　　　　　　　　　需方（盖章）：
地址：哈尔滨市南岗区学府路 5 号　　　　　　地址：大庆市远望大街 54 号
法定代表：王慧玲　　　　　　　　　　　　　法定代表：程国东
联系电话：0451-86619207　　　　　　　　联系电话：0459-23645545

图 5-105　销售合同

图 5-106　销售专用发票

（二）超发货单出库

（1）2018 年 5 月 19 日，销售部向中央红有限公司出售冰箱（西门子）2 台，由大型家电仓库发货，报价为 8 000 元/台。开具发票时，客户要求再多买 1 台，根据客户要求开具了 3 台的专用发票一张，发票号为 0455145。

（2）2018 年 5 月 19 日客户从大型家电仓库领出 3 台冰箱（西门子）。相关票据如图 5-107 和图 5-108 所示。

购 销 合 同

供方：哈尔滨邦德科技发展有限责任公司　　　　合同号：XS010
需方：牡丹江中央红有限公司　　　　　　　　　签订日期：2018 年 05 月 19 日
经双方协议，订立本合同如下：

产品型号	名　称	数量	单价（含税）	总　额	其他要求
	冰箱（西门子）	2	9 280.00	18 560.00	
合　计				18 560.00	
货款总计（大写）：壹万捌仟伍佰陆拾元整					

质量验收标准：
交货日期：2018 年 05 月 19 日
交货地点：牡丹江中央红有限公司
结算方式：转账支票
付款时间：2018 年 06 月 14 日
违约条款：违约方须赔偿对方一切经济损失。但遇天灾人祸或其他人力不能控制之因素而导致延误交货，需方不能要求供方赔偿任何损失。
解决合同纠纷的方式：经双方协商解决，如协商不成的，可向当地仲裁委员会提出申诉解决。
本合同一式两份，供需双方各执一份，自签订之日起生效。
供方（盖章）：　　　　　　　　　　　　　需方（盖章）：
地址：哈尔滨市南岗区学府路5号　　　　　地址：牡丹江市东一路217号
法定代表：王慧玲　　　　　　　　　　　　法定代表：何春国
联系电话：0451-86619207　　　　　　　　联系电话：0453-68845545

图 5-107　销售合同

黑龙江增值税专用发票

No 0455451

开票日期：2018年05月19日

4531321300　0455451

购货单位	名　称：牡丹江中央红有限公司 纳税识别号：465413132064 地址、电话：牡丹江市东一路217号0453-68845545 开户行及账号：中国建设银行牡丹江市西长安支行6223944131302147					密码区	略

货物或应税劳务名称	规格型号	单位	数量	单价	金额	税率	税额
冰箱（西门子）		台	3	8000.00	24 000.00	16%	3840.00
合　　计					¥24 000.00		¥3840.00
价税合计（大写）　贰万柒仟捌佰肆拾元整							¥27 840.00

销货单位	名　称：哈尔滨邦德科技发展有限责任公司 纳税识别号：45313213213 地址、电话：哈尔滨市南岗区学府路5号0451-86619207 开户行及账号：中国建设银行哈尔滨市南岗区学府支行513516847964351					备注	

收款人：略　　　复核：略　　　开票人：略　　　销货单位（章）

图 5-108　销售专用发票

二、任务操作

（一）一次销售分次出库

1. 设置销售生成出库单选项

孙佳佳登录企业应用平台，进入销售管理系统的"销售选项"窗口，打开"业务控制"页签，取消选择"销售生成出库单"复选框，如图5-109所示，单击"保存"按钮。

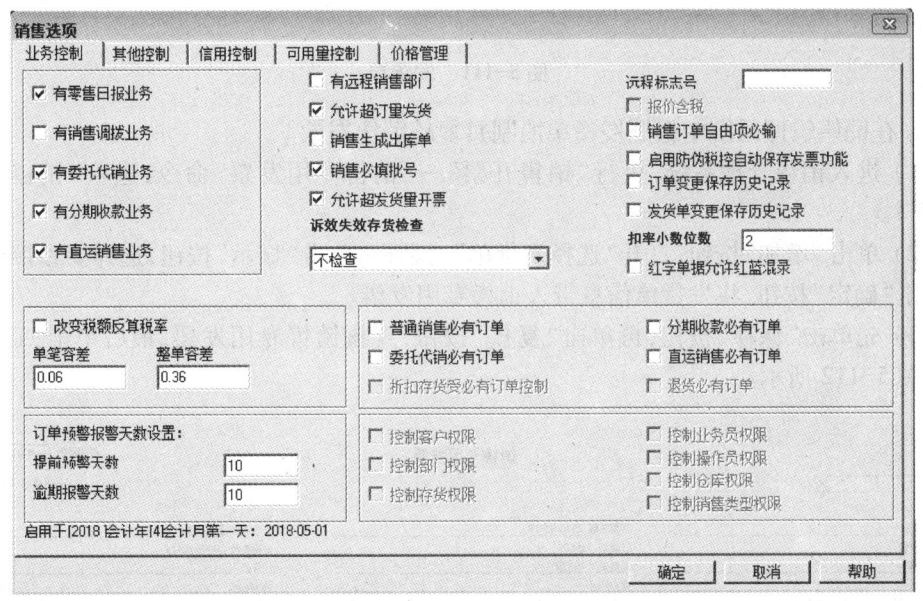

图5-109 选项设置

2. 在销售管理系统中填制并审核销售订单

（1）进入销售管理系统，执行"销售订货"—"销售订单"命令，进入"销售订单"窗口。

（2）单击"增加"按钮，根据业务填写销售订单。输入"订单日期"为"2018-05-18"，"客户简称"为"家乐福"，"销售部门"为"销售部"，"存货名称"为"豆浆机（九阳）"，"数量"为"10.00"，"无税单价"为"230.00"，保存并审核，如图5-110所示。

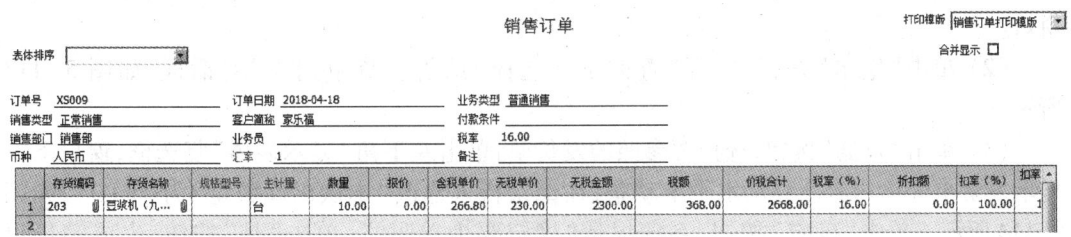

图5-110 销售订单

3. 在销售管理系统中填制并审核发货单

（1）进入销售管理系统，执行"销售发货"—"发货单"命令，进入"发货单"窗口。

（2）单击"增加"按钮，打开"选择订单"对话框。

（3）运用销售订单生成发货单，选择"仓库"为"小型家电仓库"。

（4）单击"保存"按钮，再单击"审核"按钮，如图5-111所示。

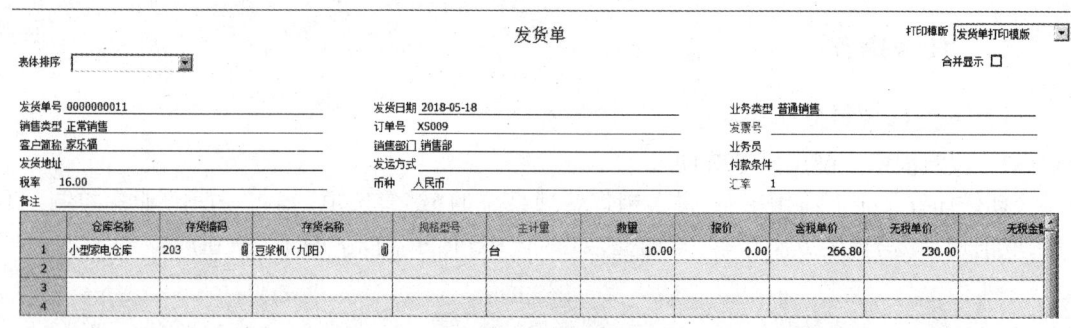

图 5-111　发货单

4. 在销售管理系统中根据发货单填制并复核销售发票

（1）进入销售管理系统，执行"销售开票"—"销售专用发票"命令，进入"销售专用发票"窗口。

（2）单击"增加"按钮，打开"选择发货单"对话框，单击"显示"按钮，选择要参照的发货单，单击"确定"按钮，将发货单信息带入销售专用发票。

（3）先单击"保存"按钮，再单击"复核"按钮，复核销售专用发票，最后单击"退出"按钮，如图 5-112 所示。

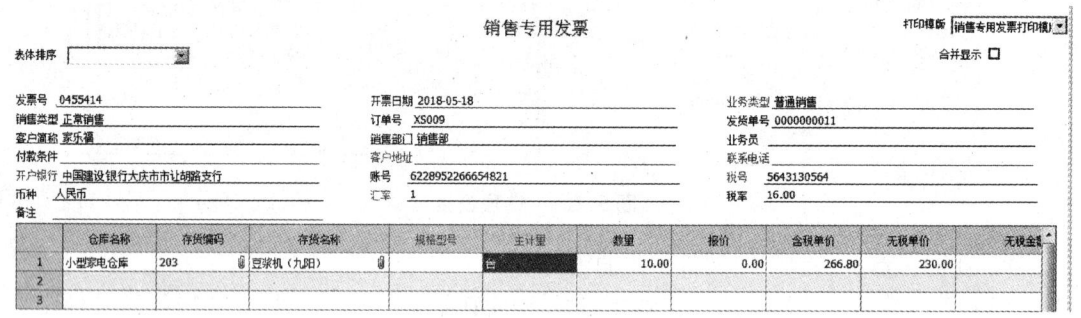

图 5-112　销售专用发票

5. 在库存管理系统中根据发货单开具销售出库单

（1）进入库存管理系统，执行"出库业务"—"销售出库单"命令，进入"销售出库单"窗口。

（2）单击"生单"按钮，打开"查询条件选择-销售发货单列表"对话框，如图 5-113 所示。

（3）单击"过滤"按钮，选择要参照的发货单，单击左下角"显示表体"复选框，窗口下方显示发货单表体内容。移动水平滚动条，在记录行末修改"本次出库数量"为"6.00"，如图 5-114 所示。单击"确定"按钮，系统提示"确定要生单吗?"，单击"是"按钮，生成销售出库单。

（4）单击"审核"，系统提示"该单据审核成功!"，单击"确定"按钮，如图 5-115 所示。

（5）单击"生单"按钮，打开"选择发货单"对话框。单击"过滤"按钮，选择要参照的发货单，单击左下角"显示表体"复选框，窗口下方显示发货单表体内容。移动水平滚动条，在记录行末修改"未出库数量"为"4.00"，如图 5-116 所示。单击"确定"按钮，系统提示"确定要生单吗?"，单击"是"按钮，生成销售出库单。

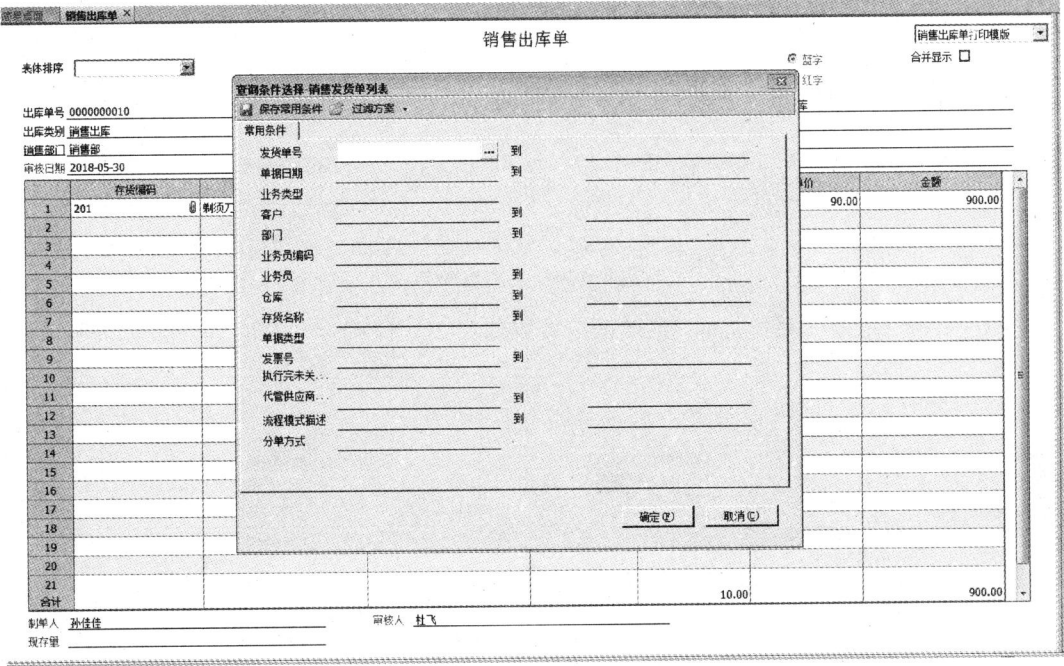

图 5-113 生成出库单

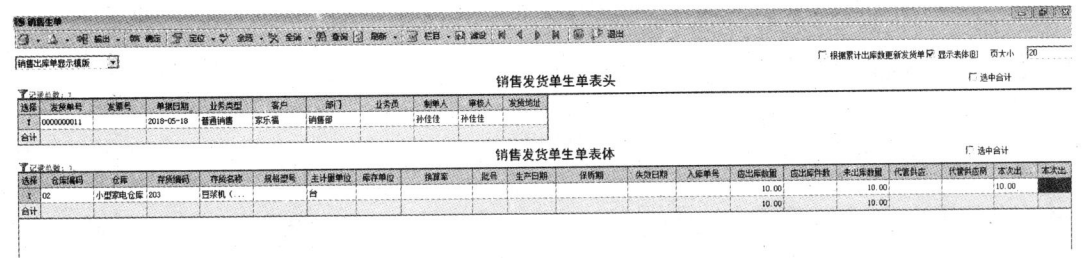

图 5-114 生成出库单

图 5-115 审核出库单

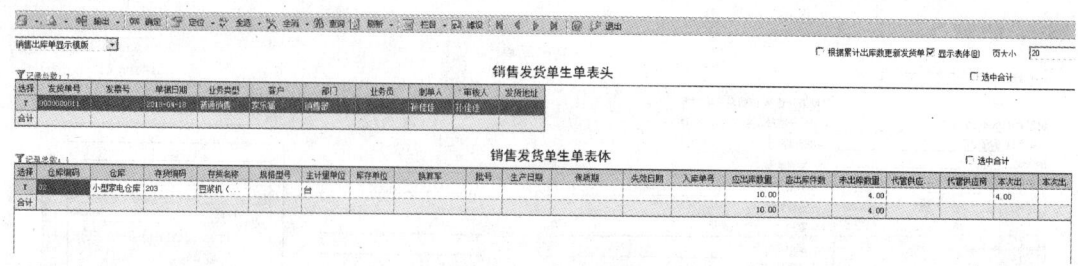

图 5-116　生成出库单

（6）单击"审核"，系统提示"该单据审核成功！"，单击"确定"按钮，如图 5-117 所示。

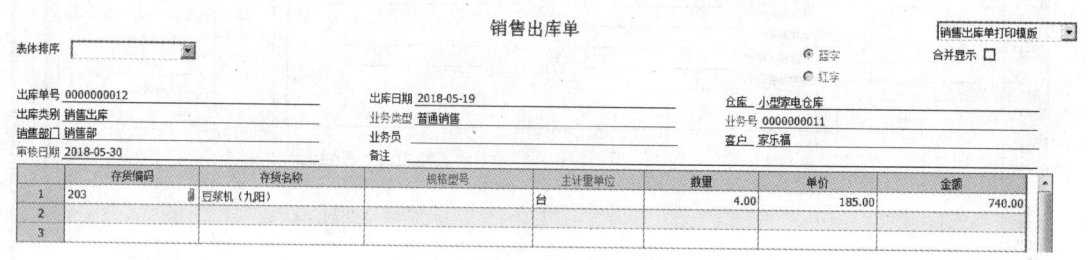

图 5-117　出库单

6. 在应收款管理系统中审核销售专用发票并生成销售收入凭证

（1）进入应收款管理系统，执行"应收单据处理"—"应收单据审核"命令，打开"单据过滤条件"对话框，单击"确定"按钮，进入"应收单据列表"窗口。

（2）双击销售专用发票，单击"审核"，系统提示"是否立即制单"，点击"是"按钮，生成凭证，如图 5-118 和图 5-119 所示。

图 5-118　审核销售专用发票

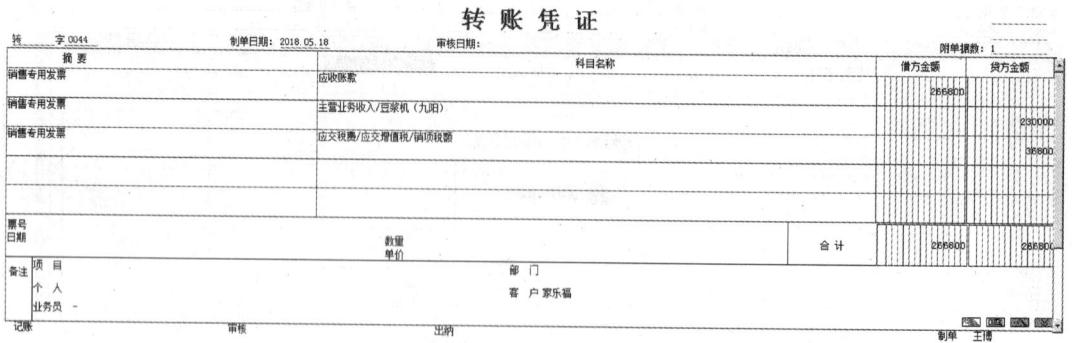

图 5-119　生成凭证

7. 在存货核算系统中对销售出库单记账并生成凭证

（1）进入存货核算系统，执行"业务核算"—"正常单据记账"命令，打开"正常单据记账条列表"窗口。

（2）打开"查询条件选择"窗口选中"小型家电仓库"复选框，保留"销售出库单"单据类型，单击"确定"按钮。

（3）单击需要记账的两条单据前的"选择"栏，出现"Y"标记，或单击工具栏的"全选"按钮选择所有单据，然后单击工具栏中的"记账"按钮，如图 5-120 所示。

正常单据记账列表

选择	日期	单据号	存货编码	存货名称	规格型号	存货代码	单据类型	仓库名称	收发类别	数量	单价
Y	2018-05-18	0000000011	203	豆浆机（九阳）			销售出库单	小型家电仓库	销售出库	6.00	
Y	2018-05-19	0000000012	203	豆浆机（九阳）			销售出库单	小型家电仓库	销售出库	4.00	
小计										10.00	

图 5-120　记账列表

（4）系统开始进行单据记账，记账成功后，单据不在窗口中显示。

（5）执行"财务核算"—"生成凭证"命令，进入"生成凭证"窗口。

（6）单击"选择"按钮，打开"查询条件"对话框。

（7）选择"销售出库单"复选框，单击"确定"按钮，进入"选择单据"窗口，图 5-121 所示。

未生成凭证单据一览表

选择	记账日期	单据日期	单据类型	单据号	仓库	收发类别	记账人	部门	部门编码	业务单号	业务类型	计价方式	备注	摘要	供应商	客户
1	2018-05-30	2018-05-18	销售出库单	0000000011	小型家电仓	销售出库	王博	销售部	05		普通销售	先进先出法		销售出库单		大庆家乐福
1	2018-05-30	2018-05-19	销售出库单	0000000012	小型家电仓	销售出库	王博	销售部	05		普通销售	先进先出法		销售出库单		大庆家乐福

图 5-121　选择单据

（8）选择凭证类别为"转　转账凭证"，单击"生成"按钮，系统显示生成的转账凭证，如图 5-122 所示。

凭证类别　转　转账凭证

选择	单据类型	单据号	摘要	科目类型	科目编码	科目名称	借方金额	贷方金额	借方数量	贷方数量	科目方向	存货编码	存货名称	存货代码	规格型号	部门编码	部门名称
1	销售出库单	0000000011	销售出	对方	640107	豆浆机…	1,110.00		6.00		1	203	豆浆机…			05	销售部
				存货	140507	豆浆机…		1,110.00		6.00	2	203	豆浆机…			05	销售部
		0000000012	销售出	对方	640107	豆浆机…	740.00		4.00		1	203	豆浆机…			05	销售部
				存货	140507	豆浆机…		740.00		4.00	2	203	豆浆机…			05	销售部
合计							1,850.00	1,850.00									

图 5-122　凭证设置

（9）修改确定无误后，单击工具栏中的"保存"按钮，凭证左上角显示"已生成"红字标记，表示已将凭证传递到总账系统，如图 5-123 和图 5-124 所示。

注意：

★　在销售管理系统选项中设置了"销售生成出库单"，则系统根据销售出库单自动生成出库单。

★　如果在销售管理选项中没有设置"销售生成出库单"，则在库存管理系统的销售出库单窗口中单击"生单"按钮，系统显示"出库单查询"窗口。用户自行选择过滤条件生成销售出库单。

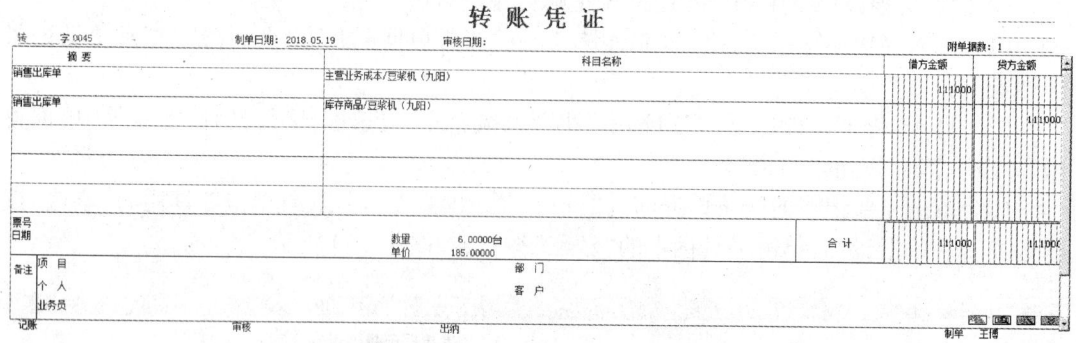

图 5-123　生成第一张转账凭证

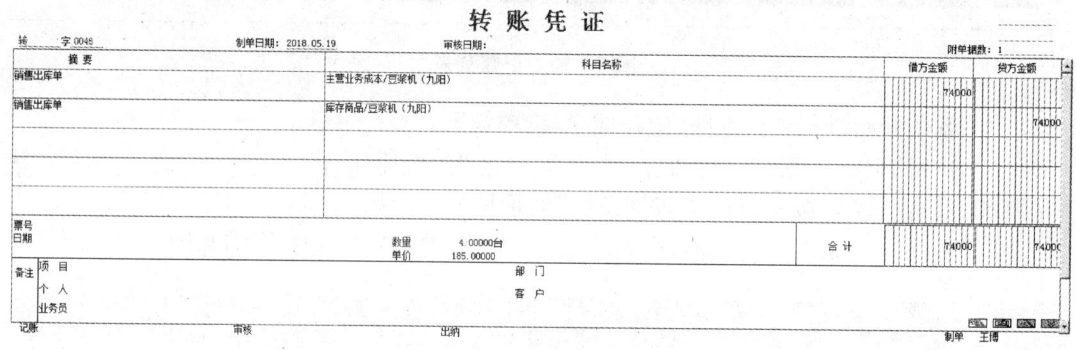

图 5-124　生成第二张转账凭证

★ 在库存管理系统中生成的销售出库单,可以在销售管理系统的账表查询功能中,联查单据查询该销售出库单。

★ 在由库存管理生单向销售管理生单切换时,如果有已审核、复核的发货单、发票未在库存管理系统生成销售出库单,将无法生成销售出库单。因此,应检查已审核、复核的销售单据是否已经全部生成销售出库单后再切换。

★ 系统自动生成的销售出库单不能修改,可以直接审核。

(二)超发货单出库

1. 在企业应用平台中修改存货档案,设置超额出库上限为 100%

(1)在企业应用平台"基础设置"页签中,执行"基础档案"—"存货"—"存货档案"命令,进入"存货档案"窗口,如图 5-125 所示。

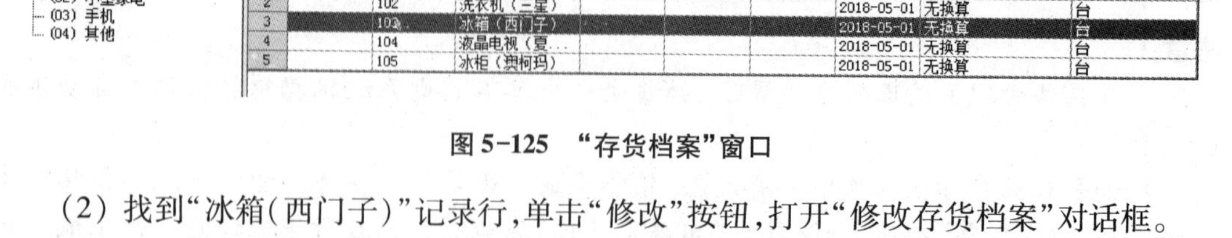

图 5-125　"存货档案"窗口

(2)找到"冰箱(西门子)"记录行,单击"修改"按钮,打开"修改存货档案"对话框。

(3)单击"控制"选项卡,在"出库超额上限"栏输入"1",单击"保存"按钮,如图 5-126 所示。

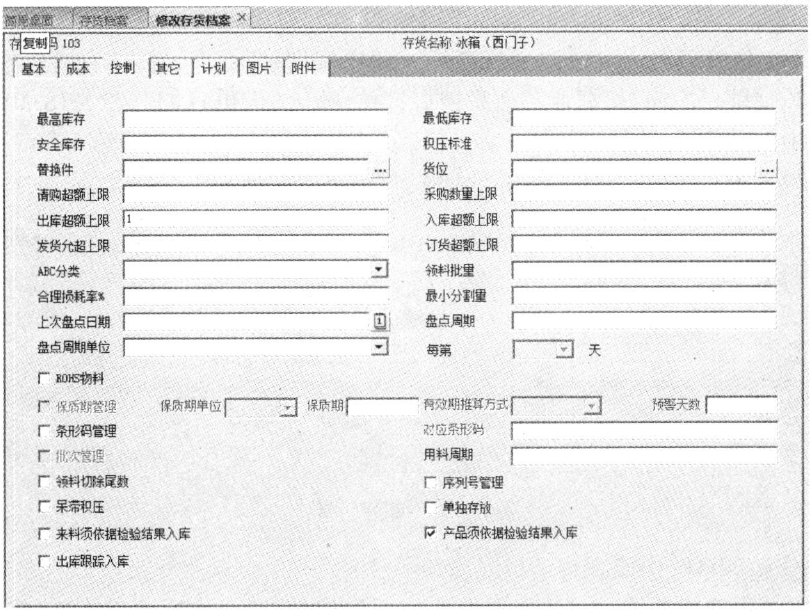

图 5-126 存货设置

2. 在库存管理系统和销售管理系统中修改相关选项设置

进入库存管理系统，执行"初始设置"—"选项"命令，打开"库存选项设置"对话框。单击"专用设置"选项卡，选中"允许超发货单出库"复选框，单击"确定"按钮，如图 5-127 所示。

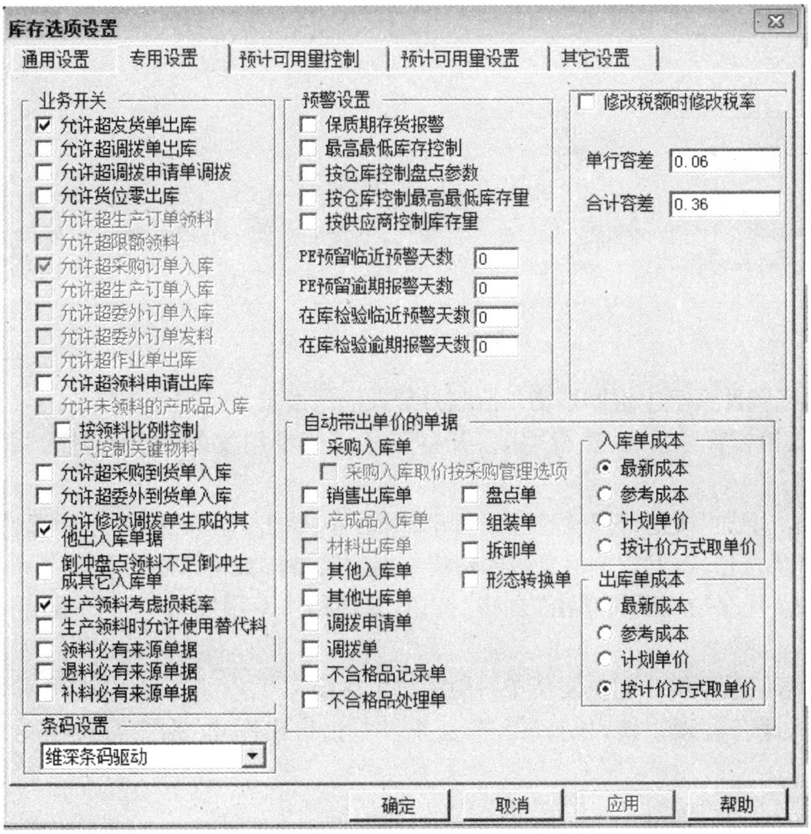

图 5-127 "库存选项设置"对话框

3. 在销售管理系统中填制并审核销售订单

（1）进入销售管理系统，执行"销售订货"—"销售订单"命令，进入"销售订单"窗口。

（2）单击"增加"按钮，根据业务填写销售订单，输入"订单日期"为"2018-05-19"、"客户简称"为"中央红"、"销售部门"为"销售部"、"存货名称"为"冰箱（西门子）"、"数量"为"2.00"、"无税单价"为"800.00"，保存并审核，如图5-128所示。

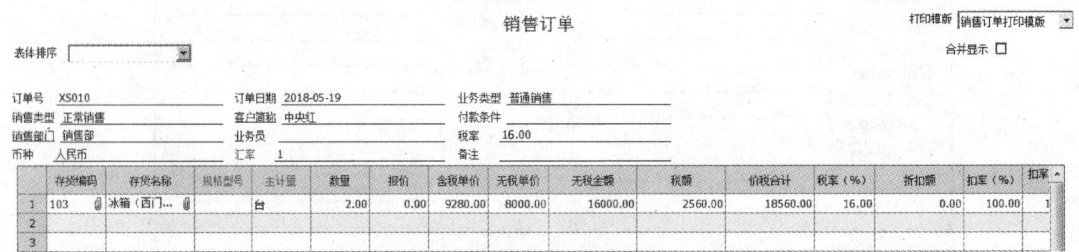

图5-128 销售订单

4. 在销售管理系统中填制并审核发货单

（1）进入销售管理系统，执行"销售发货"—"发货单"命令，进入"发货单"窗口。

（2）单击"增加"按钮，打开"选择订单"对话框。

（3）运用销售订单生成发货单，选择"仓库"为"大型家电仓库"。

（4）单击"保存"按钮，再单击"审核"按钮，保存并审核发货单，进行审核，如图5-129所示。

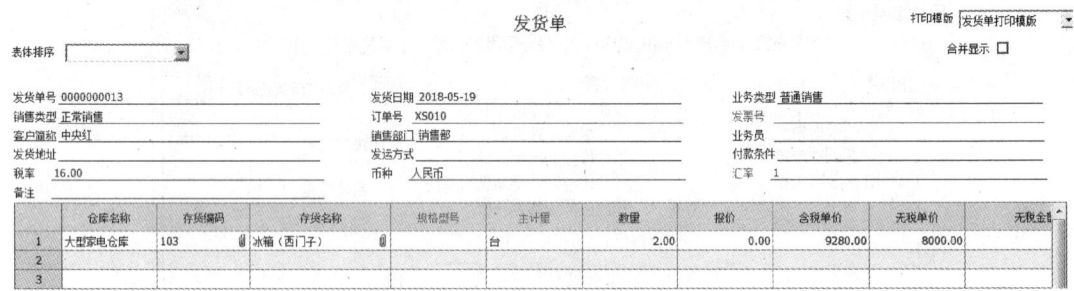

图5-129 发货单

5. 在销售管理系统中根据发货单填制并复核销售发票

（1）进入销售管理系统，执行"销售开票"—"销售专用发票"命令，进入"销售专用发票"窗口。

（2）单击"增加"按钮，打开"选择发货单"对话框，单击"显示"按钮，选择要参照的发货单，单击"确定"按钮，将发货单信息带入销售专用发票，将"数量"改为"3"。

（3）单击"保存"按钮，再单击"复核"按钮，复核销售专用发票，单击"退出"按钮，如图5-130所示。

6. 在库存管理系统中根据发货单开具销售出库单

（1）进入库存管理系统，执行"出库业务"—"销售出库单"命令，进入"销售出库单"窗口。

（2）单击"生单"按钮，打开"选择发货单"对话框。

（3）单击"过滤"按钮，选择要参照的发货单。单击"确定"按钮，系统提示"确定要生单

图5-130 销售专用发票

吗",单击"是"按钮,生成销售出库单,将"数量"改为"3"。

(4)单击"审核"按钮,系统提示"该单据审核成功",单击"确定"按钮,如图5-131所示。

图5-131 出库单

7. 在应收款管理系统中审核销售专用发票并生成销售收入凭证

(1)进入应收款管理系统,执行"应收单据处理"—"应收单据审核"命令,打开"单据过滤条件"对话框,单击"确定"按钮,进入"应收单据列表"窗口。

(2)双击销售专用发票,单击"审核"按钮。系统提示"是否立即制单",点击"是"按钮,生成凭证,如图5-132所示。

图5-132 生成凭证

8. 在存货核算系统中对销售出库单记账并生成凭证

(1)进入存货核算系统,执行"业务核算"—"正常单据记账"命令,打开"正常单据记账列表"窗口。

(2)打开"查询条件选择"窗口,选中"大型家电仓库"复选框,保留"销售出库单"单据类型,单击"确定"按钮,进入"正常单据记账"窗口。

(3)单击需要记账的两条单据前的"选择"栏,出现"Y"标记,或单击工具栏的"全选"按钮选择所有单据,然后单击工具栏中的"记账"按钮。

(4)系统开始进行单据记账,记账成功后,单据不在窗口中显示。

(5)执行"财务核算"—"生成凭证"命令,进入"生成凭证"窗口。

(6)单击"选择"按钮,打开"查询条件"对话框。

(7)选择"销售出库单"复选框,单击"确定"按钮,进入"选择单据"窗口。

(8)选择凭证类别为"转 转账凭证",单击"生成"按钮,系统显示生成的转账凭证。

(9)修改确定无误后,单击工具栏中的"保存"按钮,凭证左上角显示"已生成"红字标记,表示已将凭证传递到总账系统,如图 5-133 所示。

转 账 凭 证

摘 要	科目名称	借方金额	贷方金额
销售出库单	主营业务成本/冰箱(西门子)	22500000	
销售出库单	库存商品/冰箱(西门子)		22500000
票号 日期	数量 3.00000台 单价 7500.00000	合 计 22500000	22500000
备注 项 目 个 人 业务员	部 门 客 户		
记账	审核	出纳	制单 王博

转 字 0048   制单日期: 2018.05.19   审核日期: 附单据数: 1

图 5-133 生成凭证

特殊销售业务

🎯 教学目标

➡ 知识
（1）熟知特殊销售业务的内容。
（2）掌握特殊销售业务的处理流程和方法。

➡ 技能
能够熟练处理特殊销售业务。

➡ 素养
（1）团队精神及协作、沟通能力。
（2）独立思考和严谨细致的工作作风。

学习子情境一　委托代销业务

一、任务描述

（1）2018 年 5 月 30 日,销售部委托哈尔滨黑天鹅家电有限公司代为销售洗衣机(三星) 50 台,不含税单价为 5 000 元,货物从大型家电仓库发出,取得与该业务相关的凭证,如图 6-1 所示。

购 销 合 同

供方:哈尔滨邦德科技发展有限责任公司　　　　　合同号:XS011

需方:哈尔滨黑天鹅家电有限公司　　　　　　签订日期:2018 年 05 月 30 日

经双方协议,订立本合同如下:

产品型号	名　称	数　量	单价(含税)	总　额	其他要求
	洗衣机(三星)	50	5 800.00	290 000.00	
合　计				290 000.00	

货款总计(大写):贰拾玖万元整

质量验收标准:该批货物为视同买断方式的委托代销。

交货日期:2018 年 05 月 30 日

交货地点:哈尔滨黑天鹅家电有限公司

结算方式:转账支票。供货方收到代销清单时,开出增值税专用发票并结算货款。

付款时间:2018 年 5 月 30 日

违约条款:违约方须赔偿对方一切经济损失。但遇天灾人祸或其他人力不能控制之因素而导致延误交货,需方不能要求供方赔偿任何损失。

解决合同纠纷的方式:经双方友好协商解决,如协商不成的,可向当地仲裁委员会提出申诉解决。

本合同一式两份,供需双方各执一份,自签订之日起生效。

供方(盖章):　　　　　　　　　　　　需方(盖章):

地址:哈尔滨市南岗区学府路用章　　　　地址:哈尔滨市南岗区西大直街88号用章

法定代表:王慧玲　　　　　　　　　　法定代表:王艳萍

联系电话:0451-86619207　　　　　　联系电话:0451-86575689

图 6-1　购销合同

（2）2018 年 5 月 30 日,收到哈尔滨黑天鹅家电有限公司的委托代销清单一张,如图6-2 所示,结算 40 台,不含税单价为 6 000 元,立即开具销售专用发票给哈尔滨黑天鹅家电有限公司。

商品代销清单

日期:2018 年 5 月 30 日

委托方	哈尔滨邦德科技发展有限责任公司			受托方	哈尔滨黑天鹅家电有限公司			
账号	513516847964351			账号	6223589964571201			
代销货物	代销货物名称	规格型号	计量单位	数量	单价(不含税)			
	洗衣机(三星)		台	50	5 000.00			
代销方式	视同买断方式							
代销款结算时间	根据代销货物情况每月月底结算一次货款							
代销款结算方式	转账支票							
本月代销货物销售情况	代销货物名称	计量单位	数量	单价(不含税)	金额(不含税)	税率	税额	
	洗衣机(三星)	台	40	6 000.00	240 000.00	16%	38 400	
	价税合计	大写:贰拾柒万捌仟肆佰元整					小写:278 400.00	
本月代销款结算金额	大写:贰拾柒万捌仟肆佰元整						小写:278 400.00	

主管:(略)　　　　审核:(略)　　　　制单:(略)　　　　受托方盖章:

图 6-2　委托代销清单

(3) 2018 年 5 月 30 日,业务部门将该业务所涉及的出库单及销售发票,发票号为 0455145 交给财务部门,财务部据此结转收入及成本,如图 6-3 所示。

图 6-3　销售专用发票

221

二、任务指导

1. 增加委托代销订单

（1）2018 年 5 月 30 日，孙佳佳在销售管理系统中，执行"销售订货"—"销售订单"命令，打开"销售订单"窗口。

（2）单击"增加"按钮，修改"订单号"为"XS011"，选择"业务类型"为"委托代销"，选择"销售类型"为"委托代销"，选择"存货编码"为"102"，录入"数量"为"50.00"，"无税单价"为"5 000.00"，单击"保存"按钮。

（3）单击"审核"按钮，审核填制的销售订单，如图 6-4 所示。

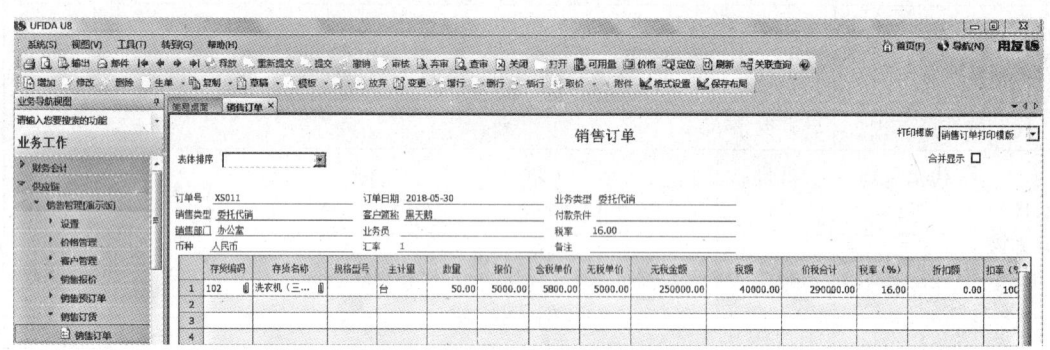

图 6-4 填制并审核委托代销订单

2. 生成委托代销发货单

（1）2018 年 5 月 30 日，孙佳佳在销售管理系统中，执行"委托代销"—"委托代销发货单"命令，打开"委托代销发货单"窗口。

（2）单击"增加"按钮，在"参照订单"窗口中单击"确定"按钮，进入"参照生单"窗口。

（3）双击需要参照的委托代销订单，如图 6-5 所示。

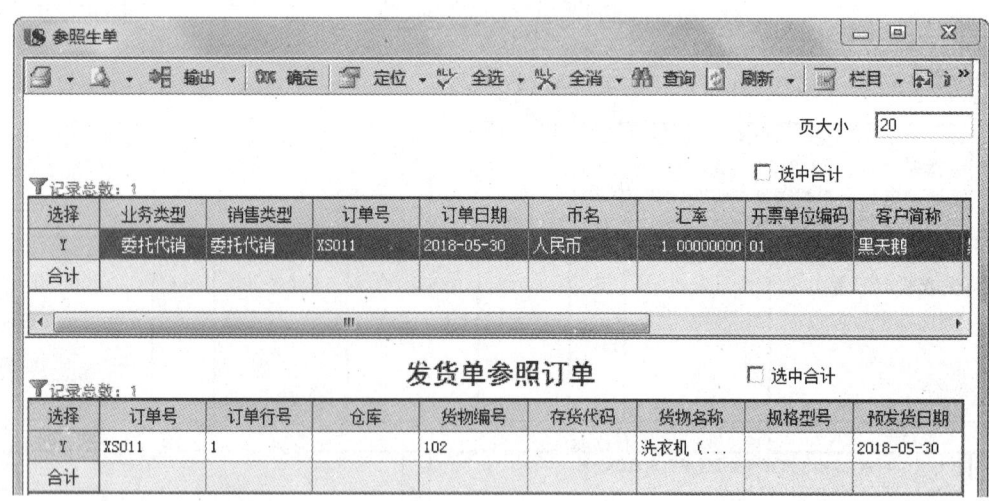

图 6-5 "参照生单"窗口

（4）单击"确定"按钮，选择"仓库名称"为"大型家电仓库"，单击"确定"按钮。

（5）单击"保存"按钮。

（6）单击"审核"按钮，审核委托代销发货单，如图6-6所示。

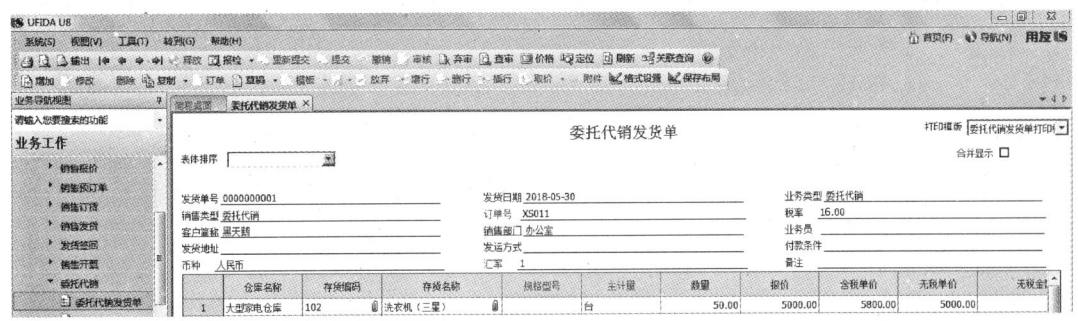

图6-6　填制并审核委托代销发货单

3. 生成销售出库单

（1）2018年5月30日，杜飞在库存管理系统中，执行"出库业务"—"销售出库单"命令，打开"销售出库单"窗口。

（2）选择"生单"—"销售生单"命令，打开"查询条件选择-销售发货单列表"窗口，单击"确定"按钮。

（3）打开"销售生单"窗口，双击选择相应的发货单，如图6-7所示，单击"确定"按钮，系统自动生成销售出库单。

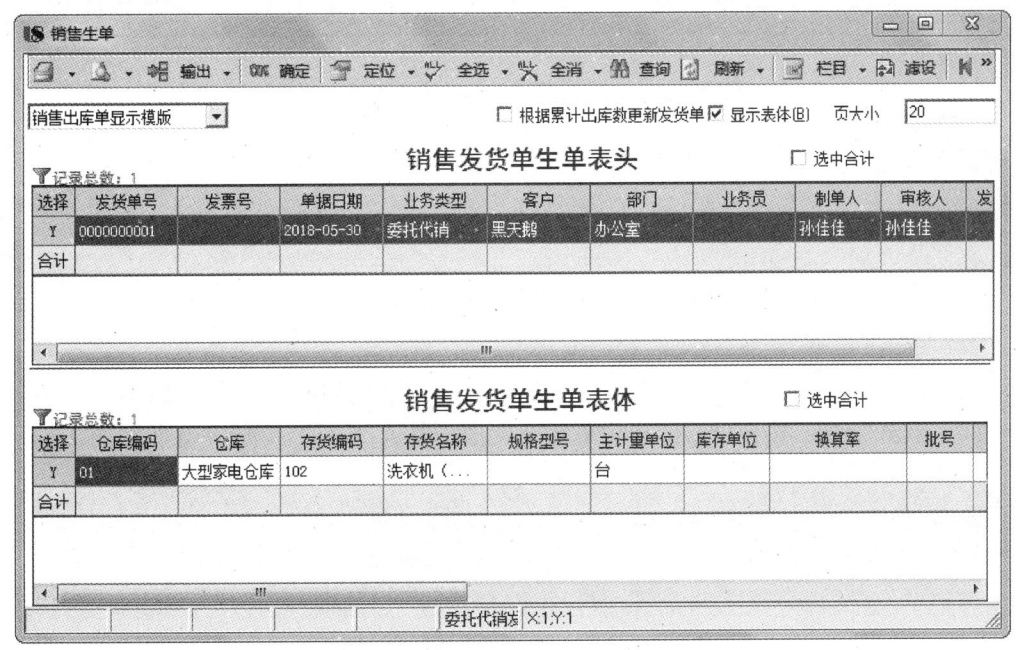

图6-7　"销售生单"窗口

（4）单击"保存"按钮，销售出库单成功保存。

（5）单击"审核"按钮，系统提示"该单据审核成功！"，如图6-8所示。

4. 委托代销发货单记账

（1）2018年5月30日，王博在存货核算系统中，执行"业务核算"—"发出商品记账"命令，打开"查询条件选择"窗口。

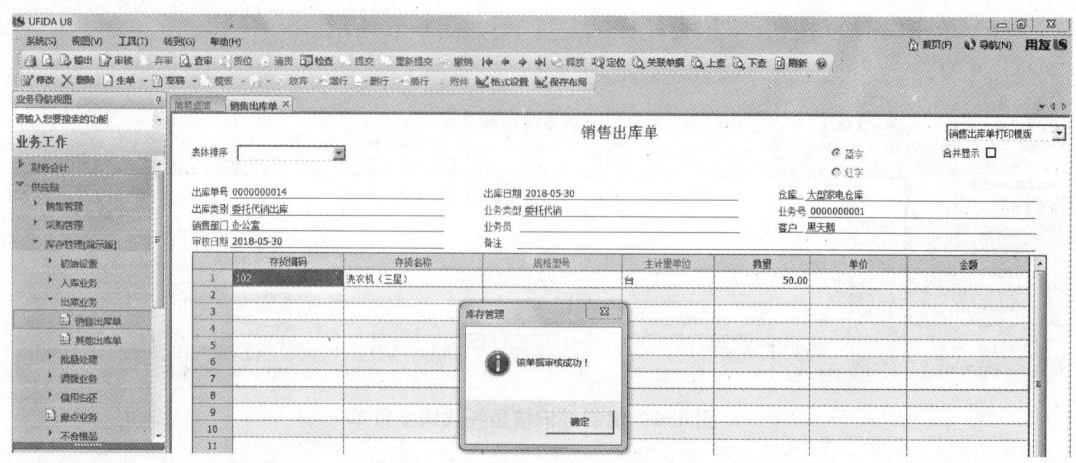

图 6-8 填制并审核销售出库单

（2）单击"确定"按钮，打开"发出商品记账"窗口。

（3）双击选中要记账的"委托代销发货单"，如图 6-9 所示。

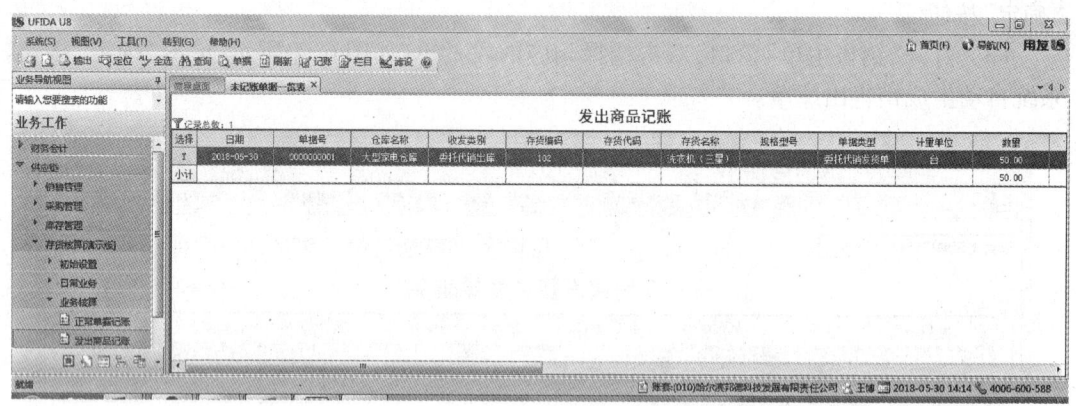

图 6-9 发出商品记账

（4）单击"记账"按钮，将委托代销发货单记账，系统提示"记账成功"。

（5）执行"财务核算"—"生成凭证"命令，单击"选择"按钮，打开"查询条件"窗口。

（6）单击"确定"按钮，打开"未生成凭证单据一览表"窗口，如图 6-10 所示。

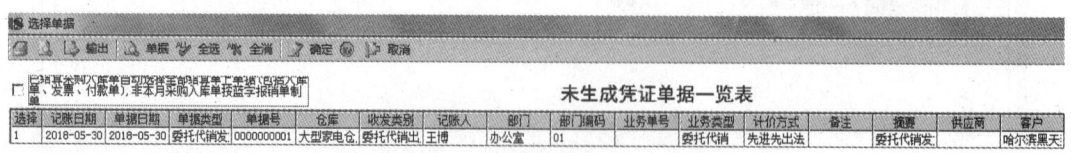

图 6-10 "未生成凭证单据一览表"窗口

（7）单击"选择"栏，或单击"全选"按钮，选中待生成凭证的单据，单击"确定"按钮。

（8）选择凭证类别为"转 转账凭证"，选择会计科目，如图 6-11 所示。

（9）单击"生成"按钮，生成一张记账凭证，单击"保存"按钮，如图 6-12 所示。

5. 委托代销结算处理

（1）2018 年 5 月 30 日，孙佳佳在销售管理系统中，执行"委托代销"—"委托代销结算单"命令，打开"委托代销结算单"窗口。

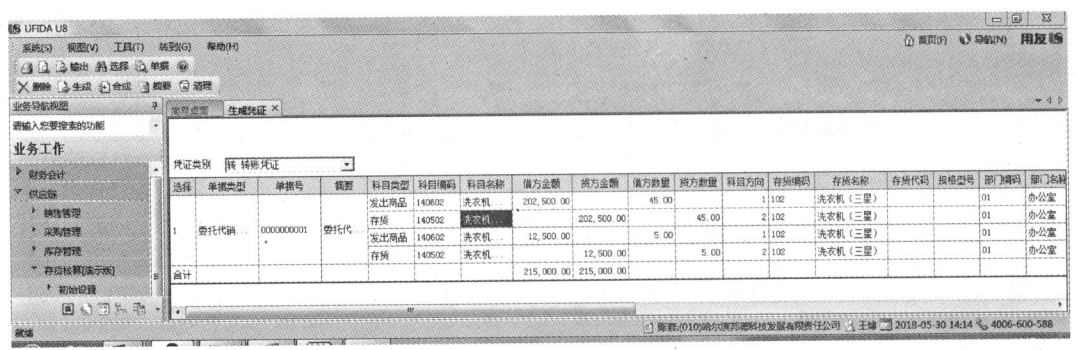

图6-11　"生成凭证"窗口

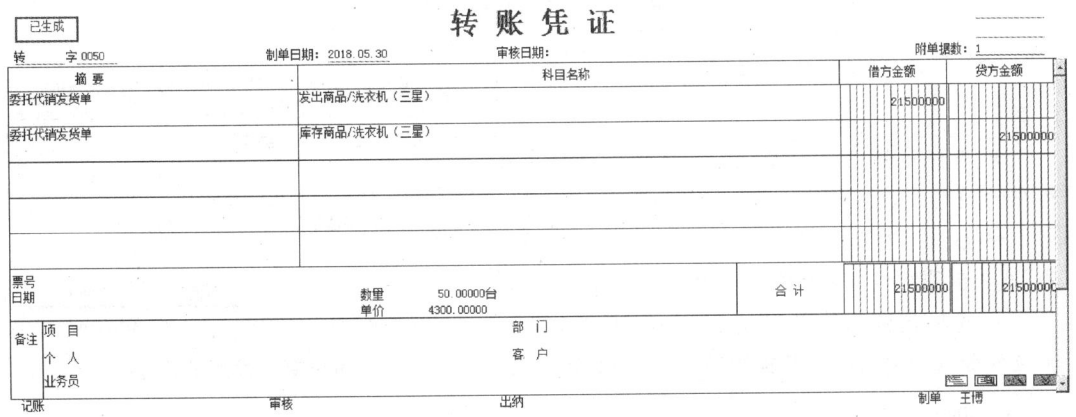

图6-12　生成凭证

（2）单击"增加"按钮，弹出"委托结算参照发货单"窗口，单击"确定"按钮。

（3）单击"选择"栏，或单击"全选"按钮，选中相应的发货单，如图6-13所示。

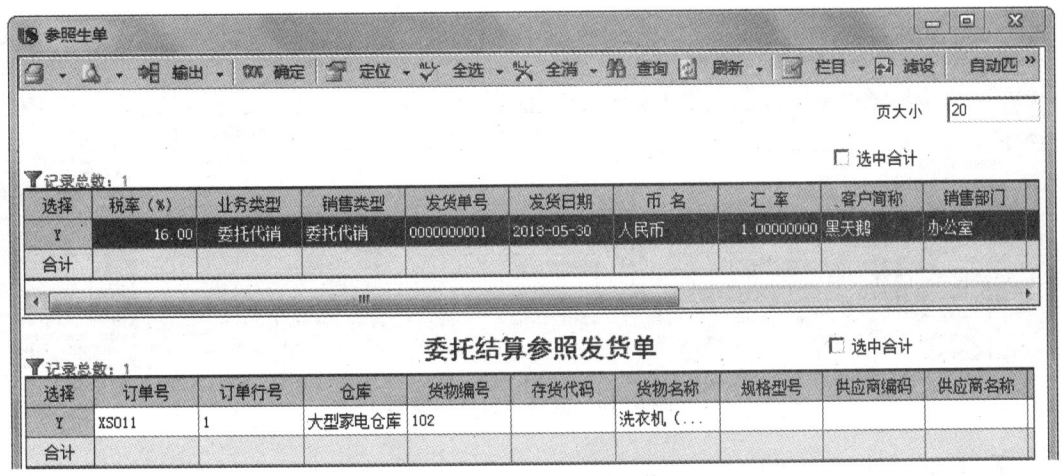

图6-13　委托结算参照发货单

（4）单击"确定"按钮，修改"委托代销清单结算数量"为"40.00"，"无税单价"为"6 000.00"。单击"保存"按钮，如图6-14所示。

（5）单击"审核"按钮，打开"请选择发票类型"对话框，选择"专用发票"单选框，如图6-15所示。

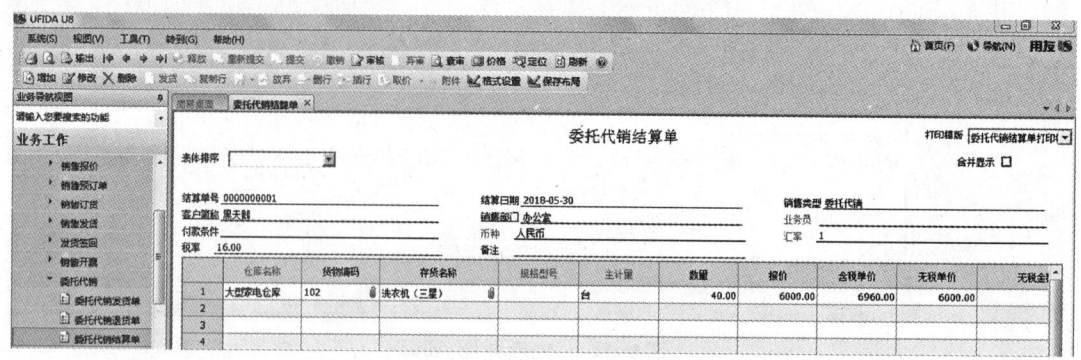

图 6-14　委托代销结算单

（6）单击"确定"按钮退出。

注意：

★ 委托代销结算单审核后，由系统自动生成相应的销售发票。

★ 系统可根据委托代销结算单生成"普通发票"或"专用发票"两种发票类型。

★ 委托代销结算单审核后，由系统自动生成相应的销售出库单，并将其传递到库存管理系统。

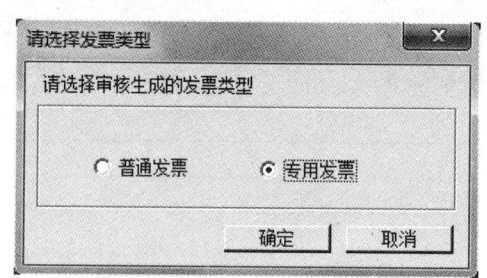

图 6-15　发票类型选择

6. 查看并审核发票

（1）在销售管理系统中，执行"销售开票"—"销售专用发票"命令，打开"销售专用发票"窗口。

（2）单击"复核"按钮，如图 6-16 所示。

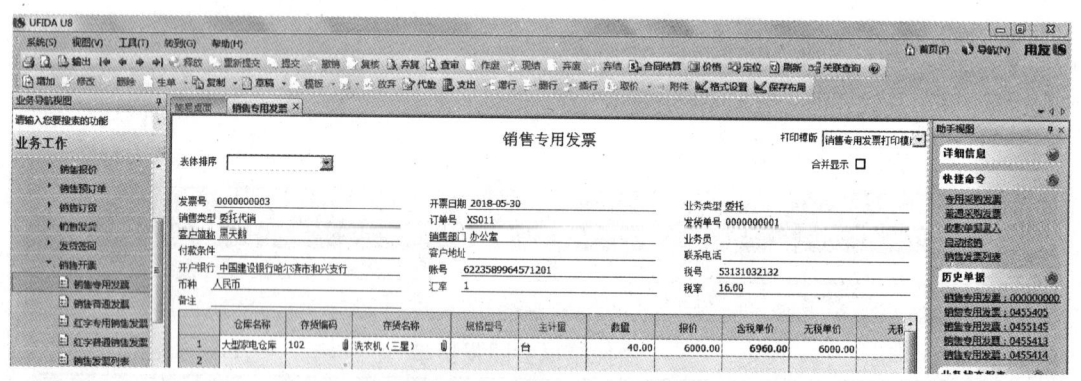

图 6-16　复核销售专用发票

7. 应收款处理

（1）2018 年 5 月 30 日，王博在应收款管理系统中，执行"应收单据处理"—"应收单据审核"命令，打开"应收单查询条件"窗口。

（2）单击"确定"按钮，打开"应收单据列表"，如图 6-17 所示。

（3）审核该张销售发票，立即制单，输入数量和单价，如图 6-18 所示。

（4）单击"确定"按钮，凭证被成功保存。

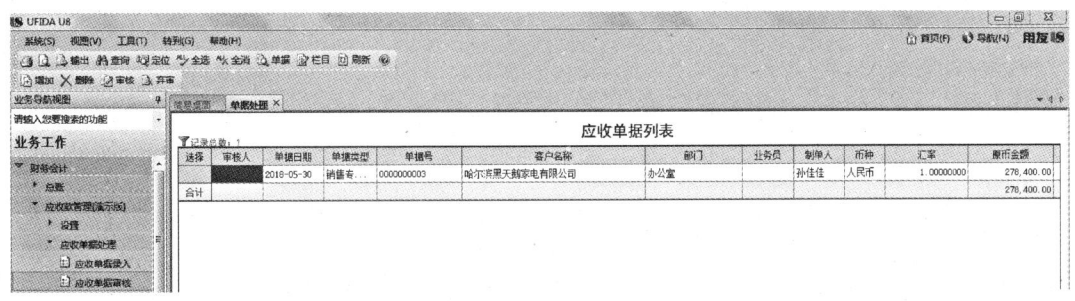

图 6-17　应收单据列表

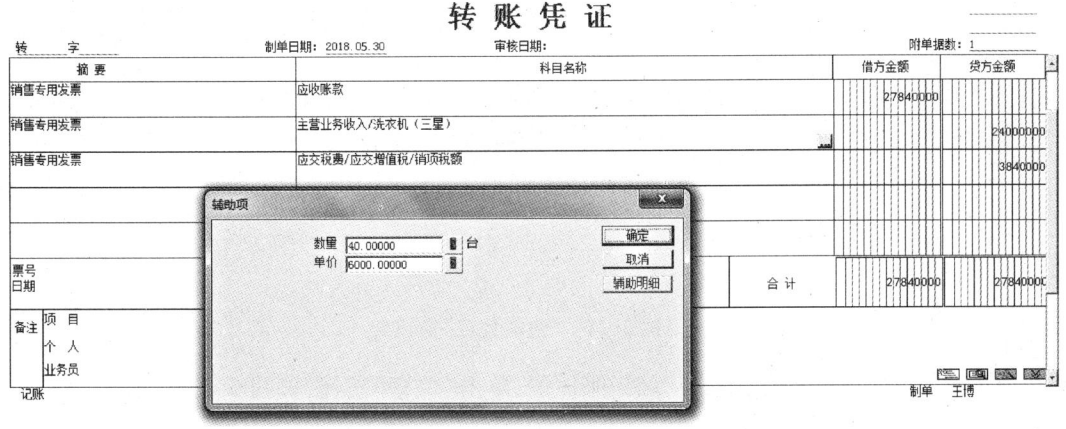

图 6-18　应收单审核制单

8. 发出商品记账

（1）2018 年 5 月 30 日，王博在存货核算系统中，执行"业务核算"—"发出商品记账"命令，打开"查询条件选择"窗口。

（2）单击"确定"按钮，打开"发出商品记账"窗口。

（3）双击选中要记账的专用发票，如图 6-19 所示。

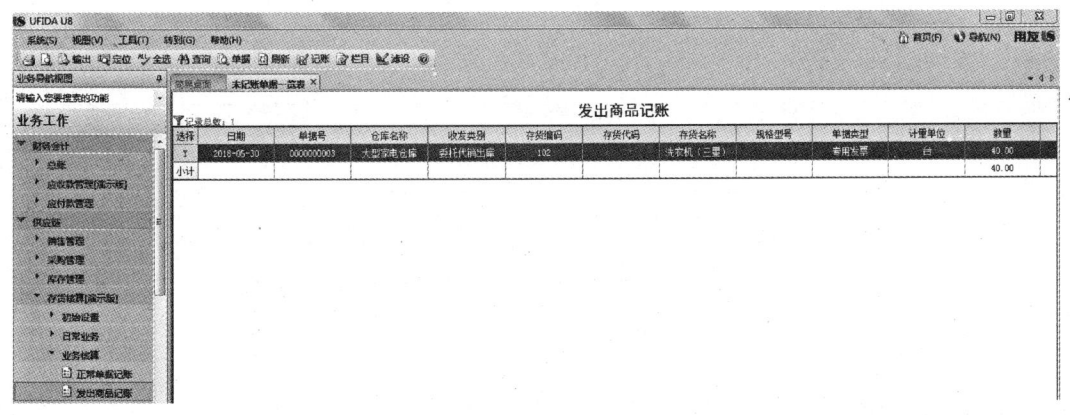

图 6-19　"发出商品记账"窗口

（4）单击"记账"按钮，系统提示"记账成功"。

（5）执行"财务核算"—"生成凭证"命令，单击"选择"按钮，打开"查询条件"窗口。

（6）单击"确定"按钮，打开"未生成凭证单据一览表"窗口，如图 6-20 所示。

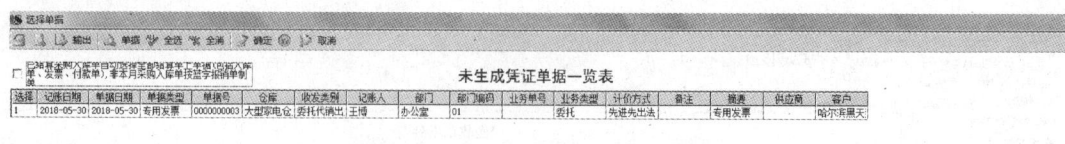

图 6-20 "未生成凭证一览表"窗口

（7）单击"选择"栏，或单击"全选"按钮，选中待生成凭证的单据，单击"确定"按钮。

（8）选择凭证类别为"转 转账凭证"，选择会计科目，如图 6-21 所示。

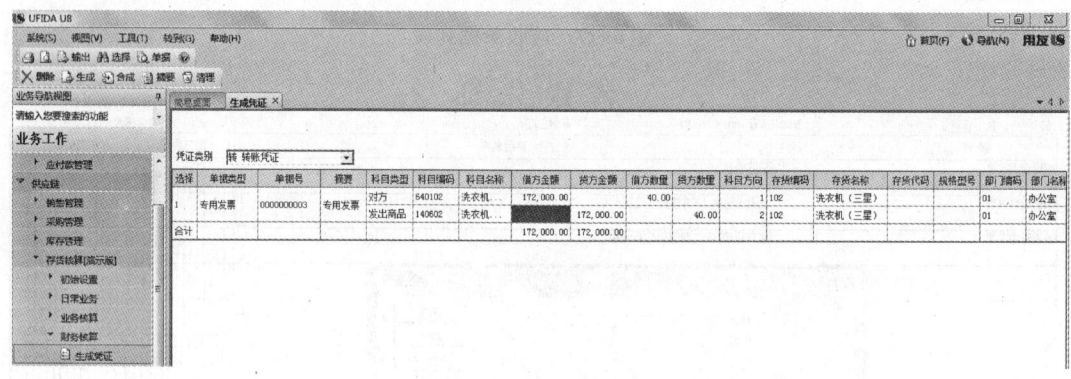

图 6-21 "生成凭证"窗口

（9）单击"生成"按钮，生成一张记账凭证，单击"保存"按钮，如图 6-22 所示。

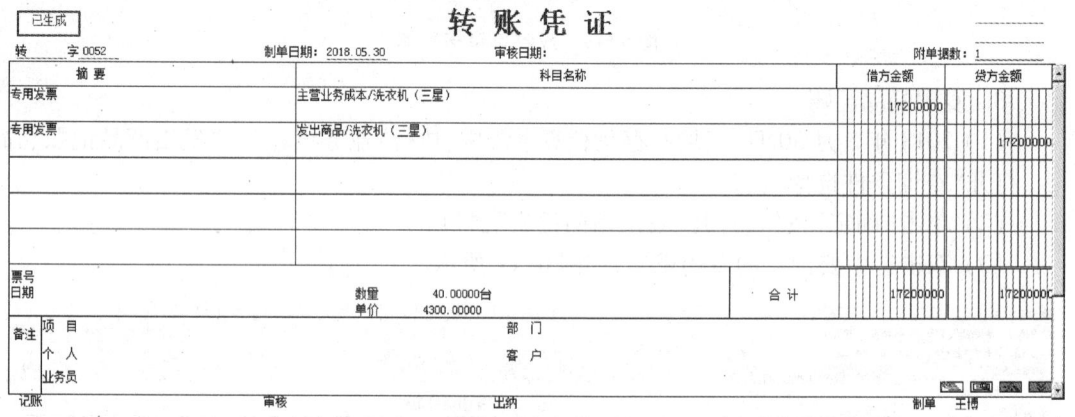

图 6-22 生成凭证

学习子情境二　直运销售业务

一、任务描述

（1）2018 年 5 月 30 日，销售部接到业务信息，大庆家乐福有限公司急需购买冰箱（西门子）80 台，经协商以无税单价 9 000 元，增值税税率 16%，取得该业务的凭证，如图 6-23 和图 6-24 所示。

购 销 合 同

供方:哈尔滨邦德科技发展有限责任公司   合同号:XS012

需方:大庆家乐福有限公司   签订日期:2018 年 05 月 30 日

经双方协议,订立本合同如下:

产品型号	名 称	数 量	单价(含税)	总 额	其他要求
	冰箱(西门子)	80	10 440.00	835 200.00	
合 计				835 200.00	

货款总计(大写):捌拾叁万伍仟贰佰元整

质量验收标准:

交货日期:2018 年 05 月 30 日

交货地点:大庆家乐福有限公司

结算方式:转账支票

付款时间:2018 年 5 月 30 日

违约条款:违约方须赔偿对方一切经济损失。但遇天灾人祸或其他人力不能控制之因素而导致延误交货,需方不能要求供方赔偿任何损失。

解决合同纠纷的方式:经双方友好协商解决,如协商不成的,可向当地仲裁委员会提请申诉解决。

本合同一式两份,供需双方各执一份,自签订之日起生效。

供方(盖章):   需方(盖章):

地址:哈尔滨市南岗区学府路5号   地址:大庆市远望大街54号

法定代表:王慧玲   法定代表:程国东

联系电话:0451-86619207   联系电话:0459-23645545

图 6-23　销售合同

购 销 合 同

供方:苏宁科技股份有限公司黑龙江分公司   合同号:CG012

需方:哈尔滨邦德科技发展有限责任公司   签订日期:2018 年 05 月 30 日

经双方协议,订立本合同如下:

产品型号	名 称	数 量	单价(含税)	总 额	其他要求
	冰箱(西门子)	80	8 120.00	649 600.00	
合 计				649 600.00	

货款总计(大写):陆拾肆万玖仟陆佰元整

质量验收标准:

交货日期:2018 年 05 月 30 日

交货地点:大庆家乐福有限公司

结算方式:转账支票

付款时间:2018 年 5 月 30 日

违约条款:违约方须赔偿对方一切经济损失。但遇天灾人祸或其他人力不能控制之因素而导致延误交货,需方不能要求供方赔偿任何损失。

解决合同纠纷的方式:经双方友好协商解决,如协商不成的,可向当地仲裁委员会提请申诉解决。

本合同一式两份,供需双方各执一份,自签订之日起生效。

供方(盖章):   需方(盖章):

地址:哈尔滨市南岗区学府路100号   地址:哈尔滨市南岗区学府路5号

法定代表:王一玲   法定代表:王慧玲

联系电话:0451-83830123   联系电话:0451-86619207

图 6-24　采购合同

（2）2018 年 5 月 30 日，销售部联系以无税单价 7 000 元的价格向苏宁科技股份有限公司黑龙江分公司发出采购订单，并要求对方直接将货物送到大庆家乐福有限公司。

（3）2018 年 5 月 30 日，货物送至大庆家乐福有限公司，苏宁科技股份有限公司黑龙江分公司凭送货签收单和订单开具了一张增值税专用发票给销售部，如图 6-25 所示。

图 6-25 采购专用发票

（4）2018 年 5 月 30 日，销售部根据销售订单开具增值税专用发票一张，如图 6-26 所示。

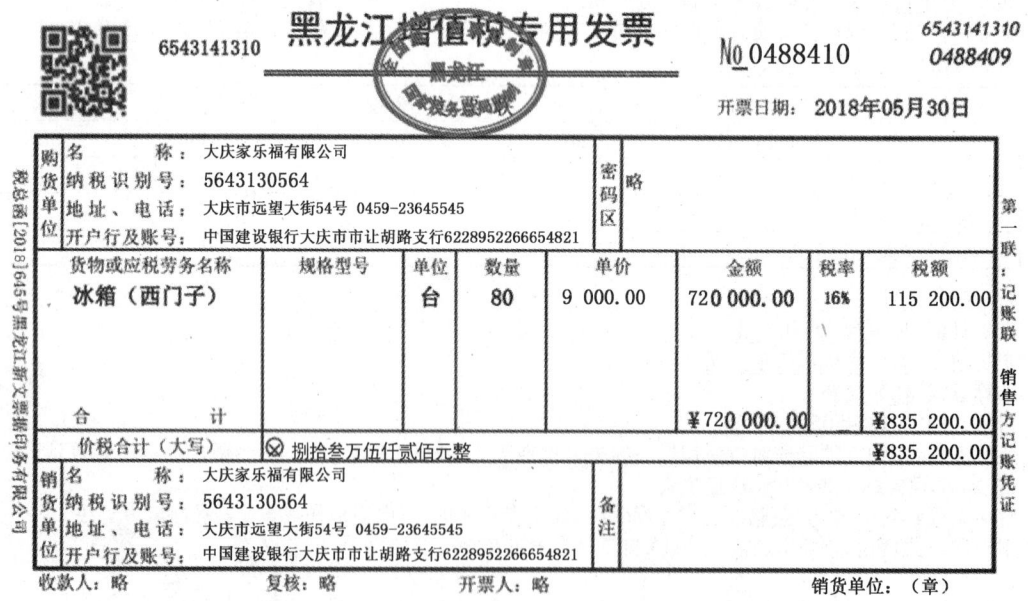

图 6-26 销售专用发票

（5）2018 年 5 月 30 日，销售部将此业务的采购、销售发票交给财务部，财务部结转此业务的收入及成本。

二、任务指导

1. 填制并审核直运销售订单

（1）2018 年 5 月 30 日，孙佳佳在销售管理系统中，执行"销售订货"—"销售订单"命令，打开"销售订单"窗口。

（2）单击"增加"按钮，选择"业务类型"为"直运销售"，输入"订单号"为"XS012"，按要求填写其他内容，保存并审核，如图 6-27 所示。

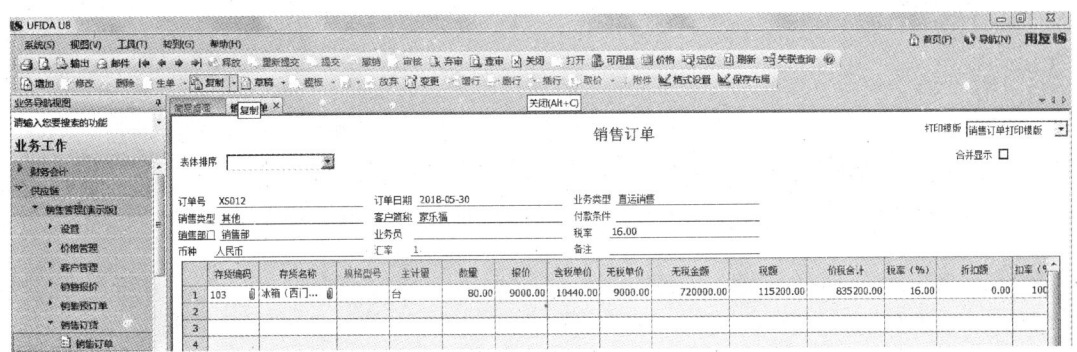

图 6-27　销售订单

2. 填制并审核直运采购订单

（1）2018 年 5 月 30 日，黄颖露在采购管理系统中，执行"采购订货"—"采购订单"命令，打开"采购订单"窗口。

（2）单击"增加"按钮，选择"业务类型"为"直运采购"，输入"订单号"为"CG012"。单击"生单"按钮，选择参照"销售订单"。

（3）单击"确定"按钮，进入"拷贝并执行"窗口，选择对应的销售订单，如图 6-28 所示。

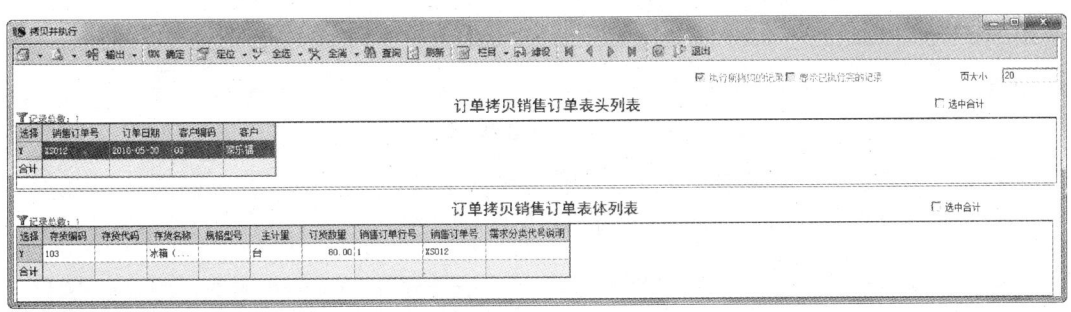

图 6-28　订单拷贝销售

（4）单击"确定"按钮，将销售订单相关信息带入采购订单，选择"供应窗"为"苏宁"，输入"原币单价"为"7 000.00"，单击"保存"按钮。

（5）单击"审核"按钮，审核采购订单，如图 6-29 所示。

注意：

　★ 直运采购发票必须参照直运销售发票生成。

3. 填制并复核直运销售发票

（1）2018 年 5 月 30 日，孙佳佳在销售管理系统中，执行"销售开票"—"销售专用发票"命令，打开"销售专用发票"窗口。

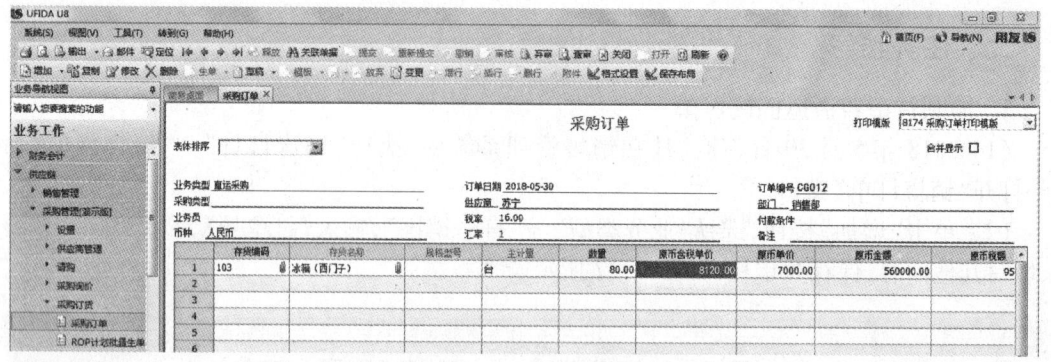

图 6-29　"采购订单"窗口

（2）单击"增加"按钮，修改"发票号码"为"0455146"，"业务类型"为"直运销售"，单击"生单"按钮，选择参照订单。

（3）单击"确定"按钮，进入"参照生单"窗口，选择对应的销售订单，如图 6-30 所示。

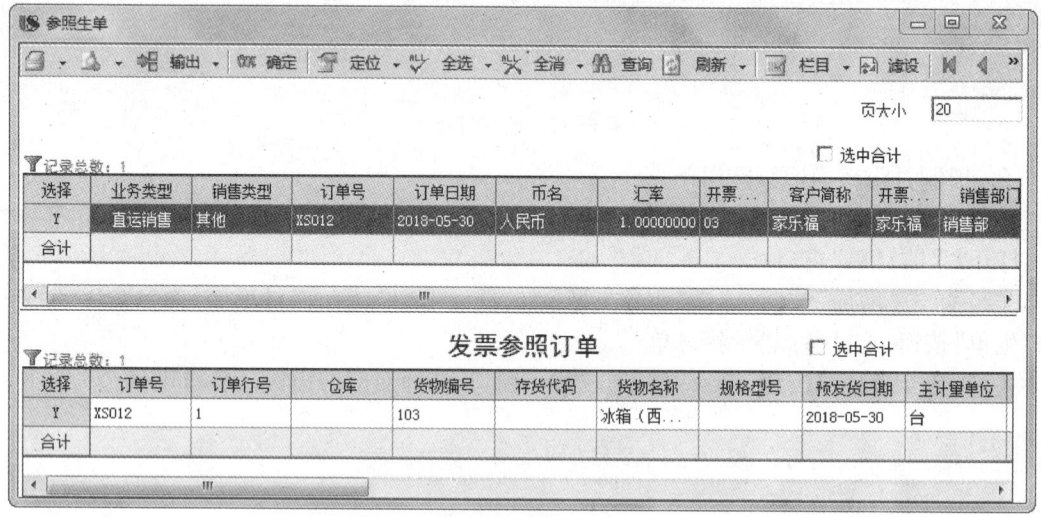

图 6-30　"参照生单"窗口

（4）单击"确定"按钮，将销售订单相关信息带入销售专用发票，单击"保存"按钮。

（5）单击"复核"按钮，如图 6-31 所示。

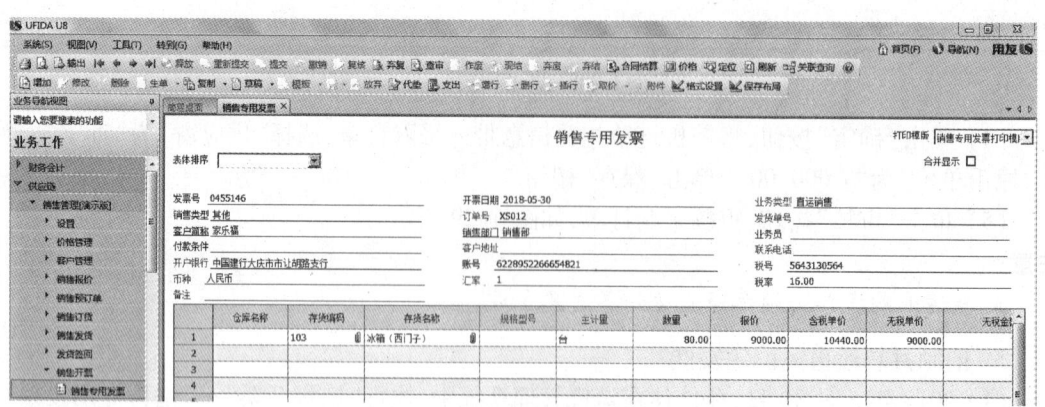

图 6-31　"销售专用发票"窗口

4. 填制并审核直运采购发票

（1）2018年5月30日，黄颖露在采购管理系统中，执行"采购发票"—"采购专用发票"命令，打开"采购专用发票"窗口。

（2）单击"增加"按钮，将"业务类型"改为"直运采购"，"发票号码"改为"0488409"，单击"生单"按钮，选择参照订单。

（3）单击"确定"按钮，进入"拷贝并执行"窗口，选择对应的采购订单，如图6-32所示。

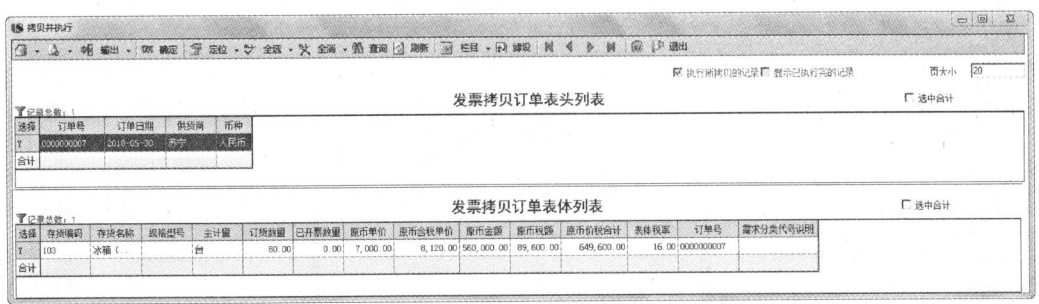

图6-32 发票拷贝订单

（4）单击"确定"按钮，将采购订单相关信息带入销售专用发票，单击"保存"按钮，如图6-33所示。

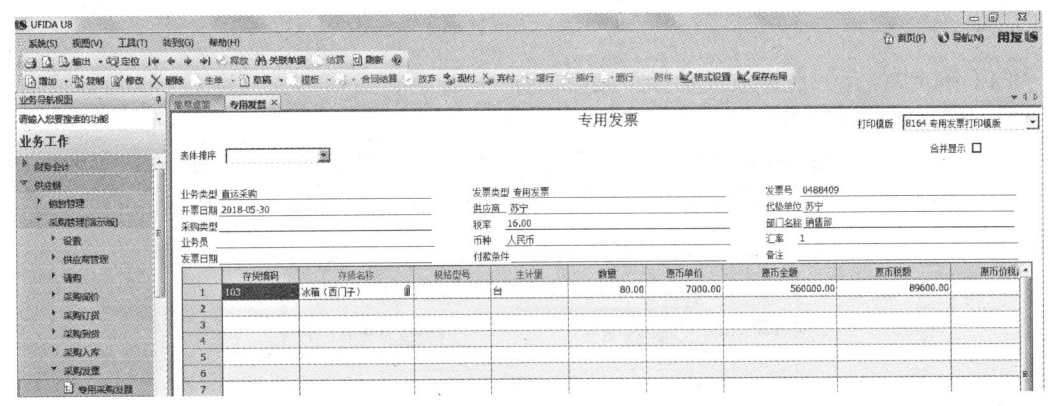

图6-33 采购专用发票

5. 审核直运采购发票

（1）2018年5月30日，王博在应付款管理系统中，执行"应付单据处理"—"应付单据审核"命令，打开"应付单查询条件"窗口。

（2）单击"确定"按钮，打开"应付单据列表"窗口，如图6-34所示。

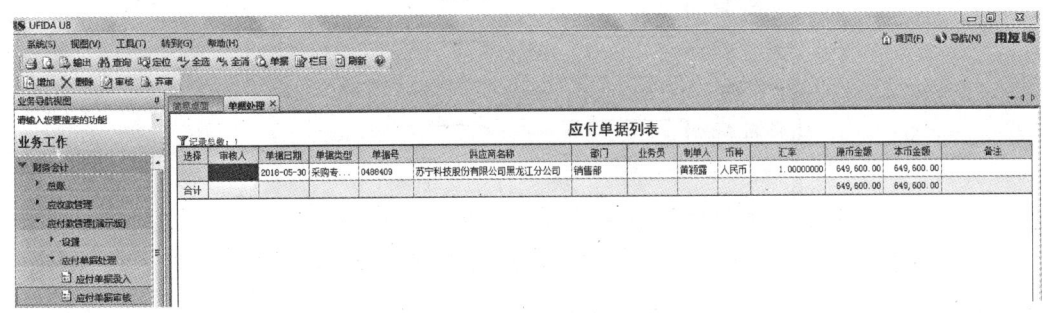

图6-34 "应付单据列表"窗口

（3）审核该张销售发票,立即制单,输入"数量"为"80.00","单价"为"7 000.00",如图6-35所示,单击"确定"按钮。

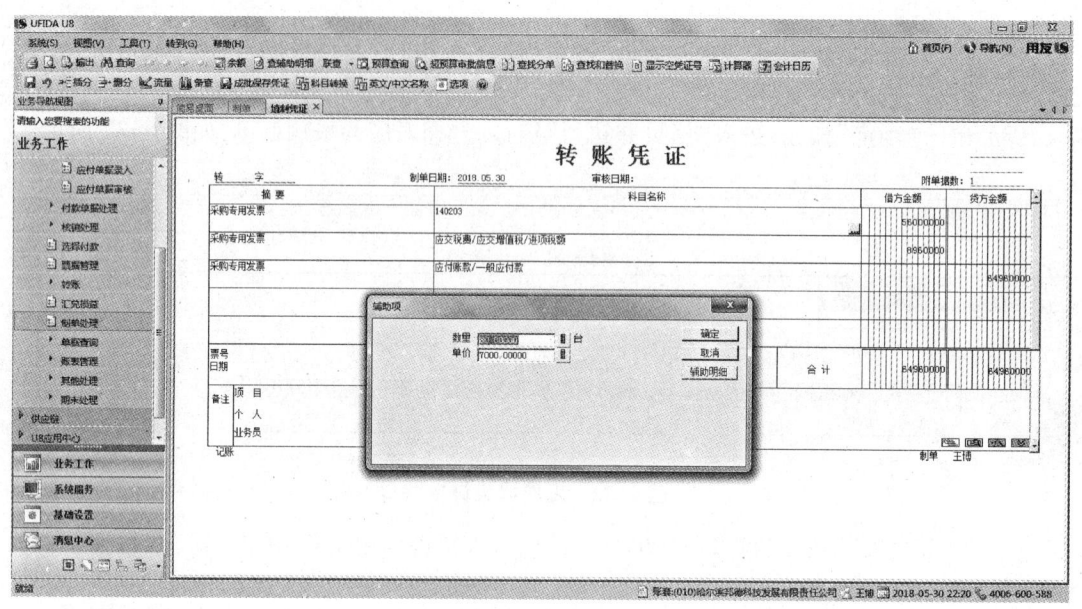

图6-35　生成凭证

（4）单击"保存",凭证被成功保存。

6. 执行直运销售记账

（1）在存货核算系统中,执行"业务核算"—"直运销售记账"命令,打开"直运采购发票核算查询条件"对话框,选中"采购发票"和"销售发票"复选框,如图6-36所示。

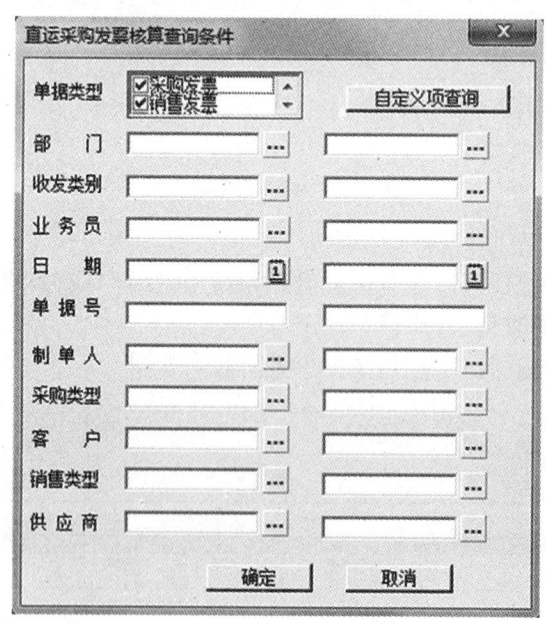

图6-36　"直运采购发票核算查询条件"对话框

（2）单击"确定"按钮,选择要记账的单据,如图6-37所示。

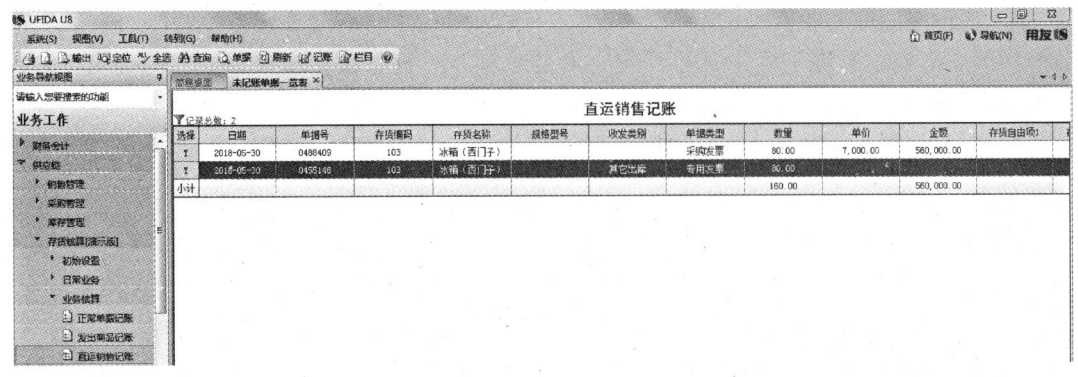

图6-37 "直运销售记账"窗口

（3）单击"记账"按钮，系统提示"记账成功"。

7. 结转直运业务的成本

（1）在存货核算系统中，执行"财务核算"—"生成凭证"命令，选择"直运销售发票"，单击"确定"按钮，打开"未生成凭证单据一览表"窗口，如图6-38所示。

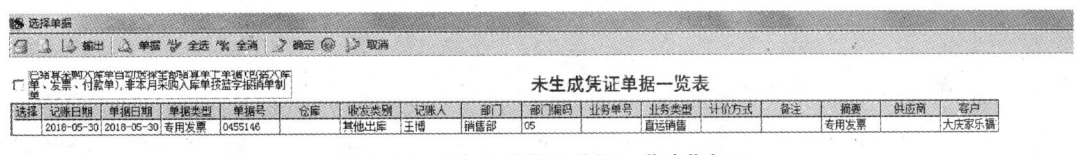

图6-38 "未生成凭证单据一览表"窗口

（2）单击"选择"栏，或单击"全选"按钮，选中待生成凭证的单据，单击"确定"按钮。

（3）选择凭证类别为"转 转账凭证"，选择会计科目，如图6-39所示。

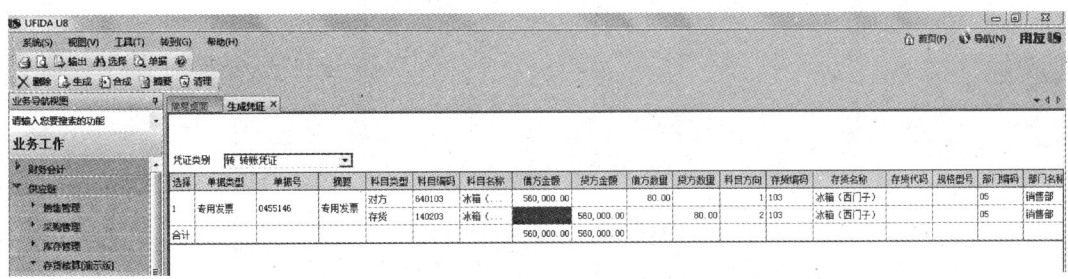

图6-39 "生成凭证"窗口

（4）单击"生成"按钮，生成一张转账凭证，单击"保存"按钮，如图6-40所示。

转 账 凭 证

已生成				附单据数：1
转 字0052	制单日期：2018.05.30	审核日期：		
摘 要	科目名称		借方金额	贷方金额
专用发票	主营业务成本/冰箱（西门子）		56000000	
专用发票	在途物资/冰箱（西门子）			56000000
票号 日期	数量 80.00000台 单价 7000.00000	合 计	56000000	56000000
备注 项 目 个 人 业务员	部 门 客 户			
记账	审核	出纳	制单 王博	

图6-40 生成转账凭证

8. 结转直运业务收入

（1）在应收款管理系统中，执行"应收单据处理"—"应收单据审核"命令，打开"应收单查询条件"窗口。

（2）单击"确定"按钮，打开"应收单据列表"窗口，如图 6-41 所示。

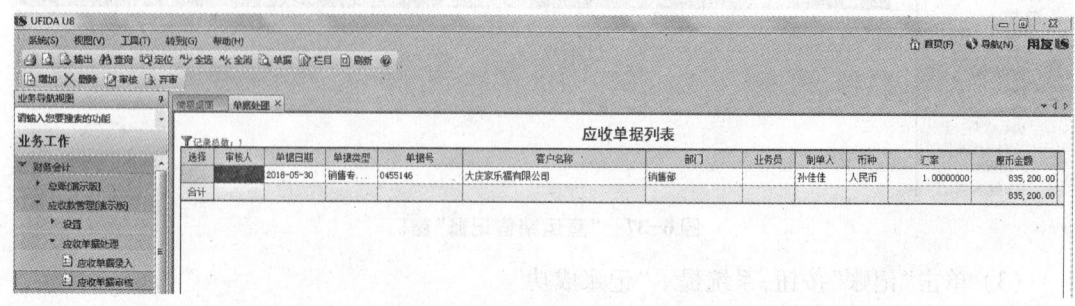

图 6-41 "应收单据列表"窗口

（3）审核该张销售专用发票，立即制单，输入"数量"为"80.00"，"单价"为"9 000.00"，如图 6-42 所示。

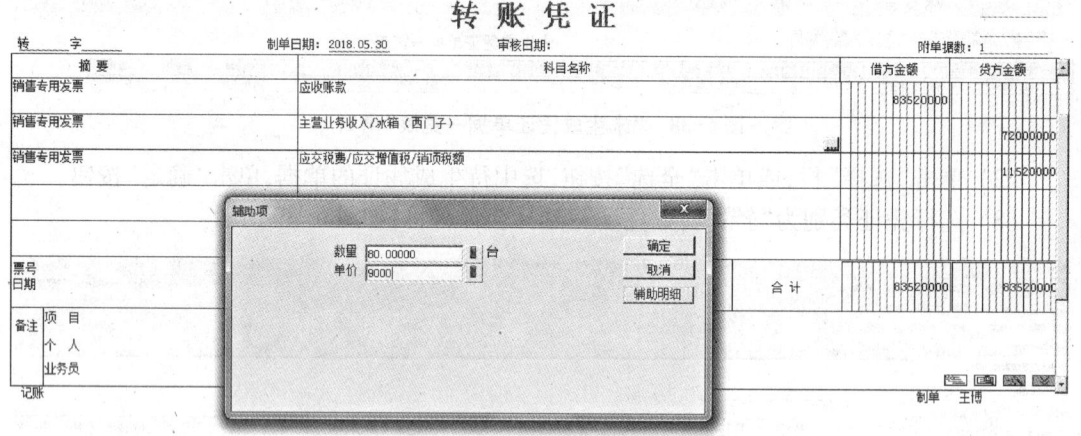

图 6-42 发票审核并制单

（4）单击"确定"按钮，凭证被成功保存。

学习子情境三　分期收款业务

一、任务描述

（1）2018 年 5 月 30 日，销售部向哈尔滨世纪联华有限公司出售 30 套剃须刀（飞利浦），货物从小型家电仓库放出，无税单价为 200 元，客户要求以分期付款形式购买该商品，经协商，客户分两次付款，取得该业务的相关凭证，如图 6-43 所示，并据此开具销售专用发票，第一次开具的专用发票为 15 套剃须刀（飞利浦），发票号为 0455147，如图 6-44 所示。

购 销 合 同

供方:哈尔滨邦德科技发展有限责任公司　　　　合同号:XS013

需方:哈尔滨世纪联华有限公司　　　　　　　　签订日期:2018 年 05 月 30 日

经双方协议,订立本合同如下:

产品型号	名　称	数　量	单价(含税)	总　额	其他要求
	剃须刀(飞利浦)	30	232.00	6 960.00	
合　计				6 960.00	
货款总计(大写):陆仟玖佰陆拾元整					

质量验收标准:

交货日期:2018 年 05 月 30 日

交货地点:哈尔滨世纪联华有限公司

结算方式:转账支票

付款时间:开出发票后立即结算

违约条款:违约方须赔偿对方一切经济损失。但遇天灾人祸或其他人力不能控制之因素而导致延误交货,需方不能要求供方赔偿任何损失。

解决合同纠纷的方式:经双方友好协商解决,如协商不成的,可向当地仲裁委员会提出申诉解决。

本合同一式两份,供需双方各执一份,自签订之日起生效。

供方(盖章):　　　　　　　　　　　　　需方(盖章):

地址:哈尔滨市南岗区学府路 5 号　　　　　地址:哈尔滨市道里区友谊路 386 号

法定代表:王慧玲　　　　　　　　　　　　法定代表:何春国

联系电话:0451-86619207　　　　　　　　联系电话:0451-86575555

图 6-43　分期收款合同

图 6-44　增值税专用发票

(2)业务部门将该业务所涉及的出库单及销售发票交给财务部门,财务部门据此结转收入及成本。

二、任务指导

1. 填制并审核销售订单

（1）2018 年 5 月 30 日，孙佳佳在销售管理系统中，执行"销售订货"—"销售订单"命令，打开"销售订单"窗口。

（2）单击"增加"按钮，修改"订单号"为"XS013"；选择"业务类型"为"分期收款"，"销售类型"为"其他"，"存货编码"为"201"；录入"数量"为"30.00"，"无税单价"为"200.00"，单击"保存"按钮。

（3）单击"审核"按钮，审核填制的销售订单，如图 6-45 所示。

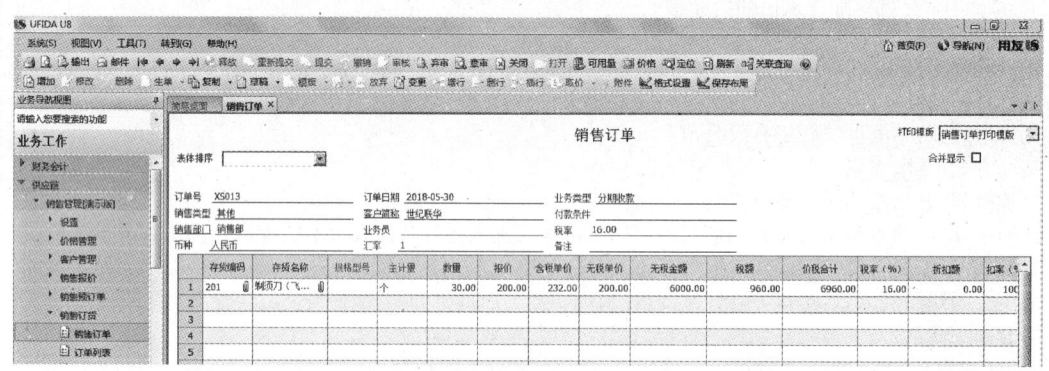

图 6-45　"销售订单"窗口

2. 生成分期收款发货单

（1）在销售管理系统中，执行"销售发货"—"发货单"命令，打开"发货单"窗口。

（2）单击"增加"按钮，将"业务类型"改为"分期收款"，单击"订单"按钮，参照订单生成发货单。

（3）在"参照订单"窗口中单击"确定"按钮，进入"参照生单"窗口。

（4）双击需要参照的订单，如图 6-46 所示。

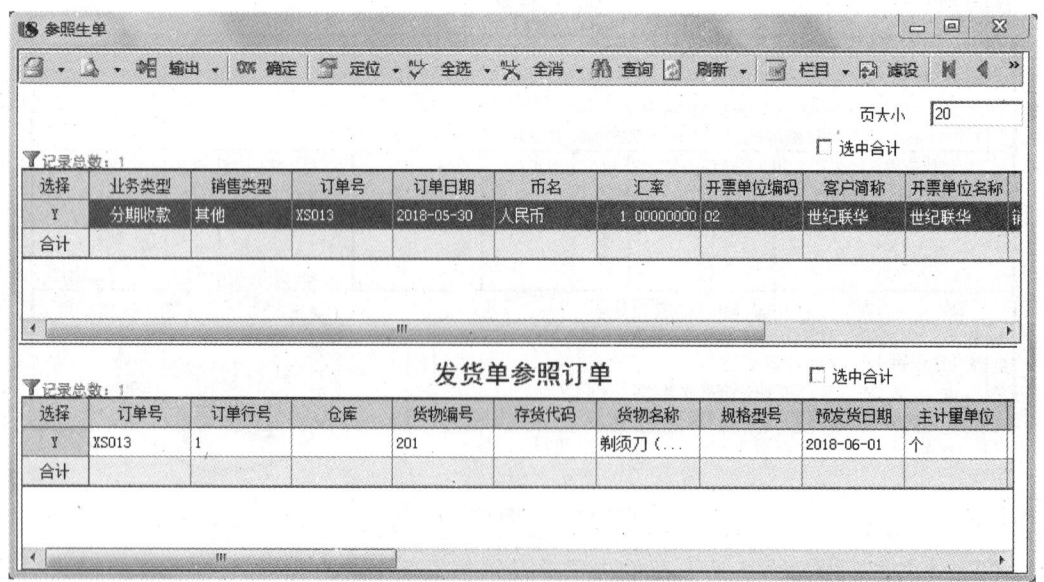

图 6-46　"参照生单"窗口

（5）单击"确定"按钮,选择"仓库名称"为"小型家电仓库",单击"确定"按钮。

（6）单击"保存"按钮。

（7）单击"审核"按钮,审核发货单,如图 6-47 所示。

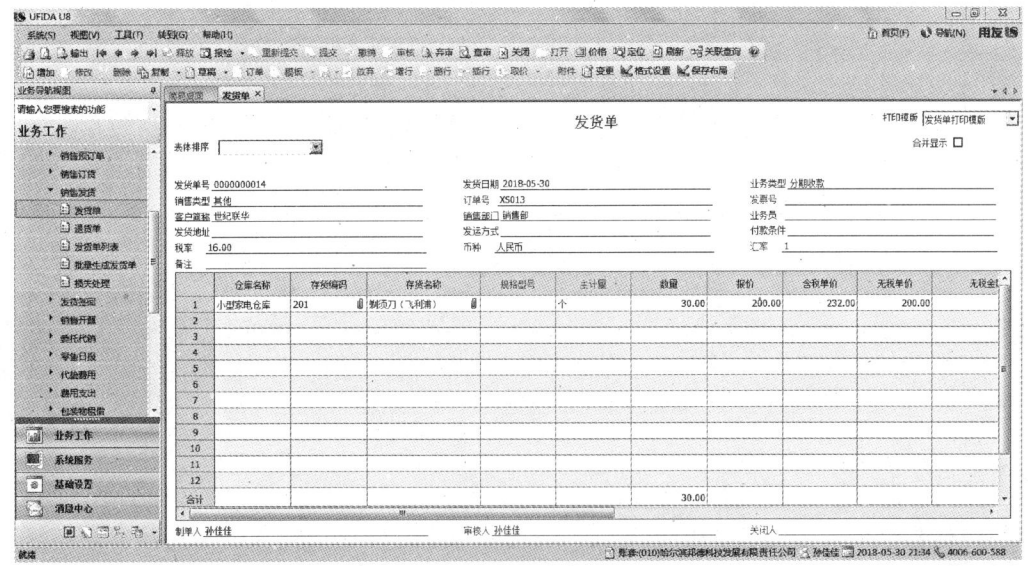

图 6-47　审核发货单

注意:

★ 填制发货单时选择"业务类型"为"分期收款","数量"为"30.00"。

3. 发出商品记账,生成出库凭证

（1）2018 年 5 月 30 日,王博在存货核算系统中,执行"业务核算"—"发出商品记账"命令,打开"查询条件选择"窗口。

（2）单击"确定"按钮,打开"发出商品记账"窗口。

（3）双击选中要记账的发货单,如图 6-48 所示。

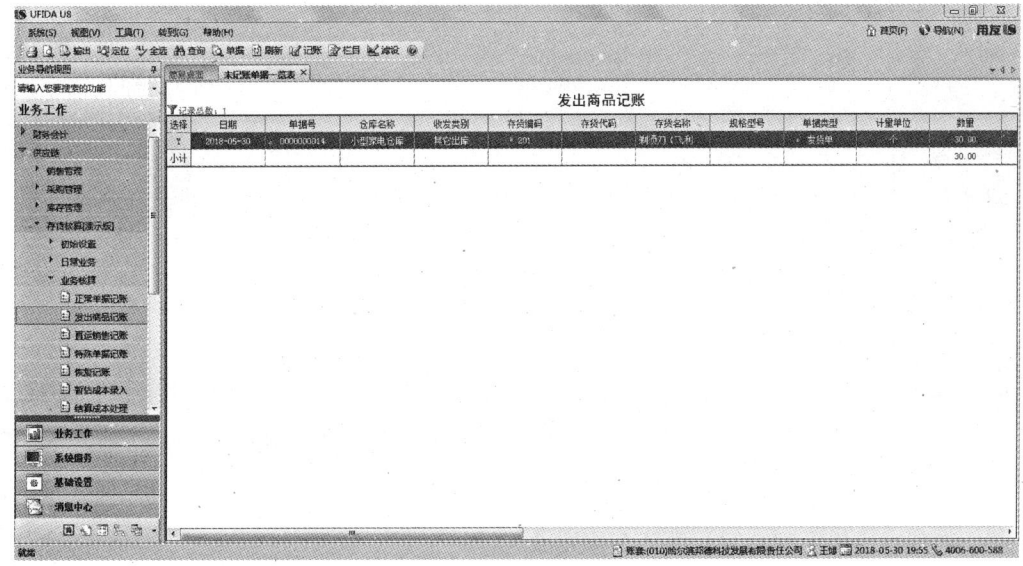

图 6-48　"发出商品记账"窗口

（4）单击"记账"按钮，系统提示"记账成功"。

（5）执行"财务核算"—"生成凭证"命令，单击"选择"按钮，打开"查询条件"窗口。

（6）单击"确定"按钮，打开"未生成凭证单据一览表"窗口，如图6-49所示。

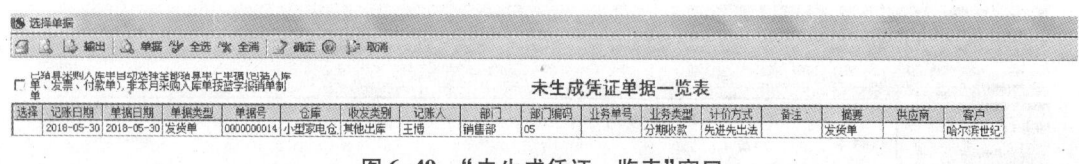

图6-49 "未生成凭证一览表"窗口

（7）单击"选择"栏，或单击"全选"按钮，选中待生成凭证的单据，单击"确定"按钮。

（8）选择凭证类别为"转 转账凭证"，选择会计科目，如图6-50所示。

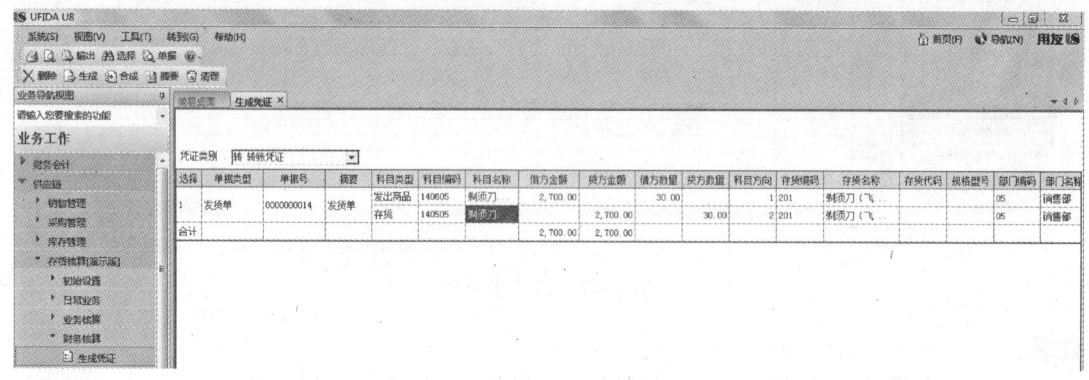

图6-50 "生成凭证"窗口

（9）单击"生成"按钮，生成一张转账凭证，单击"保存"按钮，如图6-51所示。

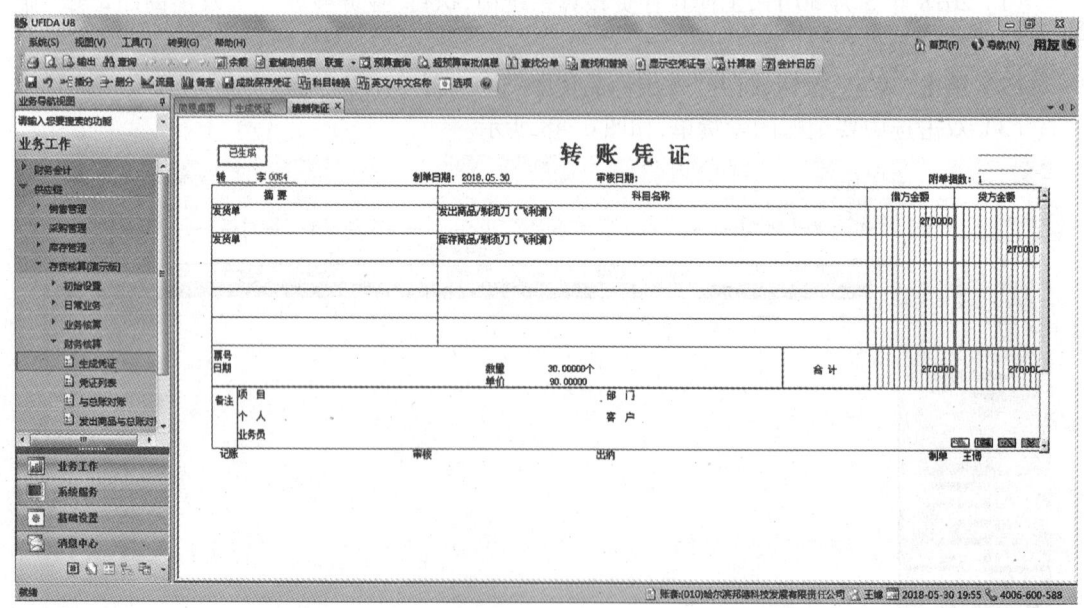

图6-51 生成凭证

4. 根据发货单填制并复核销售专用发票

（1）2018年5月30日，孙佳佳在销售管理系统中，执行"销售开票"—"销售专用发票"

命令,打开"销售专用发票"窗口。

(2)单击"增加"按钮,修改"发票号码"为"0455147","业务类型"为"分期收款",单击"生单"按钮,选择参照发货单。

(3)单击"确定"按钮,进入"参照生单"窗口,选择对应的发货单,如图6-52所示。

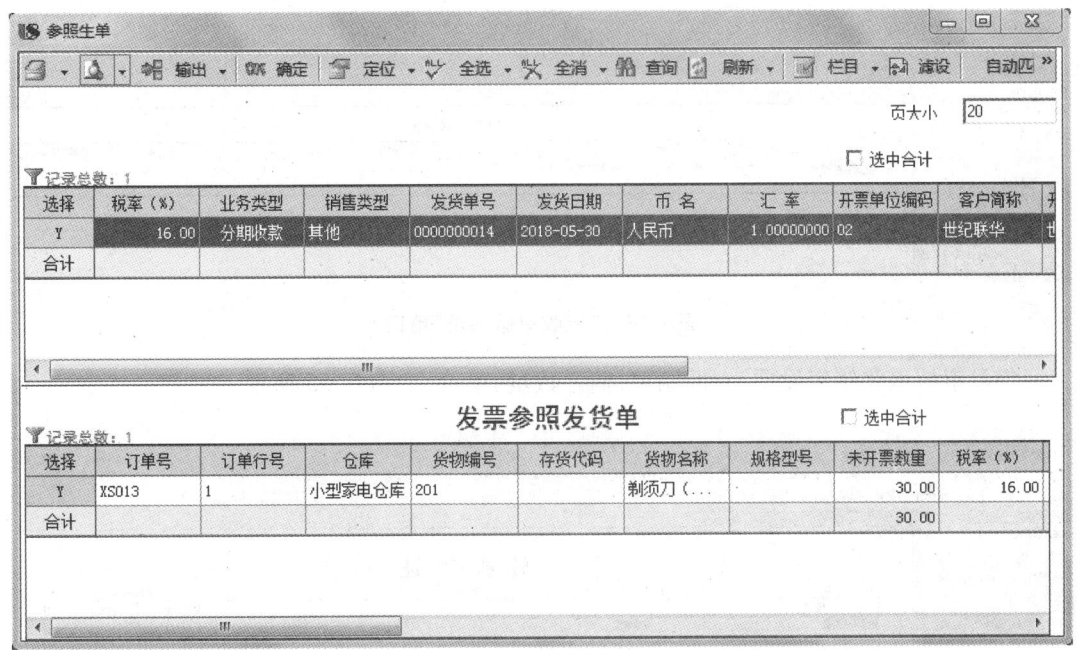

图6-52 "参照生单"窗口

(4)单击"确定"按钮,将发货单相关信息带入"销售专用发票",修改数量为15,单击"保存"按钮。

(5)单击"复核"按钮,如图6-53所示。

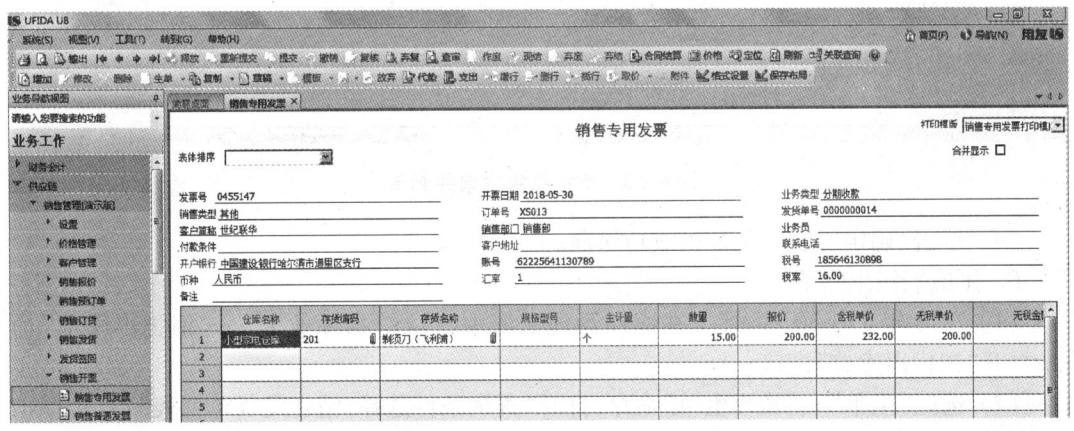

图6-53 复核销售专用发票

注意:

★ 参照发货单时,选择"业务类型"为"分期收款"。

★ 修改"数量"为"15.00"。

5. 审核销售专用发票及生成应收凭证

（1）2018 年 5 月 30 日，王博在应收款管理系统中，执行"应收单据处理"—"应收单据审核"命令，打开"应收单查询条件"窗口。

（2）单击"确定"按钮，打开"应收单据列表"窗口，如图 6-54 所示。

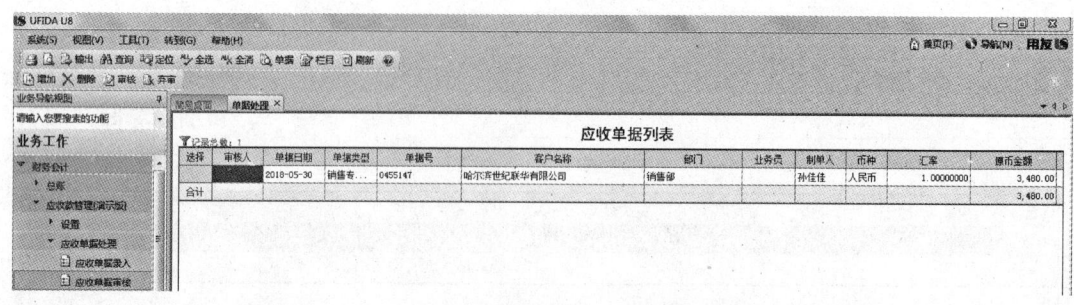

图 6-54 "应收单据列表"窗口

（3）审核该张销售发票，立即制单，输入数量、单价，如图 6-55 所示。

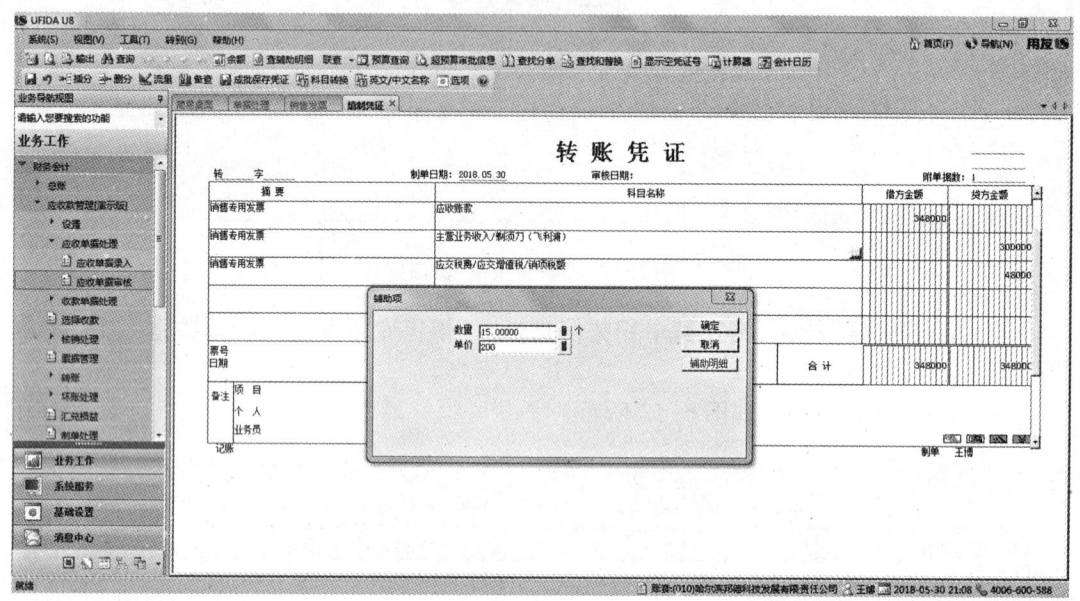

图 6-55 审核销售发票并制单

（4）单击"确定"按钮，凭证被成功保存。

6. 生成销售出库单

（1）2018 年 5 月 30 日，杜飞在库存管理系统中，执行"出库业务"—"销售出库单"命令，打开"销售出库单"窗口。

（2）选择"生单"—"销售生单"命令，打开"查询条件选择-销售发货单列表"窗口，单击"确定"按钮。

（3）打开"销售生单"窗口，双击选择相应的发货单，如图 6-56 所示，单击"确定"按钮，系统自动生成销售出库单。

（4）单击"保存"按钮，销售出库单成功保存。

（5）单击"审核"按钮，系统提示"该单据审核成功"，如图 6-57 所示。

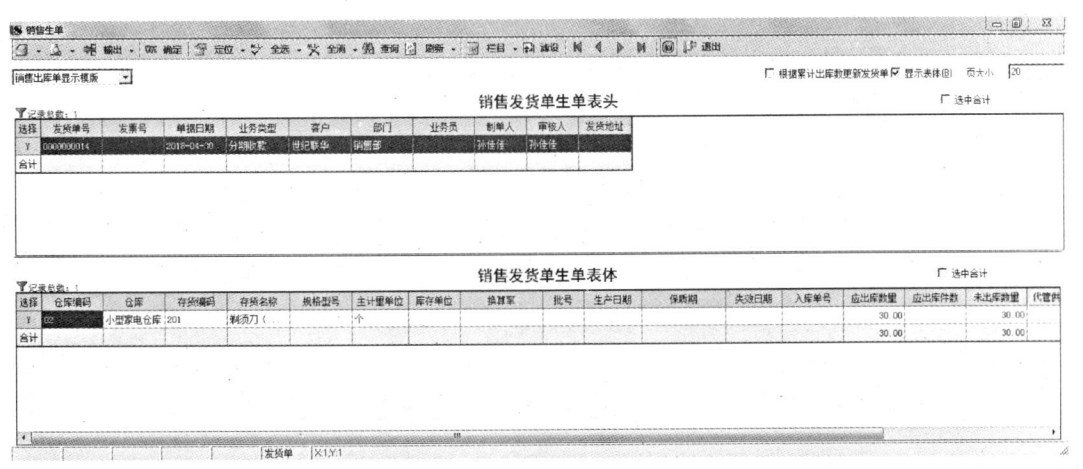

图 6-56 "销售生单"窗口

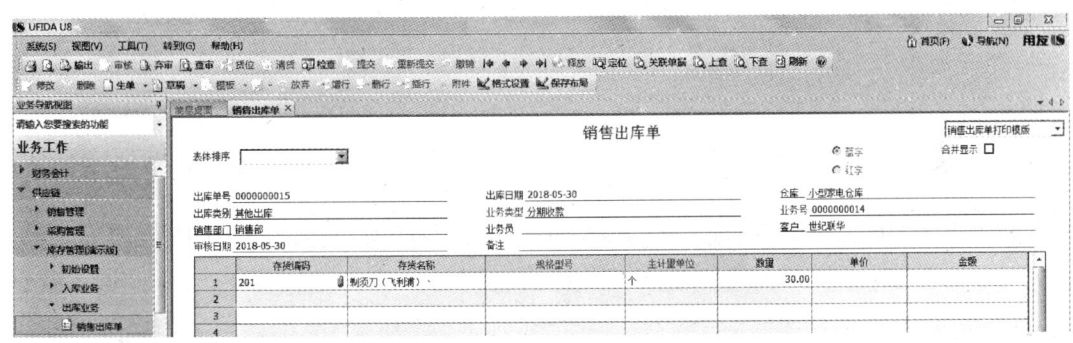

图 6-57 "销售出库单"窗口

7. 对销售发票进行记账并生成结转销售成本凭证

（1）2018 年 5 月 30 日,王博在存货核算系统中,执行"业务核算"—"发出商品记账"命令,打开"查询条件选择"窗口。

（2）单击"确定"按钮,打开"发出商品记账"窗口。

（3）双击选中要记账的专用发票,如图 6-58 所示。

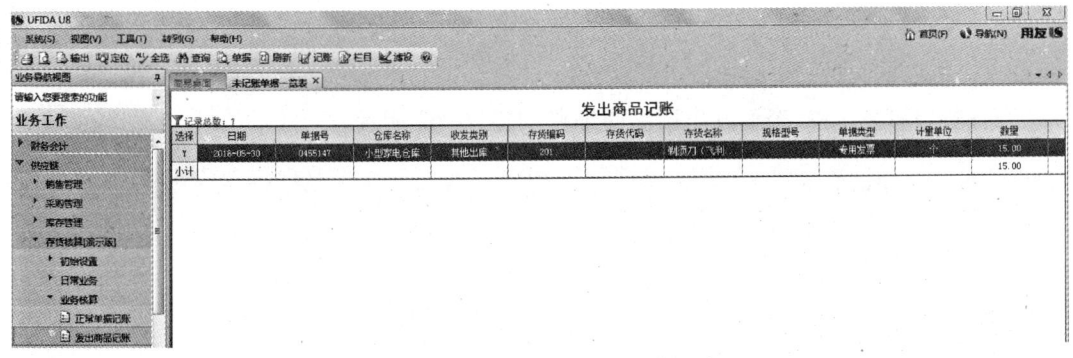

图 6-58 "发出商品记账"窗口

（4）单击"记账"按钮,将专用发票记账,系统提示"记账成功"。

（5）执行"财务核算"—"生成凭证"命令,单击"选择"按钮,打开"查询条件"窗口。

（6）单击"确定"按钮,打开"未生成凭证单据一览表"窗口,如图 6-59 所示。

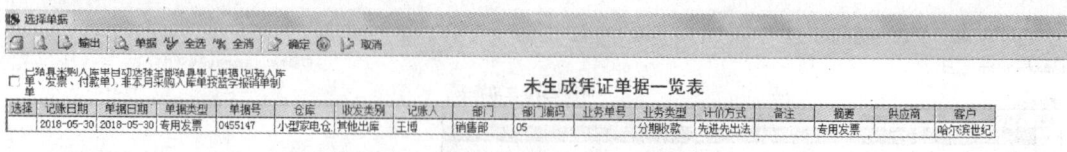

图 6-59 "未生成凭证单据一览表"窗口

（7）单击"选择"栏，或单击"全选"按钮，选中待生成凭证的单据，单击"确定"按钮。

（8）选择凭证类别为"转 转账凭证"，选择会计科目，如图 6-60 所示。

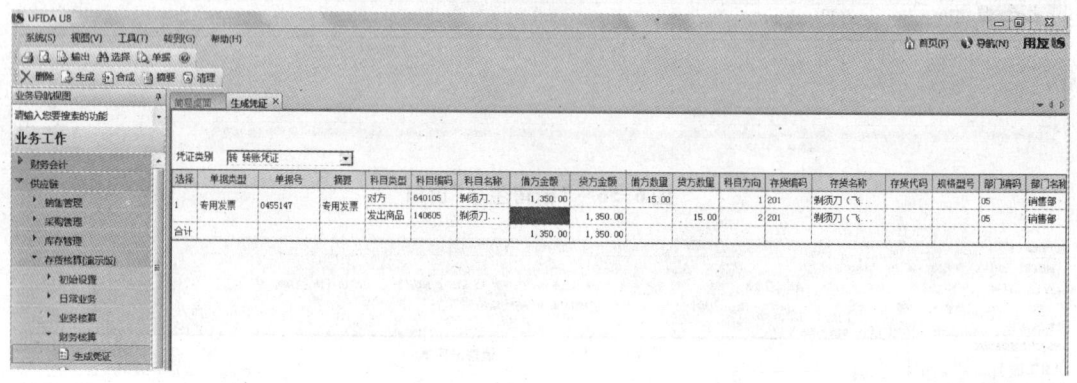

图 6-60 "生成凭证"窗口

（9）单击"生成"按钮，生成一张转账凭证，单击"保存"按钮，如图 6-61 所示。

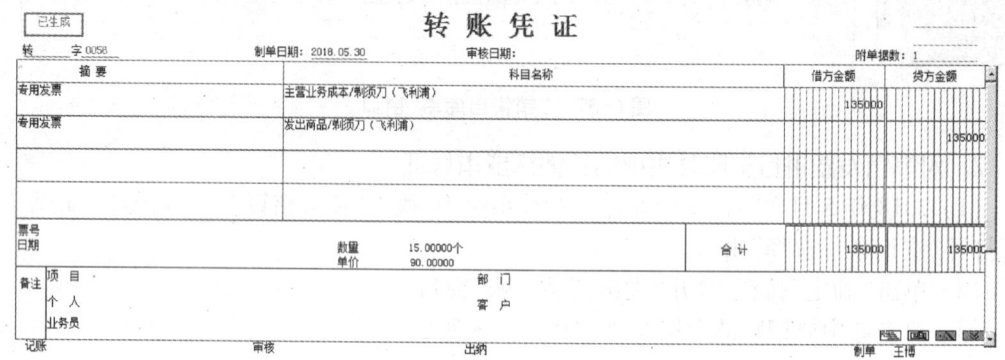

图 6-61 生成凭证

8. 查询分期收款相关账表

在存货核算系统中，查询发出商品明细账，如图 6-62 所示。

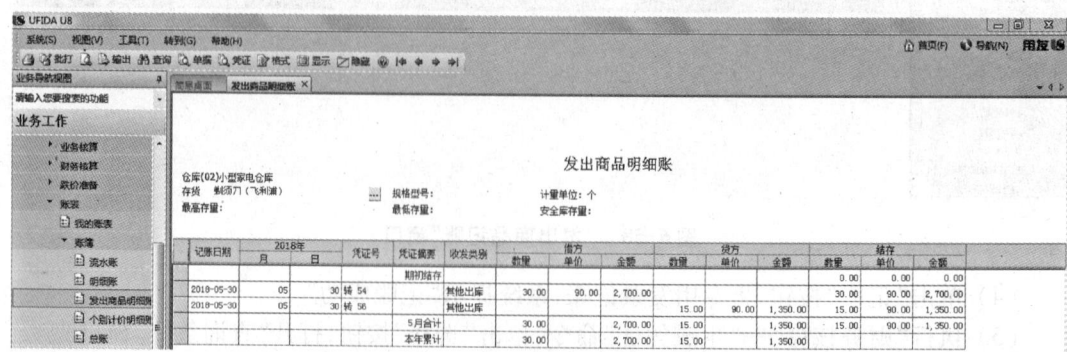

图 6-62 查询发出商品明细账

学习子情境四　零售日报业务

一、任务描述

2018 年 5 月 30 日,销售部接到黑龙江方圆盛东科技发展有限公司的订货信息,订购吹风机(飞利浦)10 个,无税单价 50 元,同时开具普通销售发票,货款现金收讫。

二、任务指导

1. 填制零售日报

(1) 2018 年 5 月 30 日,孙佳佳在销售管理系统中,执行"零售日报"命令,打开"零售日报"窗口。

(2) 单击"增加"按钮,按照零售业务单据输入信息,单击"保存"按钮,如图 6-63 所示。

图 6-63　"零售日报"窗口

(3) 单击"现结"按钮,打开"现结"窗口,选择"结算方式"为"1-现金结算","原币金额"为"585.00",如图 6-64 所示。

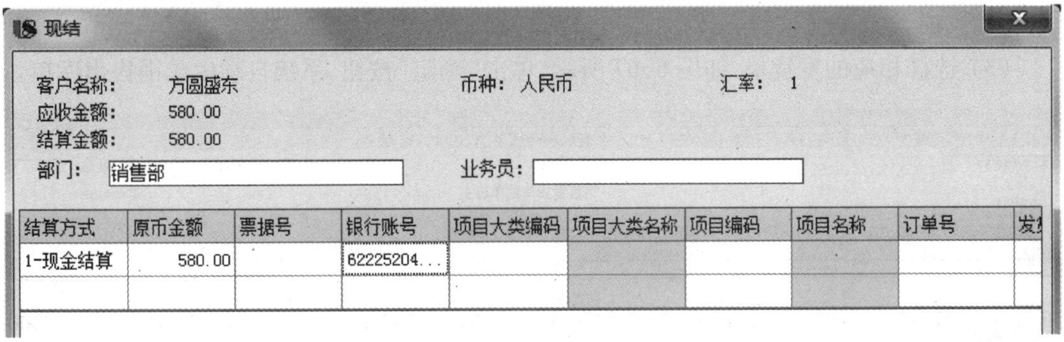

图 6-64　"现结"窗口

(4) 单击"确定"按钮,系统提示零售日报已现结,单击"复核"按钮,如图 6-65 所示。

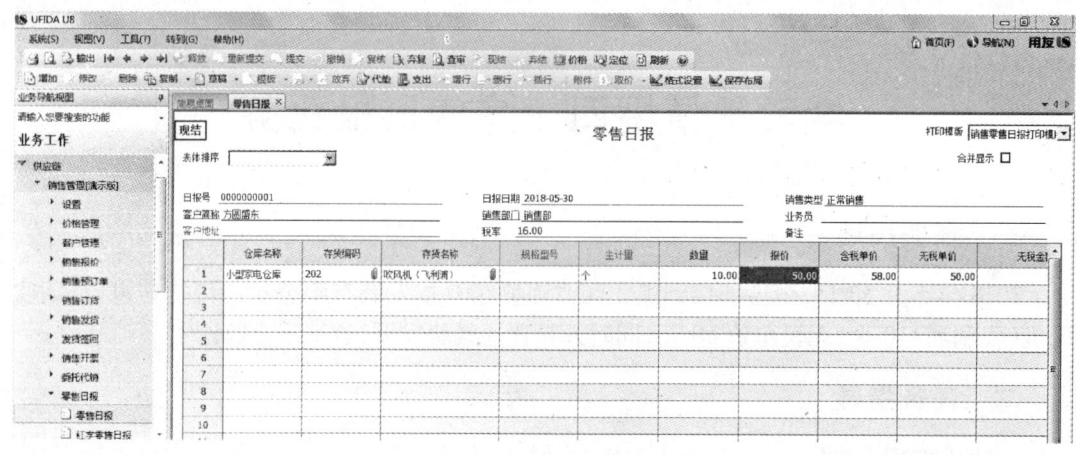

图 6-65　零售日报复核

2. 查看系统自动生成并审核的发货单

（1）在销售管理系统中，执行"销售发货"—"发货单"命令，打开"发货单"窗口。

（2）可以查看系统根据零售日报单自动生成并审核过的发货单，如图 6-66 所示。

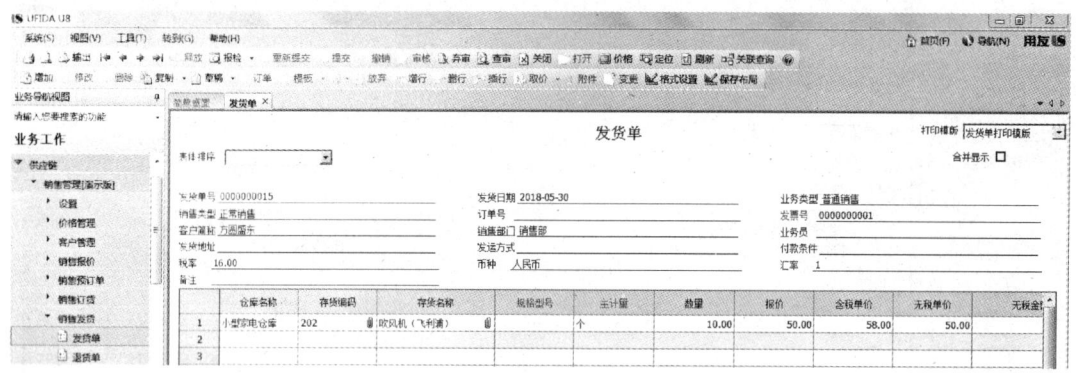

图 6-66　查看系统自动生成并审核的发货单

3. 生成销售出库单

（1）2018 年 5 月 30 日，杜飞在库存管理系统中，执行"出库业务"—"销售出库单"命令，打开"销售出库单"窗口。

（2）执行"生单"—"销售生单"命令，打开"查询条件选择-销售发货单列表"窗口，单击"确定"按钮。

（3）选择相应的发货单，如图 6-67 所示，单击"确定"按钮，系统自动生成销售出库单。

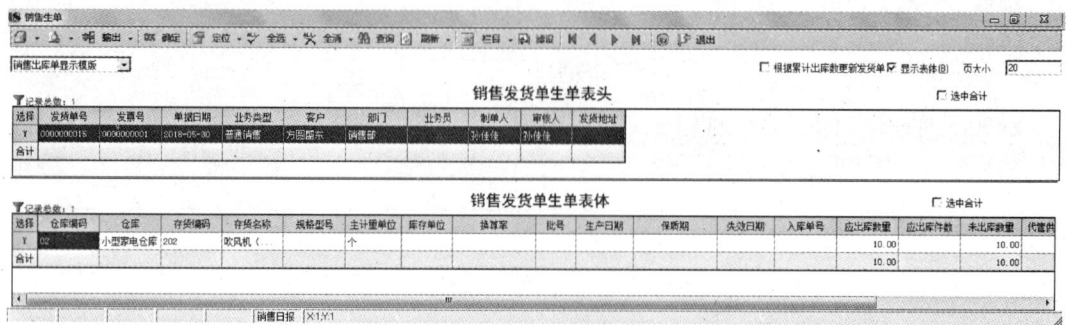

图 6-67　选择发货单

（4）单击"保存"按钮，如图 6-68 所示。

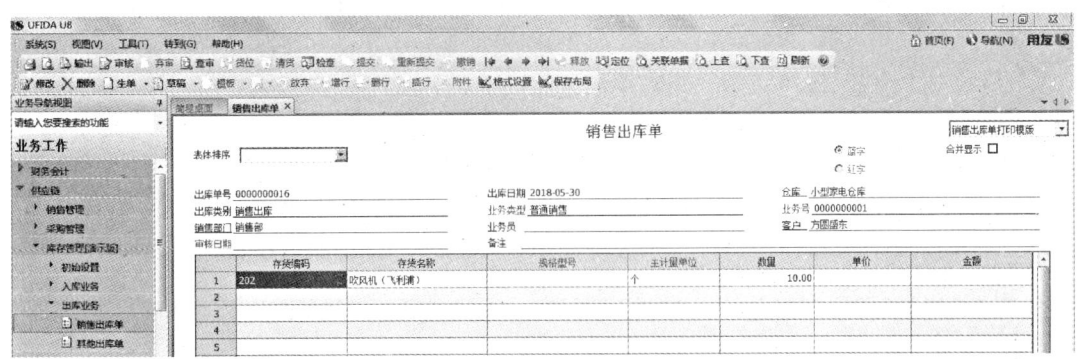

图 6-68　生成销售出库单

（5）单击"审核"按钮，系统提示"该单据审核成功"。

4. 应收单据审核与制单

（1）2018 年 5 月 30 日，王博在应收款管理系统中，执行"应收单据处理"—"应收单据审核"命令，打开"应收单查询条件"窗口。

（2）勾选"包含已现结发票"复选框，单击"确定"按钮，打开"应收单据列表"窗口，如图 6-69 所示。

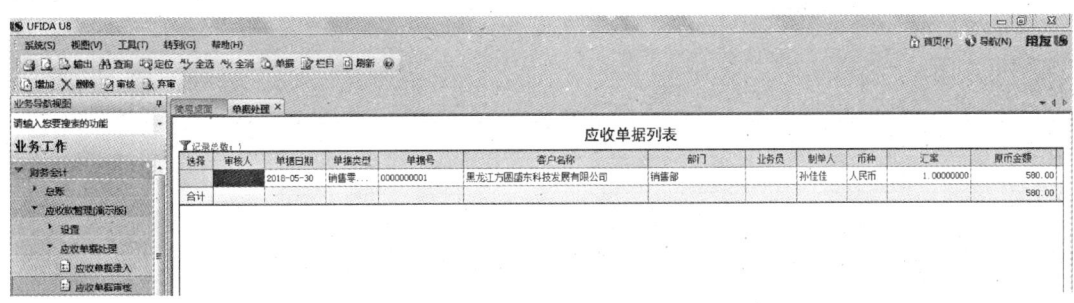

图 6-69　"应收单据列表"窗口

（3）审核该张销售专用发票，立即制单，选择凭证类别为"收款凭证"，输入"数量"为"10.00"，"单价"为"50.00"。

（4）单击"确定"按钮，凭证被成功保存，如图 6-70 所示。

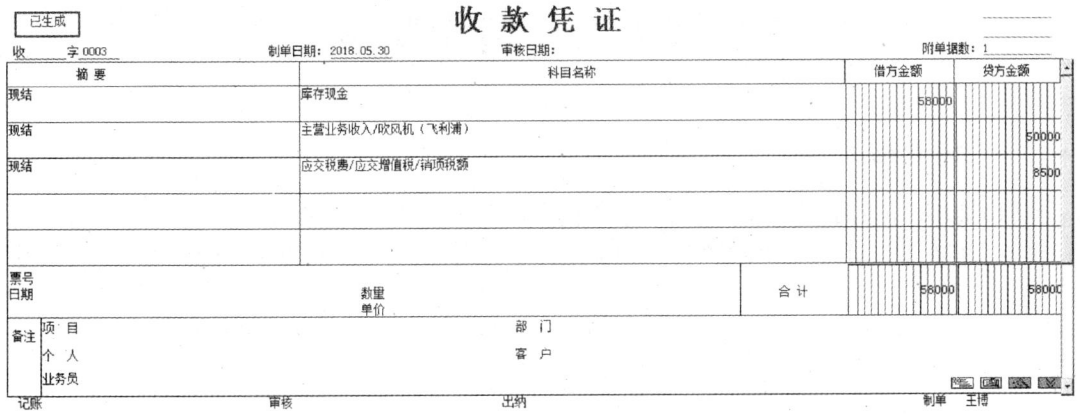

图 6-70　保存凭证

5. 结转销售成市

（1）在存货核算系统中，执行"业务核算"—"正常单据记账"命令，打开"查询条件选择"窗口。

（2）单击"确定"按钮，打开"正常单据记账"窗口。

（3）双击选中要记账的销售出库单，单击"记账"按钮，将销售出库单记账，系统提示"记账成功"。

（4）执行"财务核算"—"生成凭证"命令，单击"选择"按钮，打开"查询条件"窗口。

（5）单击"确定"按钮，打开"未生成凭证单据一览表"窗口，如图6-71所示。

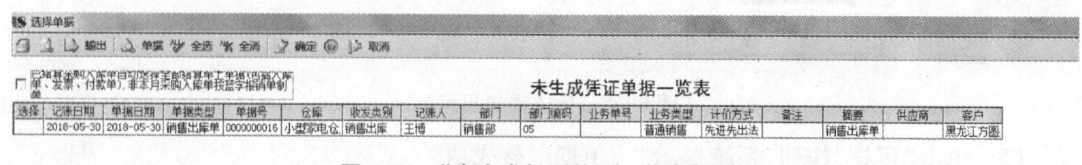

图 6-71　"未生成凭证单据一览表"窗口

（6）单击"选择"栏，或单击"全选"按钮，选中待生成凭证的单据，单击"确定"按钮。

（7）选择凭证类别为"转　转账凭证"，选择会计科目。

（8）单击"生成"按钮，生成一张转账凭证，单击"保存"按钮，如图6-72所示。

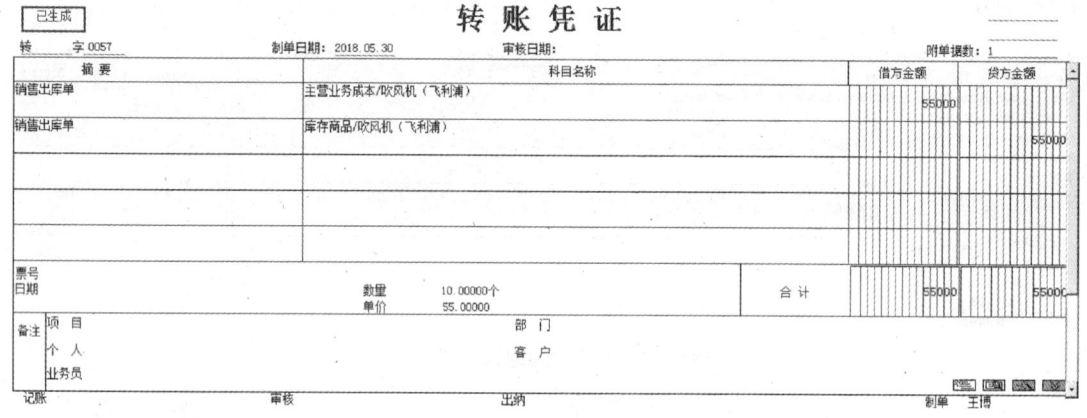

图 6-72　生成转账凭证

学习子情境五　销售赠品业务

一、任务描述

（1）2018年5月30日，采购部与苏宁科技股份有限公司黑龙江分公司签订采购合同，购买吹风机（飞利浦）100个，无税单价40元，已入赠品仓库，取得该业务的相关凭证，如图6-73、图6-74所示。

（2）2018年5月30日，销售部与哈尔滨黑天鹅家电有限公司签订促销合同，销售空调（海尔）100台，无税单价5 000元，每销售一台空调（海尔）赠送一个吹风机（飞利浦），取得该业务的相关凭证，如图6-75、图6-76所示。

购 销 合 同

供方：苏宁科技股份有限公司黑龙江分公司　　　　合同号：CG013
需方：哈尔滨邦德科技发展有限责任公司　　　　签订日期：2018 年 05 月 30 日
经双方协议，订立本合同如下：

产品型号	名　称	数　量	单价（含税）	总　额	其他要求
	吹风机（飞利浦）	100	46.40	4 640.00	
合　计				4 640.00	
货款总计（大写）：肆仟陆佰肆拾元整					

质量验收标准：
交货日期：2018 年 05 月 30 日
交货地点：哈尔滨邦德科技发展有限责任公司
结算方式：转账支票
付款时间：2018 年 05 月 30 日
违约条款：违约方须赔偿对方一切经济损失。但遇天灾人祸或其他人力不能控制之因素而导致延误交货，需方不能要求供方赔偿任何损失。
解决合同纠纷的方式：经双方友好协商解决，如协商不成的，可向当地仲裁委员会提出申诉解决。
本合同一式两份，供需双方各执一份，自签订之日起生效。

供方（盖章）：（合同专用章）
地址：哈尔滨市南岗区学府路 100 号
法定代表：王一玲
联系电话：0451-83830123

需方（盖章）：（哈尔滨邦德科技发展有限责任公司 合同专用章）
地址：哈尔滨市南岗区学府路 5 号
法定代表：王慧玲
联系电话：0451-86619207

图 6-73　采购合同

黑龙江增值税专用发票

6543141311　　　　№ 0488410　　　　6543141311 0488410

开票日期：2018年05月30日

购货单位	
名　　称：	哈尔滨邦德科技发展有限责任公司
纳税识别号：	45313213213
地址、电话：	哈尔滨市南岗区学府路5号0451-86619207
开户行及账号：	中国建设银行哈尔滨市南岗区学府支行513516847964351
密码区	略

货物或应税劳务名称	规格型号	单位	数量	单价	金额	税率	税额
吹风机（飞利浦）		台	100	40.00	4 000.00	16%	640.00
合　　计					¥4 000.00		¥640.00
价税合计（大写）	⊗肆仟陆佰肆拾元整				（小写）¥4 640.00		

销货单位	
名　　称：	苏宁科技股份有限公司黑龙江分公司
纳税识别号：	6543131310789
地址、电话：	哈尔滨市南岗区学府路100号0451-83830123
开户行及账号：	中国建设银行哈尔滨市南岗区学府支行6222520461448802
备注	（苏宁科技股份有限公司黑龙江分公司 6543131310789 发票专用章）

收款人：略　　复核：略　　开票人：略　　销货单位：（章）

税总函[2018]645号黑龙江新文票据印务有限公司

第三联：发票联　购货方记账凭证

图 6-74　采购发票

购 销 合 同

供方:哈尔滨邦德科技发展有限责任公司   合同号:XS014

需方:哈尔滨黑天鹅家电有限公司   签订日期:2018 年 05 月 30 日

经双方协议,订立本合同如下:

产品型号	名 称	数 量	单价(含税)	总 额	其他要求
	空调(海尔)	100	5 800.00	580 000.00	
	吹风机(飞利浦)	100	0.00	0.00	
合计					
货款总计(大写):伍拾捌万元整					

质量验收标准:

交货日期:2018 年 05 月 30 日

交货地点:哈尔滨黑天鹅家电有限公司

结算方式:转账支票

付款时间:2018 年 05 月 30 日

违约条款:违约方须赔偿对方一切经济损失。但遇天灾人祸或其他人力不能控制之因素而导致延误交货,需方不能要求供方赔偿任何损失。

解决合同纠纷的方式:经双方友好协商解决,如协商不成的,可向当地仲裁委员会提出申诉解决。

本合同一式两份,供需双方各执一份,自签订之日起生效。

供方(盖章):   需方(盖章):

地址:哈尔滨市南岗区学府路5号   地址:哈尔滨市南岗区西天直街88号

法定代表:王慧玲   法定代表:王艳萍

联系电话:0451-86619207   联系电话:0451-86575689

图 6-75 销售合同

黑龙江增值税专用发票

4532321300   No 0455148   4532321300 / 0455148

开票日期: 2018年05月30日

购货单位	名 称:	哈尔滨黑天鹅家电有限公司
	纳税识别号:	53131032132
	地址、电话:	哈尔滨市南岗区西大直街88号0451-86575689
	开户行及账号:	中国建设银行哈尔滨市和兴支行6223589964571201

密码区:略

货物或应税劳务名称	规格型号	单位	数量	单价	金额	税率	税额
空调(海尔)		台	100	5 000.00	500 000.00	16%	80 000.00
合 计					¥500 000.00		¥80 000.00
价税合计(大写)	⊗ 伍拾捌万元整						¥580 000.00

销货单位	名 称:	哈尔滨邦德科技发展有限责任公司
	纳税识别号:	45313213213
	地址、电话:	哈尔滨市南岗区学府路5号0451-86619207
	开户行及账号:	中国建设银行哈尔滨市南岗区学府支行513516847964351

备注

收款人:略   复核:略   开票人:略   销货单位:(章)

第一联:记账联 销货方记账凭证

45313213213 发票专用章

图 6-76 销售专用发票

二、任务指导

1. 填制采购订单

(1) 2018 年 5 月 30 日,黄颖露在采购管理系统中,执行"采购订货"—"采购订单"命令,打开"采购订单"窗口。

(2) 单击"增加"按钮,选择"业务类型"为"普通采购",输入"订单号"为"CG013","采购类型"为"普通采购","供应商"为"苏宁","存货编码"为"202","存货名称"为"吹风机(飞利浦)","数量"为"100.00","无税单价"为"40.00"。

(3) 单击"审核"按钮,审核采购订单,如图 6-77 所示。

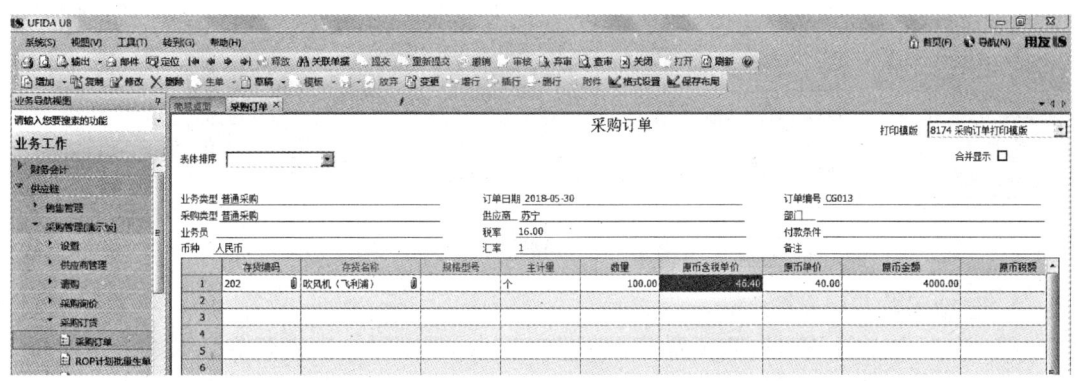

图 6-77　审核采购订单

2. 生成采购到货单

(1) 执行"采购到货"—"到货单"命令,打开"到货单"窗口。

(2) 单击"增加"按钮,选择"生单"—"采购订单"命令,打开"查询条件选择-采购订单列表过滤"窗口,单击"确定"按钮。

(3) 系统弹出"拷贝并执行"窗口,选中所要拷贝的采购订单,单击"确定"按钮,系统自动生成到货单,单击"保存"按钮。

(4) 单击"审核"按钮,根据采购订单生成的采购到货单如图 6-78 所示。

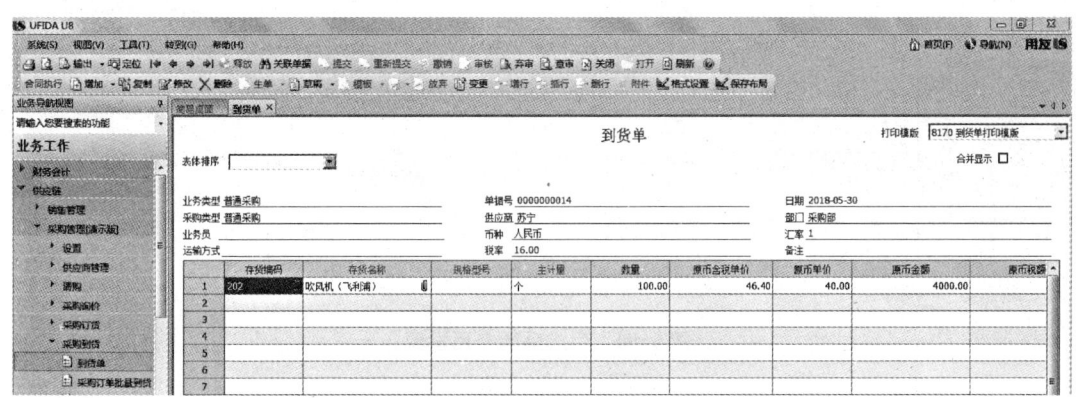

图 6-78　生成采购到货单

3. 生成采购入库单

(1) 2018 年 5 月 30 日,杜飞在库存管理系统中,执行"入库业务"—"采购入库单"命令,打开"采购入库单"窗口。

(2) 选择"生单"—"采购到货单(蓝字)"命令,打开"查询条件选择-采购到货单列表"窗口,单击"确定"按钮。

(3) 打开"到货单生单列表"窗口,选择相应的到货单,单击"确定"按钮,输入"仓库"为"赠品仓库",单击"保存"按钮。

(4) 单击"审核"按钮,如图 6-79 所示。

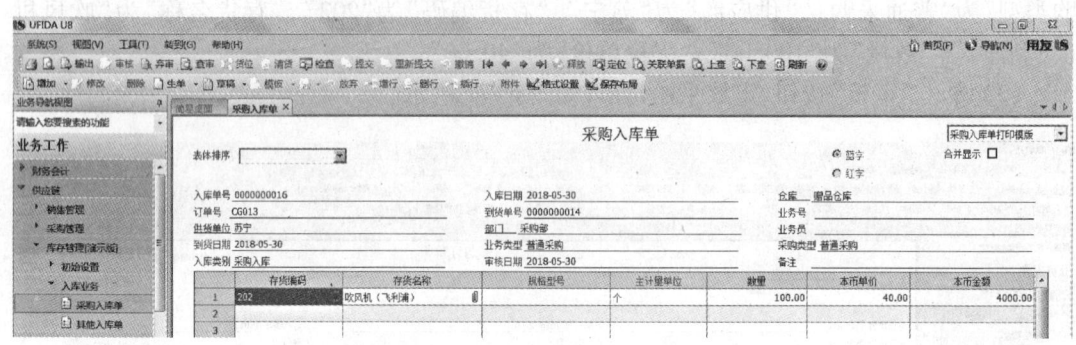

图 6-79　审核采购入库单

4. 生成采购专用发票

(1) 2018 年 5 月 30 日,黄颖露在采购管理系统中,执行"采购发票"—"采购专用发票"命令,打开"采购专用发票"窗口。

(2) 单击"增加"按钮,选择"生单"—"入库单"命令,打开"查询条件选择-采购入库单列表过滤"窗口,单击"确定"按钮。

(3) 系统弹出"拷贝并执行"窗口,选中所要拷贝的采购入库单,单击"确定"按钮,系统自动生成采购专用发票,修改"发票号"为"0488410",单击"保存"按钮,单击"结算"按钮,如图 6-80 所示。

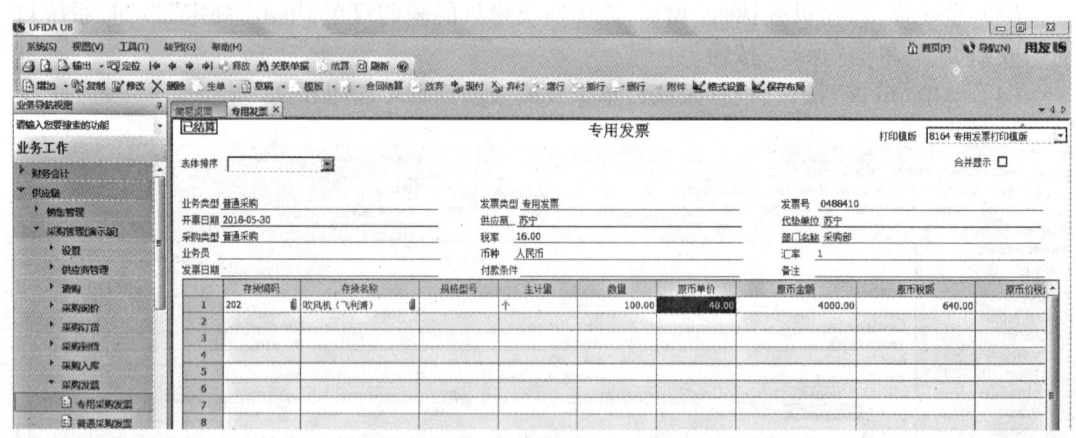

图 6-80　生成采购专用发票

5. 应付单据审核与制单

(1) 2018 年 5 月 30 日,王博在应付款管理系统中,执行"应付单据处理"—"应付单据审核"命令,打开"应付单查询条件"窗口。

(2) 单击"确定"按钮,打开"应付单据列表"窗口,如图 6-81 所示。

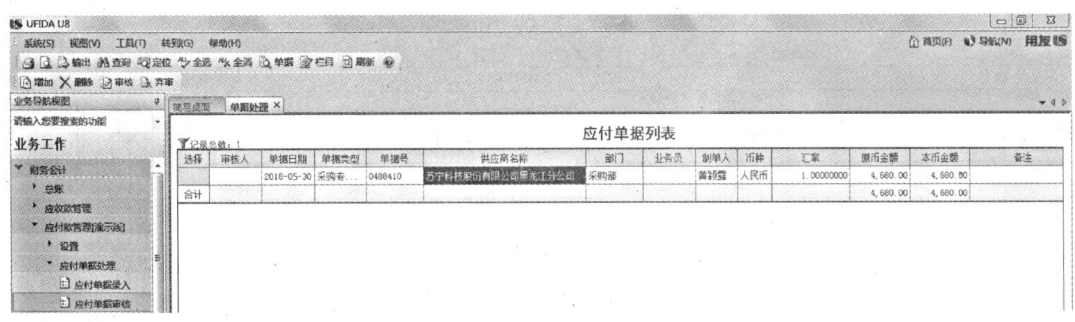

图 6-81 "应付单据列表"窗口

（3）审核该张销售发票，立即制单，输入"数量"为"100.00"，"单价"为"40.00"，如图6-82所示，单击"确定"按钮。

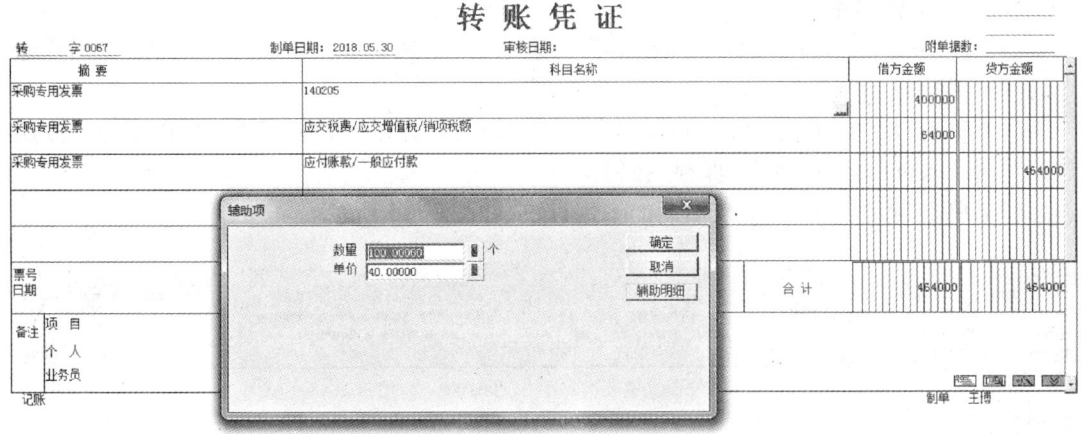

图 6-82 生成转账凭证

（4）单击"保存"按钮，凭证被成功保存。

6. 采购成本核算

（1）在存货核算系统中，执行"业务核算"—"正常单据记账"命令，打开"查询条件选择"窗口。

（2）单击"确定"按钮，打开"正常单据记账"窗口。

（3）双击选中要记账的采购入库单，单击"记账"按钮，系统提示"记账成功"。

（4）执行"财务核算"—"生成凭证"命令，单击"选择"按钮，打开"查询条件"窗口。

（5）单击"确定"按钮，打开"未生成凭证单据一览表"窗口，如图6-83所示。

（6）单击"选择"栏，或单击"全选"按钮，选中待生成凭证的单据，单击"确定"按钮。

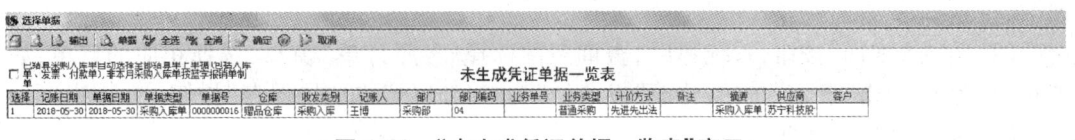

图 6-83 "未生成凭证单据一览表"窗口

（7）选择凭证类别为"转 转账凭证"，选择会计科目，单击"生成"按钮，生成一张转账凭证，单击"保存"按钮，如图6-84所示。

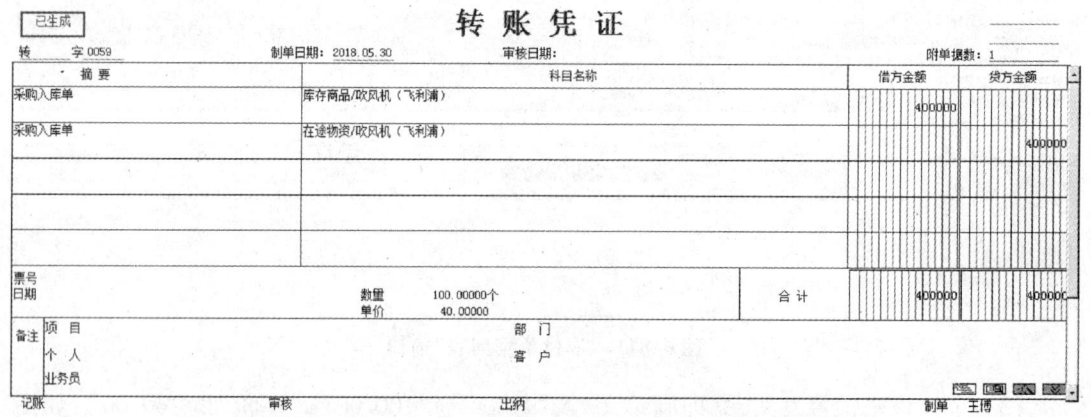

图 6-84　生成转账凭证

7. 填制销售订单

（1）2018 年 5 月 30 日，孙佳佳在销售管理系统中，执行"销售订货"—"销售订单"命令，打开"销售订单"窗口。

（2）单击"增加"按钮，修改"订单号"为"XS014"，选择"销售类型"为"正常销售"，按照购销合同录入订单信息，单击"保存"按钮。

（3）单击"审核"按钮，审核填制的销售订单，如图 6-85 所示。

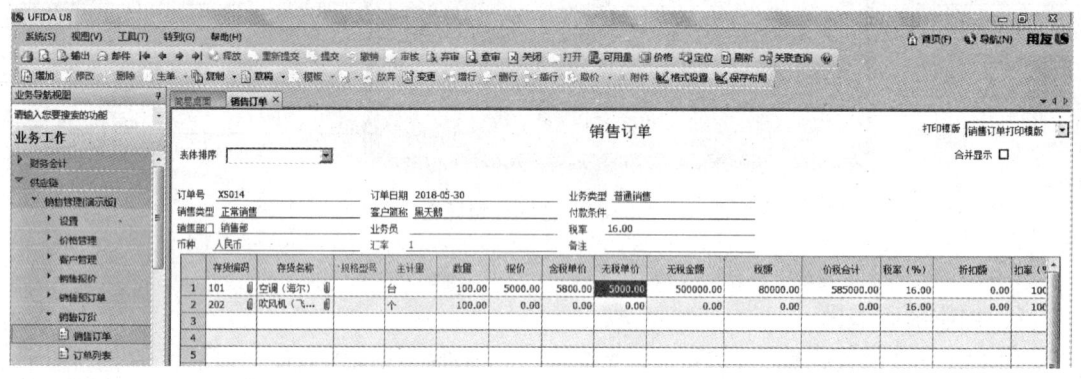

图 6-85　审核销售订单

注意：

★ 输入赠品单价为"0"。

8. 生成销售专用发票

（1）在销售管理系统中，执行"销售开票"—"销售专用发票"命令，打开"销售专用发票"窗口。

（2）单击"增加"按钮，系统弹出"查询条件选择-参照订单"窗口，选择相应的订单，如图 6-86 所示，单击"确定"按钮，修改"发票号"为"0455148"，单击"保存"按钮。

（3）单击"复核"按钮。

9. 查看自动生成并审核的发货单

（1）在销售管理系统中，执行"销售发货"—"发货单"命令，打开"发货单"窗口。

（2）可以查看系统根据销售专用发票复核自动生成的发货单，如图 6-87 所示。

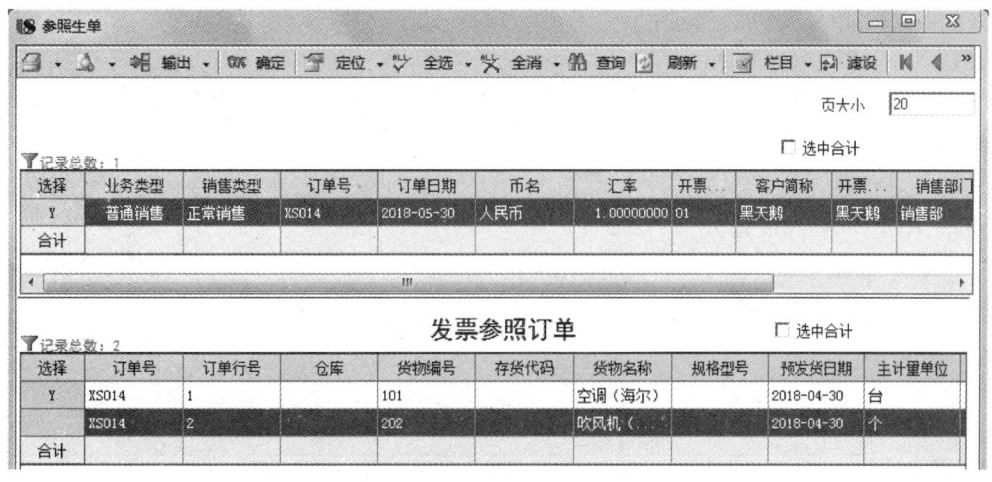

图 6-86 选择发票参照订单

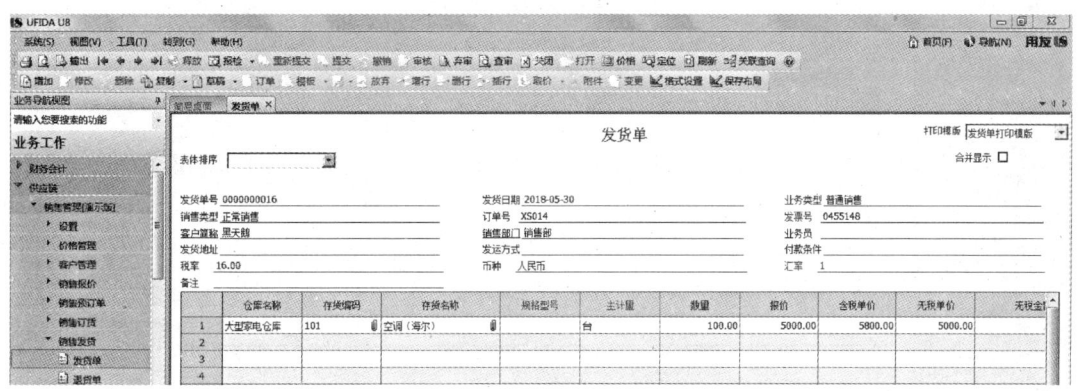

图 6-87 查看系统自动生成的发货单

10. 生成销售出库单

（1）2018 年 5 月 30 日，杜飞在库存管理系统中，执行"出库业务"—"销售出库单"命令，打开"销售出库单"窗口。

（2）选择"生单"—"销售生单"命令，打开"查询条件选择-销售发货单列表"窗口，单击"确定"按钮。

（3）打开"销售生单"窗口，双击选择相应的发货单，单击"确定"按钮，系统自动生成销售出库单，如图 6-88 所示。

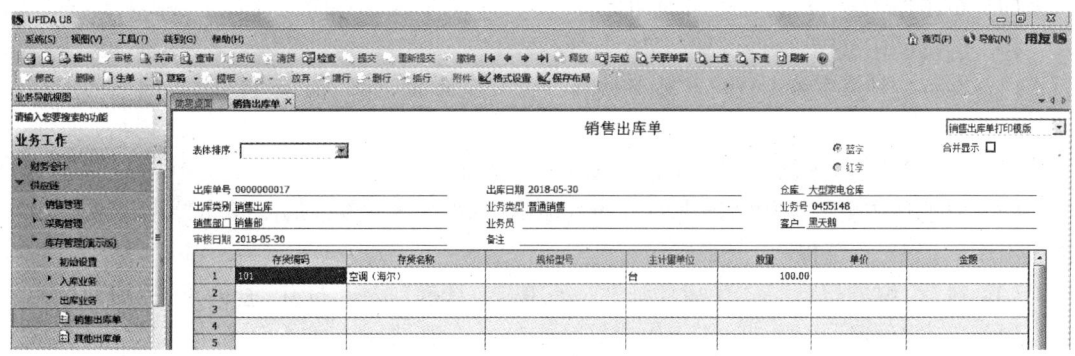

图 6-88 生成销售出库单

（4）单击"审核"按钮,系统提示"该单据审核成功"。

11. 生成其他出库单

（1）在库存管理系统中,执行"出库业务"—"其他出库单"命令,打开"其他出库单"窗口。

（2）选择"生单"—"蓝字入库单"命令,打开"查询条件选择-蓝字入库单复制查询条件"窗口,单击"确定"按钮。

（3）打开"蓝字入库单"窗口,选择相应的"采购入库单",单击"确定"按钮,系统自动生成其他出库单,如图6-89所示。

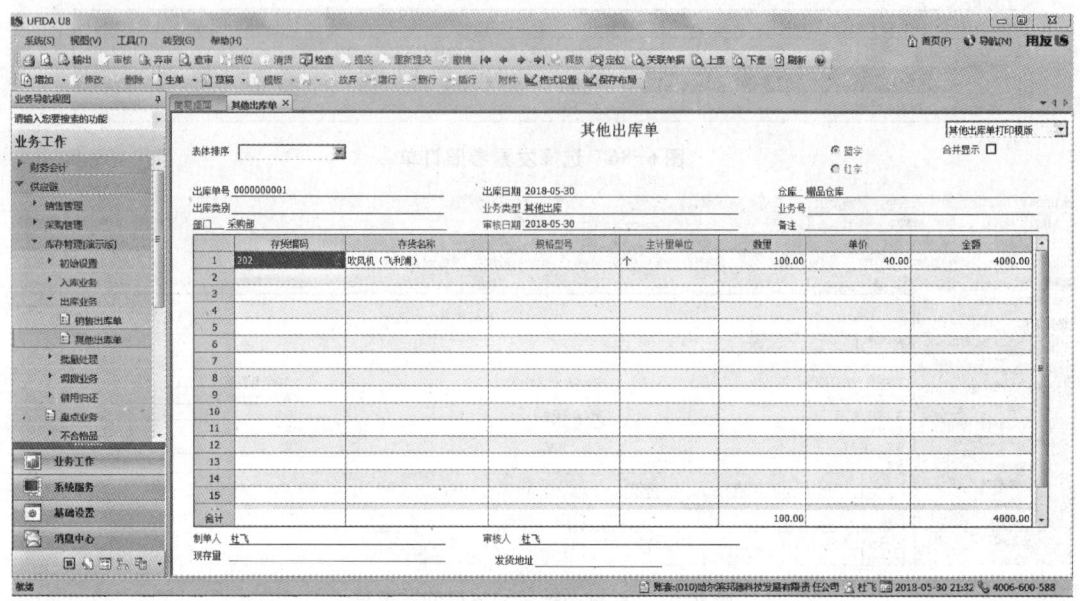

图6-89　生成其他出库单

（4）单击"审核"按钮,系统提示"该单据审核成功"。

12. 应收单据审核与制单

（1）2018年5月30日,王博在应收款管理系统中,执行"应收单据处理"—"应收单据审核"命令,打开"应收单查询条件"窗口。

（2）单击"确定"按钮,打开"应收单据列表"窗口,如图6-90所示。

（3）审核该张销售发票,立即制单,输入数量、单价,如图6-91所示。

（4）单击"确定"按钮,凭证被成功保存。

13. 结转销售成市

（1）在存货核算系统中,执行"业务核算"—"正常单据记账"命令,打开"查询条件选择"窗口。

（2）单击"确定"按钮,打开"正常单据记账"窗口。

（3）双击选中要记账的销售出库单和其他出库单,如图6-92所示,单击"记账"按钮,将销售出库单记账,系统提示"记账成功"。

（4）执行"财务核算"—"生成凭证"命令,单击"选择"按钮,打开"查询条件"窗口。

（5）单击"确定"按钮,打开"未生成凭证单据一览表"窗口。

（6）单击"选择"栏,或单击"全选"按钮,选中待生成凭证的单据,单击"确定"按钮。

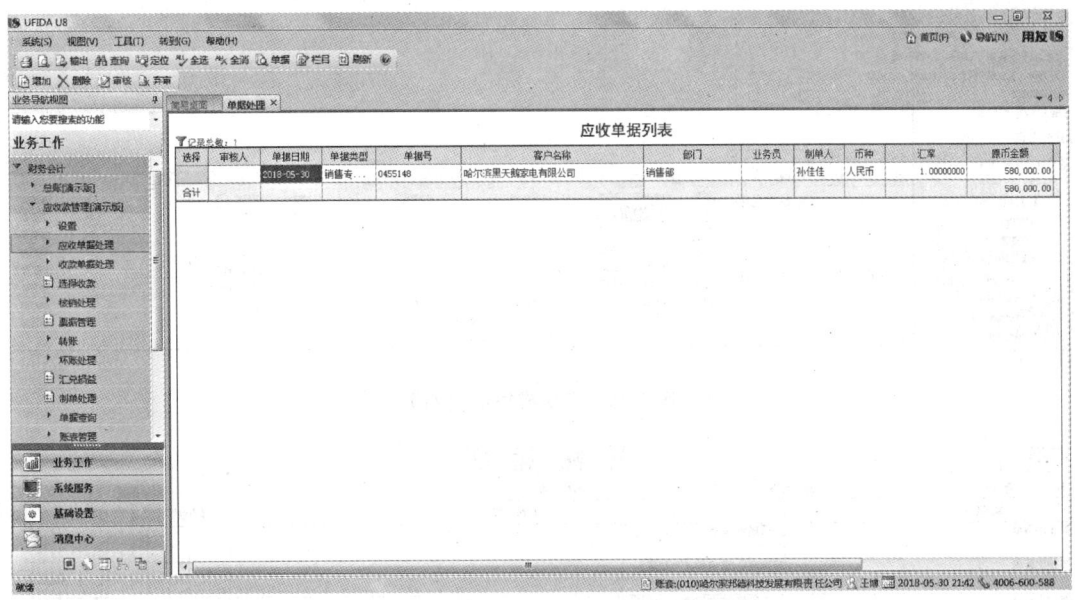

图 6-90　应收单据列表

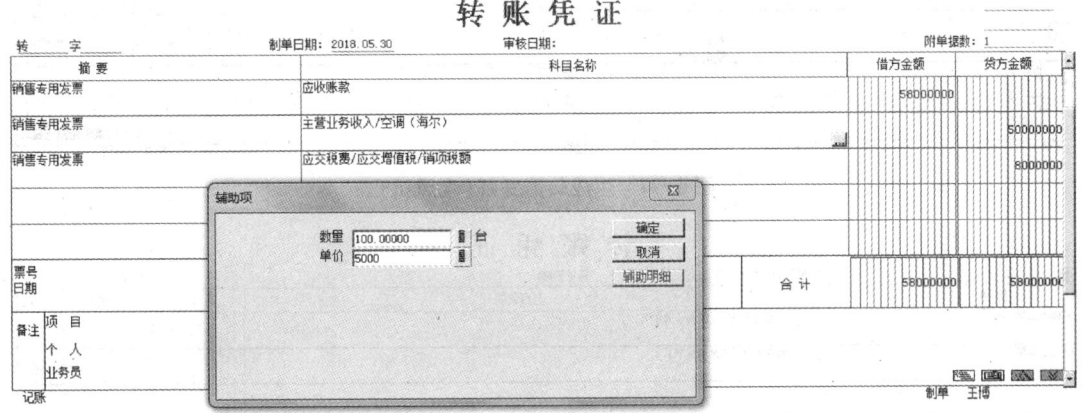

图 6-91　审核销售发票并制单

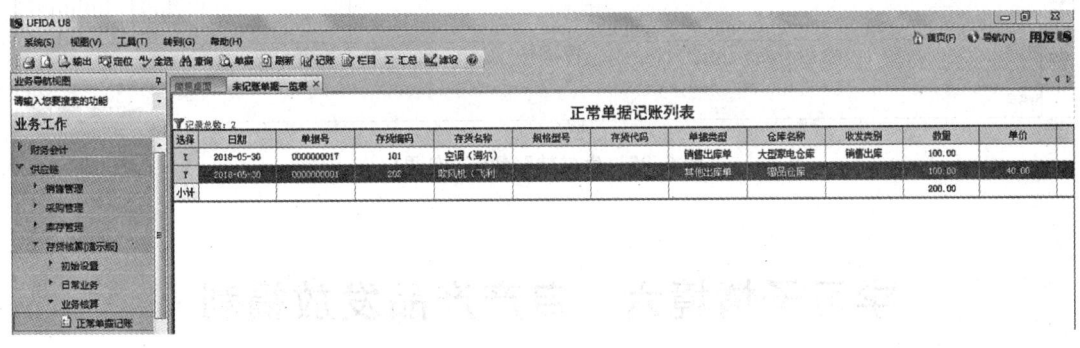

图 6-92　"正常单据记账列表"窗口

（7）选择凭证类别为"转　转账凭证"，选择会计科目，如图 6-93 所示。

（8）单击"生成"按钮，生成两张转账凭证，单击"保存"按钮，如图 6-94、图 6-95 所示。

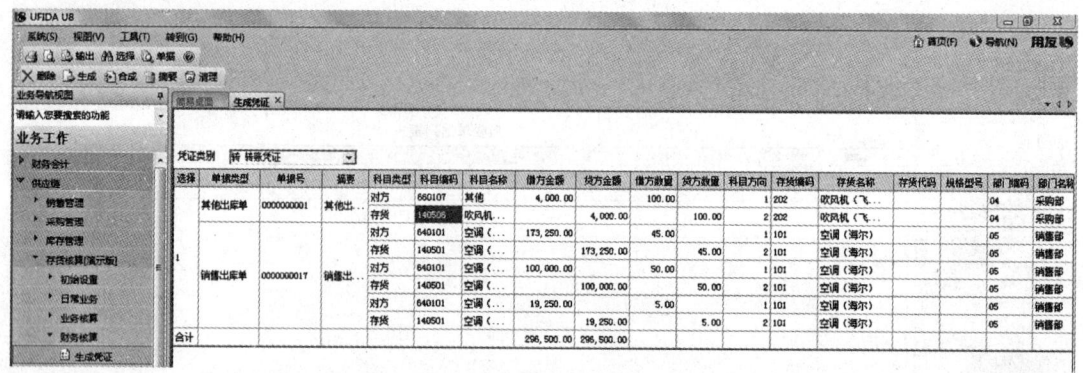

图 6-93　"生成凭证"窗口

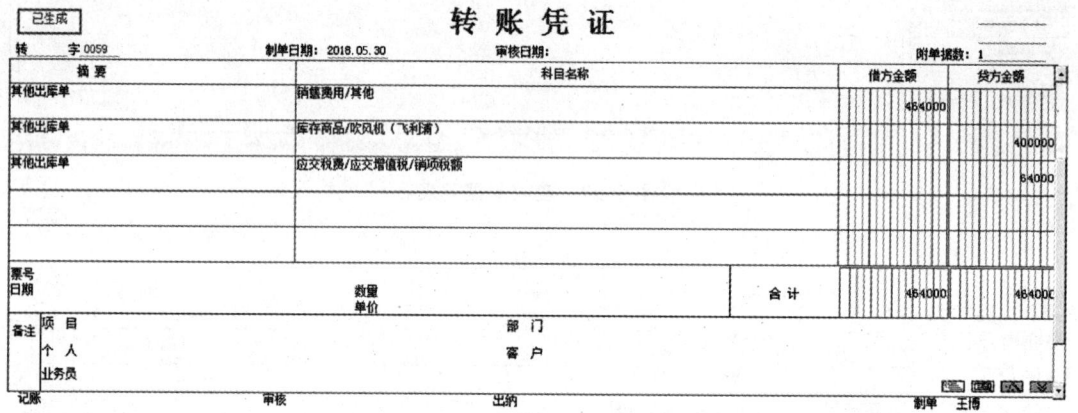

图 6-94　生成转账凭证(吹风机)

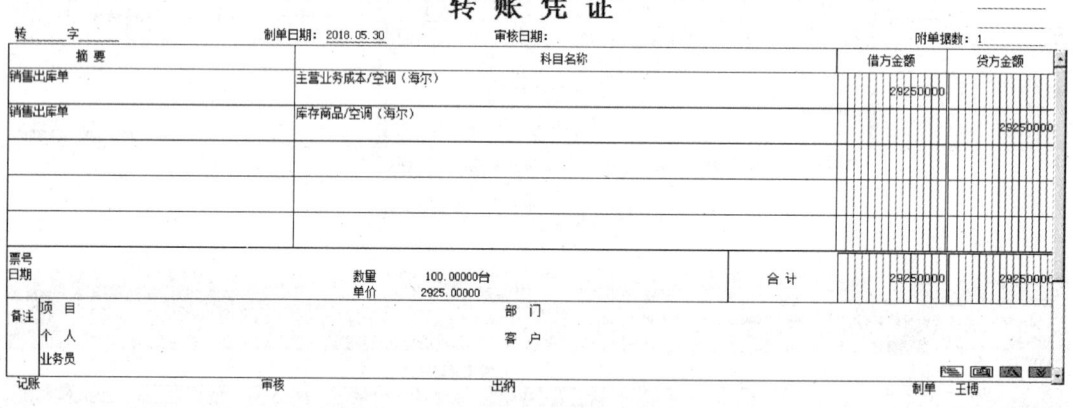

图 6-95　生成转账凭证(空调)

学习子情境六　自产产品发放福利

一、任务描述

2018 年 5 月 30 日企业给员工发放福利,将 20 个豆浆机免费发放给员工,其中销售部 8

台,采购部 12 台(不考虑个人所得税)。

二、任务指导

1. 填制其他出库单

(1) 2018 年 5 月 30 日,杜飞在库存管理系统中,执行"出库业务"—"其他出库单"命令,打开"其他出库单"窗口。

(2) 单击"增加"按钮,输入"仓库"为"小型家电仓库","出库类别"为"其他出库","存货编码"为"203","存货名称"为"豆浆机(九阳)","数量"为"20.00",如图6-96所示。

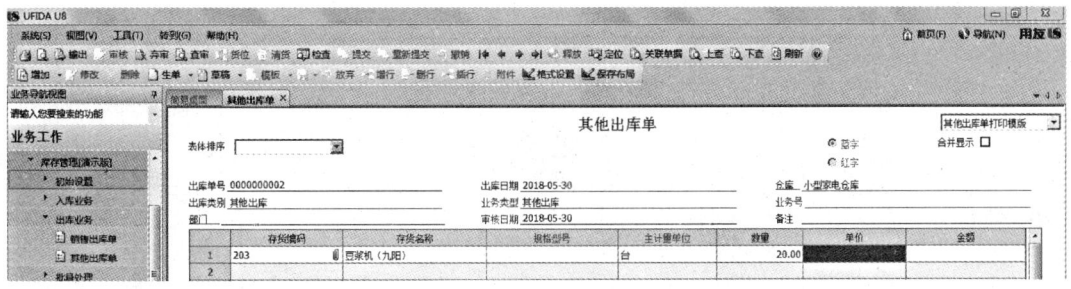

图 6-96 输入其他出库单

(3) 单击"审核"按钮,系统提示"该单据审核成功"。

2. 结转出库成本

(1) 2018 年 5 月 30 日,王博在存货核算系统中,执行"业务核算"—"正常单据记账"命令,打开"查询条件选择"窗口。

(2) 单击"确定"按钮,打开"正常单据记账"窗口。

(3) 双击选中要记账的其他出库单,单击"记账"按钮,将销售出库单记账,系统提示"记账成功"。

(4) 执行"财务核算"—"生成凭证"命令,单击"选择"按钮,打开"查询条件"窗口。

(5) 单击"确定"按钮,打开"未生成凭证单据一览表"窗口。

(6) 单击"选择"栏,或单击"全选"按钮,选中待生成凭证的单据,单击"确定"按钮。

(7) 选择凭证类别为"转 转账凭证",选择会计科目,如图6-97所示。

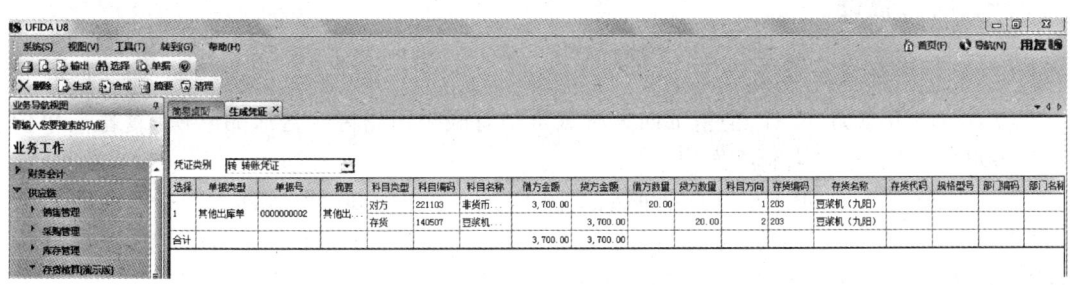

图 6-97 "生成凭证"窗口

(8) 单击"生成"按钮,生成一张转账凭证,单击"保存"按钮,如图6-98所示。

3. 总账填制凭证

在总账系统中,执行"凭证处理"—"填制凭证"命令,打开"填制凭证"窗口,填制一张转账凭证,如图6-99所示。

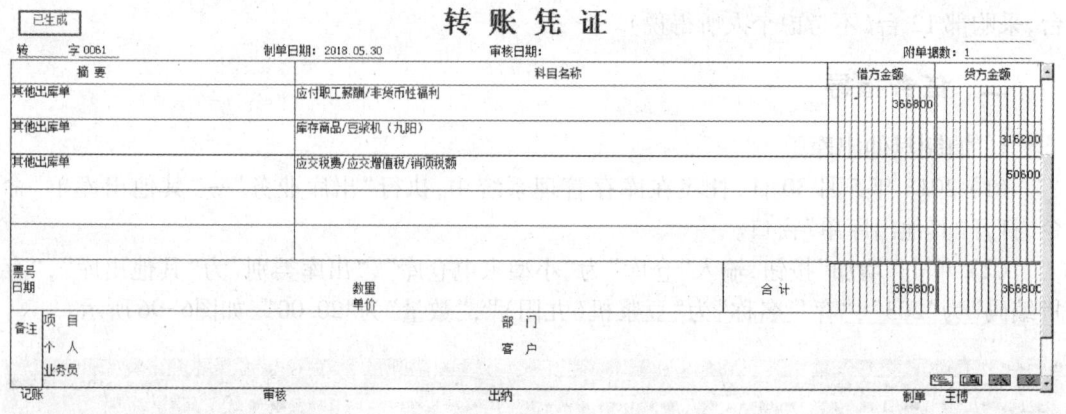

图 6-98　生成转账凭证

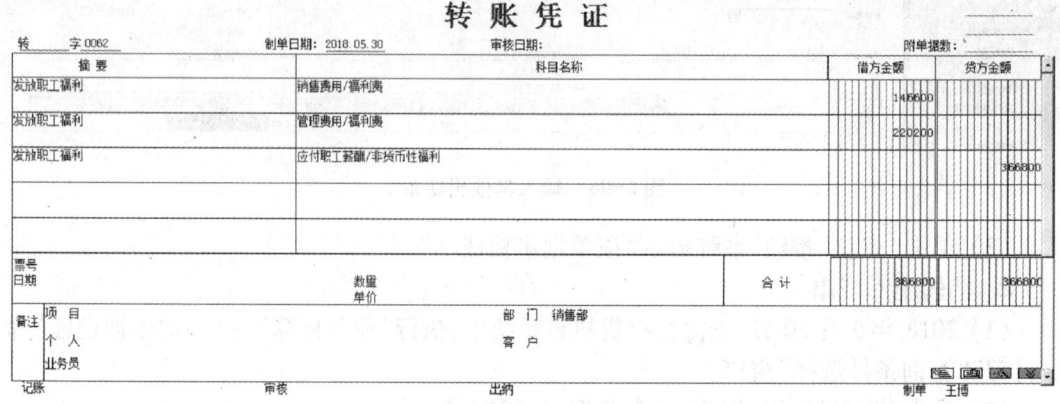

图 6-99　填制凭证

学习子情境七　销售退货业务

一、任务描述

（一）开票前退货业务

（1）2018 年 5 月 30 日,销售部向大庆家乐福有限公司出售 5 台液晶电视(夏普),单价为 15 000 元,从大型家电仓库发出。

（2）2018 年 5 月 30 日,因质量问题,退回 1 台,单价 15 000 元,收回大型家电仓库。

（3）2018 年 5 月 30 日,开具相应的增值税专用发票一张,数量为 4 台,发票号为 0455149,如图 6-100 所示。

（二）开票后退货业务

2018 年 5 月 30 日,哈尔滨世纪联华有限公司要求退货,退回剃须刀(飞利浦)5 个,经单位同意,并已收回小型家电仓库,开出专用发票,发票号为 00455150,如图 6-101 所示(该批货物系 2018 年 5 月 11 日,销售部向哈尔滨世纪联华有限公司出售的,不含税单价为 130 元,货物已从小型家电仓库发出,并开具销售专用发票,发票号为 0455406)。

图 6-100　销售专用发票

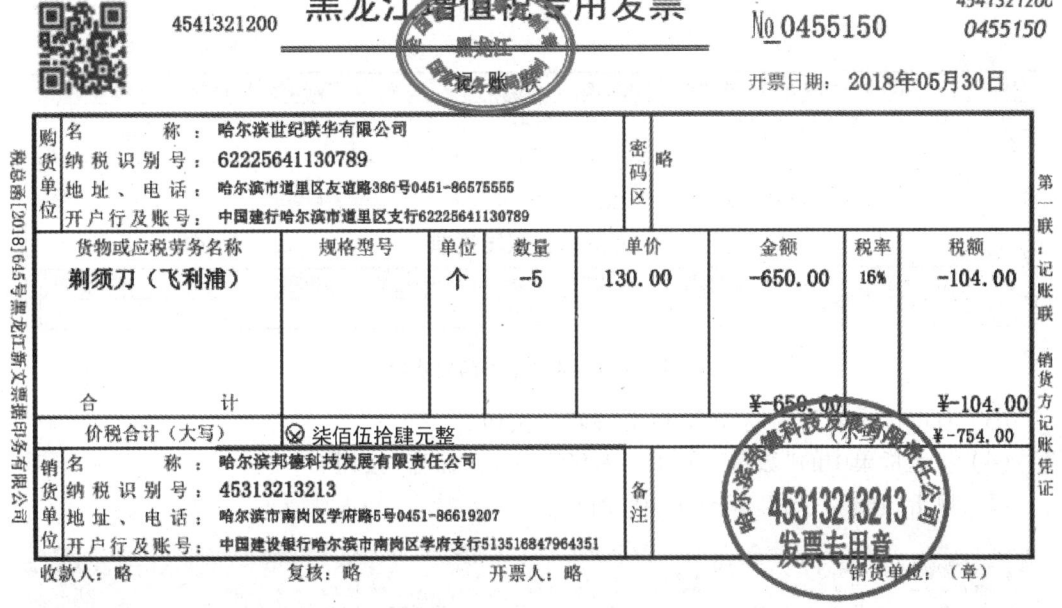

图 6-101　红字发票

二、任务指导

（一）开票前退货业务

1. 填制并审核发货单

（1）2018 年 5 月 30 日,孙佳佳在销售管理系统中,执行"销售发货"—"发货单"命令,打开"发货单"窗口。

（2）单击"增加"按钮,输入合同信息,单击"保存"按钮。

（3）单击"审核"按钮，如图 6-102 所示。

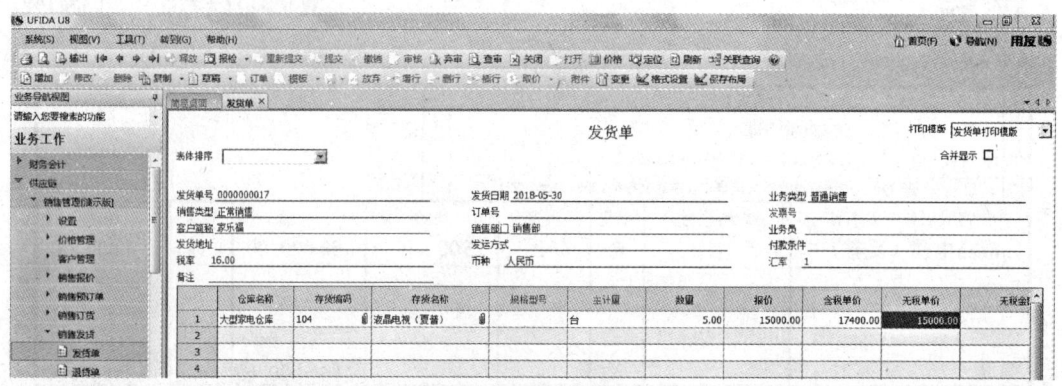

图 6-102　发货单

2. 在销售管理系统中，填制并审核退货单

（1）执行"销售发货"—"退货单"命令，打开"退货单"窗口。

（2）单击"增加"按钮，单击"生单"按钮，选择发货单，如图 6-103 所示。

图 6-103　退货单参照发货单

（3）双击选中需要的发货单，单击"确定"按钮。

（4）将退货单中的"数量"改为"-1.00"，单击"保存"按钮。

（5）单击"审核"按钮，如图 6-104 所示。

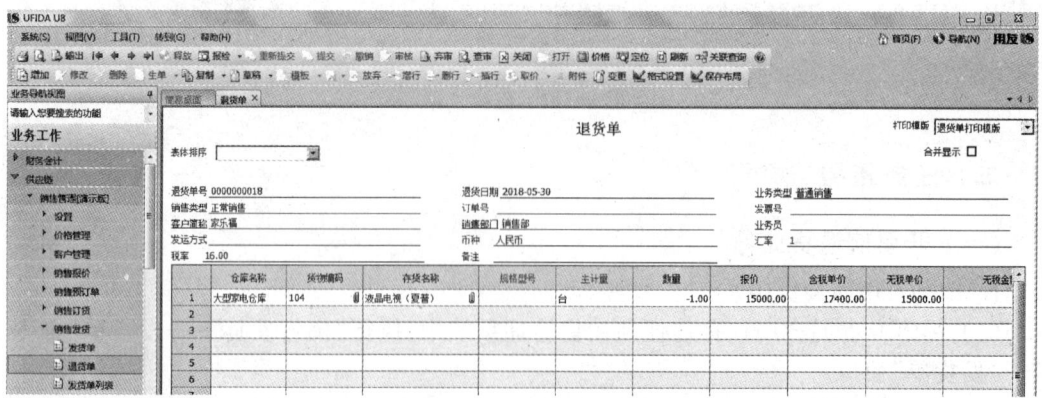

图 6-104　修改退货单

注意:

★ 填制退货单时可参照订单、发货单。

3. 填制并复核销售发票

（1）在销售管理系统中，执行"销售开票"—"销售专用发票"命令，打开"销售专用发票"窗口。

（2）单击"增加"按钮，单击"生单"按钮，选择参照发货单，选择全部发货单，单击"确定"按钮。

（3）双击选择需要的发货单，如图6-105所示，单击"确定"按钮。

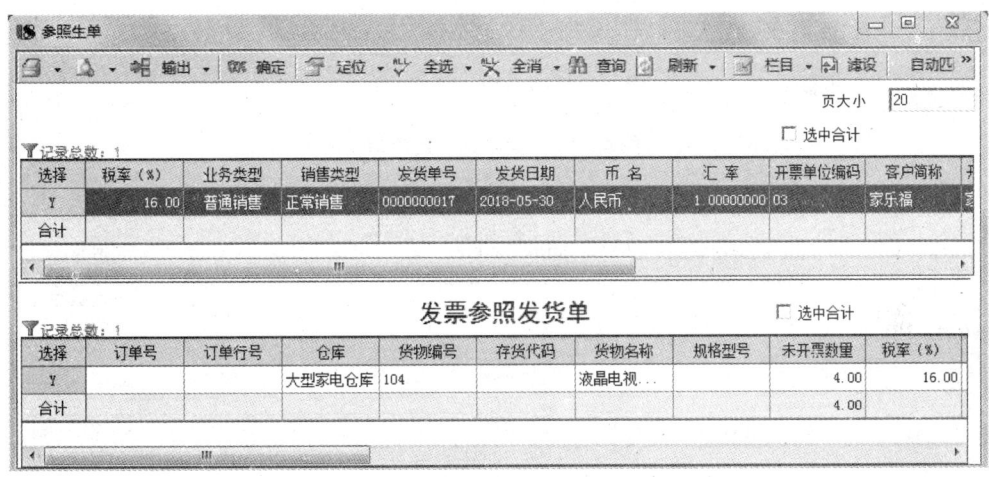

图6-105 选择需要的发货单

（4）修改"发票号"为"0455149"，单击"保存"按钮。

（5）单击"复核"按钮，如图6-106所示。

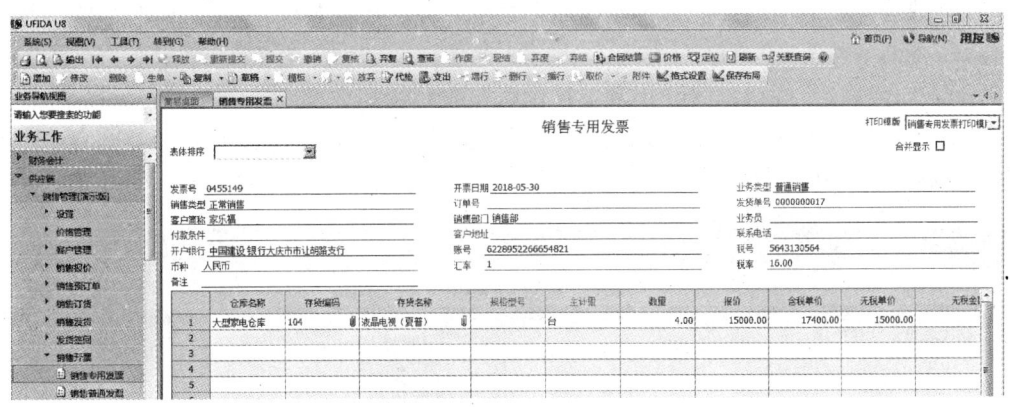

图6-106 复核销售专用发票

注意:

★ 参照发货单生成销售专用发票时，需要同时选中"蓝字记录"和"红字记录"复选框。如果生成退货单时已参照发货单，则"选择发货单"界面中不再出现退货单，而参照的结果是发货单与退货单的数量差。

4. 审核出库单

（1）2018年5月30日，杜飞在库存管理系统中，执行"出库业务"—"销售出库单"命令,打开"销售出库单"窗口。

（2）选择"生单"—"销售生单"命令,分别生成红字和蓝字出库单并审核,如图6-107和图6-108所示。

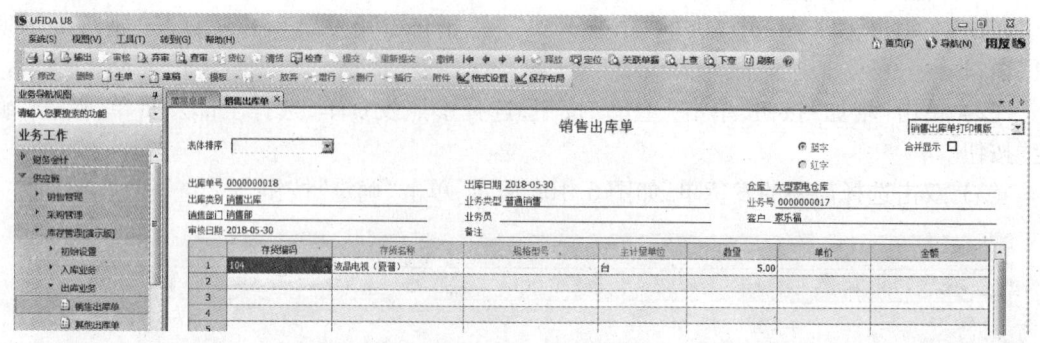

图6-107　蓝字销售出库单

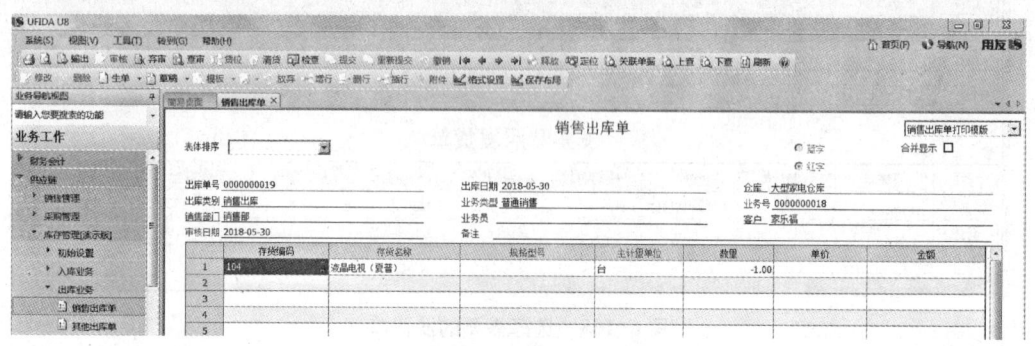

图6-108　红字销售出库单

5. 正常单据记账并生成凭证

（1）2018年5月30日,王博在存货核算系统中,执行"业务核算"—"正常单据记账"命令,打开"查询条件选择"窗口。

（2）单击"确定"按钮,打开"正常单据记账"窗口。

（3）双击选中要记账的出库单,单击"记账"按钮,手工输入"单价"为"15 000.00",如图6-109所示,单击"确定"按钮。

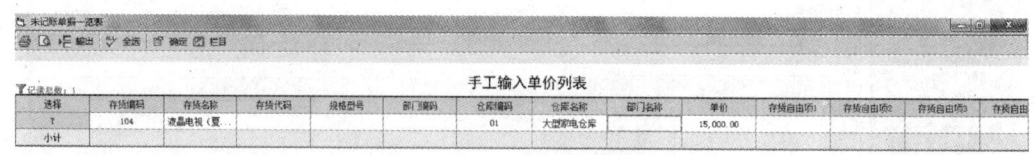

图6-109　手工输入单价

（4）执行"财务核算"—"生成凭证"命令,单击"选择"按钮,打开"查询条件"窗口。

（5）单击"确定"按钮,打开"未生成凭证单据一览表"窗口,选中待生成凭证的单据,单击"确定"按钮。

（6）选择凭证类别为"转　转账凭证",选择会计科目。

（7）生成两张转账凭证,如图6-110、图6-111所示。

（二）开票后退货业务

（1）在销售管理系统中,填制并审核销售退货单,如图6-112所示。

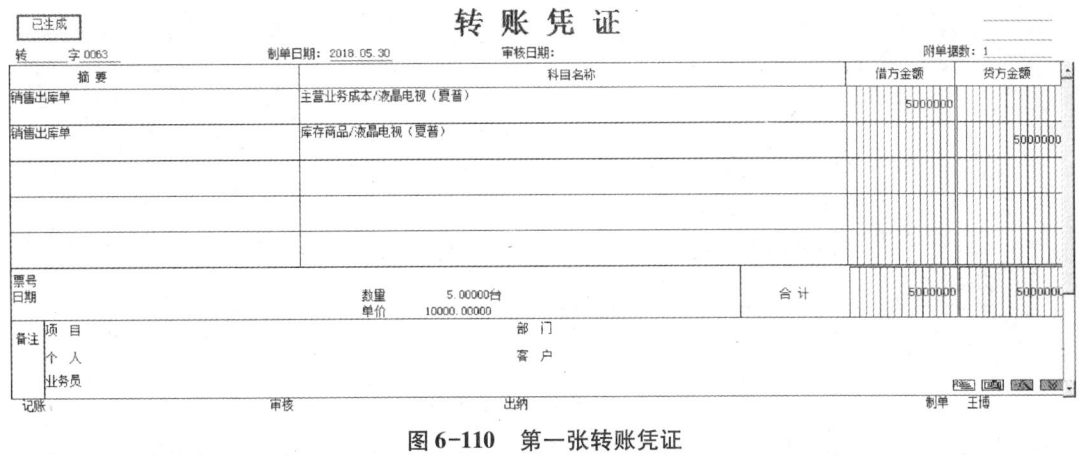

图 6-110　第一张转账凭证

图 6-111　第二张转账凭证

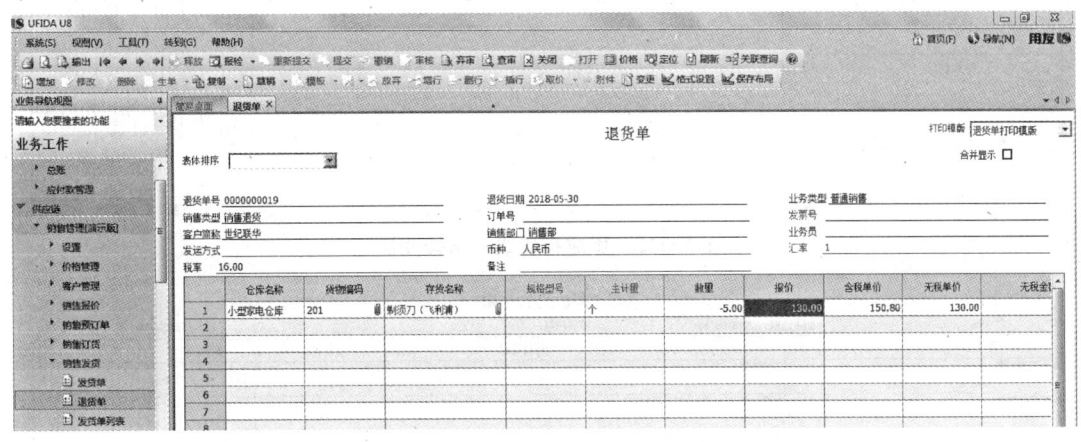

图 6-112　填制并审核销售退货单

（2）在销售管理系统中,参照退货单生成红字销售专用发票并复核,如图 6-113 所示。

（3）在库存管理系统中,审核出库单,如图 6-114 所示。

（4）在存货核算系统中,正常单据记账,并生成存货成本结转凭证(成本单价为 130元),如图 6-115 所示。

（5）在应收款管理系统中,应收单据审核制单,生成凭证,如图 6-116 所示。

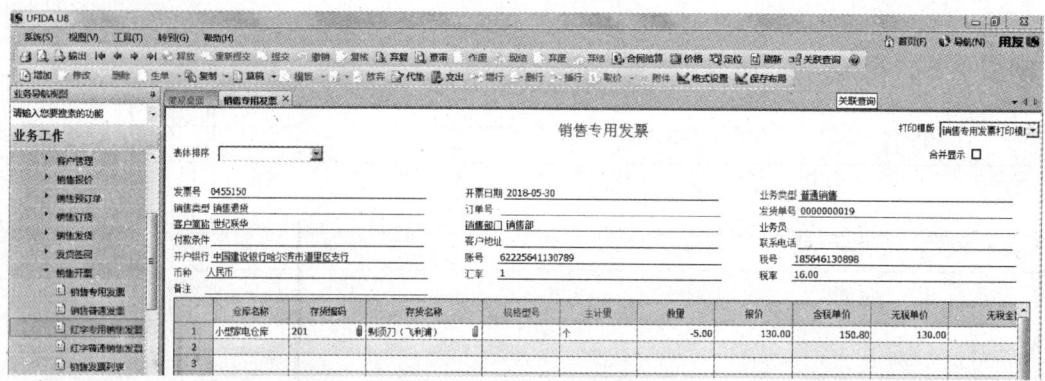

图 6-113　红字销售专用发票

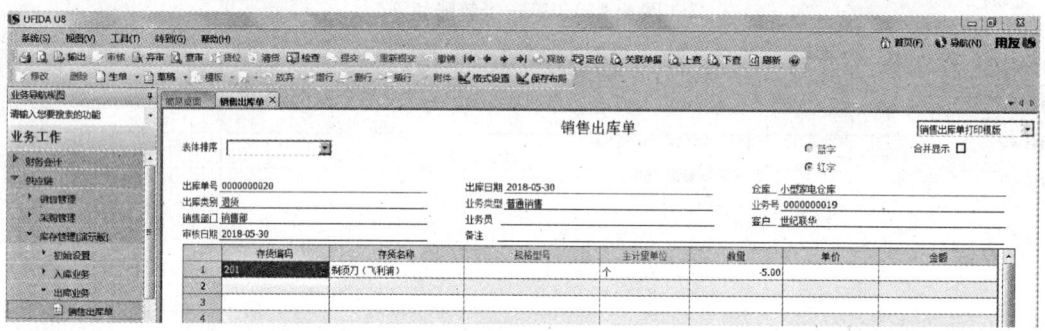

图 6-114　审核销售出库单

图 6-115　生成存货成本结转凭证

图 6-116　生成凭证

库存管理与存货核算业务

🎯 教学目标

➡ 知识
明晰出入库及存货业务核算流程及意义。

➡ 技能
(1) 能通过操作软件进行库存与存货核算的初始设置。
(2) 能通过操作软件进行库存及存货核算的日常和期末业务处理。

➡ 素养
(1) 树立团队合作意识,养成正确使用计算机的习惯。
(2) 养成自主学习能力,提升职业素养。

学习子情境一　调拨业务

一、任务描述

（1）2018 年 5 月 8 日，由于仓库漏水暂时将小型家电仓库的 100 个剃须刀调拨到其他仓库。

（2）2018 年 5 月 13 日，仓库维修完毕，将调拨到其他仓库的剃须刀移回小型家电仓库。

（3）2018 年 5 月 21 日，由于整理库存暂时将大型家电仓库的 10 台空调调拨到其他仓库。

（4）2018 年 5 月 23 日，仓库整理完毕，将暂时调拨到其他仓库的空调移回大型家电仓库。

二、任务操作

1. 将剃须刀调拨到其他仓库

（1）在库存管理系统中，执行"调拨业务"—"调拨单"命令，打开"调拨单"窗口。

（2）单击"增加"按钮，进入新增调拨业务操作窗口。输入业务日期、转出仓库、转入仓库、经手人、存货等信息，如图 7-1 所示。

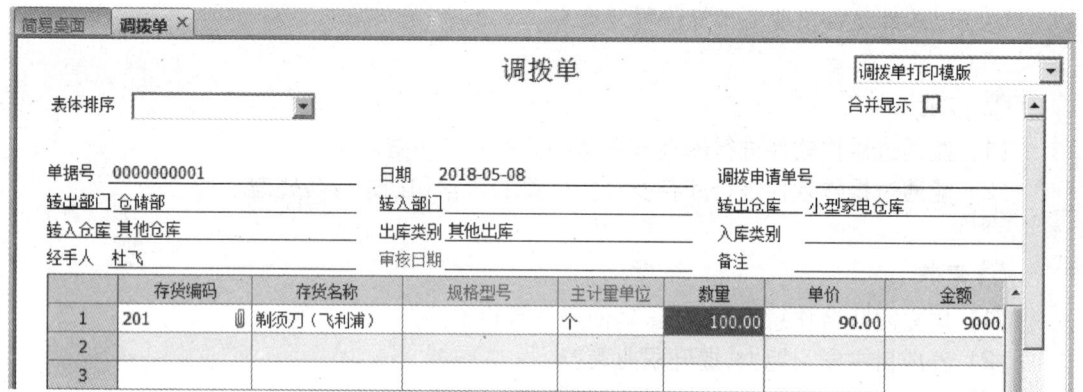

图 7-1　输入调拨单信息

（3）单击"保存"按钮，并审核该调拨单，最后提示"审核成功"。

（4）在库存管理系统中，执行"入库业务"—"其他入库单"命令，按翻页键，查找系统自动生成的入库单，审核其他入库单，如图 7-2 所示。

图 7-2　调拨单生成的其他入库单

图7-3　调拨单生成的其他出库单

（5）在库存管理系统中，执行"出库业务"—"其他出库单"命令，按翻页键，查找系统自动生成的出库单，并审核其他出库单，如图7-3所示。

（6）登录存货核算系统，执行"业务核算"—"特殊单据记账"命令，系统弹出"特殊单据记账条件"对话框，如图7-4所示，设置特殊单据记账查询条件。

（7）选择"单据类型"为"调拨单"，单击"确定"按钮，显示如图7-5所示。

（8）在表体中单击"选择"列，在其内显示有"Y"的表示选中该单据，再单击"记账"按钮。

注意：

★ 在期初存货核算模块中设置存货按照仓库核算，那么此处的"转出仓库"和"转入仓库"必须输入。

★ 为了便于账表统计，应选择出库类别和入库类别。

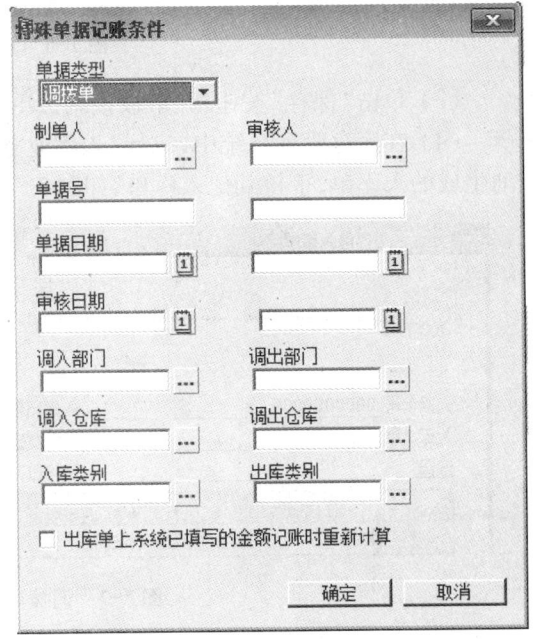

图7-4　"特殊单据记账条件"对话框

<table>
<tr><td colspan="7">**特殊单据记账**</td></tr>
<tr><td colspan="7">记录总数：1</td></tr>
<tr><td>选择</td><td>单据号</td><td>单据日期</td><td>转入仓库</td><td>转出仓库</td><td>转入部门</td><td>转出部门</td><td>经手人</td></tr>
<tr><td>Y</td><td>0000000001</td><td>2018-05-08</td><td>其他仓库</td><td>小型家电仓库</td><td></td><td>仓储部</td><td>杜飞</td></tr>
<tr><td>小计</td><td></td><td></td><td></td><td></td><td></td><td></td><td></td></tr>
</table>

图7-5　特殊单据记账

★ 审核之后系统自动根据调出或调入，生成其他出库单和对应的其他入库单。

★ 对应的其他出入库单据处于审核后状态，不允许弃审和修改。

★ 如果调拨单被弃审，那么相应的其他出入库单自动被删除。

2. 将剃须刀调回小型家电仓库

（1）在库存管理系统中，执行"调拨业务"—"调拨单"命令，打开"调拨单"窗口。

（2）单击"增加"按钮，进入新增调拨业务操作窗口。输入业务日期、转出仓库、转入仓库、经手人、存货等信息，如图7-6所示。

图7-6 输入调拨单信息

（3）单击"保存"按钮，并审核该调拨单，最后提示"审核成功"。

（4）在库存管理系统中，执行"入库业务"—"其他入库单"命令，按翻页键，查找系统自动生成的入库单，审核其他入库单，如图7-7所示。

图7-7 调拨单生成的其他入库单

（5）在库存管理系统中，执行"出库业务"—"其他出库单"命令，按翻页键，查找系统自动生成的出库单，并审核其他出库单，如图7-8所示。

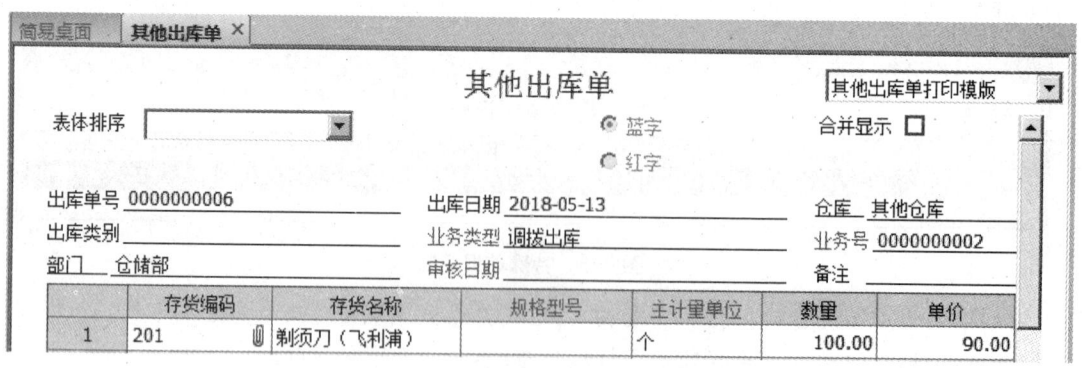

图7-8 调拨单生成的其他出库单

（6）登录存货核算系统，执行"业务核算"—"特殊单据记账"命令，系统弹出"特殊单据记账条件"对话框，如图7-9所示，设置特殊单据记账查询条件。

（7）选择"单据类型"为"调拨单"，此出库单金额来自存货核算系统，建议选择"出库单上系统已填写的金额记账时重新计算"复选框。单击"确定"按钮，显示如图7-10所示。

（8）在表体中单击"选择"列，在其内显示有"Y"的表示选中该单据，再单击"记账"按钮。

3. 将空调调拨到其他仓库

（1）在库存管理系统中，执行"调拨业务"—"调拨单"命令，打开"调拨单"窗口。

（2）单击"增加"按钮，进入新增调拨业务操作窗口。输入业务日期、转出仓库、转入仓库、出入库类别、经手人、存货等信息，如图7-11所示。

（3）单击"保存"按钮，并审核该调拨单，最后提示"审核成功"。

（4）在库存管理系统中，执行"入库业务"—"其他入库单"命令，按翻页键，查找系统自动生成的入库单，审核其他入库单，如图7-12所示。

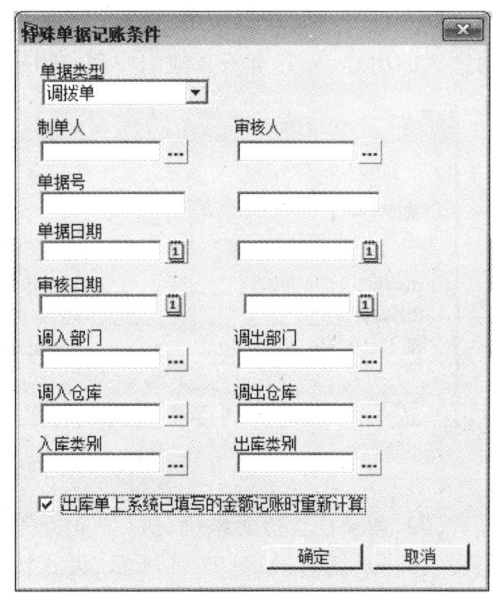

图7-9 "特殊单据记账条件"对话框

图7-10 特殊单据记账

图7-11 输入调拨单信息

图7-12 调拨单生成的其他入库单

271

（5）在库存管理系统中,执行"出库业务"—"其他出库单"命令,按翻页键,查找系统自动生成的出库单,并审核其他出库单,如图 7-13 所示。

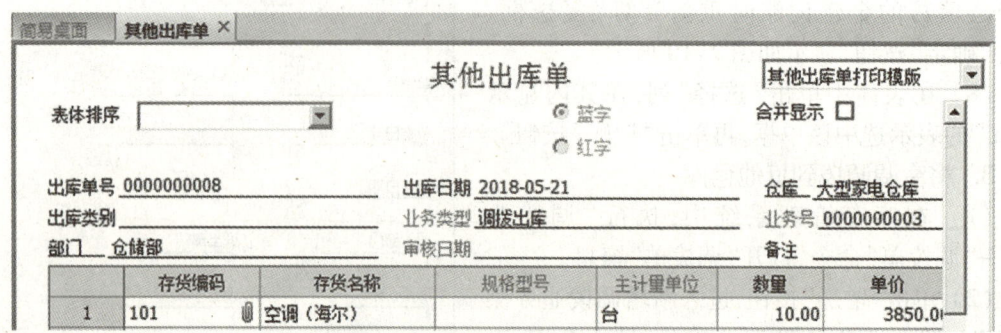

图 7-13　调拨单生成的其他出库单

（6）登录存货核算系统,执行"业务核算"—"特殊单据记账"命令,系统弹出"特殊单据记账条件"对话框,如图 7-14 所示,设置特殊单据记账查询条件。

图 7-14　"特殊单据记账条件"对话框

（7）选择"单据类型"为"调拨单",此出库单金额来自存货核算,建议选择"出库单上系统已填写的金额记账时重新计算"复选框。单击"确定"按钮,显示如图 7-15 所示。

特殊单据记账

记录总数: 1

选择	单据号	单据日期	转入仓库	转出仓库	转入部门	转出部门
Y	0000000003	2018-05-21	其他仓库	大型家电仓库		仓储部
小计						

图 7-15　特殊单据记账

（8）在表体中单击"选择"列,在其内显示有"Y"的表示选中该单据,再单击"记账"按钮。

4．将空调调回大型家电仓库

（1）在库存管理系统中，执行"调拨业务"—"调拨单"命令，打开"调拨单"窗口。

（2）单击"增加"按钮，进入新增调拨业务操作窗口。输入业务日期、转出仓库、转入仓库、出入库类别、经手人、存货等信息，如图7-16所示。

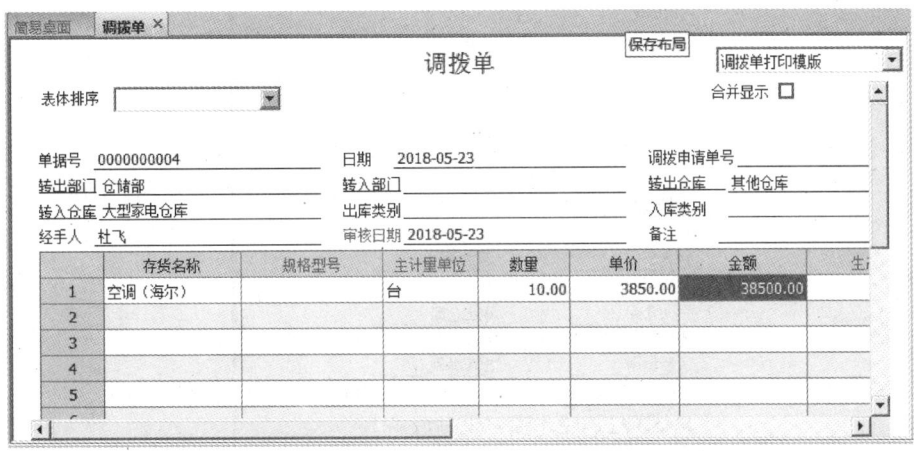

图7-16　输入调拨单信息

（3）单击"保存"按钮，并审核该调拨单，最后提示"审核成功"。

（4）在库存管理系统中，执行"入库业务"—"其他入库单"命令，按翻页键，查找系统自动生成的入库单，审核其他入库单，如图7-17所示。

图7-17　调拨单生成的其他入库单

（5）在库存管理系统中，执行"出库业务"—"其他出库单"命令，按翻页键，查找系统自动生成的出库单，并审核其他出库单，如图7-18所示。

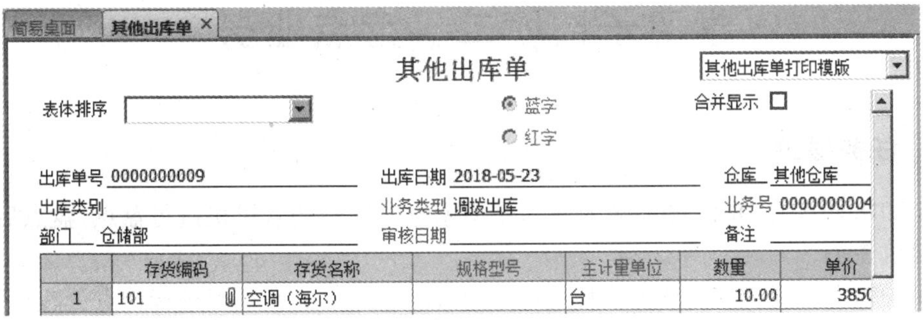

图7-18　调拨单生成的其他出库单

（6）登录存货核算系统,执行"业务核算"—"特殊单据记账"命令,系统弹出"特殊单据记账条件"对话框,如图 7-19 所示,设置特殊单据记账查询条件。

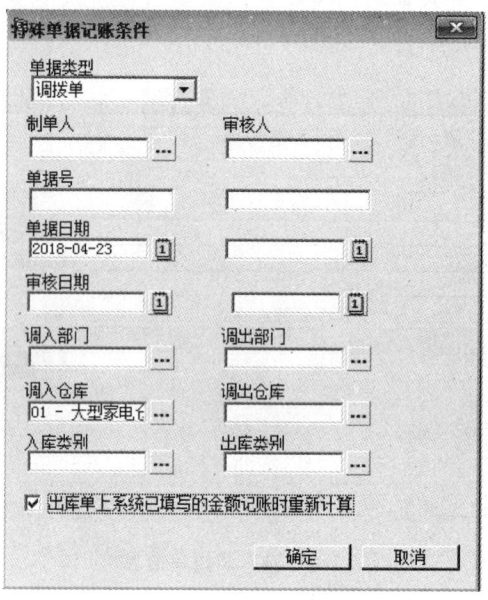

图 7-19 "特殊单据记账条件"对话框

（7）选择"单据类型"为"调拨单",此出库单金额来自存货核算,建议选择"出库单上系统已填写的金额记账时重新计算"复选框。单击"确定"按钮,显示如图 7-20 所示。

简易桌面	**未记账单据—览表** ×					
			特殊单据记账			
▼记录总数：1						
选择	单据号	单据日期	转入仓库	转出仓库	转入部门	转出部门
Y	0000000004	2018-05-23	大型家电仓库	其他仓库		仓储部
小计						

图 7-20 特殊单据记账

（8）在表体中单击"选择"列,在其内显示有"Y"的表示选中该单据,再单击"记账"按钮。

学习子情境二 盘点业务

一、任务描述

（1）2018 年 5 月 28 日,仓储部杜飞对小型家电仓库中的吹风机进行盘点,盘点后发现盘盈吹风机 3 个。

（2）2018 年 5 月 29 日,仓储部杜飞对小型家电仓库中的剃须刀进行盘点,盘点后发现盘亏剃须刀 5 个,原因待查。

（3）2018年5月29日，经查盘盈的吹风机和盘亏的剃须刀都属于日常计量错误，批准计入当期损益。

（4）2018年5月29日，仓储部李闯对大型家电仓库中的液晶电视进行盘点，盘点后发现盘盈1个。

（5）2018年5月30日，仓储部李闯对小型家电仓库中的豆浆机（九阳）进行盘点，盘点后发现盘亏1个，原因待查。

（6）2018年5月30日，经查盘盈的液晶电视和盘亏的豆浆机（九阳）属于管理不善造成，批准计入当期损益。

二、任务操作

（一）盘盈吹风机

1. 填制盘点单

（1）在库存管理系统中，执行"盘点业务"命令，打开"盘点单"窗口。

（2）单击"增加"按钮，进入盘点业务操作状态。输入"账面日期"为"2018-05-28"，选择"盘点仓库"为"小型家电仓库"，出入库类别分别为"盘亏出库"和"盘盈入库"，如图7-21所示。

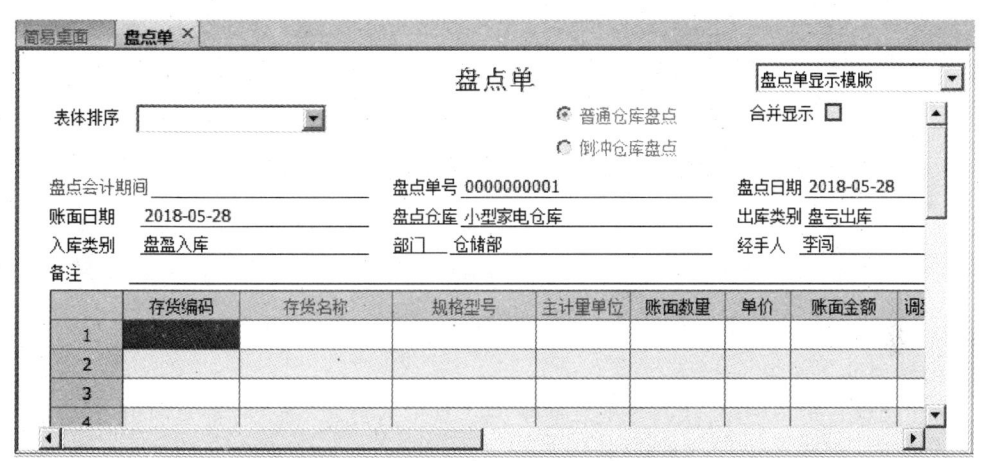

图7-21　新增盘点单

（3）单击"盘库"按钮，系统提示如图7-22所示，表示将表体中的内容清空。

（4）单击"是（Y）"按钮，系统弹出如图7-23所示对话框。

（5）选择"按仓库盘点"单选框和"账面为零时是否盘点"复选框，单击"确定"按钮，系统自动将该仓库中的存货和存货在该仓库中的账面数量逐一列出，并按照盘点库存中的实际存货存储数量对应盘点单上相应的存货，逐一填列在"盘点数量"或

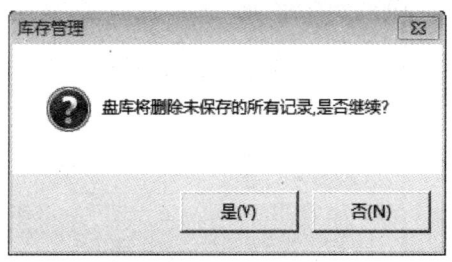

图7-22　系统提示

"盘点件数"栏，结果显示"盘点数量"为吹风机盘盈3个（比账面数量多3个）。单击"保存"按钮，保存该盘点单，并单击"审核"按钮，审核该盘点单，如图7-24所示。

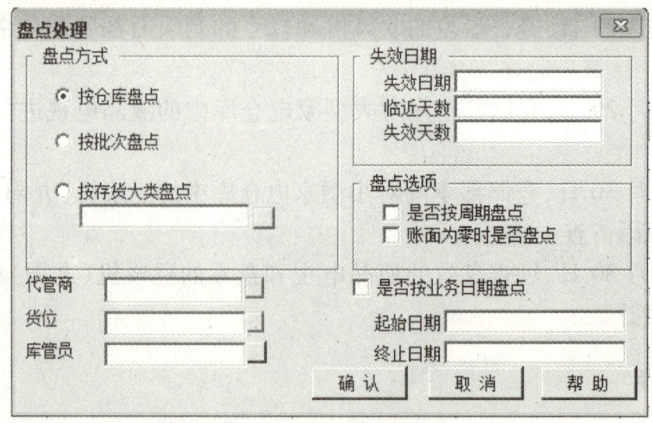

图 7-23 "盘点处理"对话框

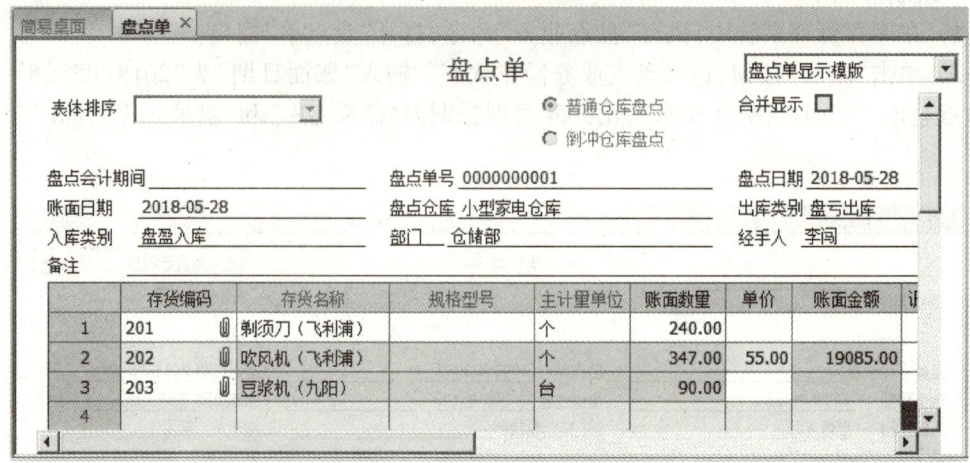

图 7-24 审核后盘点单

2. 审核其他入库单

（1）在库存管理系统中,执行"入库业务"—"其他入库单"命令,翻页打开找到系统自动生成的其他入库单,如图 7-25 所示。

（2）单击"审核"按钮,审核其他入库单。

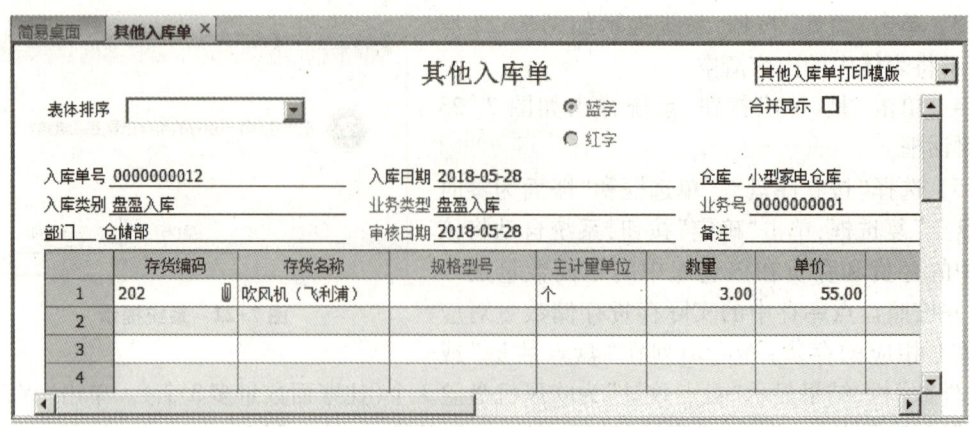

图 7-25 "其他入库单"窗口

注意:

★ 盘点单审核后,系统自动生成相应的其他入库单和其他出库单。

★ 必须先选择仓库才能执行"盘库""选择"以及手工输入存货功能。

★ 表体内容可以手工输入,也可利用"盘库"和"选择"批量录入。

★ 账面数量,系统自动带入,不可修改。

★ 表体中的盘点数量,默认显示为账面数量,如果实盘数量与账面数量不一致,需要根据实盘数量进行修改。

3. 存货核算

(1)执行"存货核算"—"业务核算"—"正常单据记账"命令,打开"查询条件选择"窗口。

(2)单击"确定"按钮,打开"正常单据记账列表"窗口。

(3)选中相应的其他入库单,如图 7-26 所示。

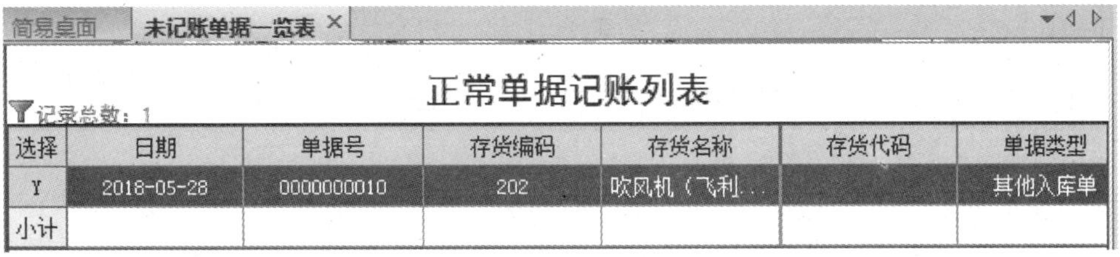

正常单据记账列表

记录总数:1

选择	日期	单据号	存货编码	存货名称	存货代码	单据类型
Y	2018-05-28	0000000010	202	吹风机(飞利…		其他入库单
小计						

图 7-26 "正常单据记账列表"窗口

(4)单击"记账"按钮,将其他入库单记账,系统提示"记账成功"。

(5)执行"财务核算"—"生成凭证"命令,打开"查询条件"窗口。

(6)单击"确定"按钮,打开"未生成凭证单据一览表"窗口。

(7)单击"选择"栏,或单击"全选"按钮,选中待生成凭证的单据,单击"确定"按钮。

(8)选择凭证类别为"转 转账凭证",如图 7-27 所示。

凭证类别 转 转账凭证

单据类型	单据号	摘要	科目类型	科目编码	科目名称	借方金额	贷方金额	借方数量	贷方数量	科目方向	存货编码
其他入库单	0000000012	其他入…	存货	140506	吹风机…	165.00		3.00		1	202
			对方	1901	待处理…		165.00		3.00	2	202
						165.00	165.00				

图 7-27 "生成凭证"窗口

(9)单击"生成"按钮,生成一张转账凭证,单击"保存"按钮,如图 7-28 所示。

(二)盘亏剃须刀

1. 填制盘点单

(1)在库存管理系统中,执行"盘点业务"命令,打开"盘点单"窗口。

(2)单击"增加"按钮,进入盘点业务操作状态。输入"账面日期"为"2018-05-29",选择"盘点仓库"为"小型家电仓库",出入库类别分别为"盘亏出库"和"盘盈入库",如图 7-29 所示。

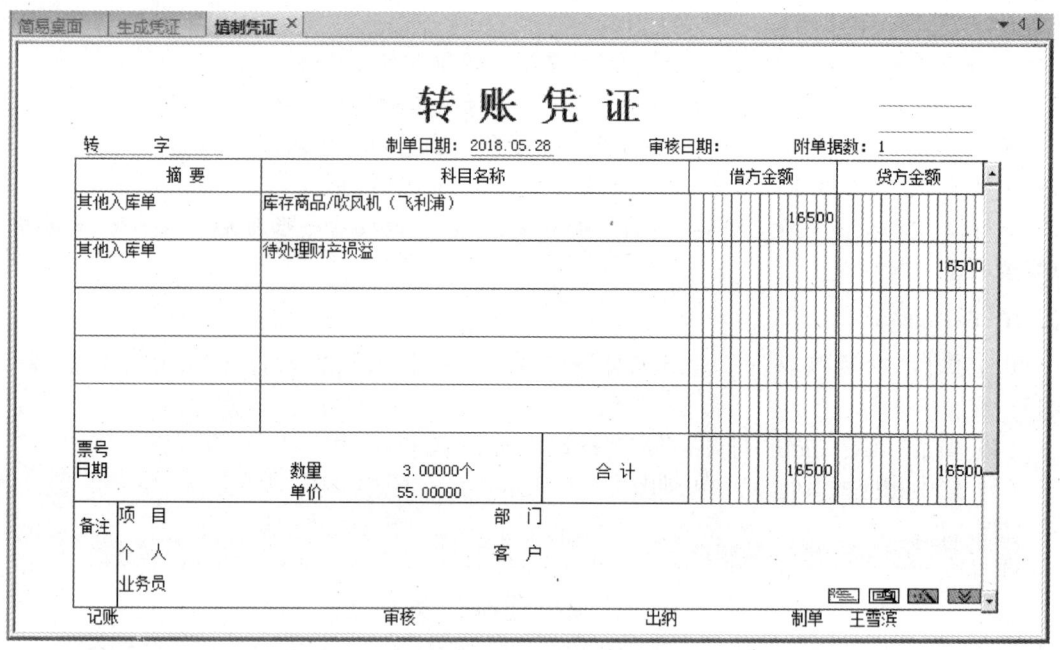

图 7-28　生成转账凭证

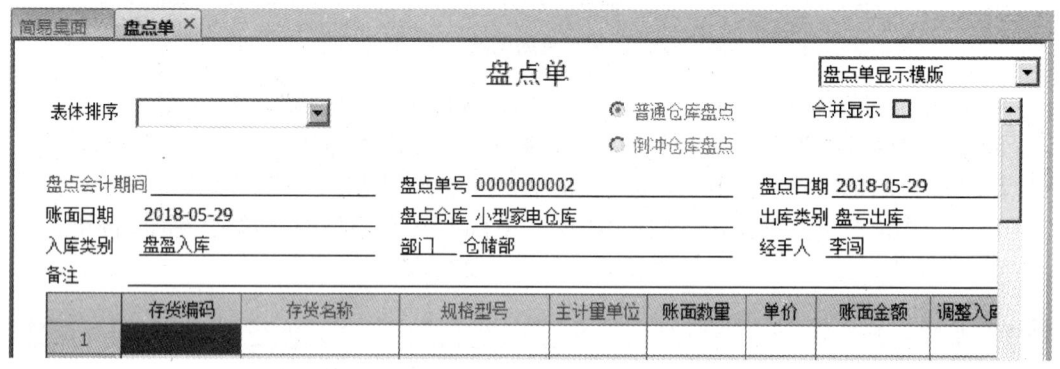

图 7-29　新增盘点单

（3）单击"盘库"按钮，系统提示如图 7-30
所示，表示将表体中的内容清空。

（4）单击"是（Y）"按钮，系统弹出如图
7-31 所示对话框。

（5）选择"按仓库盘点"单选框和"账面为
零时是否盘点"复选框，单击"确定"按钮，系统
自动将该仓库中的存货和存货在该仓库中的账
面数量逐一列出，并按照盘点库存中的实际存货
存储数量对应盘点单上相应的存货，逐一填列在

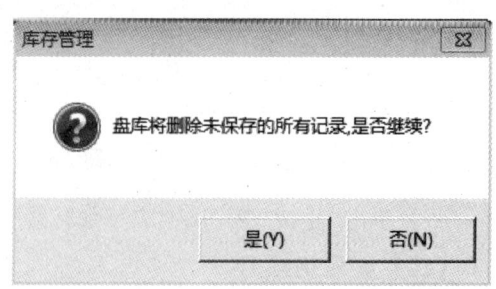

图 7-30　系统提示

"盘点数量"或"盘点件数"栏，结果显示"盘点数
量"为剃须刀盘亏 5 个（比账面数量少 5 个）。单击"保存"按钮，保存该盘点单，并单击"审
核"按钮，审核该盘点单，如图 7-32 所示。

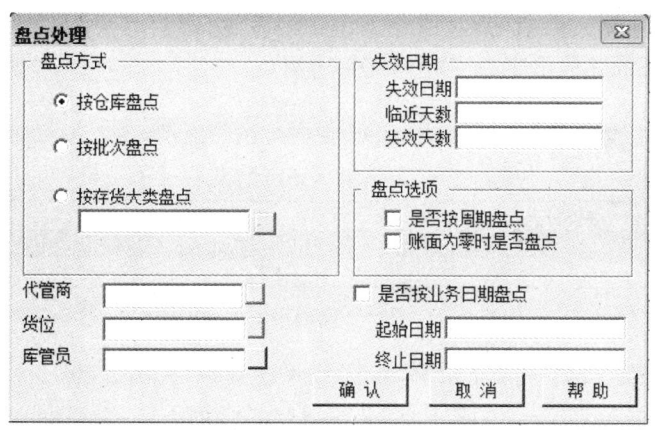

图 7-31 "盘点处理"对话框

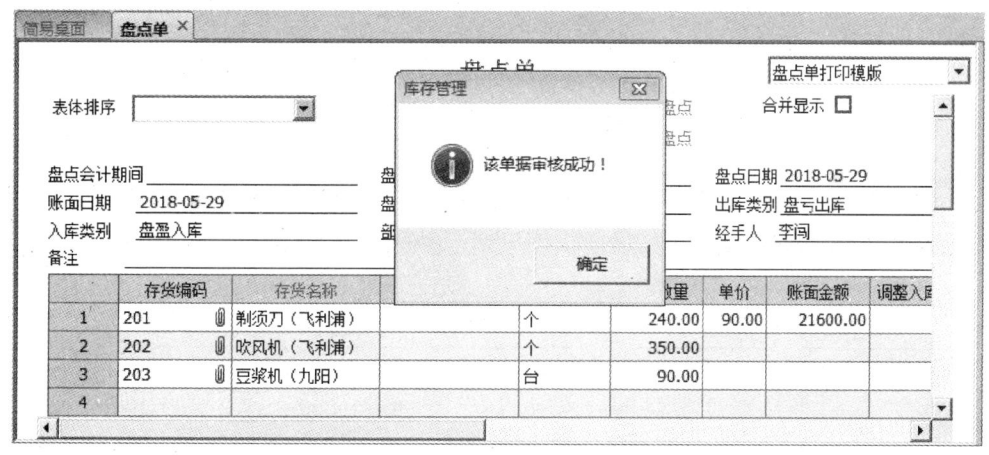

图 7-32 审核后盘点单

2. 审核其他出库单

（1）在库存管理系统中，执行"出库业务"—"其他出库单"命令，翻页打开找到系统自动生成的其他出库单，如图 7-33 所示。

图 7-33 "其他出库单"窗口

（2）单击"审核"按钮，审核其他出库单。

3. 存货核算

（1）执行"存货核算"—"业务核算"—"正常单据记账"命令，打开"查询条件选择"窗口。

（2）单击"确定"按钮，打开"正常单据记账列表"窗口。

（3）选中相应的其他出库单，如图7-34所示。

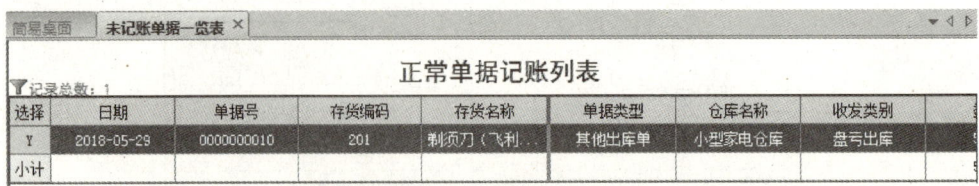

图 7-34 "正常单据记账列表"窗口

（4）单击"记账"按钮，将其他出库单记账，系统提示"记账成功"。

（5）执行"财务核算"—"生成凭证"命令，打开"查询条件"窗口。

（6）单击"确定"按钮，打开"未生成凭证单据一览表"窗口。

（7）单击"选择"栏，或单击"全选"按钮，选中待生成凭证的单据，单击"确定"按钮。

（8）选择凭证类别为"转 转账凭证"，如图7-35所示。

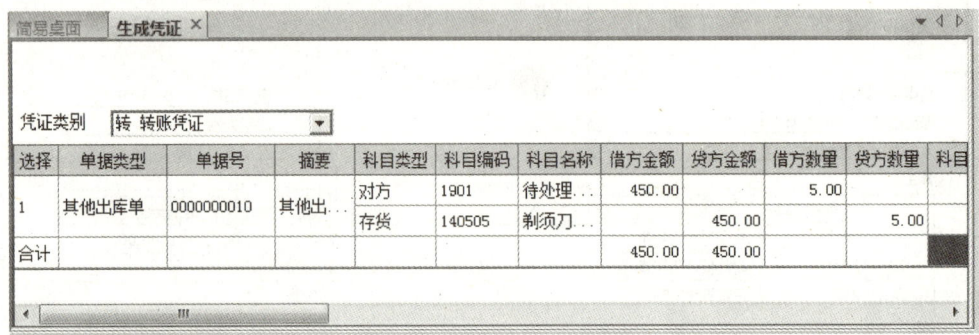

图 7-35 "生成凭证"窗口

（9）单击"生成"按钮，生成一张转账凭证，单击"保存"按钮，如图7-36所示。

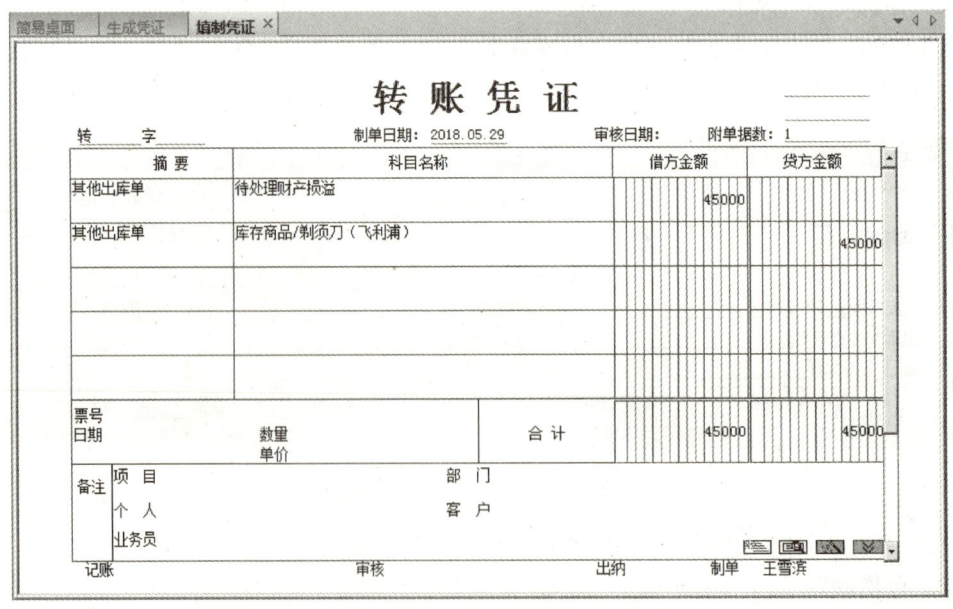

图 7-36 生成转账凭证

（三）29日，将盘盈、盘亏计入当期损益

1. 盘盈业务操作

（1）执行"财务会计"—"总账"—"凭证处理"—"填制凭证"命令。

（2）打开"填制凭证"窗口，填写借方与贷方科目、金额，单击"保存"按钮，如图7-37所示。

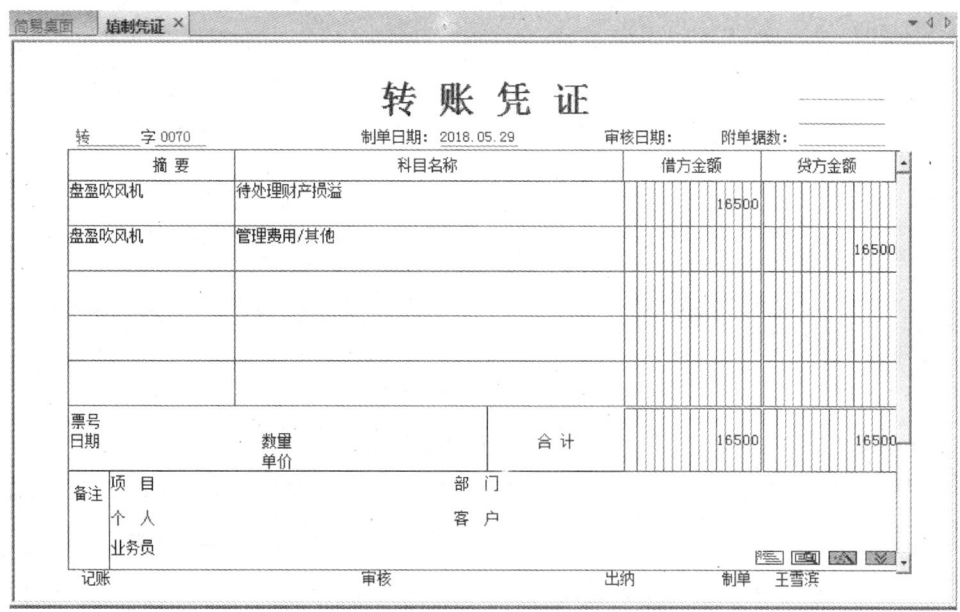

图7-37　生成转账凭证

2. 盘亏业务操作

（1）执行"财务会计"—"总账"—"凭证处理"—"填制凭证"命令。

（2）打开"填制凭证"窗口，填写借方与贷方科目、金额，单击"保存"按钮，如图7-38所示。

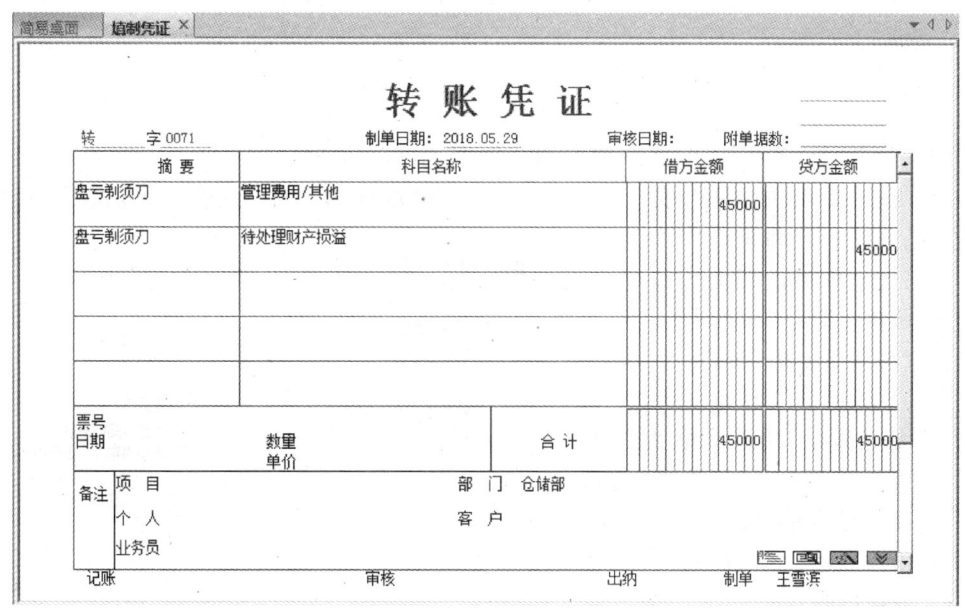

图7-38　生成转账凭证

（四）盘盈液晶电视

1. 填制盘点单

（1）在库存管理系统中，执行"盘点业务"命令，打开"盘点单"窗口。

（2）单击"增加"按钮，进入盘点业务操作状态。输入"账面日期"为"2018-05-29"，选择"盘点仓库"为"大型家电仓库"，出入库类别分别为"盘亏出库"和"盘盈入库"，如图7-39所示。

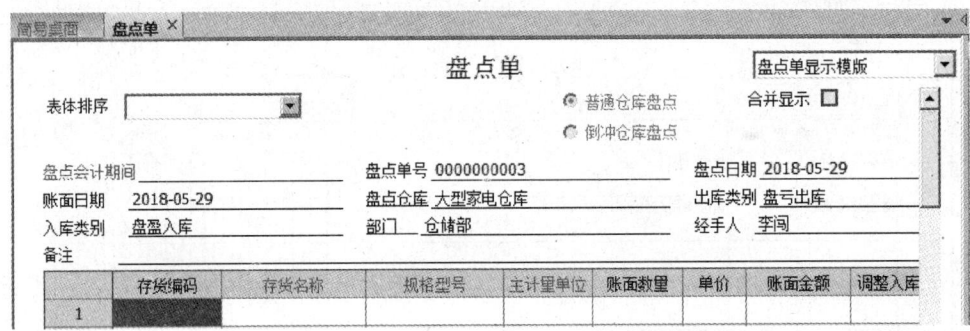

图7-39 新增盘点单

（3）单击"盘库"按钮，系统提示如图7-40所示，表示将表体中的内容清空。

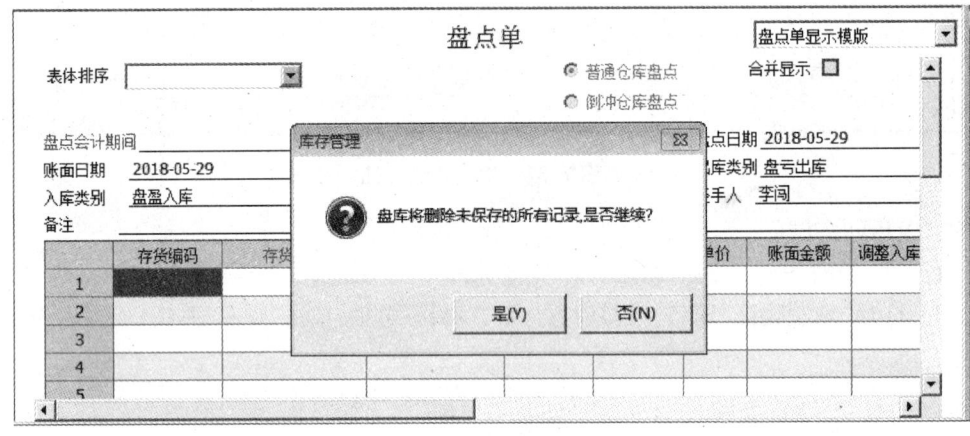

图7-40 系统提示

（4）单击"是（Y）"按钮，系统弹出如图7-41所示对话框。

（5）在图7-41中选择"按仓库盘点"单选框和"账面为零时是否盘点"复选框，单击"确定"按钮，系统自动将该仓库中的存货和存货在该仓库中的账面数量逐一列出，并按照盘点库存中的实际存货存储数量对应盘点单上相应的存货，逐一填列在"盘点数量"或"盘点件数"栏，结果显示"盘点数量"为液晶电视盘盈1个（比账面数量多1个）。单击"保存"按钮，保存该盘点单，并单击"审核"按钮，审核该盘点单，如图7-42所示。

2. 审核其他入库单

（1）在库存管理系统中，执行"入

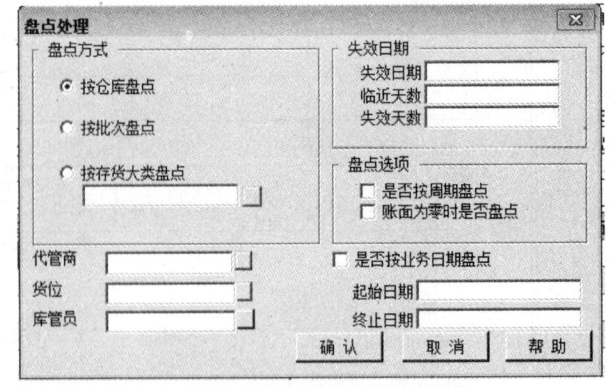

图7-41 "盘点处理"对话框

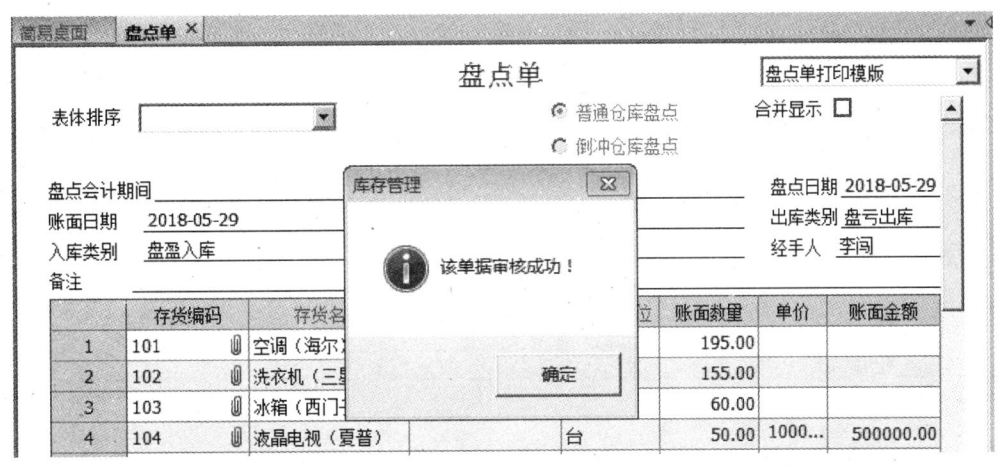

图 7-42　审核后盘点单

库业务"—"其他入库单"命令,翻页打开找到系统自动生成的其他入库单,如图 7-43 所示。

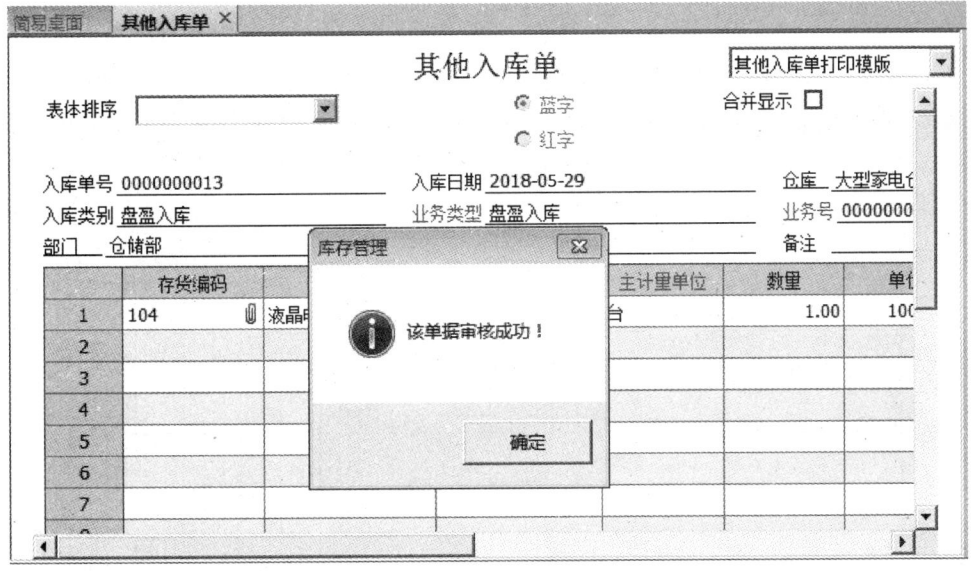

图 7-43　"其他入库单"窗口

(2) 单击"审核"按钮,审核其他入库单。

3. 存货核算

(1) 执行"存货核算"—"业务核算"—"正常单据记账"命令,打开"查询条件选择"窗口。

(2) 单击"确定"按钮,打开"正常单据记账列表"窗口。

(3) 选中相应的其他入库单,如图 7-44 所示。

(4) 单击"记账"按钮,将其他入库单记账,系统提示"记账成功"。

(5) 执行"财务核算"—"生成凭证"命令,打开"查询条件"窗口。

(6) 单击"确定"按钮,打开"未生成凭证单据一览表"窗口。

(7) 单击"选择"栏,或单击"全选"按钮,选中待生成凭证的单据,单击"确定"按钮。

(8) 选择凭证类别为"转　转账凭证",如图 7-45 所示。

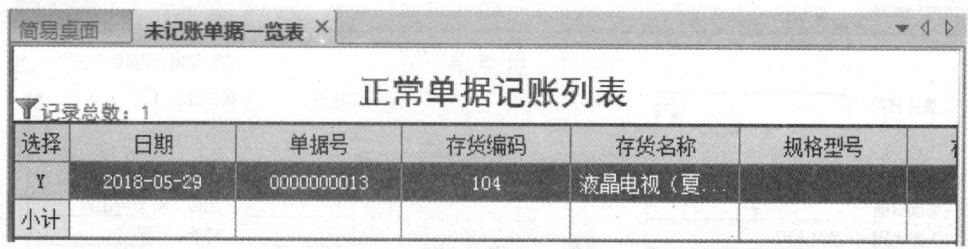

图 7-44　"正常单据记账列表"窗口

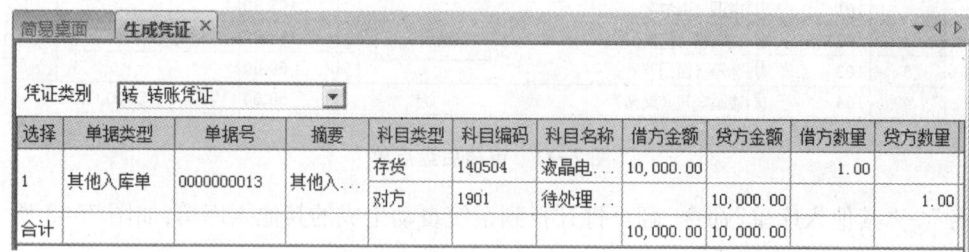

图 7-45　"生成凭证"窗口

（9）单击"生成"按钮，生成一张转账凭证，单击"保存"按钮，如图 7-46 所示。

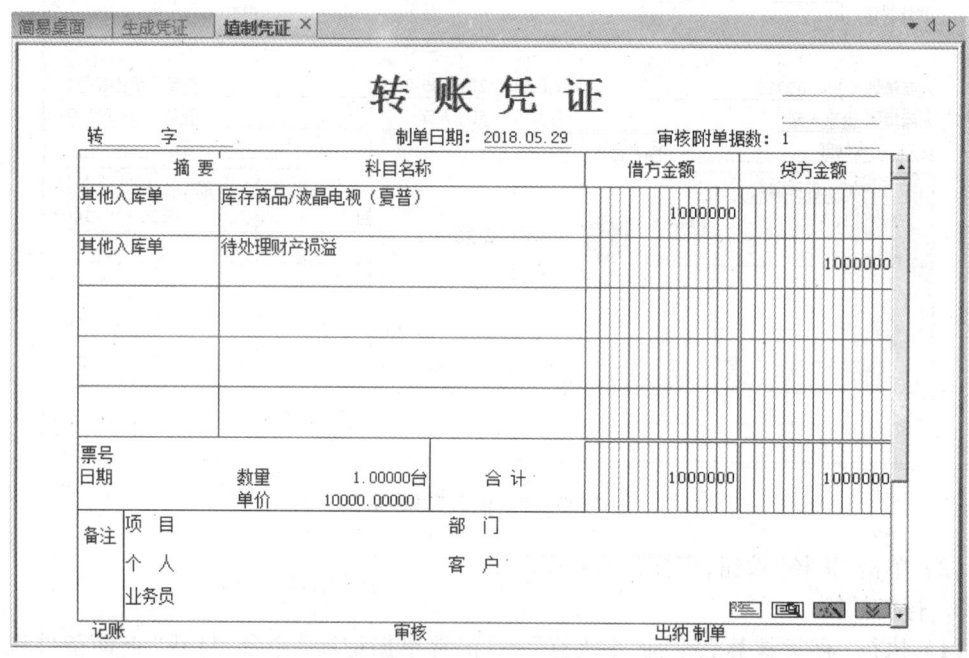

图 7-46　'生成转账凭证

（五）盘亏豆浆机

1. 填制盘点单

（1）在库存管理系统中，执行"盘点业务"命令，打开"盘点单"窗口。

（2）单击"增加"按钮，进入盘点业务操作状态。输入"账面日期"为"2018-05-30"，选择"盘点仓库"为"小型家电仓库"，出入库类别分别为"盘亏出库"和"盘盈入库"，如图 7-47 所示。

（3）单击"盘库"按钮，系统提示如图 7-48 所示，表示将表体中的内容清空。

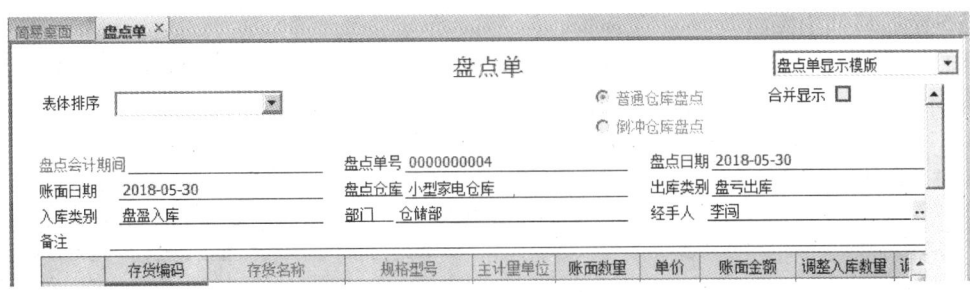

图 7-47　新增盘点单

（4）单击"是（Y）"按钮，系统弹出如图7-49所示对话框

（5）在图7-49中选择"按仓库盘点"单选框和"账面为零时是否盘点"复选框，单击"确定"按钮，系统自动将该仓库中的存货和存货在该仓库中的账面数量逐一列出，并按照盘点库存中的实际存货存储数量对应盘点

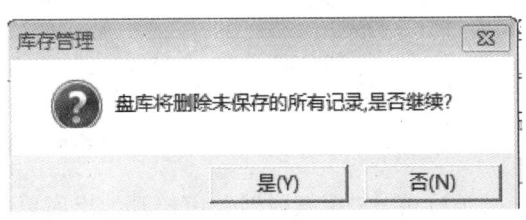

图 7-48　系统提示

单上相应的存货，逐一填列在"盘点数量"或"盘点件数"栏，结果显示"盘点数量"为盘亏豆浆机1个（比账面数量少1个）。单击"保存"按钮，保存该盘点单，并单击"审核"按钮，审核该盘点单，如图7-50所示。

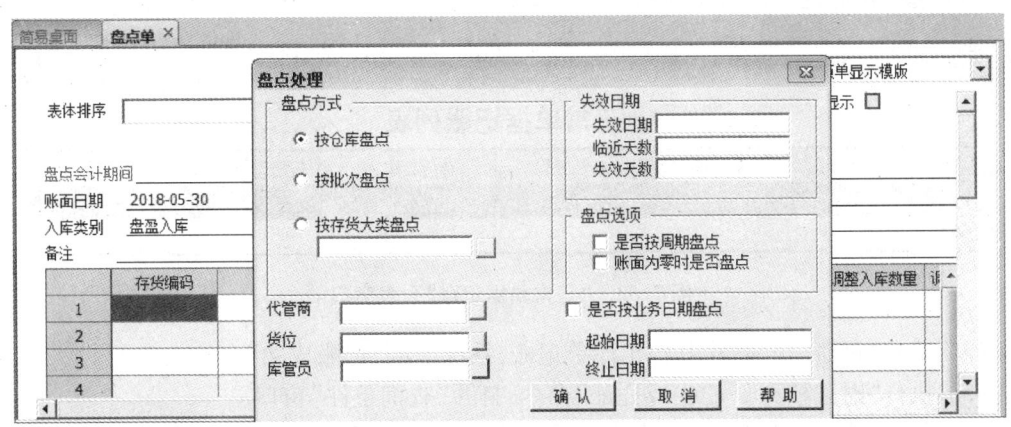

图 7-49　"盘点处理"窗口

	存货编码	存货名称	规格型号	主计量单位	账面数量	单价	账面金额	调整入库数量	
1	201	剃须刀（飞利浦）		个	200.00			0.00	
2	202	吹风机（飞利浦）		个	340.00			0.00	
3	203	豆浆机（九阳）		台	60.00	185.00	11100.00	0.00	

图 7-50　审核后盘点单

2. 审核其他出库单

（1）在库存管理系统中，执行"出库业务"—"其他出库单"命令，翻页打开找到系统自动生成的其他出库单，如图7-51所示。

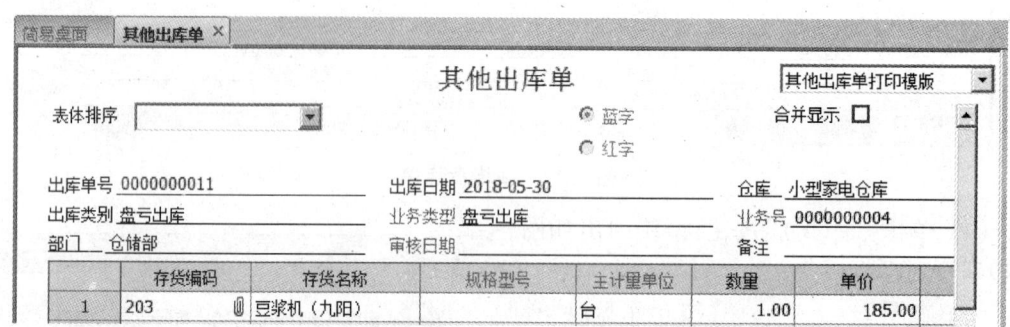

图7-51　生成其他出库单

（2）单击"审核"按钮，审核其他出库单。

3. 存货核算

（1）执行"存货核算"—"业务核算"—"正常单据记账"命令，打开"查询条件选择"窗口。

（2）单击"确定"按钮，打开"正常单据记账列表"窗口。

（3）选中相应的其他出库单，如图7-52所示。

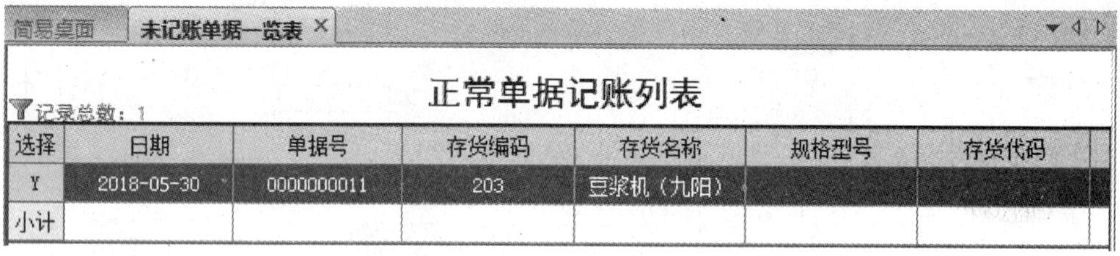

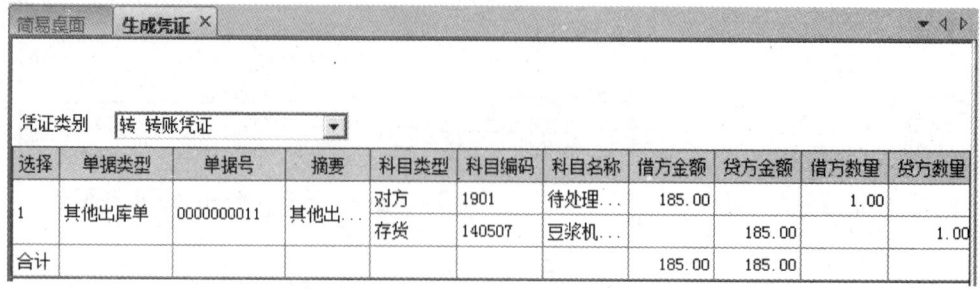

图7-52　"正常单据记账"列表窗口

（4）单击"记账"按钮，将其他出库单记账，系统提示"记账成功"。

（5）执行"财务核算"—"生成凭证"命令，打开"查询条件"窗口。

（6）单击"确定"按钮，打开"未生成凭证单据一览表"窗口。

（7）单击"选择"栏，或单击"全选"按钮，选中待生成凭证的单据，单击"确定"按钮。

（8）选择凭证类别为"转　转账凭证"，如图7-53所示。

图7-53　"生成凭证"窗口

（9）单击"生成"按钮,生成一张转账凭证,单击"保存"按钮,如图7-54所示。

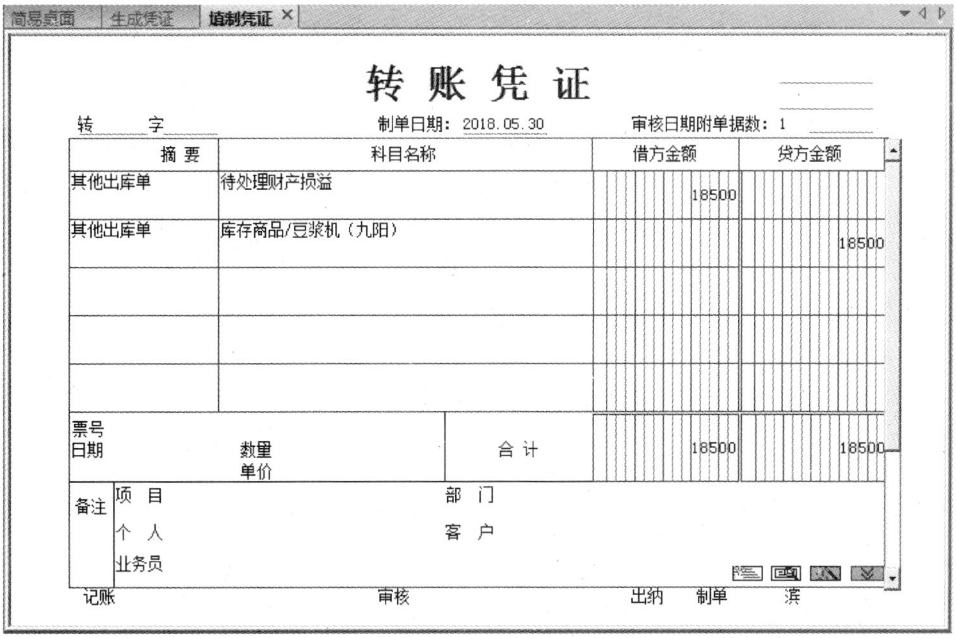

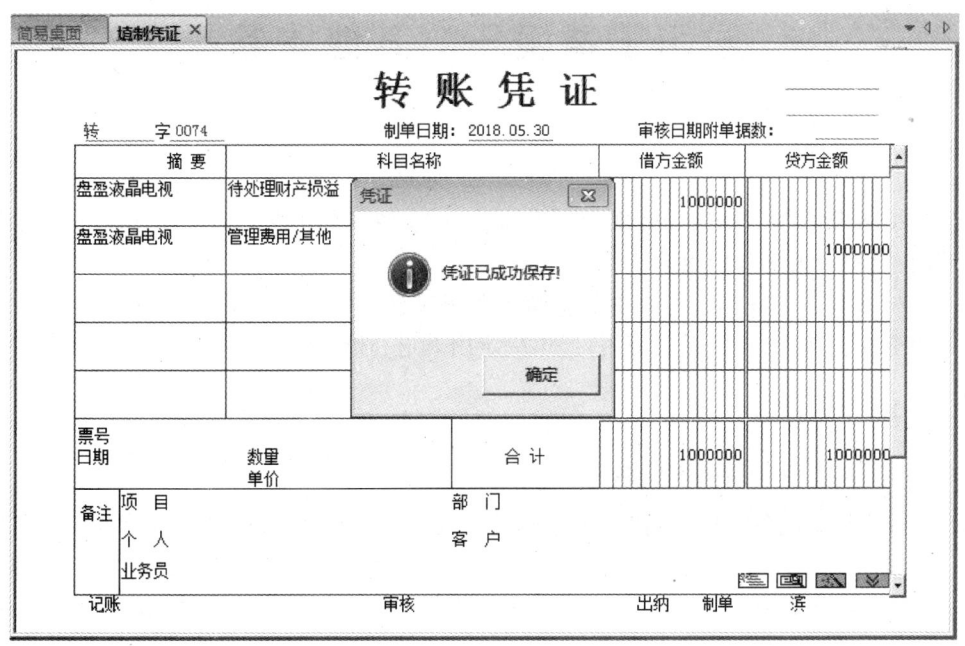

图7-54　生成转账凭证

（三）30日,将盘盈、盘亏计入当期损益

1. 盘盈业务操作

（1）执行"财务会计"—"总账"—"凭证处理"—"填制凭证"命令。

（2）打开"填制凭证"窗口,填写借方与贷方科目、金额,单击"保存"按钮,如图7-55所示。

图7-55　生成转账凭证

2. 盘亏业务操作

（1）执行"财务会计"—"总账"—"凭证处理"—"填制凭证"命令。

（2）打开"填制凭证"窗口，填写借方与贷方科目、金额，单击"保存"按钮，如图 7-56 所示。

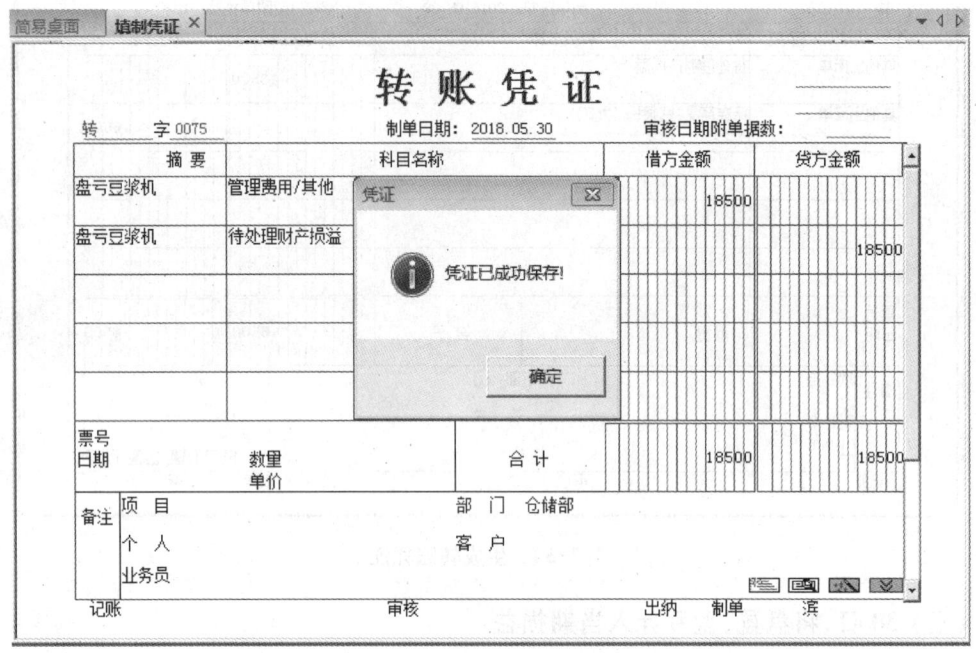

图 7-56　生成转账凭证

学习子情境三　其他业务

一、任务描述

（1）2018 年 5 月 30 日，经查由于仓库养护，对小型家电仓库中的 5 台豆浆机造成破损，无法使用，损失计入管理费用。

（2）2018 年 5 月 30 日，经查由于仓储部李闯对仓库中货物保管不当，对大型家电仓库中的 1 台洗衣机造成破损，无法使用，公司决定由其进行赔偿。

二、任务操作

（一）计入管理费用的存货盘亏

（1）在库存管理系统中，执行"出库业务"—"其他出库单"命令，打开"其他出库单"窗口。

（2）单击"增加"按钮，进入新增其他出库单操作状态。选择"出库日期"为"2018-05-30"，"仓库"为"小型家电仓"，"出库类别"为"其他出库"，"存货名称"为"豆浆机（九阳）"，"主计量单位"为"5.00"等信息，如图 7-57 所示。

（3）单击"保存"按钮，并审核其他出库单。

图 7-57　输入其他出库单信息

（4）在存货核算系统中，执行"业务核算"—"正常单据记账"命令，打开"查询条件选择"窗口，选择"仓库"为"小型家电仓"，"单据类型"为"其他出库单"，"收发类别"为"204-其他出库"，如图 7-58 所示。

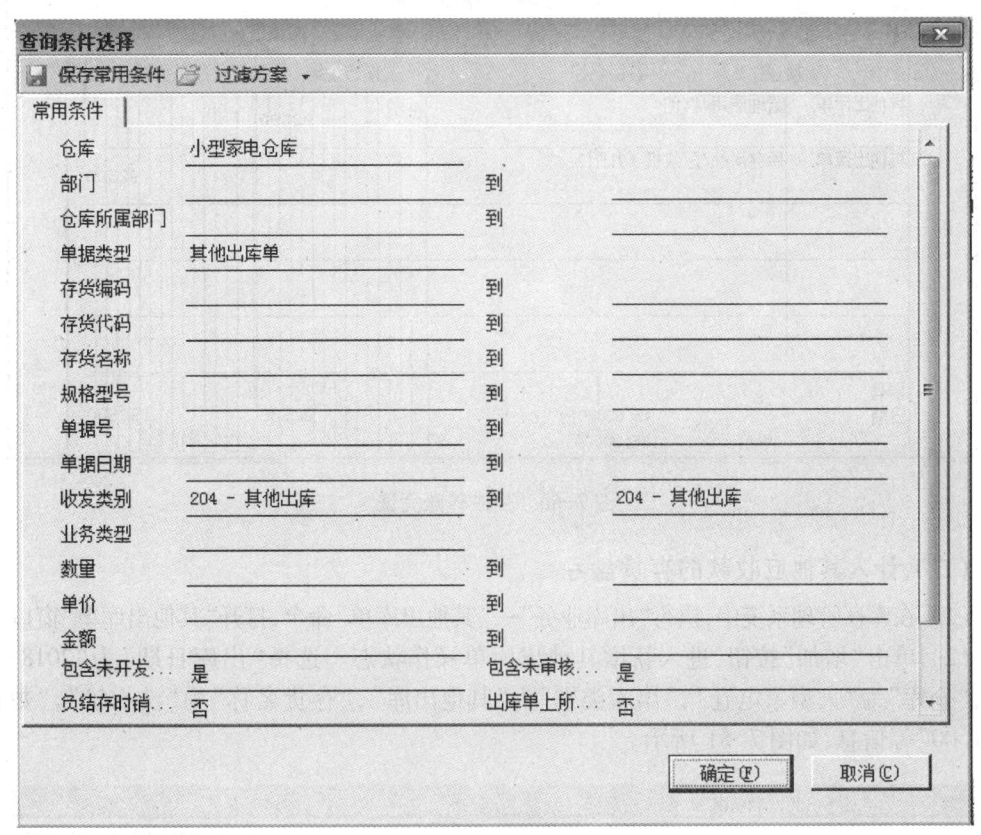

图 7-58　"查询条件选择"窗口

（5）单击"确定（F）"按钮，选择该单据；单击"记账"按钮，对该张出库单进行记账。

（6）执行"财务核算"—"生成凭证"命令，打开"查询条件"窗口。

（7）单击"确定"按钮，打开"未生成凭证单据一览表"窗口。

（8）单击"选择"栏，或单击"全选"按钮，选中待生成凭证的单据，单击"确定"按钮。

（9）选择凭证类别为"转　转账凭证"，如图 7-59 所示。

（10）单击"生成"按钮，生成一张转账凭证，单击"保存"按钮，如图 7-60 所示。

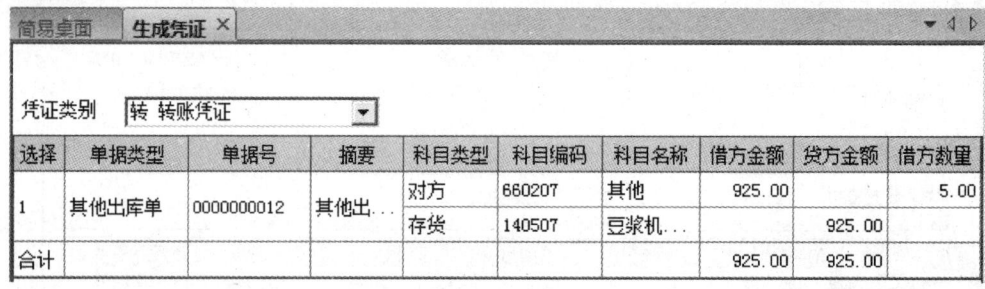

图 7-59　"生成凭证"窗口

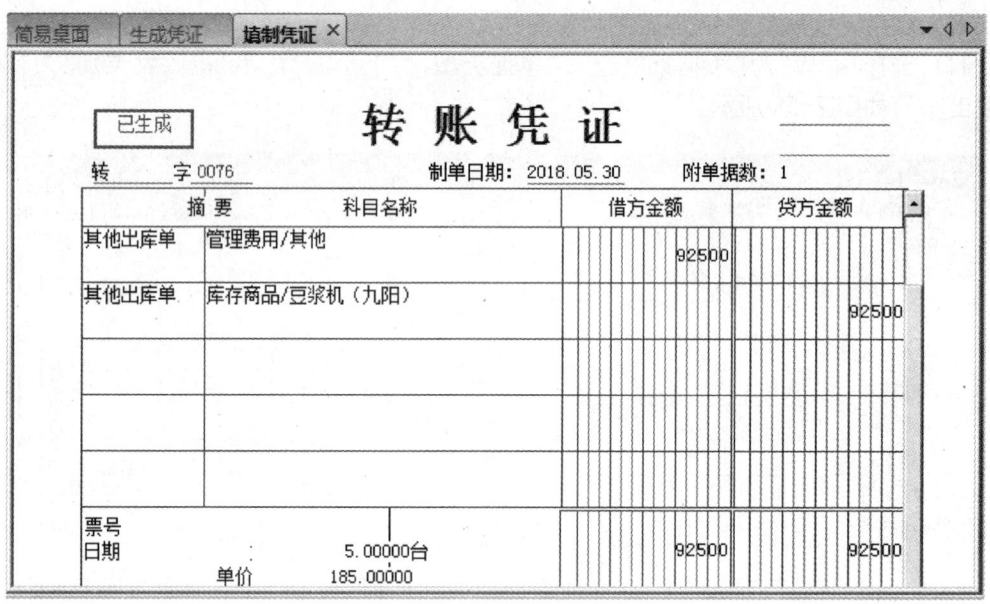

图 7-60　生成转账凭证

（二）计入其他应收款的存货盘亏

（1）在库存管理系统中，执行"出库业务"—"其他出库单"命令，打开"其他出库单"窗口。

（2）单击"增加"按钮，进入新增其他出库单操作状态。选择"出库日期"为"2018-05-30"，"仓库"为"大型家电仓"，"出库类别"为"其他出库"，"存货名称"为"洗衣机"，"数量"为"1.00"等信息，如图 7-61 所示。

图 7-61　输入其他出库单信息

（3）单击"保存"按钮,并审核其他出库单。

（4）在存货核算系统中,执行"业务核算"—"正常单据记账"命令,打开"查询条件选择"窗口,选择"仓库"为"大型家电仓","单据类型"为"其他出库单","收发类别"为"204－其他出库",如图7-62所示。

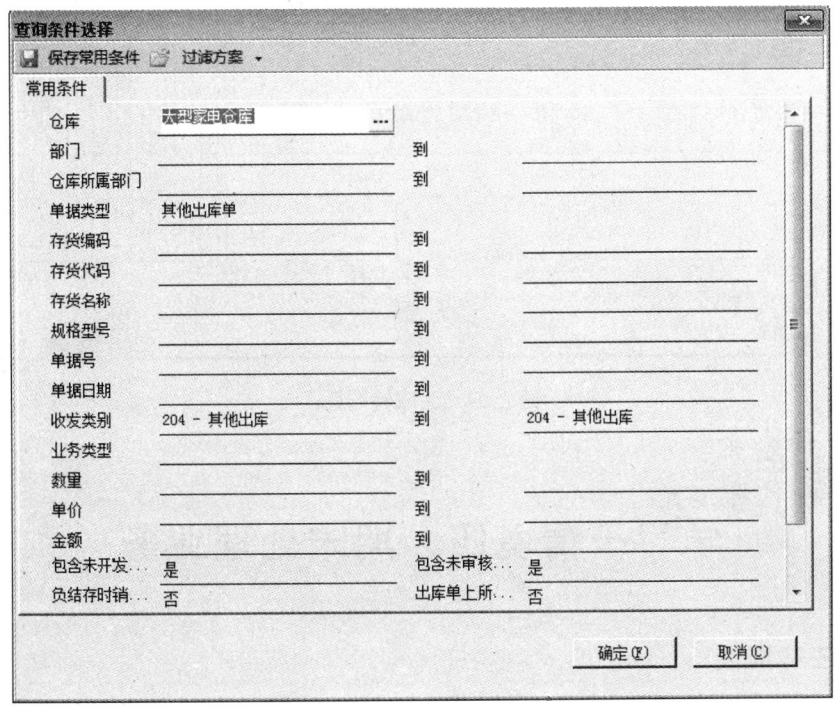

图7-62　"查询条件选择"窗口

（5）单击"确定(F)"按钮,选择该单据;单击"记账"按钮,对该张出库单进行记账。

（6）执行"财务核算"—"生成凭证"命令,打开"查询条件"窗口。

（7）单击"确定"按钮,打开"未生成凭证单据一览表"窗口。

（8）单击"选择"栏,或单击"全选"按钮,选中待生成凭证的单据,单击"确定"按钮。

（9）选择凭证类别为"转　转账凭证",如图7-63所示。

| 简易桌面 | 生成凭证 × | | | | | | | | |

凭证类别　转 转账凭证

选择	单据类型	单据号	摘要	科目类型	科目编码	科目名称	借方金额	贷方金额	借方数量	货
1	其他出库单	0000000013	其他出…	对方	1221	其他应…	4,500.00		1.00	
				存货	140502	洗衣机…		4,500.00		
合计							4,500.00	4,500.00		

图7-63　"生成凭证"窗口

（10）单击"生成"按钮,生成一张转账凭证,单击"保存"按钮,如图7-64所示。

注意:

★ 在处理该类型业务时,为了方便在存货核算系统中生成凭证,建议单独设置收发类别或者使用"其他出库"以示区别。

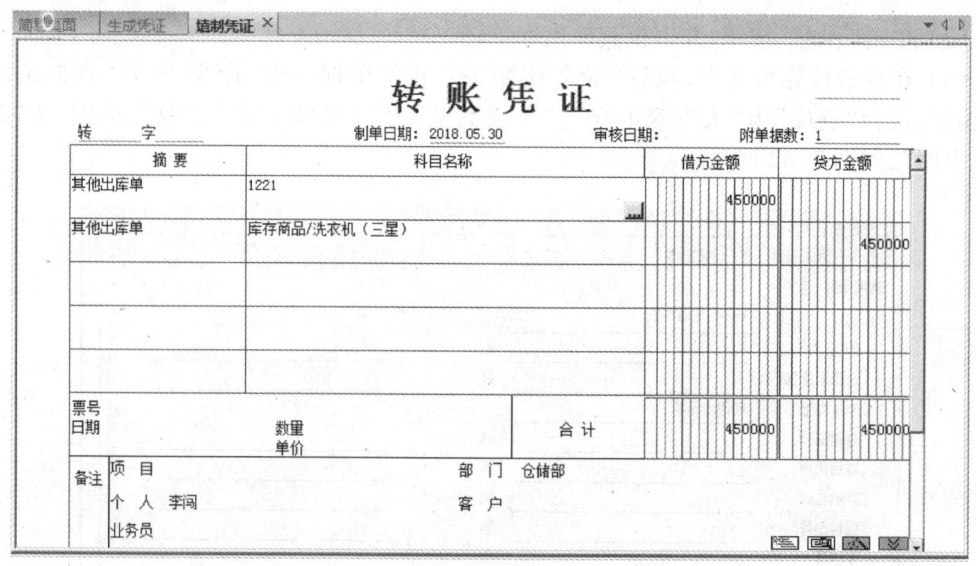

图 7-64 生成转账凭证

学习子情境四 期末处理业务

一、任务描述

（1）采购管理月末结账。

（2）销售管理月末结账。

（3）库存管理月末结账。

（4）存货核算月末结账。

（5）应付款管理月末结账。

（6）应收款管理月末结账。

二、任务操作

（一）采购管理月末结账

1. 结账处理

（1）执行"月末结账"命令，打开"结账"窗口。

（2）选中要结账的日期。

（3）单击"结账"按钮，系统提示"月末结账完毕"，单击"确定"按钮，"是否结账"一栏显示"是"，如图 7-65 所示。

（4）单击"退出"按钮。

2. 取消结账

（1）执行"月末结账"命令，打开"结

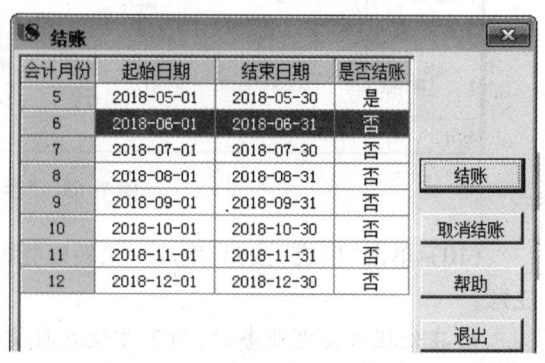

图 7-65 采购管理月末结账

账"窗口。

（2）选中要结账的日期。

（3）单击"取消结账"按钮，系统提示"取消月末结账完毕"，单击"确定"按钮，"是否结账"一栏显示"否"。

（4）单击"退出"按钮。

注意：

★ 若应付款管理系统或库存管理系统或存货核算系统已结账，则采购管理系统不能取消结账。

（二）销售管理月末结账

1. 结账处理

（1）执行"月末结账"命令，打开"结账"窗口，其中蓝条处是当前会计月。

（2）单击"结账"按钮，系统开始结账。

（3）结账完成后，"是否结账"一栏显示"是"，如图 7-66 所示。

（4）单击窗口右上角"关闭"按钮返回。

2. 取消结账

（1）执行"月末结账"命令，打开"结账"窗口，其中蓝条处是当前会计月。

图 7-66　销售管理月末结账

（2）单击"取消结账"按钮，"是否结账"一栏显示为"否"。

（3）单击窗口右上角"关闭"按钮返回。

注意：

★ 若应收款管理系统或库存管理系统或存货核算系统已结账，则销售管理系统不能取消结账。

（三）库存管理月末结账

（1）在企业应用平台"业务工作"页签中执行"供应链"—"库存管理"—"月末结账"命令，打开"结账"窗口，如图 7-67 所示。

（2）选中要结账的日期，单击"结账"按钮，系统弹出"库存管理"提示框，如图 7-68 所示。

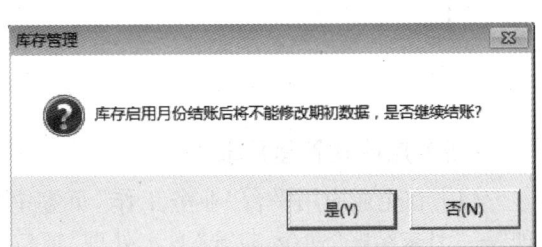

图 7-67　"结账"窗口　　　　　　　　图 7-68　"库存管理"提示框

（3）单击"是（Y）"按钮，系统提示结账完成，如图 7-69 所示。

图 7-69　"结账"窗口

（四）存货核算月末结账

1. 期末处理

（1）在企业应用平台"业务工作"页签中执行"供应链"—"业务核算"—"期末处理"命令，打开"期末处理-5 月"窗口，如图 7-70 所示。

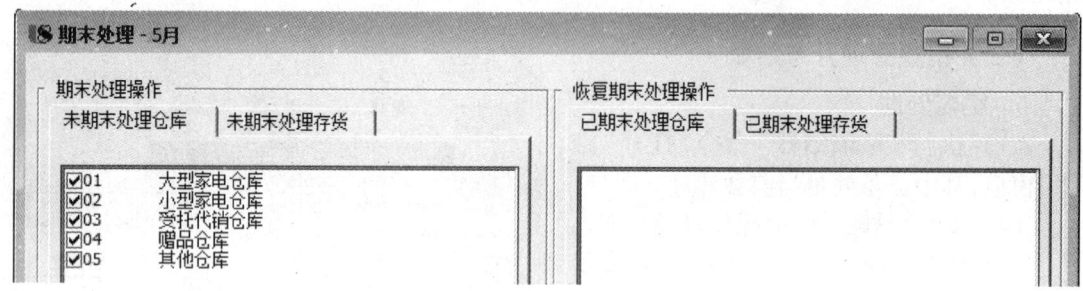

图 7-70　"期末处理-5 月"窗口

（2）单击"处理"按钮，系统提示"期末处理完毕！"，如图 7-71 所示。

（3）单击"确定"按钮，系统显示已期末处理的仓库，如图 7-72 所示。

2. 月末结账

（1）在企业应用平台"业务工作"页签中执行"供应链"—"业务核算"—"月末结账"命令，打开"结账"窗口，如图 7-73 所示。

（2）选中要结账的日期，单击"结账"按钮，系统弹出"存货核算"提示框，如图7-74 所示。

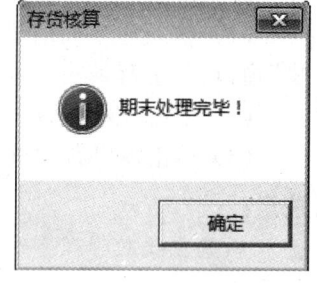

图 7-71　期末处理完毕

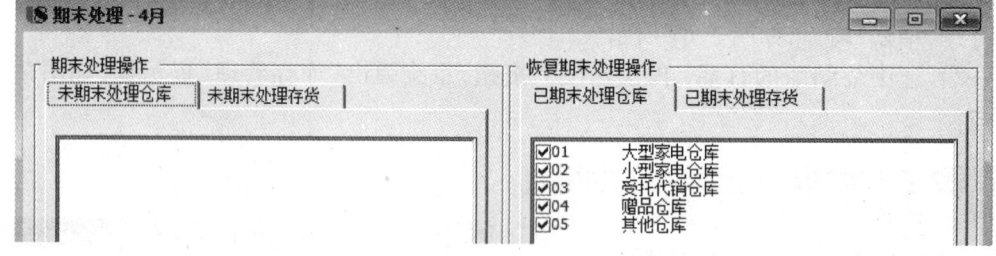

图 7-72　已期末处理仓库

（五）应收款管理月末结账

（1）在企业应用平台"业务工作"页签中执行"财务会计"—"应收款管理"—"期末处理"—"月末结账"命令，打开"月末处理"窗口，如图 7-75 所示。

（2）选择结账的月份，在"结账标志"列双击后显示"Y"。

（3）单击"下一步"，显示月末处理情况，如图 7-76 所示。

图 7-73 "结账"窗口

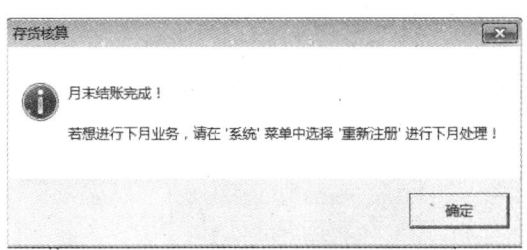

图 7-74 月末结账完成

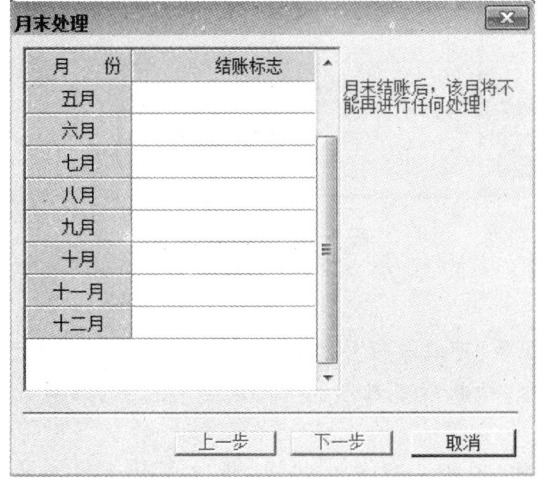

图 7-75 "月末处理"窗口

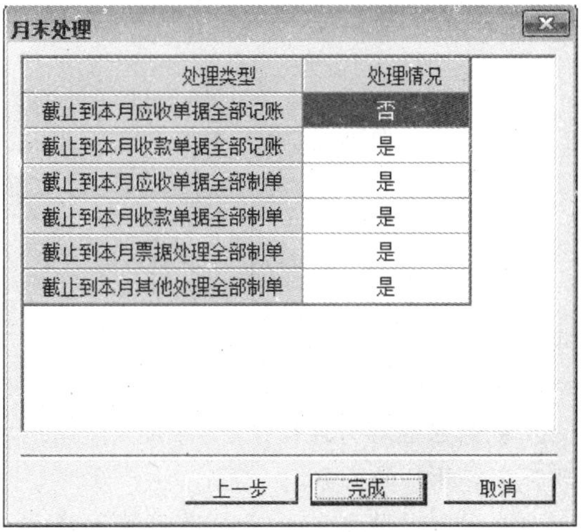

图 7-76 月末处理情况

（4）单击"完成"按钮,结账成功后,系统提示"5 月份结账成功",单击"确定"按钮,如图 7-77 所示。

图 7-77 结账成功

（六）应付款管理月末结账

（1）在企业应用平台"业务工作"页签中执行"财务会计"—"应付款管理"—"期末处理"—"月末结账"命令,打开"月末处理"窗口。

（2）选择结账的月份,在"结账标志"列双击后显示"Y"。

（3）单击"下一步",显示月末处理情况,如图 7-78 所示。

（4）单击"完成"按钮，结账成功后，系统提示"5 月份结账成功"，单击"确定"按钮，如图 7-79 所示。

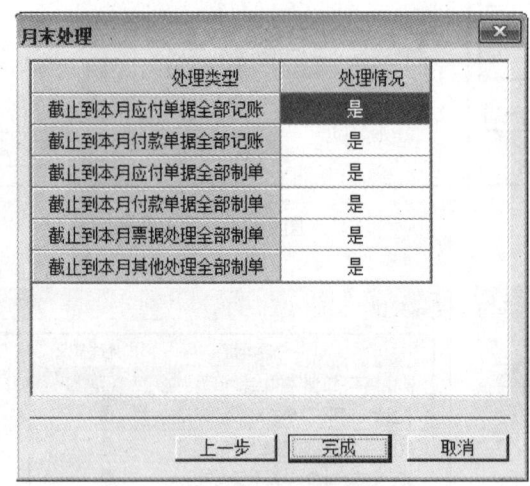

图 7-78　月末处理情况

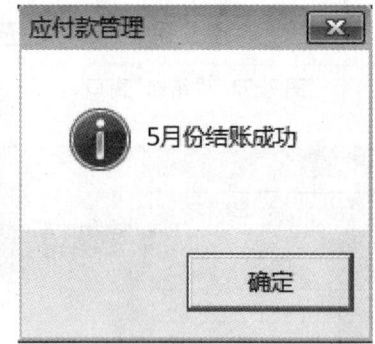

图 7-79　结账成功

注意：

★ 当月全部业务处理完毕，并进行期末处理后，可以进行月末结账。

★ 结账应按月连续进行，每月只能结一次账，结账后本月不能再处理当月业务，只能处理下个会计月的业务。

★ 月末结账之前一定要做好账套备份工作，否则一旦发生错误，将造成无法挽回的损失。

★ 如果总账系统和采购管理系统、销售管理系统、存货核算系统、库存管理系统、应收款管理系统、应付款管理系统联合使用，必须先完成各系统的结账工作，总账才能结账。

教学目标

知识
(1) 认知各系统参数设置意义,熟悉各系统业务流程。
(2) 明晰各系统之间的关联。

技能
(1) 根据具体业务信息设置进行初始设置、精准录入期初余额。
(2) 熟练进行日常业务处理和期末业务处理。

素养
(1) 团队精神及协作、沟通能力。
(2) 严谨细致的工作作风。
(3) 自主学习与工作创新的能力。

学习子情境一　系统管理

一、任务描述

1. 企业相关信息

华虹商贸有限公司（简称华虹商贸）位于哈尔滨市南岗区清华路 9 号，法人代表魏振东，联系电话及传真均为 62786623，企业纳税登记号为 110108913762135。

华虹商贸属于商业企业，采用"2007 年新会计制度科目"核算体系，记账本位币为人民币，于 2018 年 1 月采用计算机系统进行会计核算及企业日常业务处理；账套主管选"李方"，按行业性质预置科目；存货、客户及供应商均分类，有外币核算。

编码规则：科目编码级次为 4222；客户分类和供应商分类的编码方案为 2；部门编码级次为 122；存货分类的编码方案为 2233；结算方式编码级次为 12；收发类别的编码级次为 11；其他编码项目保持不变。

2. 企业内部岗位分工

企业内部岗位分工情况如表 8-1 所示。

表 8-1　　　　　　　　　　　　企业内部岗位分工

编号	姓　名	职　责
01	李　方	账套主管具有全部权限
02	张　华	拥有"共用目录设置""应收""应付""采购管理""销售管理""库存管理""存货核算"中的所有权限
03	李　颖	拥有"共用目录设置""库存管理""存货核算"中的所有权限

注：为操作简便起见，操作员口令为空。

3. 进行系统启用设置

启用"采购管理""销售管理""库存管理""存货核算""应收款管理""应付款管理""总账"系统。启用日期为"2019-01-01"。

二、任务向导

（1）增加操作员（系统管理→权限→用户→操作员）。

（2）建立企业账套（系统管理→账套→建立）。

（3）进行财务分工（系统管理→权限→权限）。

（4）进行系统启用（企业应用平台→系统启用）。

（5）备份/引入账套数据（系统管理→账套→备份→引入）。

学习子情境二　基础档案设置

一、任务描述

（1）部门与职员信息，如表 8-2 所示。

表8-2　　　　　　　　　　　　　部门与职员信息

部门编码	部门名称	人员类别	职员编码与姓名	性别	是否业务员
1	财务部	在职人员	01 李方	女	是
2	财务部	在职人员	02 张华	女	是
3	财务部	在职人员	03 李颖	女	是
4	企管办	在职人员	04 刘光远	男	是
5	采购部	在职人员	05 王明	男	是
6	销售部	在职人员	06 李扬	男	是
7	仓储部	在职人员	07 任慧	女	是
8	运输部	在职人员	08 蒋利	女	是

（2）客户分类，如表8-3所示。

表8-3　　　　　　　　　　　客 户 分 类

客户分类编码	客户分类名称
01	批发商
02	代理商
03	零售

（3）客户档案，如表8-4所示。

表8-4　　　　　　　　　　　客 户 档 案

客户编码	客户简称	所属分类	税　号	开户银行	账　号
0001	大众服装公司	批发	310003154	工行	112
0002	美新贸易公司	批发	310108777	工行	567
0003	精华服装公司	批发	315000123	工行	158
0004	哈市明化百货	零售	315000128	工行	122
0005	佳美贸易公司	代理	315000163	工行	322

（4）供应商分类，如表8-5所示。

表8-5　　　　　　　　　　　供 应 商 分 类

供应商分类编码	客户分类名称
01	批发商
02	代理商
03	其他

（5）供应商档案，如表8-6所示。

表8-6　　　　　　　　　　　供 应 商 档 案

供应商编号	供应商简称	所属分类	税　号	开户银行	账　号
0001	益达服装公司	批发	313546844	工行	10543982199
0002	兴国服装公司	批发	310821385	工行	43828943234
0003	建设鞋业公司	代理	314825705	建行	10543982233
0004	泛美贸易公司	其他	318478228	建行	10543982323

（6）定义计量单位。

首先，增加计量单位组，如表8-7所示。

表8-7 计量单位组

计量单位组编码	计量单位组名称	计量单位组类别
01	数量单位	无换算

其次，增加计量单位，如表8-8所示。

表8-8 计 量 单 位

编　号	名　　称	所属计量单位组	计量单位组类别
0101	件	数量单位	无换算
0102	条	数量单位	无换算
0103	套	数量单位	无换算
0104	双	数量单位	无换算

（7）定义存货分类，如表8-9所示。

表8-9 存 货 分 类

编　码	名　　称
01	服装
02	鞋
03	劳务

（8）定义存货档案，如表8-10所示。

表8-10 存 货 档 案

存货编码	存货名称	计量单位组	计量单位	存货属性	所属类别	参考成本(元)	参考售价(元)
0101	女衣	数量单位	件	外购/销售	服装	100	200
0102	女裤	数量单位	条	外购/销售	服装	150	300
0103	女套装	数量单位	套	外购/销售	服装	300	600
0104	男衣	数量单位	件	外购/销售	服装	80	160
0105	男裤	数量单位	条	外购/销售	服装	120	240
0106	男套装	数量单位	套	外购/销售	服装	280	360
0201	男鞋	数量单位	双	外购/销售/代销	鞋	350	700
0202	女鞋	数量单位	双	外购/销售/代销	鞋	360	720
0301	运输费	数量单位		外购/销售/应税劳务	应税劳务		

（9）结算方式，如表8-11所示。

表8-11 结 算 方 式

编　号	结算方式名称	是否票据管理
1	现金结算	否
2	支票	否
201	现金支票	否
202	转账支票	否
3	汇兑	否

（续表）

编　　号	结算方式名称	是否票据管理
301	信汇	否
302	电汇	否
4	银行本票	否
5	银行汇票	否
6	商业承兑汇票	否

（10）本企业开户银行，如表8-12所示。

表8-12　　　　　　　　　　　　　　　开　户　银　行

编　码	银行账号	币　种	开户银行
01	120076584898	RMB	工行淮海路分理处

（11）仓库档案，如表8-13所示。

表8-13　　　　　　　　　　　　　　　仓　库　档　案

仓库编码	仓库名称	计价方式
01	服装仓库	先进先出法
02	精品鞋仓库	先进先出法
03	受托代销仓库	先进先出法
04	其他仓库	先进先出法

（12）收发类别，如表8-14所示。

表8-14　　　　　　　　　　　　　　　收　发　类　别

收发类别编码	收发类别名称	收发标志	收发类别编码	收发类别名称	收发标志
1	入库	收	2	出库	发
101	采购入库	收	201	销售出库	发
102	受托代销入库	收	202	委托代销出库	发
103	退货	收	203	退货	发
104	其他入库	收	204	其他出库	发

（13）采购类型，如表8-15所示。

表8-15　　　　　　　　　　　　　　　采　购　类　型

编　码	名　称	出入库类别
01	普通采购	采购入库
02	代销商进货	受托代销入库
03	退货	退货
04	其他	其他入库

（14）销售类型，如表 8-16 所示。

表 8-16   销 售 类 型

编　码	名　称	出入库类别
01	正常销售	销售出库
02	销售退货	销售出库
03	委托代销	委托代销出库
04	其他	其他出库

（15）费用项目，如表 8-17 所示。

表 8-17   费 用 项 目

费用项目分类编码	费用项目分类名称	费用项目编码	费用项目名称
1	无分类	01	运输费
		02	代销手续费
		03	其他

（16）单据设置：设置采购专用发票票号、采购运费发票票号、销售专用发票票号为允许手工改动。

（17）付款条件，如表 8-18 所示。

表 8-18   付 款 条 件

编　码	信用天数	优惠天数1	优惠率1	优惠天数2	优惠率2	优惠天数3	优惠率3
01	30	5	2				
02	60	5	4	15	2	30	1
03	90	5	4	20	2	45	1

（18）科目设置及辅助核算科目设置，如表 8-19 所示。

表 8-19   科目设置及辅助核算科目设置

科目编码	科目名称	辅助核算
1001	库存现金	现金科目
1002	银行存款	银行科目
100201	中行存款	银行科目
100202	建行存款	银行科目
1121	应收票据	客户往来
1122	应收账款	客户往来
1123	预付账款	供应商往来
1221	其他应收款	个人往来
2201	应付票据	供应商往来
2202	应付账款	
220201	一般应付款	供应商往来

（续表）

科目编码	科目名称	辅助核算
220202	暂估应付款	
2203	预收账款	客户往来
2221	应交税费	
222101	应交增值税	
22210101	进项税额	
22210102	销项税额	
22210103	进项税额转出	

二、任务向导

（1）设置部门及人员档案（基础档案→机构人员→部门档案→人员档案）。

（2）设置客商档案（基础档案→客商信息→客商档案）。

（3）设置存货档案（基础档案→存货→存货档案）。

（4）设置仓库档案（基础档案→业务→仓库档案）。

（5）设置收发类别（基础档案→业务→收发类别）。

（6）设置会计科目（基础档案→财务→会计科目）。

学习子情境三　系统初始设置

一、任务描述

1. 采购管理模块设置

（1）参数设置:启用受托代销业务;允许超请购单订货。

（2）初始设置:单据进入方式采用最后一张单据形式。

（3）期初数据录入并记账,如表 8-20 所示。

表 8-20　　　　　　　　　　期 初 数 据

日期	供应商	名　　称	数量(件)	暂估单价(元)
2018.12.25	益达服装公司	女衣	100	100.00

2. 销售管理模块设置

（1）参数设置:有委托代销业务,有零售日报业务,有分期收款业务,有直运业务;取消销售生成出库单;取消报价含税;允许超发货量开票。

（2）初始设置:新增发票参照发货单;单据进入方式采用最后一张单据形式。

（3）期初数据:无期初数。

3. 库存管理模块设置

（1）参数设置:采购入库审核时改现存量;销售出库审核时改现存量;单据进入方式采用最后一张单据形式。

（2）初始设置：允许超发货单出库。

（3）期初数据录入并批量审核，如表8-21所示。

表8-21 期 初 数 据

仓库	仓库编码	存货编码	存货名称	主计量单位	数量	单价(元)	金额(元)
服装仓库	01	0101	女 衣	件	100	100	10 000
		0102	女 裤	条	100	150	15 000
		0103	女套装	套	200	300	60 000
		0104	男 衣	件	150	80	12 000
		0105	男 裤	条	150	120	18 000
		0106	男套装	套	200	280	56 000
精品鞋仓库	02	0201	男 鞋	双	250	350	87 500
		0202	女 鞋	双	100	360	36 000
合 计	—	—	—	—	—	—	294 500

4. 存货核算模块设置

（1）参数设置：销售成本核算方式为按销售出库单进行核算；暂估方式为单到回冲；委托代销成本核算方式为按发出商品核算。

（2）期初数据录入并记账：引入库存管理系统中的数据，并进行期初记账。

5. 应收款管理系统模块设置

（1）参数设置：坏账处理方式调整为应收账款余额百分比法。

（2）初始设置。①基本科目设置：应收科目为1122，预收科目为2203，税金科目为22210102，商业及银行承兑科目均为1121；②控制科目设置：所有客户应收科目设置为1122，预收科目设置为2203；③结算方式科目设置：现金结算对应1001；其他结算方式均对应100202；④坏账准备设置：提取比例为0.5%，坏账准备期初余额为250.00元，坏账准备科目为1231，对方科目为6701。

（3）"应收账款（1122）"期初余额表，如表8-22所示。

表8-22 "应收账款（1122）"期初余额表

日 期	客 户	摘 要	金 额	业务员
2017-12-25	大众服装公司	赊销商品	50 000.00	李 扬

6. 应付款管理系统模块设置

（1）初始设置。①基本科目设置：应付科目为220201，预付科目为1123，税金科目为22210101，承兑汇票科目为2201；②控制科目设置：所有供应商应付科目设置为220201，预付科目设置为1123；③结算方式科目设置：现金对应1001；其他结算方式均对应100202。

（2）无期初余额。

7. 总账期初余额表

总账期初余额表如表8-23所示。

表 8-23   总账期初余额表

科目名称	方向	币别/计量	期初余额（元）
库存现金	借		5 750
银行存款	借		240 000
建行存款	借		240 000
应收账款	借		50 000
坏账准备	贷		250
库存商品	借		294 500
短期借款	贷		80 000
应付账款	贷		10 000
暂估应付款	贷		10 000
实收资本	贷		500 000

8. 总账中"应收账款"科目期初余额录入

使用期初引入功能进行录入。

9. 期初对账

（1）进行库存管理系统与存货核算系统对账。

（2）进行总账系统内部对账。

（3）进行总账期初试算平衡。

二、任务向导

1. 采购模块初始设置

（1）启动采购系统，录入采购入库单（采购入库→采购入库单）。

（2）进行期初记账（设置→采购期初记账）。

2. 销售模块初始设置

启动销售系统，录入并审核期初发货单（设置→期初录入→期初发货单）。

3. 库存模块初始设置

（1）启动库存系统，录入并审核期初库存（初始设置→期初结存）。

（2）审核期初结存。

4. 存货模块初始设置

（1）启动存货系统，录入期初余额（初始设置→期初数据→期初余额），也可通过从库存取数功能录入，先点击"修改"按钮，进入修改状态才可取数。

（2）进行期初记账。

（3）进行对账。

5. 应收款管理系统初始设置

（1）启动应收款管理系统，录入期初余额（应收款管理→设置→期初余额）。

（2）与总账系统进行对账。

6. 应付款管理系统初始设置

（1）启动应付款管理系统，录入期初余额（应付款管理→设置→期初余额）。

（2）与总账系统进行对账。

学习子情境四　采购管理系统

一、任务描述

业务一

（1）2019 年 1 月 1 日，向益达服装公司询问女衣的价格（100 元/件，无税单价），觉得价格合适，随后向公司上级主管提出请购要求，请购数量为 100 件，业务员据此填制请购单。

（2）2019 年 1 月 2 日，上级主管同意向益达服装公司订购女衣 100 件，单价为 100 元。

（3）2019 年 1 月 3 日，收到所订购的女衣 100 件，填制到货单。

（4）2019 年 1 月 3 日，将所收到的货物验收入服装仓库，填制采购入库单。

（5）2019 年 1 月 3 日，当天收到该笔货物的专用发票一张，票号为 1001。

（6）2019 年 1 月 3 日，业务部门将采购发票交给财务部门，财务部门确认此业务所涉及的应付账款及采购成本。

（7）2019 年 1 月 4 日，开出转账支票一张支付购买的 100 件女衣的全部货税款。

业务二

（1）2019 年 1 月 5 日，向兴国服装公司购买女裤 50 条验收入服装仓库，单价为 150 元/条。同时收到专用发票一张，票号为 1002，立即以支票形式支付货款。

（2）业务部门将采购发票交给财务部门，财务部门确认此业务所涉及的账款及采购成本。

业务三

（1）2019 年 1 月 5 日，向兴国服装公司购买女套装 10 套验收入服装仓库，单价为 300 元/套。同时收到专用发票一张，票号为 1003；另外，在采购的过程中，发生了一笔运输费 200 元，税率为 10%，收到相应的运费发票一张，票号为 1004。

（2）业务部门将采购发票交给财务部门，财务部门确认此业务所涉及的应付账款及采购成本。

业务四

（1）2019 年 1 月 6 日，向益达服装公司购买男套装，专用发票写明 10 套，票号为 1005，单价 280 元/套，验收入服装仓库时发现损耗一套服装，属于合理损耗。本公司确认后立即电汇付款 50%。

（2）业务部门将采购发票交给财务部门，财务部门确认此业务所涉及的账款及采购成本。

业务五

（1）2019 年 1 月 7 日，收到益达服装公司提供的上月已验收入库的 100 件女衣的专用发票一张，票号为 1006，发票单价为 110 元。

（2）业务部门将采购发票交给财务部门，财务部门确认此业务所涉及的账款及采购成本。

业务六

（1）本公司受托代销泛美贸易公司精品鞋。2019 年 1 月 10 日，收到泛美贸易公司发来的男鞋 30 双、女鞋 30 双,单价分别为 350 元和 360 元。

(2) 2019 年 1 月 11 日,代销泛美贸易公司精品男鞋 30 双、女鞋 30 双,结算单价分别为 300 元和 310 元。

业务七

(1) 2019 年 1 月 12 日,收到益达服装公司提供的男裤,数量 52 条,单价为 120 元。验收入服装仓库,收到开具的专用发票一张,其发票号为 1007。

(2) 2019 年 1 月 13 日,业务部门将采购发票交给财务部门,财务部门确认此业务所涉及的账款及采购成本。

(3) 2019 年 1 月 14 日,仓库反映有 2 条男裤有质量问题,要求退回给供应商,对方同意退货,并开具红字专用发票,发票号为 1008。

(4) 2019 年 1 月 15 日,业务部门将采购发票交给财务部门,财务部门确认此业务所涉及的账款及采购成本(红字冲销)。

业务八

(1) 2019 年 1 月 9 日,收到益达服装公司提供的男衣 20 件,入服装仓库(发票尚未收到)。

(2) 2019 年 1 月 30 日,由于到了月底发票仍未收到,故确认该批货物的暂估成本为 1 600 元。

二、任务向导

业务一

(1) 在采购管理系统中,填制并审核请购单(采购管理→请购→请购单)。

(2) 在采购管理系统中,填制并审核采购订单(采购管理→采购订货→采购订单)。

(3) 在采购管理系统中,填制到货单(采购管理→采购到货→到货单)。

(4) 在库存管理系统,填制并审核采购入库单(库存管理→入库业务→采购入库单)。

(5) 在采购管理系统,填制采购发票(采购管理→采购发票→专用采购发票)。

(6) 在采购管理系统中,执行采购结算(采购管理→采购结算→手工结算)。

(7) 在应付款管理系统中,审核采购发票(应付款管理→应付单据处理→应付单据审核→生成凭证)。

(8) 在存货核算系统中,进行入库单记账(存货核算→业务核算→正常单据记账)。

(9) 在存货核算系统中,生成入库凭证(存货核算→财务核算→生成凭证)。

业务二

(1) 在库存管理系统,填制并审核采购入库单(库存管理→入库业务→采购入库单)。

(2) 在采购管理系统中,填制采购专用发票,并做现结处理(采购管理→采购发票→专用采购发票,填制保存后点击"现结"按钮)。

(3) 在采购管理系统中,执行采购结算(采购管理→采购结算→手工结算)。

(4) 在应付款管理系统中,审核采购发票(应付款管理→应付单据处理→应付单据审核→生成凭证)。

(5) 在存货核算系统中,进行入库单记账(存货核算→业务核算→正常单据记账)。

(6) 在存货核算系统中,生成入库凭证(存货核算→财务核算→生成凭证)。

业务三

（1）在库存管理系统中，填制并审核采购入库单（库存管理→入库业务→采购入库单）。

（2）在采购管理系统中，填制采购专用发票（采购管理→采购发票→专用采购发票）。

（3）在采购管理系统中，填制运费发票（采购管理→采购发票→运费发票）。

（4）在采购管理系统中，执行采购结算（采购管理→采购结算→手工结算）。

（5）在应付款管理系统中，审核采购发票（应付款管理→应付单据处理→应付单据审核→生成凭证）。

（6）在存货核算系统中，进行入库单记账（存货核算→业务核算→正常单据记账）。

（7）在存货核算系统中，生成入库凭证（存货核算→财务核算→生成凭证）。

业务四

（1）在库存管理系统中，填制并审核采购入库单（库存管理→入库业务→采购入库单）。

（2）在采购管理系统中，填制采购专用发票，并做现结处理（采购管理→采购发票→专用采购发票）。

（3）在采购管理系统中，执行采购结算（采购管理→采购结算→手工结算）。

（4）在应付款管理系统中，审核采购发票（应付款管理→应付单据处理→应付单据审核→生成凭证）。

（5）在存货核算系统中，进行入库单记账（存货核算→业务核算→正常单据记账）。

（6）在存货核算系统中，生成入库凭证（存货核算→财务核算→生成凭证）。

业务五

（1）在采购管理系统中，填制采购发票（采购管理→采购发票→专用采购发票）。

（2）在采购管理系统中，执行采购结算（采购管理→采购结算→手工结算）。

（3）在存货核算系统中，执行结算成本处理（存货核算→业务核算→结算成本处理）。

（4）在存货核算系统中，生成凭证（红冲单，蓝冲单）（存货核算→财务核算→生成凭证）。

业务六

（1）在采购管理系统中，填制采购发票（采购管理→采购订单→采购到货单→专用发票）。

（2）在采购管理系统中，执行采购结算（采购管理→受托代销结算）。

（3）在存货核算系统中，执行结算成本处理（存货核算→业务核算→结算成本处理）。

（4）在存货核算系统中，生成凭证（存货核算→财务核算→生成凭证）。

业务七

（1）退货时，在库存管理系统中填制红字入库单（库存管理→入库业务→采购入库单，填加时注意选择"红字"）。

（2）收到退货发票时，在采购管理系统中填制采购发票（采购管理→采购发票→专用采购发票）。

（3）在采购管理系统中，执行采购结算（采购管理→采购结算→自动结算）。

（4）在应付款管理系统中，审核采购发票（应付款管理→应付单据处理→应付单据审核→生成凭证）。

（5）在存货核算系统中，进行入库单记账（存货核算→业务核算→正常单据记账）。

（6）在存货核算系统中,生成入库凭证(存货核算→财务核算→生成凭证)。

业务八

（1）在库存管理系统中,填制并审核采购入库单(库存管理→入库业务→采购入库单)。

（2）在存货核算系统中,录入暂估入库成本(存货核算→业务核算→暂估成本录入)。

（3）在存货核算系统中,执行正常单据记账(存货核算→业务核算→正常单据记账)。

（4）在存货核算系统中,生成凭证(暂估记账)(存货核算→财务核算→生成凭证)。

学习子情境五　销售管理系统

一、任务描述

业务一

（1）2019 年 1 月 14 日,大众服装公司想购买 20 件女衣,向销售部了解价格。销售部报价为 200 元/件。填制并审核报价单。

（2）2019 年 1 月 14 日,该客户了解情况后,要求订购 20 件,填制并审核销售订单。

（3）2019 年 1 月 15 日,销售部从服装仓库向大众服装公司发出其所订的货物,并据此开具专用发票一张,票号为 9001。

（4）2019 年 1 月 15 日,销售部将专用发票交给财务部门,财务部门结转此业务的收入及成本。

（5）2019 年 1 月 16 日,财务部门收到大众服装公司转账支票一张,票号为 11111,据此填制收款单并制单。

业务二

（1）2019 年 1 月 16 日,销售部向美新贸易公司出售男套装 6 套,单价为 360 元,货物从服装仓库发出。

（2）2019 年 1 月 17 日,根据上述发货单开具专用发票一张,票号为 9002,同时收到客户以支票支付的全部货款。

（3）业务部门将销售发票交给财务部门,财务部门结转此业务的收入及成本。

业务三

2019 年 1 月 19 日,销售部向精华服装公司出售男裤 10 条,不含税单价 240 元。货物从服装仓库发出,出具专用发票,票号为 9003,在销售商品过程中发生了一笔代垫的物流费用 200 元。客户尚未支付货款及代垫费用。

业务四

（1）2019 年 1 月 20 日,销售部向哈市明化百货出售女套装 15 套,不含税单价为 550 元,货物从服装仓库发出。

（2）2019 年 1 月 21 日,应客户要求,对上述所发出的商品开具两张专用销售发票,第一张发票中所列示的数量为 10 个,发票号为 9004,第二张发票上所列示的数量为 5 个,发票号为 9005。

业务五

（1）2019 年 1 月 22 日，销售部向美新贸易公司出售女套装 5 套，货物从服装仓库发出。单价为 580 元。开具发票时，客户要求再多买 2 套，根据客户要求开具了 7 套的专用发票一张，发票号为 9006。

（2）2019 年 1 月 23 日，客户从服装库领出 2 套女套装。

业务六

（1）2019 年 1 月 28 日，销售部向美新贸易公司出售男衣 30 件，单价为 150 元，货物从服装仓库发出。客户要求以分期付款形式购买该商品，经协商，客户分两次付款，并据此开具相应专用发票，第一次开具的专用发票为数量 15 套，发票号为 9007。

（2）业务部门将该业务所涉及的出库单及销售发票交给财务部门，财务部门据此结转收入及成本。

业务七

2019 年 1 月 28 日，销售部向美新贸易公司出售的男衣 30 件有质量问题，要求全部退货，本单位同意，并已收回服装仓库，开出专用发票，发票号为 9008。

业务八

（1）2019 年 1 月 29 日，销售部委托佳美贸易公司代销女鞋 50 双，不含税单价为 750 元，货物从精品鞋仓库发出。

（2）2019 年 1 月 30 日，收到佳美贸易公司的委托代销清单一张，结算 40 双，不含税单价为 800 元，立即开具专用发票给佳美贸易公司。

（3）2019 年 1 月 31 日，业务部门将该业务所涉及的出库单及专用发票交给财务部门，财务部门据此结转收入及成本。

二、任务向导

业务一

（1）在销售管理系统中，填制并审核报价单（销售管理→销售报价→销售报价单）。

（2）在销售管理系统中，填制并审核销售订单（销售管理→销售订货→销售订单）。

（3）在销售管理系统中，填制并审核销售发货单（销售管理→销售发货→销售发货单）。

（4）在销售管理系统中，调整选项（将新增发票默认"参照发货单生成"）（销售管理→设置→销售选项）。

（5）在销售管理系统中，根据发货单填制并复核销售发票（销售管理→销售开票→销售专用发票）。

（6）在应收款管理系统中，审核销售发票并生成销售收入凭证（应收款管理→应收单据处理→应收单据审核）。

（7）在库存管理系统中，审核销售出库单（库存管理→出库业务→销售出库单）。

（8）在存货核算系统中，执行出库单记账（存货核算→业务核算→正常单据记账）。

（9）在存货核算系统中，生成结转销售成本的凭证（存货核算→财务核算→生成凭证）。

业务二

（1）在销售管理系统中，填制并审核销售发货单（销售管理→销售发货→销售发货单）。

（2）在销售管理系统中，根据发货单填制销售发票，执行现结功能，复核销售发票（销售管理→销售开票→销售专用发票)。

（3）在应收款管理系统中,审核销售发票并生成销售收入凭证(应收款管理→应收单据处理→应收单据审核)。

（4）在库存管理系统中,审核销售出库单(库存管理→出库业务→销售出库单)。

（5）在存货核算系统中,执行出库单记账(存货核算→业务核算→正常单据记账)。

（6）在存货核算系统中,生成结转销售成本的凭证(存货核算→财务核算→生成凭证)。

业务三

（1）在销售管理系统中,填制并审核销售发货单(销售管理→销售发货→销售发货单)。

（2）在销售管理系统中,根据发货单填制销售发票,执行现结功能,复核销售发票(销售管理→销售开票→销售专用发票)。

（3）在企业应用平台中,增设费用项目为"安装费"(设置→基础档案→业务→费用项目)。

（4）在销售管理系统中,填制并审核代垫费用单(销售管理→代垫费用→代垫费用单)。

（5）在应收款管理系统中,审核销售发票并生成销售收入凭证(应收款管理→应收单据处理→应收单据审核)。

（6）在库存管理系统中,审核销售出库单(库存管理→出库业务→销售出库单)。

（7）在存货核算系统中,执行出库单记账(存货核算→业务核算→正常单据记账)。

（8）在存货核算系统中,生成结转销售成本的凭证(存货核算→财务核算→生成凭证)。

业务四

（1）在销售管理系统中,调整有关选项(将"是否销售生成出库单"选项勾去掉)(销售管理→设置→销售选项)。

（2）在销售管理系统中,填制并审核销售发货单(销售管理→销售发货→销售发货单)。

（3）在销售管理系统中,根据发货单填制并复核销售发票(销售管理→销售开票→销售专用发票)。

（4）在库存管理系统中,填制销售出库单(根据发货单生成销售出库单)(库存管理→出库业务→销售出库单)。

（5）在应收款管理系统中,审核销售发票并生成销售收入凭证(应收款管理→应收单据处理→应收单据审核)。

（6）在库存管理系统中,审核销售出库单(库存管理→出库业务→销售出库单)。

（7）在存货核算系统中,执行出库单记账(存货核算→业务核算→正常单据记账)。

（8）在存货核算系统中,生成结转销售成本的凭证(存货核算→财务核算→生成凭证)。

业务五

（1）在库存管理系统中,调整选项(将"是否超发货单出库"选项置上对勾标记)(库存管理→初始设置→选项)。

（2）在企业应用平台中,定义存货档案(定义超额出库上限为0.2)(设置→基础档案→存货→存货档案,"控制"页签)。

（3）在销售管理系统中,填制并审核销售发货单(销售管理→销售发货→销售发货单)。

（4）在销售管理系统中,填制并复核销售发票(注意开票数量应为"22")。

（5）在库存管理系统中,填制销售出库单(根据发货单生成销售出库单)(库存管理→出库业务→销售出库单)。

（6）在应收款管理系统中,审核销售发票并生成销售收入凭证(应收款管理→应收单据处理→应收单据审核)。

(7) 在库存管理系统中,审核销售出库单(库存管理→出库业务→销售出库单)。

(8) 在存货核算系统中,执行出库单记账(存货核算→业务核算→正常单据记账)。

(9) 在存货核算系统中,生成结转销售成本的凭证(存货核算→财务核算→生成凭证)。

业务六

(1) 在销售管理系统中,调整有关选项(选中"是否有分期收款业务"和"是否销售生成出库单"复选框)(销售管理→设置→销售选项)。

(2) 在销售管理系统中,填制并审核销售发货单(注意选择业务类型)(销售管理→销售发货→销售发货单)。

(3) 在存货核算系统中,执行发出商品记账功能,对发货单进行记账(存货管理→业务核算→发出商品记账)。

(4) 在销售管理系统中,根据发货单填制并复核销售发票(销售管理→销售开票→销售专用发票)。

(5) 在应收款管理系统中,审核销售发票并生成销售收入凭证(应收款管理→应收单据处理→应收单据审核,制单)。

(6) 在存货核算系统中,执行发出商品记账功能,对销售发票进行记账(存货管理→业务核算→发出商品记账)。

(7) 在存货核算系统中,生成结转销售成本的凭证(存货管理→财务核算→生成凭证)。

业务七

(1) 发生退货时,在销售管理系统中填制并审核退货单(销售管理→销售退货单)。

(2) 在销售管理系统中,填制并复核红字专用销售发票(销售管理→销售开票→红字专用销售发票)。

(3) 在应收款管理系统中,审核销售发票及生成收入凭证(应收款管理→应收单据处理→应收单据审核,制单)。

(4) 在存货核算系统中,执行发出商品记账功能,对销售发票进行记账(存货管理→业务核算→发出商品记账)。

(5) 在存货核算系统中,生成结转销售成本的凭证(存货管理→财务核算→生成凭证)。

业务八

发货前:在存货核算系统中,调整委托代销业务的销售成本结转方法为"发出商品"(存货系统→初始设置→选项)。

发货时:

(1) 在销售管理系统中,填制并审核委托代销发货单(销售管理→委托代销→委托代销发货单)。

(2) 在库存管理系统中,审核销售出库单(库存管理→出库业务→销售出库单)。

(3) 在存货核算系统中,对发货单进行记账(存货核算→业务核算→发出商品记账)。

(4) 在存货核算系统中,生成出库凭证。

结算开票时:

(1) 在销售管理系统中,填制并审核委托代销结算单(销售管理→委托代销→委托代销结算单)。

(2) 在销售管理系统中,复核销售发票(销售管理→销售开票→销售专用发票)。

（3）在应收款管理系统中,审核销售发票及生成销售凭证(应收款管理→应收单据处理→应收单据审核,制单)。

结转销售成本时:

（1）在存货核算系统中,对单据进行记账(存货核算→业务核算→发出商品记账)。

（2）在存货核算系统中,生成结转成本的凭证。

学习子情境六　库存管理与存货核算

一、任务描述

业务一　2019年1月8日,由于服装仓库漏水暂时将服装仓库的20件女衣调拨到精品鞋仓库。

业务二　2019年1月13日,维修完毕将调拨到精品鞋仓库的20件女衣移回服装仓库。

业务三　2019年1月27日,仓储部任慧对服装仓库中的男衣进行盘点,盘点后发现盘盈男衣5件。

业务四　2019年1月28日,仓储部任慧对服装仓库中的男套装进行盘点,盘点后发现盘亏男套装5套,原因待查。

业务五　2019年1月29日,经查盘盈的男衣和盘亏的男套装都属于日常计量错误,批准计入当期损益。

业务六　2019年1月31日,经查由于仓库养护,造成服装仓库中的女套装5套破损,无法使用,损失计入管理费用。

二、任务向导

业务一

（1）在库存管理系统中,填制并审核调拨单(库存管理→调拨业务→调拨单)。

（2）在库存管理系统中,审核其他入库单(库存管理→入库业务→其他入库单)。

（3）在库存管理系统中,审核其他出库单(库存管理→出库业务→其他出库单)。

（4）在存货核算系统中,执行特殊单据记账(存货核算→业务核算→特殊单据记账)。

业务二

（1）在库存管理系统中,填制并审核调拨单(库存管理→调拨业务→调拨单)。

（2）在库存管理系统中,审核其他入库单(库存管理→入库业务→其他入库单)。

（3）在库存管理系统中,审核其他出库单(库存管理→出库业务→其他出库单)。

（4）在存货核算系统中,执行特殊单据记账(存货核算→业务核算→特殊单据记账)。

业务三

盘点前:

在库存管理系统中,填制盘点单(库存管理→盘点业务)。

盘点后:

（1）在库存管理系统中修改盘点单,录入盘点数量,确定盘点金额(库存管理→盘点业务)。

（2）在库存管理系统中,审核盘点单。

（3）在存货核算系统中,对出入库单进行记账(存货核算→业务核算→正常单据记账)。

业务四

盘点前:

（1）库存管理系统中,填制盘点单(库存管理→盘点业务)。

盘点后:

（1）在库存管理系统中修改盘点单,录入盘点数量,确定盘点金额(库存管理→盘点业务)。

（2）在库存管理系统中,审核盘点单。

（3）在存货核算系统中,对出入库单进行记账(存货核算→业务核算→正常单据记账)。

业务五

在企业应用平台中的总账系统填制凭证(总账→凭证处理→填制凭证)。

业务六

（1）在库存管理系统中,新增其他出库单(出库业务→其他出库单→增加)。

（2）在存货核算系统中,正常单据记账(存货核算→业务核算→正常单据记账)。

（3）在存货核算系统中,生成出库凭证(存货核算→财务核算→生成凭证)。

学习子情境七　期末处理

一、任务描述

（1）采购管理月末结账。

（2）销售管理月末结账。

（3）库存管理月末结账。

（4）存货核算月末结账。

（5）应付款管理月末结账。

（6）应收款管理月末结账。

二、任务向导

（1）采购管理月末结账(采购管理→业务→月末结账)。

（2）销售管理月末结账(销售管理→业务→月末结账)。

（3）库存管理月末结账(库存管理→业务→月末结账)。

（4）存货核算月末处理(存货核算→业务核算→期末处理→月末结账)。

（5）应付款管理月末结账(应付款管理→月末结账)。

（6）应收款管理月末结账(应收款管理→月末结账)。

附录一 会计专业培养目标及能力指标

专业培养目标	核心能力	能力指标
1. 成为具有参与沟通合作和独立思考能力的终身学习者	A 沟通整合（协作力）	AKa1 具备团队合作及与会计服务对象沟通交流的能力； AKa2 具备会计、统计、企业管理等相关领域知识整合和尊重多元观点的能力
	B 学习创新（学习力）	BKa1 具备关心时事、持续学习和处理会计信息的能力； BKa2 具备会计工作理念、工作方法创新的能力
2. 成为具有必备会计专业知识和较强会计信息处理能力的技术技能人才	C 专业技能（专业力）	CKa1 具备熟用会计专业知识的能力； CKa2 具备较强执行会计准则和税收制度、应用会计实务的能力
	D 问题解决（执行力）	DKa1 具备发现、分析会计问题的能力； DKa2 具备运用会计、统计理论和方法解决会计问题的能力
3. 成为具有敬业精神和德智体美全面发展的负责任公民	E 责任关怀（责任力）	EKa1 具备遵守伦理、担当社会责任的能力； EKa2 具备知礼、遵规等人文涵养的能力
	F 职业素养（发展力）	FKa1 具备坚守财经准则、严谨细致的职业素养； FKa2 具备规划职涯、适应会计相关岗位变迁的能力

附录二　ERP 供应链系统课程大纲

课程名称	ERP 供应链系统				课程代号	
课程类型	□素质通识　□专业统整　☑专业核心　□专业拓展				授课教师	
修读方式	☑必修　　　□必选　　　□选修				学时/学分	68/4
是否配备教学助理	□是　　　☑否				实践学时	72
上课地点	□校内　□校外				周学时	4
教学场所	□教室　☑实训(验)室　□一体化教室　□生产性实训基地　□其他(　　)					
办公地点				联系方式		
课外答疑时间				分段教学	□是　☑否	

A 课程描述	本课程旨在引领学生善用会计基础理论,准确操作用友 ERP 管理软件(U8V10.1)(目的)。学生通过操作软件,处理特定企业的采购、销售、库存管理和存货业务数据,形成 ERP 企业供应链管理账套(历程),能进行企业 ERP 供应链管理(预期成果)。

B 课程教学目标(标注能力指标)	1. 能明晰 ERP 管理的特质及各系统之间的勾稽关系　　　　　　　　　(CKa1)
	2. 能明晰企业 ERP 供应链系统的特性和应用方案　　　　　　　　　　(CKa1)
	3. 能通过应用方案判断供应链系统建账需求　　　　　　　　　　　　(DKa2)
	4. 熟用会计科目、账户及各种业务单据　　　　　　　　　　　　　　(CKa2)
	5. 能准确执行采购、销售、库存管理及存货核算业务操作　　　　　　(DKa2)
	6. 能准确执行期末结账、编制会计报表业务操作　　　　　　　　　　(DKa2)

C 核心能力权重	沟通整合(A)	学习创新(B)	专业技能(C)	问题解决(D)	责任关怀(E)	职业素养(F)	合计
		5%	45%	45%		5%	100%

D 课程权重	Aka1	Aka2	Bka1	Bka2	Cka1	Cka2	Dka1	Dka2	EKa1	EKa2	Fka1	Fka2	合计
				5%	30%	15%		45%			5%		100%

E 学分数分配权重	数学及基础科学		专业与实务课程-专业/实务		专业与实务课程-实验/实做		通识	其他	合计
	12%				88%				100%

附录三 单元设计评量表

"ERP 供应链系统概述"口头评量表

姓名： 　　　　　　　班别： 　　　　　　　学号：

各位同学：

　　请针对下列评量项目并参酌「评量规准」，于自评字段打「A、B、C、D」其中一项后，再请老师复评。

评 量 项 目	自评与老师复评（A 至 D）	
	自评	老师
（1）符合知识点（40%）		
（2）表达能力（30%）		
（3）团队协作（30%）		
合计（100%）		

评 量 规 准

等级及分值项目	A（90～100）	B（80～89）	C（70～79）	D（60～69）
（1）符合知识点（40%）	内容完全切合知识点	大部分内容切合知识点	半数内容切合知识点	小部分内容切合知识点
（2）表达能力（30%）	表达完整、流畅	表达基本完整、流畅	表达很完整、但不流畅	表达不完整、需要成员补充
（3）团队协作（30%）	组内成员分工协作合理，态度积极	组内成员分工协作，态度积极	组内成员分工协作，态度尚认真	组内成员分工需要外力协作，态度一般

"设置 ERP 供应链系统"实作评量表

姓名：　　　　　　　　班别：　　　　　　　　　　　　　学号：

各位同学：

　　请针对下列评量项目并参酌「评量规准」，于自评字段打「A、B、C、D」其中一项后，再请老师复评。

评　量　项　目	自评与老师复评(A 至 D)	
	自评	老师
（1）仓库档案（10%）		
（2）采购系统期初余额录入（15%）		
（3）库存管理系统期初余额录入并批审（20%）		
（4）存货核算系统期初余额录入并记账（20%）		
（5）应收款管理系统期初余额录入（15%）		
（6）总账期初余额试算平衡并对账成功（20%）		
合计（100%）		

评　量　规　准

等级及分值项目	A （90～100）	B （80～89）	C （70～79）	D （60～69）
（1）仓库档案（10%）	正确增加全部仓库档案，仓库属性选择正确	正确增加全部仓库档案，仓库属性选择部分不正确	正确增加 3 个以上仓库档案，仓库属性选择正确	不能正确增加 3 个以上仓库档案
（2）采购系统期初余额录入（15%）	按要求正确录入期初采购入库单并进行期初记账	按要求正确录入期初采购入库单，但未进行期初记账	按要求录入期初采购入库单，但结果错误，记账进行完毕	未按要求进行期初余额录入
（3）库存管理系统期初余额录入并批审（20%）	按要求正确录入期初大型家电和小型家电仓库数据并分仓库批审	按要求正确录入期初大型家电和小型家电仓库数据但未进行批审	录入期初大型家电和小型家电仓库数据错误，未进行批审	未按要求进行期初余额录入
（4）存货核算系统期初余额录入并记账（20%）	按要求正确录入期初大型家电和小型家电仓库数据并记账	按要求正确录入期初大型家电和小型家电仓库数据但未进行记账	录入期初大型家电和小型家电仓库数据错误，未进行记账	未按要求进行期初余额录入
（5）应收款管理系统期初余额录入（15%）	按要求正确录入期初其他应收单全部信息	按要求录入期初其他应收单，但金额或客户填写错误	录入期初时，录错单据类型	未按要求进行期初余额录入
（6）总账期初余额试算平衡并对账成功（20%）	按要求正确录入期初全部账户余额，试算平衡、对账成功	按要求录入期初全部账户余额，试算不平衡、对账成功	按要求录入期初全部账户余额，试算平衡、对账不成功	未按要求进行期初余额录入

"普通采购业务"实作评量表

姓名：　　　　　　　班别：　　　　　　　　　学号：

各位同学：

　　请针对下列评量项目并参酌「评量规准」，于自评字段打「A、B、C、D」其中一项后，再请老师复评。

评　量　项　目	自评与老师复评(A 至 D)	
	自评	老师
(1) 一般采购业务(60%)		
(2) 采购现结业务(20%)		
(3) 采购合理损耗处理(20%)		
合计(100%)		

评　量　规　准

等级及分值项目	A (90～100)	B (80～89)	C (70～79)	D (60～69)
(1) 一般采购业务(60%)	设置参数符合本单位具体核算要求，准确录入期初余额，期初余额试算平衡	设置参数部分符合本单位具体核算要求，能录入期初余额，期初余额试算不平衡	设置参数基本符合本单位具体核算要求，准确录入期初余额，期初余额试算平衡	设置参数不符合本单位具体核算要求，不能录入期初余额，期初余额试算不平衡
(2) 采购现结业务(20%)	根据经济业务完整、正确地进行全部业务处理，并正确生成凭证	根据经济业务部分正确地进行全部业务处理，并正确生成凭证	根据经济业务，在小组同学及老师帮助和指导下完成全部业务处理	不能根据经济业务完成全部业务
(3) 采购合理损耗处理(20%)	根据经济业务完整、正确地进行全部业务处理，并正确生成凭证	根据经济业务部分正确地进行全部业务处理，并正确生成凭证	根据经济业务，在小组同学及老师帮助和指导下完成全部业务处理	不能根据经济业务完成全部业务
备注:不操作为 0 分。				

"特殊采购业务"实作评量表

| 姓名: | 班级: | 学号: |

各位同学:

　　请针对下列评量项目并参酌「评量规准」,于自评字段打「A、B、C、D」其中一项后,再请老师复评。

评 量 项 目	自评与老师复评(A 至 D)	
	自评	老师
(1) 采购暂估业务(20%)		
(2) 采购退货业务(20%)		
(3) 受托代销业务(20%)		
(4) 带有付款条件采购业务(20%)		
(5) 带有赠品采购业务(20%)		
合计 100%		

评 量 规 准

等级及分值项目	A (90 ~ 100)	B (80 ~ 89)	C (70 ~ 79)	D (60 ~ 69)
(1) 采购暂估业务(20%)	6 张截图均正确:①发票;②应付款凭证;③红字成本凭证;④蓝字成本凭证;⑤采购入库单;⑥暂估凭证	其中 4~5 张截图正确:①发票;②应付款凭证;③红字成本凭证;④蓝字成本凭证;⑤采购入库单;⑥暂估凭证	其中 3 张截图正确:①发票;②应付款凭证;③红字成本凭证;④蓝字成本凭证;⑤采购入库单;⑥暂估凭证	正确截图不足 3 张:①发票;②应付款凭证;③红字成本凭证;④蓝字成本凭证;⑤采购入库单;⑥暂估凭证
(2) 采购退货业务(20%)	9 张截图均正确:①结算后退货业务的退货单;②结算后退货业务的红字入库单;③红字专用采购发票;④结算后退货业务的红字应付款凭证;⑤结算后退货业务的红字成本凭证;⑥结算前退货业务的采购专用发票;⑦结算前退货业务的应付款凭证;⑧结算前退货业务的蓝字成本凭证;⑨结算前退货业务的红字成本凭证	其中 6~8 张截图正确:①结算后退货业务的退货单;②结算后退货业务的红字入库单;③红字专用采购发票;④结算后退货业务的红字应付款凭证;⑤结算后退货业务的红字成本凭证;⑥结算前退货业务的采购专用发票;⑦结算前退货业务的应付款凭证;⑧结算前退货业务的蓝字成本凭证;⑨结算前退货业务的红字成本凭证	其中 4~5 张截图正确:①结算后退货业务的退货单;②结算后退货业务的红字入库单;③红字专用采购发票;④结算后退货业务的红字应付款凭证;⑤结算后退货业务的红字成本凭证;⑥结算前退货业务的采购专用发票;⑦结算前退货业务的应付款凭证;⑧结算前退货业务的蓝字成本凭证;⑨结算前退货业务的红字成本凭证	正确截图不足 4 张:①结算后退货业务的退货单;②结算后退货业务的红字入库单;③红字专用采购发票;④结算后退货业务的红字应付款凭证;⑤结算后退货业务的红字成本凭证;⑥结算前退货业务的采购专用发票;⑦结算前退货业务的应付款凭证;⑧结算前退货业务的蓝字成本凭证;⑨结算前退货业务的红字成本凭证

备注:不操作为 0 分。

"普通销售业务"实作评量表

姓名: 　　　　　　　班别: 　　　　　　　学号:

各位同学:

　　请针对下列评量项目并参酌「评量规准」,于自评字段打「A、B、C、D」其中一项后,再请老师复评。

评 量 项 目	评量(A 至 D)
(1) 普通销售(20%)	
(2) 销售现结、运费(20%)	
(3) 汇总开票、分次开票业务(20%)	
(4) 一笔订单分次出库(20%)	
(5) 超发货单出库(20%)	
合计100%	

评 量 规 准

等级及分值项目	A (90~100)	B (80~89)	C (70~79)	D (60~69)
(1) 普通销售20(%)	设置参数符合本单位具体核算要求,准确录入期初余额,期初余额试算平衡	设置参数部分符合本单位具体核算要求,能录入期初余额,期初余额试算不平衡	设置参数基本符合本单位具体核算要求,准确录入期初余额,期初余额试算平衡	设置参数不符合本单位具体核算要求,不能录入期初余额,期初余额试算不平衡
(2) 销售现结、运费(20%)	根据经济业务完整、正确地进行全部业务处理,并正确生成凭证	根据经济业务部分正确地进行全部业务处理,并正确生成凭证	根据经济业务,在小组同学及老师帮助和指导下完成全部业务处理	不能根据经济业务完成全部业务
(3) 汇总开票、分次开票业务(20%)	根据经济业务完整、正确地进行全部业务处理,并正确生成凭证	根据经济业务部分正确地进行全部业务处理,并正确生成凭证	根据经济业务,在小组同学及老师帮助和指导下完成全部业务处理	不能根据经济业务完成全部业务
(4) 一笔订单分次出库(20%)	根据经济业务完整、正确地进行全部业务处理,并正确生成凭证	根据经济业务部分正确地进行全部业务处理,并正确生成凭证	根据经济业务,在小组同学及老师帮助和指导下完成全部业务处理	不能根据经济业务完成全部业务
(5) 超发货单出库(20%)	根据经济业务完整、正确地进行全部业务处理,并正确生成凭证	根据经济业务部分正确地进行全部业务处理,并正确生成凭证	根据经济业务,在小组同学及老师帮助和指导下完成全部业务处理	不能根据经济业务完成全部业务

备注:不操作为0分。

"特殊销售业务"实作评量表

姓名：　　　　　　　　班别：　　　　　　　　学号：

各位同学：

　　请针对下列评量项目并参酌「评量规准」，于自评字段打「A，B，C，D」其中一项后，再请老师复评。

评　量　项　目	评量（A 至 D）
(1) 委托代销业务(15%)	
(2) 直运销售业务(15%)	
(3) 分期收款业务(10%)	
(4) 零售日报业务(15%)	
(5) 销售赠品业务(15%)	
(6) 自产产品发放福利(15%)	
(7) 销售退货业务(15%)	
合计100%	

评 量 规 准

等级及 分值项目	A (90~100)	B (80~89)	C (70~79)	D (60~69)
(1) 委托代销业务(15%)	根据经济业务独立、完整、正确地进行95%以上业务处理，并正确生成凭证	根据经济业务独立、完整、正确地进行75%以上业务处理，并正确生成凭证	根据经济业务，在小组同学及老师帮助和指导下完成全部业务处理	根据经济业务，在小组同学及老师帮助和指导下完成60%业务处理
(2) 直运销售业务(15%)	根据经济业务独立、完整、正确地进行95%以上业务处理，并正确生成凭证	根据经济业务独立、完整、正确地进行75%以上业务处理，并正确生成凭证	根据经济业务，在小组同学及老师帮助和指导下完成全部业务处理	根据经济业务，在小组同学及老师帮助和指导下完成60%业务处理
(3) 分期收款业务(10%)	根据经济业务独立、完整、正确地进行95%以上业务处理，并正确生成凭证	根据经济业务独立、完整、正确地进行75%以上业务处理，并正确生成凭证	根据经济业务，在小组同学及老师帮助和指导下完成全部业务处理	根据经济业务，在小组同学及老师帮助和指导下完成60%业务处理
(4) 零售日报业务(15%)	根据经济业务独立、完整、正确地进行95%以上业务处理，并正确生成凭证	根据经济业务独立、完整、正确地进行75%以上业务处理，并正确生成凭证	根据经济业务，在小组同学及老师帮助和指导下完成全部业务处理	根据经济业务，在小组同学及老师帮助和指导下完成60%业务处理
(5) 销售赠品业务(15%)	根据经济业务独立、完整、正确地进行95%以上业务处理，并正确生成凭证	根据经济业务独立、完整、正确地进行75%以上业务处理，并正确生成凭证	根据经济业务，在小组同学及老师帮助和指导下完成全部业务处理	根据经济业务，在小组同学及老师帮助和指导下完成60%业务处理
(6) 自产产品发放福利(15%)	根据经济业务独立、完整、正确地进行95%以上业务处理，并正确生成凭证	根据经济业务独立、完整、正确地进行75%以上业务处理，并正确生成凭证	根据经济业务，在小组同学及老师帮助和指导下完成全部业务处理	根据经济业务，在小组同学及老师帮助和指导下完成60%业务处理
(7) 销售退货业务(15%)	根据经济业务独立、完整、正确地进行95%以上业务处理，并正确生成凭证	根据经济业务独立、完整、正确地进行75%以上业务处理，并正确生成凭证	根据经济业务，在小组同学及老师帮助和指导下完成全部业务处理	根据经济业务，在小组同学及老师帮助和指导下完成60%业务处理

备注:不操作为 0 分。

"库存管理与存货核算"实作评量表

姓名： 班级： 学号：

各位同学：

请针对下列评量项目并参酌「评量规准」,于自评字段打「A、B、C、D」其中一项后,再请老师复评。

评 量 项 目	自评与老师复评(A 至 D)	
	自评	老师
(1) 调拨业务处理(25%)		
(2) 盘盈入库(25%)		
(3) 盘亏出库(25%)		
(4) 其他业务处理(25%)		
(合计100%)		

评 量 规 准

等级及分值项目	A (90～100)	B (80～89)	C (70～79)	D (60～69)
(1) 调拨业务处理(25%)	根据经济业务完整、正确地进行全部业务处理	根据经济业务部分正确地进行全部业务处理	根据经济业务,在小组同学及老师帮助和指导下完成全部业务处理	不能根据经济业务完成全部业务
(2) 盘盈入库(20%)	根据经济业务完整、正确地进行全部业务处理,并正确生成凭证	根据经济业务部分正确地进行全部业务处理,并正确生成凭证	根据经济业务,在小组同学及老师帮助和指导下完成全部业务处理	不能根据经济业务完成全部业务
(3) 盘亏出库(20%)	根据经济业务完整、正确地进行全部业务处理,并正确生成凭证	根据经济业务部分正确地进行全部业务处理,并正确生成凭证	根据经济业务,在小组同学及老师帮助和指导下完成全部业务处理	不能根据经济业务完成全部业务
(4) 其他业务处理(25%)	根据经济业务完整、正确地进行全部业务处理,并正确生成凭证	根据经济业务部分正确地进行全部业务处理,并正确生成凭证	根据经济业务,在小组同学及老师帮助和指导下完成全部业务处理	不能根据经济业务完成全部业务

备注:不操作为 0 分。

"ERP 供应链综合实训"实作评量表

姓名：　　　　　　　　　班别：　　　　　　　　　学号：

各位同学：

　　请针对下列评量项目并参酌「评量规准」，于自评字段打「A、B、C、D」其中一项后，再请老师复评。

评 量 项 目	自评与老师复评（A 至 D）	
	自评	老师
（1）各系统初始设置（30%）		
（2）各系统日常业务处理（40%）		
（3）各系统期末处理（30%）		
合计（100%）		

评 量 规 准

等级及分值项目	A （90～100）	B （80～89）	C （70～79）	D （60～69）
（1）各系统初始设置（30%）	熟练设置参数符合本单位具体核算要求	能够设置参数符合本单位具体核算要求	可以设置参数符合本单位具体核算要求	设置参数不符合本单位具体核算要求
（2）各系统日常业务处理（40%）	根据经济业务熟练编制完整、正确的记账凭证，熟练进行月末分摊，并且业务正确	根据经济业务能够编制记账凭证，能进行月末分摊的业务，部分正确	根据经济业务编制记账凭证，能进行月末分摊的业务，部分正确	不能根据经济业务编制记账凭证，不能进行月末分摊的业务
（3）各系统期末处理（30%）	根据企业需要熟练进行期末的业务处理	根据企业需要能够进行期末业务处理	根据企业需要能够进行期末业务处理	不能进行期末业务处理

备注：不操作为 0 分。